Constituição, Sistemas Sociais e Hermenêutica

Programa de Pós-Graduação
em Direito da UNISINOS

MESTRADO E DOUTORADO
Anuário 2005
n. 2

Centro de Ciências Jurídicas
Anuário do Programa de Pós-Graduação em Direito
UNIVERSIDADE DO VALE DO RIO DOS SINOS

Reitor: Pe. Aloysio Bohnen, S.J.
Vice-Reitor: Pe. Marcelo Fernandes Aquino, S.J.

Unidade Acadêmica de Pesquisa e Pós-Graduação
Ione Maria Ghislene Bentz

Coordenador do Programa de Pós-Graduação
Leonel Severo Rocha

Corpo Docente PPGDIREITO
Albano Marcos Bastos Pepe, Álvaro Filipe Oxley da Rocha
André Leonardo Copetti Santos, Darci Guimarães Ribeiro,
Ielbo Marcus Lobo de Souza, Fábio Roberto D'Avila,
José Carlos Moreira da Silva Filho, José Luis Bolzan de Morais,
Lenio Luiz Streck, Leonel Pires Ohlweiler, Leonel Severo Rocha,
Maria Cristina Cereser Pezzella, Ovídio Araújo Baptista da Silva,
Rodrigo Stumpf Gonzáles e Vicente de Paulo Barretto.

C758 Constituição, sistemas sociais e hermenêutica: programa de pós-graduação em Direito da UNISINOS: mestrado e doutorado / orgs. André Copetti, Lenio Luiz Streck, Leonel Severo Rocha; Albano Marcos Bastos Pepe ... [et al.]. Porto Alegre: Livraria do Advogado Ed.; São Leopoldo: UNISINOS, 2006.
292 p.; 16x23cm.

ISBN 85-7348-428-4

1. Direito. 2. Teoria do Direito. I. Santos, André Leonardo Copetti, org. II. Rocha, Leonel Severo, org. III. Streck, Lenio Luiz, org.

CDU 34

Índices para o catálogo sistemático:
Direito
Teoria do Direito

(Bibliotecária Responsável: Marta Roberto, CRB-10/652)

Constituição, Sistemas Sociais e Hermenêutica

Programa de Pós-Graduação
em Direito da UNISINOS

MESTRADO E DOUTORADO
Anuário 2005
n. 2

**André Copetti
Lenio Luiz Streck
Leonel Severo Rocha**
Organizadores

Porto Alegre, 2006

© dos autores, 2006

Capa, projeto gráfico e diagramação de
Livraria do Advogado Editora

Revisão
Rosane Marques Borba

Direitos desta edição reservados por
Livraria do Advogado Editora Ltda.
Rua Riachuelo, 1338
90010-273 Porto Alegre RS
Fone/fax: 0800-51-7522
editora@livrariadoadvogado.com.br
www.doadvogado.com.br

Centro de Ciências Jurídicas
Programa de Pós-Graduação em Direito
Universidade do Vale do Rio dos Sinos
Av. Unisinos, 950
93022-000 São Leopoldo RS
Fone/fax (51) 590-8148
ppgd@unisinos.br
www.unisinos.br

Impresso no Brasil / Printed in Brazil

Sumário

Apresentação
André Copetti, Lenio Luiz Streck e Leonel Severo Rocha 7

I – KANT E A MODERNIDADE JURÍDICA: razão e liberdade
Albano Marcos Bastos Pepe 9

II – DIREITO, ESTADO E JUSTIÇA: conceitos e debates em Filosofia Política
Álvaro Filipe Oxley da Rocha 19

III – CONSTITUIÇÃO, DIREITO PENAL E REDES SANCIONATÓRIAS: uma perspectiva de projeção do sistema normativo criminal ao Estado Democrático de Direito
André Copetti 39

IV – A GARANTIA CONSTITUCIONAL DO POSTULADO DA EFETIVIDADE DESDE O PRISMA DAS SENTENÇAS MANDAMENTAIS
Darci Guimarães Ribeiro 57

V – HOBBES E A SEGURANÇA GLOBAL NUM AMBIENTE INTERNACIONAL DE ANARQUIA
Ielbo Marcus Lobo de Souza 77

VI – CRISE DO ESTADO, CONSTITUIÇÃO E DEMOCRACIA POLÍTICA: a "realização" da ordem constitucional! E o povo...
José Luis Bolzan de Morais 91

VII – PESSOA HUMANA E BOA-FÉ OBJETIVA NAS RELAÇÕES CONTRATUAIS: a alteridade que emerge da *ipseidade*
José Carlos Moreira da Silva Filho 113

VIII – DA INTERPRETAÇÃO DE TEXTOS À CONCRETIZAÇÃO DE DIREITOS: a incindibilidade entre interpretar e aplicar a partir da diferença ontológica (*ontologische differentz*) entre texto e norma
Lenio Luiz Streck 137

IX – SISTEMA DO DIREITO E TRANSDISCIPLINARIDADE: de Pontes de Miranda a Autopoiese
Leonel Severo Rocha 181

X – OS SERES SUJEITOS DE DIREITOS EM FAMÍLIA
Maria Cristina Cereser Pezzella
Fernanda Pappen da Silva 195

XI – DIREITO MATERIAL E NORMATIVISMO JURÍDICO
  Ovídio A. Baptista da Silva 217

XII – A PARTICIPAÇÃO DA SOCIEDADE NA IMPLEMENTAÇÃO DE UM NOVO PARADIGMA DE DIREITOS DA INFÂNCIA:
  a experiência brasileira 1985-2005
  Rodrigo Stumpf González 241

XIII – BIOÉTICA: dimensões biopolíticas e perspectivas normativas
  Vicente de Paulo Barretto
  Taysa Schiocchet 255

XIV – O DIREITO, A MORAL E OS LIMITES DA JUSTIÇA:
  algumas dificuldades legadas pelos modernos
  Wladimir Barreto Lisboa 277

Apresentação

Após anos de realização de publicações internas do Anuário do Programa de Pós-Graduação em Direito da Unisinos, cujo principal objetivo era fundamentalmente registrar, na forma impressa, a produção científica do seu corpo docente e, algumas vezes, também do corpo discente, no ano passado inaugurou-se uma nova fase editorial, marcando o estabelecimento de uma parceria entre o PPGD e Livraria do Advogado Editora.

Nesta nova fase, iniciada com a publicação da produção do ano de 2004, alteraram-se os objetivos. Ao invés de apenas pretender registrar as investigações realizadas no âmbito do Programa e distribuí-la somente no sistema de permuta, para outras universidades, ambicionou-se o lançamento de uma obra que pudesse ocupar um lugar no mercado editorial, pela qualidade de seus conteúdos. E foi o que aconteceu. O primeiro número da coleção *Constituição, Sistemas Sociais e Hermenêutica*, com apenas seis meses de vida, constitui-se em absoluto sucesso de vendas, especialmente se for considerado o fato de que é uma obra coletiva, composta de ensaios cujos núcleos temáticos somente adquirem organicidade pela vinculação à área de concentração e às linhas de pesquisa do PPGD. Tal logro, é preciso frisar, deve-se ao interesse despertado nacionalmente em razão da diferença e do compromisso acadêmico com a qualidade que revestem a pesquisa realizada pelos autores.

A responsabilidade por um novo número desta coletânea impeliu os pesquisadores a não só aprofundar ainda mais as pesquisas já em andamento, mas também a abrir novas sendas investigativas num universo de buscas marcado notadamente por um novo modo de compreender o Direito, o Estado e a sociedade.

O instrumental teórico para o cumprimento dessa proposta tem sido buscado principalmente na filosofia, mas também na sociologia, na ciência política e em outros ramos do conhecimento que possibilitem a construção de reflexões destinadas a superar os paradigmas racionalista e positivista, cujas permanências, no imaginário de grande parte da comunidade jurídica, têm impedido o avanço do Direito na sua tarefa de proporcionar qualidade de vida aos cidadãos com demandas jurídicas a serem satisfeitas num país periférico como o Brasil.

Os ensaios que se seguem, em boa medida refletem uma clara opção do curso que paulatinamente vai se consolidando: a de criar uma área de reflexão no Direito aquecida fundamentalmente pela filosofia através de seus mais diversos caminhos. Assim, podem ser encontrados, nas construções adiante, significativos traços da imbricação entre Direito e filosofia para a construção de análises de problemas de relevante interesse e repercussão jurídicos. E não se está a falar de simples releituras, resenhas ou resumos de alguns clássicos da filosofia. Algumas delas podem ser percebidas como verdadeiras construções originais que em muitos momentos perdem suas marcas de uma dogmática crítica para transporem os limites da filosofia do conhecimento, da filosofia política e da filosofia moral. Outras, podem ser visualizadas como criativas aplicações à problemática jurídica de aportes filosóficos.

Essa é a proposta que o PPGD/Unisinos, com a publicação deste segundo volume da obra *Constituição, Sistema Sociais e Hermenêutica*, espera estar consolidando no futuro próximo. Boa leitura e boas pesquisas.

Prof. Doutor Leonel Severo Rocha
Coordenador Executivo do Programa de
Pós-Graduação em Direito – Unisinos

Prof. Doutor Lenio Luiz Streck
Coordenador das Linhas de Pesquisa do Programa de
Pós-Graduação em Direito – Unisinos

Prof. André Copetti
Editor de Periódicos do Programa de
Pós-Graduação em Direito - Unisinos

— I —

Kant e a modernidade jurídica:
razão e liberdade

ALBANO MARCOS BASTOS PEPE[1]

Sumário: 1. A ética kantiana na perspectiva da razão pura prática; 1.1. O pensamento aristotélico e a modernidade; 1.2. A filosofia pura prática kantiana e o Iluminismo; 1.3. A filosofia pura prática e os fundamentos da liberdade; 1.4. As leis da liberdade enquanto leis morais e leis jurídicas.

> "Uma ação é *conforme o Direito* (*Recht*) quando permite, ou cuja máxima permite à liberdade de arbítrio de cada um coexistir com a liberdade de todos segundo uma lei universal." (Kant)

1. A ética kantiana na perspectiva da razão pura prática

1.1. O pensamento aristotélico e a modernidade

Aristóteles, em sua obra dedicada à Filosofia Prática, em especial na *Ética a Nicômaco* e na *Política*, deixa um legado inestimável para os estudos aplicados à compreensão da ordem normativa contemporânea, principalmente quando tal ordem associa o caráter fundamental dos vínculos existentes entre o Direito e os grandes temas da ética, da justiça, da política, da liberdade, enfim, daquelas idéias que dão à formação democrática uma maior densidade.

Na primeira Modernidade, no período histórico conhecido como Iluminismo, o pensamento político da Europa sofreu profundas modificações, especificamente com a Revolução Francesa. Novas concepções de Estado, de Direito, de ética, de democracia e de liberdade surgiam e se constituíam como desafios à compreensão de grandes pensadores que contribuíram de-

---
[1] Doutor em Direito pela Universidade Federal do Paraná. Professor Titular da UNISINOS.

cisivamente para as profundas reformas políticas ocorridas a partir da Modernidade, dentre eles Hobbes, Rousseau, Montesquieu, Beccaria, Kant e Hegel. Todas estas grandes questões foram tratadas à luz da Razão, de uma racionalidade que passaria a responder pela nova idéia de progresso constante da humanidade. A fé na Razão passou a oferecer os novos rumos da humanidade ocidental. Liberdade, igualdade e fraternidade passaram a se constituir como pano de fundo de um cenário revolucionário para marcar definitivamente o fim do "estado de natureza" e o surgimento do "Estado de Direito". O indivíduo, a comunidade e a idéia de um pacto social tornam-se objetos das novas interpretações do Direito natural racional, assim como de suas relações com a filosofia, com a ética e com a política. E neste imenso cenário, o modelo de sociedade que se configura a partir das novas interpretações traz consigo a marca da ciência hipotético-dedutiva com seus princípios epistemológicos e suas regras metodológicas devidamente instrumentalizadas pela análise matemática.

De acordo com Lima Vaz, surge uma nova articulação dialética entre o indivíduo e a sociedade que vem a criar uma nova universalidade, denominada de *hipotética*. Relacionando com a filosofia prática do mundo grego onde:

> A questão fundamental da antiga filosofia prática no âmbito da vida social era a determinação dos requisitos essenciais que asseguram ao homem, como cidadão exercer na sociedade política os atos próprios da vida virtuosa (*eu zen*) ou da vida ordenada para o bem da cidade – identificado com o bem do indivíduo ou com a sua *autárqueia* – o pensamento político moderno assume como sua tarefa primordial propor a solução analiticamente satisfatória ao problema da associação dos indivíduos, tendo como alvo assegurar a satisfação das suas necessidades vitais.[2]

Ao pacto associativo, vincula-se um pacto de submissão na vida social e política construída sob a inspiração de um modelo epistemológico das ciências físico-matemáticas, o que viria a justificar a passagem do *estado de natureza* ao *estado de sociedade*. As teorias do Direito natural moderno procuram assegurar aos indivíduos esta passagem. A ordem universal não tem mais a *physis* como universalidade *nomotética* e, portanto, a mesma não mais representa o ideal normativo. Uma nova universalização surge a partir do Direito natural moderno, segundo a idéia da igualdade dos indivíduos, que seriam unidades isoladas no *estado de natureza*, mas que a soma destes indivíduos vinculados extrinsecamente pelo pacto social faria emergir o *estado de sociedade*.

Esta sociedade, racionalmente posta, traz consigo a marca do homem individualista que encontra na mesma a garantia de atendimento de suas necessidades, através da universalização dos seus Direitos conforme o Direito natural moderno que pressupõe a igualdade social. Portanto, este homem deve criar uma consciência política que assegure os seus Direitos entre

---

[2] Lima Vaz, Henrique, *Escritos de Filosofia II*. Ética e Cultura., 1988, p. 163-167.

os demais. Mas estas sociedades procuram manter sua hegemonia através de suas estruturas jurídicas e políticas, estabelecendo formas de dominação conflituosas que geram inúmeras tensões que virão a marcar a evolução do pensamento moderno, no campo social e político, através de:

> Dualismos e oposições aparentemente irredutíveis: entre o indivíduo e a sociedade, entre a moralidade e a legalidade, entre o privado e público e, finalmente, entre o Estado e a sociedade civil. (...) O advento da sociedade civil como lugar histórico da realização da liberdade e, portanto, da vigência da lei e do Direito, está na origem da cisão moderna entre *ethos* e *nómos* que se exprime nas diversas formas de positivismo jurídico, como também da separação entre Ética e Política.[3]

1.2. A filosofia pura prática kantiana e o Iluminismo

O Iluminismo e grande parte dos pensamentos produzidos na primeira Modernidade Ocidental fazem parte de uma história que sofreu profundas modificações. A própria idéia de racionalidade assumiu novos papéis frente ao desenvolvimento da ciência e da tecnologia. No entanto, muitas das idéias desenvolvidas naquele período, notadamente no que se refere a questões cruciais da formação da sociedade política em sua pretensão de se constituir numa sociedade justa, obrigam-nos a retomar constantemente os temas das relações entre a ética, o Direito e a política. Principalmente quando pensamos numa ordem normativa apreendida em seu caráter polissêmico, para além das simplificações de um pensamento jusfilosófico pretensamente neutro e divorciado do mundo vivido pelos atores sociais, o qual se constitui em dos principais legados do Direito natural racional e do positivismo jurídico.

O sistema de pensamento deixado por Immanuel Kant é considerado, se não o maior, mas um dos maiores sistemas filosóficos produzidos na Modernidade. Conforme Höffe, para melhor entender a obra kantiana, são fundamentais à sua compreensão a abordagem de três conceitos básicos: crítica, razão e liberdade, visto serem os mesmos:

> As palavras decisivas na época da revolução francesa. Por isso Kant é algo mais que um clássico eminente da filosofia e um interlocutor importante na época atual. É ao mesmo tempo um dos representantes mais significativos daquele período que Jaspers qualificou de eixo e que determinou essencialmente o pensamento e a vida sócio-política até nossos dias.[4]

Kant entendia que toda filosofia digna deste nome deveria orientar-se para os problemas fundamentais do homem que demonstrem um interesse racional. Para tanto, ele pretende apresentar seu interesse buscando responder a três perguntas que se faz: 1. que posso saber? 2. que devo fazer? 3. que posso esperar?

Em relação à primeira pergunta que ele se põe, dedica a sua *Crítica da Razão Pura*, talvez sua mais conhecida obra, dedicada ao desenvolvi-

---

[3] Idem, ibidem, p. 165, 1988.
[4] Höffe, Otfried. *Immanuel Kant*. p. 15-16. 1986.

mento do conhecimento teórico, fundamento da moderna Teoria do Conhecimento. Para a segunda pergunta, ele dedica alguns de seus melhores livros para o desenvolvimento da sua filosofia moral e do Direito, dentre eles a *Crítica da Razão Prática*, a *Fundamentação da Metafísica dos Costumes* e a *Metafísica dos Costumes*. E quanto à terceira pergunta, ele dedica seus estudos acerca da filosofia da história e a filosofia da religião. Alguns escritos seus neste sentido são: *Idéia de uma História Universal de um ponto de vista cosmopolita, O conflito das faculdades e A religião dentro dos limites da mera razão*. Para além das obras direcionadas às suas três grandes questões, outros livros foram escritos, merecendo relevância a sua *Crítica do Juízo*, onde ele se dedica mais precisamente ao pensamento teleológico que já está presente em toda sua obra. De acordo com Höffe:

> A terceira *Crítica* está intimamente ligada ao conjunto da crítica kantiana da razão. Segundo Kant, a filosofia se divide em duas partes: a filosofia teórica e a filosofia prática (que inclui a filosofia do Direito, da história e da religião). Se a filosofia teórica investiga as leis ditadas pelos conceitos do entendimento puro, aplicadas à natureza, a filosofia prática estuda as leis ditadas pelos *conceitos de razão pura centrados na liberdade; a razão só é legisladora na esfera do Direito e da moral.*[5]

1.3. A filosofia pura prática e os fundamentos da liberdade

Assim como em Aristóteles, o conceito de liberdade em Kant é fundamental para a construção da Ética e da moral. Para ambos, a compreensão da liberdade está vinculada à idéia de autonomia, autogoverno (*autarkeia*), que permite ao homem fazer eticamente uma escolha racional. Desta forma, em Aristóteles, fica estabelecido um movimento dialético onde: "O indivíduo deve passar da liberdade empírica ou da liberdade de arbítrio à liberdade ética ou racional. A primeira designa o indivíduo no ser de sua liberdade empírica, a segunda designa o indivíduo no dever-ser de sua singularidade ética".[6]

A liberdade só o é enquanto dever, enquanto indicador da ação que aponta os caminhos da universalidade normativa do *ethos*. Entende-se desta forma que o homem detentor da liberdade ética só existe no âmbito da organização política, onde sua vida social é regida por normas racionais estritamente vinculadas a um *dever-ser*, ou seja, sob a égide do Direito. O ser ético do homem o eleva à condição do ser político, cuja forma racional de se constituir reside no Direito.

Conforme Höffe, Kant demonstra que o caráter objetivo reclamado pela ética só é possível através do sujeito: "a origem da moral radica-se na autonomia, na autoposição da vontade. Como a autonomia equivale à liberdade, o conceito chave da época moderna, que é a liberdade, encontra um

---

[5] Idem, ibidem, p. 244, 1986.
[6] Lima Vaz, Henrique, p. 26, 1988.

fundamento filosófico por obra de Kant".⁷ Este buscava apresentar na sua reflexão crítica sobre a ética não apenas o conteúdo implícito da consciência do indivíduo moral, mas demonstrar quais seriam as obrigações que deveriam apresentar-se como morais à luz da autonomia da vontade e do imperativo categórico. A liberdade enquanto conceito central de sua filosofia prática tem o fundamento motivador da vontade numa determinação autônoma, numa liberdade inteligível baseada na autonomia da vontade. Kant demonstra uma fundamental diferença entre as leis da natureza e aquelas que o homem se impõe:

> Tudo na natureza age segundo leis. Só um ser racional tem a capacidade de agir *segundo a representação* das leis, isto é, segundo princípios, ou: só ele tem uma *vontade*. Como para derivar as ações das leis é necessária a razão, a vontade não é outra coisa senão razão prática.⁸

Estas ações seriam para Kant tanto objetiva como subjetivamente necessárias, visto que seu fundamento racional implica que a vontade enquanto "faculdade de escolher só aquilo que a razão, independente de inclinação, reconhece como praticamente necessário, quer dizer, como bom".⁹ Mas ele entende que a vontade em si pode não ser plenamente conforme a razão, o que é comum entre os homens.

Nos casos onde as ações são reconhecidas objetivamente como necessárias, o são subjetivamente contingentes, advindo daí a *obrigação* e "a representação de um princípio objetivo, enquanto vinculante para uma vontade, chama-se um mandamento (da razão), e a fórmula do mandamento chama-se *Imperativo*",¹⁰ e pressupõe sempre sua manifestação através do *dever (Sollen)*. E neste sentido, os imperativos são enunciados que relacionam as leis objetivas da razão com uma vontade que se constitui subjetivamente e que não é necessariamente determinada por elas. Em sua arquitetônica da razão pura prática, Kant coloca a autonomia da vontade como condição fundamental para que ela se dê, independente do querer, como lei para si mesma. E ele afirma que o princípio da autonomia assim se caracteriza: "não escolher senão de modo a que as máximas da escolha estejam incluídas simultaneamente, no querer mesmo, como lei universal".¹¹ E este princípio, que é o princípio da autonomia e que se constitui num imperativo categórico,¹² é o princípio da moral. Esta moralidade fun-

---

⁷ Höffe, Otfried, p. 159, 1986.
⁸ Kant, Immanuel. *Fundamentação da Metafísica dos Costumes*, p. 47, 1986.
⁹ Idem, ibidem, p. 47, 1986.
¹⁰ Idem, ibidem, p. 48, 1986.
¹¹ Idem, ibidem, p. 85, 1986.
¹² Kant afirma que o imperativo "sem se basear como condição em qualquer outra intenção a atingir por um certo comportamento, ordena imediatamente este comportamento. Este imperativo é *categórico*. Não se relaciona com a matéria da ação e com o que dela deve resultar, mas com a forma e o princípio de que ela mesma deriva; e o essencialmente bom na ação reside na disposição (*Gesinnung*), seja qual for o resultado. Este imperativo pode-se chamar o imperativo da *moralidade*. Idem, p. 52. 1986.

damentada racionalmente nos serve de lei, devendo valer para todos os seres racionais. Mas é através da vontade, que deve estar presente em todos os seres racionais e a idéia de liberdade também deve ser comum a todos os seres racionais, tornando possível, segundo Kant, pensar um ser racional e com consciência da sua causalidade a respeito das suas ações. Uma determinação íntima que podemos pressupor, visto que a liberdade não pode ser demonstrada como algo real nem sequer em nós mesmos e nem na natureza humana.

1.4. As leis da liberdade enquanto leis morais e leis jurídicas

Na sua *Introdução à Metafísica dos Costumes*, Kant[13] pontua a importância da necessária compreensão do que venha a ser a faculdade de desejar e suas implicações, pois a partir desta estruturam-se a *vontade*, o *livre arbítrio* e a *liberdade*. Neste sentido, quando a faculdade de desejar tem seu fundamento interno de determinação na razão do sujeito, ela se chama *vontade*. E quando esta faculdade está unida à consciência de ser capaz de produzir o objeto mediante a ação, ela se chama *livre arbítrio*. Diz ele:

> A vontade é a faculdade de desejar, considerada, não tanto em relação com a ação (como o arbítrio), senão melhor em relação com o fundamento de determinação do arbítrio para a ação; e não tem ela mesma propriamente nenhum fundamento de determinação diante de si, senão que, enquanto ela (a razão) pode determinar o arbítrio, é a razão prática mesmo.[14]

Assim, a razão pura prática pode determinar a faculdade de desejar, visto que o livre arbítrio submete-se à vontade. Inclusive a inclinação (arbítrio animal), os impulsos sensíveis que afetam o homem não podem determiná-lo. Mas o simples fato de o homem também ser levado por suas inclinações faz com que seu arbítrio não seja puro por si mesmo, mas que pode ser determinado por uma vontade pura. Aí reside a *liberdade* do arbítrio enquanto sua independência em relação aos impulsos sensíveis, em seu conceito negativo ou prático, e no fato de a faculdade da razão pura ser por si mesma prática, o seu conceito positivo. A liberdade de arbítrio vincula o homem a uma ação comprometida com o dever, uma ação conforme o dever, que é estabelecida a partir de normas que ele mesmo se representa, numa superação clara dos impulsos sensíveis, que o afetam, mas que não o determinam.

Ao tomar as leis da liberdade a partir de tal perspectiva, Kant dirá que elas são leis morais, e tal como o fez em relação à faculdade de desejar, as leis morais são por ele divididas em dois momentos, enquanto vontade e enquanto livre arbítrio. Conforme ele:

> Estas leis da liberdade, à diferença das leis da natureza, se chamam *morais*. Se afetarem só a ações meramente externas e sua conformidade com a lei, se chamam *jurídicas*; porém se

---

[13] Kant. Immanuel. p. 17-18, 1986.
[14] Idem, ibidem, p. 17, 1989.

exigem também que elas mesmas (as leis) devam ser o fundamento de determinação das ações, então são *éticas*, e se diz, portanto: que a coincidência com as primeiras é a *legalidade*, a coincidência com as segundas, a *moralidade* da ação. A liberdade a que se referem as primeiras leis só pode ser a liberdade no exercício externo do arbítrio, e aquela a que se referem as ultimas pode ser a liberdade tanto no exercício externo como no (exercício) interno do arbítrio, conquanto que esteja determinada pelas leis da razão.[15]

Legalidade e moralidade são duas dimensões das leis da liberdade. Kant não as confunde, pois não são interdependentes, mas as concebe a partir do homem livre, capaz de assumir a responsabilidade de seus atos para consigo e para com os demais. Conforme Höffe:

Se a convivência de sujeitos responsáveis, como são os seres humanos, tem de ser racional – e conseqüentemente moral – em sentido estrito, deve revestir um caráter jurídico. O Direito não é um sistema fortuito nem arbitrário que os homens criam; é algo necessário. Isto não significa que qualquer prescrição jurídica seja lícita ou obrigatória. Pelo contrário o conceito kantiano de Direito implica um critério para julgar a legitimidade de todas as leis positivas.[16]

Neste sentido, é importante salientar que o fato de o Direito se constituir racionalmente e, portanto, fundamentado a partir das leis da liberdade, não significa necessariamente que ele venha a ser legítimo apenas por ser legal. Mas, antes de tudo, por estar direcionado a todos, pois "são racionais e legítimas unicamente aquelas prescrições que fazem compatíveis a liberdade de um com a liberdade de todos os outros, conforme a leis estritamente gerais".[17] O Direito aparece justamente para harmonizar as diversas liberdades individuais em nome do equilíbrio da sociedade, sendo nesta direção que Kant sintetiza este espírito ao definir o Direito como "o conjunto de condições sob as quais o arbítrio de alguém pode conciliar-se com o arbítrio de outrem segundo uma lei universal da liberdade".[18] E mais uma vez fica evidenciado o estreito vínculo entre as obrigações externas (jurídicas) e as obrigações internas (morais). Conforme Höffe:

Este critério é na esfera da teoria da justiça o equivalente ao que é o imperativo categórico na esfera da ética (teoria da virtude). Obriga a comunidade livre a cumprir a legalidade geral, exatamente igual ao que o imperativo categórico obriga a vontade pessoal a cumprir as máximas auto-impostas.

Kant distingue sem separar moral e Direito.

Neste mesmo sentido, Kant esclarece dois aspectos importantes de sua filosofia prática: num primeiro, ele afirma que não deve ocorrer uma privatização da moral, ou seja, que só no âmbito interno do sujeito residiria uma racionalidade (moralidade) incondicional; e num segundo aspecto que a moral venha a ser reduzida ao Direito. Os conteúdos da moralidade pessoal, estabelecidos pela teoria da virtude com vistas ao aperfeiçoamento pessoal não fazem parte dos deveres jurídicos, mesmo que seus conteúdos

---

[15] Idem, ibidem, p. 17-18, 1989.
[16] Höffe, Otfried, p. 202, 1986.
[17] Kant, Immanuel, *La Metafisica de las Costumbres*, p. 40. 1989.
[18] Kant, Immanuel, p. 39, 1989.

venham a coincidir numa convivência racional com o Direito ético ou com a legitimidade política. E isto não implica o "esquecimento" dos deveres jurídicos. Corroborando esta perspectiva, Höffe lembra que:

> Dada a diferença radical existente entre a moralidade pessoal e a moralidade política, entre moral (virtude) e Direito, Kant não deriva o Direito do princípio da moralidade pessoal, da liberdade interna ou da autonomia do querer, senão da razão prática pura e de seu critério de legalidade geral.[19]

Sem perder de vista esta compreensão, Gallupo dirá que:

> Isso permite a Kant diferenciar o que ele chama de *moralidade* daquilo que chama de *legalidade*. A moralidade é a característica da ação realizada por dever. Nela, o motivo da ação é respeito pelo dever representado pela Razão, determinante da própria conduta. Mas uma ação pode possuir uma conformidade apenas externa com o dever, sem ser determinada pela *representação do dever*. É o caso de uma ação cuja causa não seja o respeito ao dever, mas, por exemplo, o temor da sanção. Neste caso, a ação contém apenas legalidade.[20]

Uma Razão finita que em seu uso prático estabelece os critérios da justiça.

Em relação à questão do "temor da sanção", Kant discorre sobre a ligação do Direito com a faculdade de coagir, e neste sentido afirma que tudo que é contrário ao Direito se constitui como obstáculo à liberdade segundo as leis universais. Mas se a coação é entendida como um obstáculo ou uma resistência à liberdade, ele oferece a seguinte fórmula:

> Portanto, se um determinado uso da liberdade mesma é um obstáculo à liberdade segundo leis universais (ou seja, contrário ao Direito), então a coação que se lhe opõe, enquanto que *obstáculo* frente *ao que obstaculiza a liberdade*, concorda com a liberdade segundo leis universais; ou seja, é conforme o Direito: por conseguinte, ao Direito está unida por sua vez a faculdade de coagir, a quem viola, segundo o princípio da contradição.[21]

O uso da coação pelo Direito para Kant só tem sentido de legitimidade quando impede injustiças, constituindo-se ela mesma em injustiça caso exceda tais limites.

A importância e a atualidade das idéias de Kant para a filosofia prática contemporânea nos é lembrada por Höffe ao referir-se à contribuição do mesmo para a abordagem de um tema que tem mobilizado o mundo contemporâneo, que é a questão dos Direitos humanos. Afirma este autor que o conceito racional de Direito não pode vincular-se tão-somente ao poder de coação, mas também de forma complementar à idéia dos Direitos humanos:

> Os Direitos do homem são aqueles Direitos que competem a todo ser humano como tal, independentemente das circunstâncias pessoais, das constelações políticas e das condições históricas. Sendo juridicamente lícita toda ação que seja compatível à liberdade de todos os demais, compete – cita Kant – "a cada homem, em virtude de sua humanidade", aquele grau

---

[19] Höffe, Otfried, p. 202, 1986.
[20] Gallupo, Marcelo. *Igualdade e Diferença*, p. 82, 2002.
[21] Kant, Immanuel, p. 40 et seq, 1989.

de liberdade que – cita mais uma vez Kant – "pode coexistir com qualquer outro conforme uma lei geral". *A liberdade compatível com todas as demais liberdades é o único Direito humano; poder-se-ia dizer também que é o único critério de todos os Direitos humanos.*[22]

A filosofia pura prática desenvolvida por Kant tem na idéia de liberdade o seu eixo temático central. Nele abrigam-se a doutrina do Direito e a doutrina da virtude. Dois momentos fundamentais numa obra voltada para o aprofundamento da responsabilidade humana, do dever que o homem deve impor a si mesmo na construção da sociedade e do Estado. Se a Modernidade marcou o fim do estado de natureza e, conseqüentemente, o fim das garantias presumivelmente ofertadas pelo mundo metafísico-religioso, restou ao homem à luz da Razão o papel de garantir a continuidade da espécie em um novo *ethos*. Justificar os princípios éticos, jurídicos, as virtudes, o dever, a vontade e a justiça em um mundo cujo sentido teleológico já estava posto desde sempre, trazia consigo garantias absolutas e inamovíveis. Justificar tais conceitos à luz da Razão humana tem sido a tarefa da humanidade nestes três últimos séculos. E quão complexa ela o é. Este foi o desiderato da obra kantiana diante das questões a que se propôs responder (o que posso saber? O que devo fazer? o que posso esperar?). Partindo da Razão, buscou elaborar a crítica desta mesma Razão que "desencantou" o mundo para melhor apreender suas possibilidades e limites.

O que devo fazer? Esta é a pergunta da sua filosofia pura prática. Parece-nos que Kant, na doutrina do Direito e na doutrina da virtude, indicou suas pretensões para responder a tal pergunta, ao que poderíamos acrescentar, quem sabe, o que devemos fazer para *sermos livres*? Pois afastados do mundo mágico e religioso, conseqüentemente de suas verdades e certezas, restou-nos a liberdade. Mas não a liberdade que nos remete ao arbítrio animal determinado pela inclinação, limitado ao estímulo sensível. Mas a uma liberdade fundamentada no arbítrio humano, que mesmo afetado pelos impulsos, pode ser determinado para as ações por uma razão pura aplicada. Desta forma, nascem as leis da liberdade, sejam elas morais ou jurídicas. Daí, os deveres, sejam internos (vinculados à moralidade), sejam externos (vinculados à legalidade); ambos voltados para a liberdade do indivíduo, de todos os indivíduos. Nesta arquitetônica não há condições de se pensar a liberdade de alguns em detrimento dos demais. Em sua doutrina do Direito, Kant nos lega uma concepção de Direito que está inspirada nos princípios da justiça, ao afirmar que: "uma ação é *conforme o Direito quando permite, ou cuja máxima permite à liberdade do arbítrio de cada um coexistir com a liberdade de todos segundo uma lei universal!*".[23] E a justiça *pressupõe sempre a eqüidade, o equilíbrio das ações assumidas por cada*

---
[22] Höffe, Otfried, p. 203, 1986.
[23] Kant, Immanuel, p. 39, 1989.

um e por todos. Direito e ética, esferas diferenciadas, mas não desvinculadas por Kant, que não vê prejuízo algum às estruturas de ação do sistema legal. Mas que pelo contrário, aprofunda a obediência às leis no uso prático da razão, onde está definitivamente localizada a experiência fática da liberdade.

— II —

Direito, Estado e Justiça:
conceitos e debates em Filosofia Política[1]

ÁLVARO FILIPE OXLEY DA ROCHA[2]

Sumário: Introdução. 1. O Estado e a Democracia. 2. O Direito e a Justiça. 3. A Filosofia Política e o debate atual. 4. A Justiça Política e os países periféricos. Considerações finais.

> "No final das contas, o valor de um Estado é o valor dos indivíduos que o compõem."
> J. S. Mill – *A Liberdade, III*

Introdução

A proposta do presente artigo é expor um roteiro dos conceitos que integram o debate proposto na disciplina "Direito, Estado e Justiça", com as principais linhas do debate acadêmico atual, dentro da orientação do Programa de Pós-Graduação em Direito da UNISINOS. Além de solidificar a compreensão da ação dos agentes do campo jurídico pela apresentação do Direito e da Justiça no contexto do Estado, e, portanto, da política praticada pelos agentes inseridos nesses campos sociais específicos, o que se pretende é mostrar que o debate sobre o futuro das relações entre o Direito e a política, no senso comum, tende a se dar em torno da uma oposição entre o engessamento positivista e o caos. A fim de superar esse falso impasse, busca-se uma saída reflexiva, pela discussão de uma Justiça política.[3] O que

---

[1] Este artigo foi escrito como referência para a disciplina "Direito, Estado e Justiça", a partir de parte dos resultados obtidos na pesquisa ora realizada por seu autor, no PPG em Direito da UNISINOS, sobre a ação do Judiciário na efetivação dos novos direitos e da cidadania.

[2] Doutor em Direito do Estado pela Universidade Federal do Paraná – UFPR. Mestre em Ciência Política pela Universidade Federal do Rio Grande do Sul – UFRGS. Pesquisador e Professor do Programa de Pós-Graduação em Direito (Mestrado), e da Graduação em Direito da Universidade do Vale do Rio dos Sinos – UNISINOS.

[3] HÖFFE, Ottfried. *Justiça política: fundamentações de uma filosofia crítica do Direito e do Estado*. Petrópolis, RJ: Vozes, 1991.

propomos é chegar a compreender as acepções dessa alternativa, e evitar suas armadilhas, pelo caminho da Filosofia Política. É nesse sentido que inicialmente encetamos a exploração dos aspectos teóricos conceituais de Direito, Estado e Justiça, passando a seguir à discussão da filosofia política como unificadora do debate, e procurando aportar as contribuições mais promissoras da Sociologia, a fim de reduzir o déficit sociológico[4] do qual a mesma se ressente há décadas. As condições de contextualização do debate são dadas pela discussão do caso brasileiro, referindo a ação do Judiciário. A escolha de temas e autores, portanto, foi determinada por esse fim, sem pretender dar conta do debate, por sua extensão. Pretendemos antes sugerir temas para suscitar o debate e futuras pesquisas, sem oferecer conclusões limitadoras. Procuramos por esse método criar as condições teóricas para a exploração de todas as possibilidades, dentro da proposta pedagógica da formação do espírito crítico, atento às transformações sociais em nível global e local, orientado para a busca de opções ou linhas de ação éticas, inovadoras e construtivas.

1. O Estado e a Democracia

Uma idéia preliminar de Estado pode ser abordada por várias acepções. Para fins da abordagem que adotamos neste estudo, parte-se da noção de que se trata de uma entidade abstrata, simbólica,[5] que se eleva à condição de depositária da identidade de uma nação, e dá suporte ao poder político exercido em seu nome.[6] Caracteriza-se também por atividades, princípios de organização e lógica de funcionamento diferentes das demais atividades sociais. Apresenta-se ainda como sociedade política, na qual se observa a abstração do poder, e a autonomização da esfera pública. Finalmente, pode ser visto como forma específica da organização política. Hegel[7] estabelece que o Estado, enquanto princípio de totalidade e expressão suprema da razão, faz a síntese do universal e do tradicional, do interesse geral e dos particulares. Desse modo, o Estado assume a idéia de ordem e coerência sobre a qual se apóia a existência da sociedade. O Estado deve mostrar-se neutro, objetivo e independente, oferecendo-se como o lugar legítimo da integração social. Assim é que o Estado estabelece o fundamento da idéia da autoridade. O Estado é representado pelos governantes, permanecendo subjacente às ações destes. Surgindo como crença, o estado ocupa o lugar

---

[4] HONNETH, Axel. *Luta por reconhecimento: a gramática moral dos conflitos sociais*. São Paulo: Ed. 34, 2003.

[5] "Simbólica" no sentido da imposição de uma determinada visão de mundo (a dos grupos sociais dominantes) sem recorrer à violência física, mas a um discurso racional de legalidade, ou violência "simbólica".

[6] ARNAUD, André-Jean, *et al. Dicionário Enciclopédico de Teoria e de Sociologia do Direito*. Rio de Janeiro: Renovar, 1999.

[7] HEGEL, Georg W. F. *Princípios de Filosofia do Direito*. 4 ed. Lisboa: Guimarães Editores, 1990.

da religião na legitimação simbólica[8] de seus representantes e procedimentos. Marx e Engels[9] denunciam o Estado como mistificação ideológica, e seria assim não transcendente, mas imanente às relações sociais.

O Estado pode também ser visto como esfera pública, na qual se percebem três dimensões: uma simbólica, como representante do interesse de todos, outra jurídica, decorrente da aplicação das normas vigentes, e uma dimensão orgânica, que apresenta o estado como um todo coerente em suas ações. Na visão liberal, o estado surge como instância de integração social, ao reduzir os conflitos e promover a ordem. Do ponto de vista maquiaveliano, seria um instrumento de dominação a serviço da classe detentora dos meios de produção (sentido da crítica marxista). Como sociedade política, o Estado pode ser determinado por três elementos fundamentais: uma nação, ou grupo social que partilha a mesma identidade, um território, ou área espacial específica, onde se exerce sua soberania, como exclusão de outras instâncias de autoridade e ordenamentos jurídicos, e ainda um poder de coerção, com a existência de órgãos especializados na imposição das concepções de mundo expressas no ordenamento jurídico, com a possibilidade do recurso à força para esse intento. Nesse último elemento, reside a caracterização do Estado também como sociedade política, dado que nas palavras de Max Weber,[10] este só pode se consolidar pelo monopólio da violência física legítima, que é normalizada, ou "normatizada" e passa a ser oculta por um discurso de violência simbólica:[11] a lei e sua coercitividade. Desse modo, Direito e Estado estão diretamente ligados, como afirma Hans Kelsen;[12] não há Estado sem Direito, nem Direito sem Estado, remetendo-se necessariamente à discussão da idéia de Estado de Direito, e ao problema da unidade do Direito.

O Estado de Direito supõe o estabelecimento da primazia entre Estado e Direito: se há anterioridade do Estado sobre o Direito, como pode o primeiro submeter-se ao segundo? A teoria da autolimitação inicia estabelecendo a supremacia do Estado, exaltado até de modo místico; entretanto, a preocupação em fundamentar o Estado de Direito de maneira mais sólida leva a estabelecer o apoio da norma não mais no Estado, mas em algum princípio superior: Deus, a Natureza, o Homem e a Sociedade, escolhas que também não levam a alcançar este objetivo. Os teóricos da heterolimitação encontram a saída na recusa, por Kelsen,[13] da teoria dualista, estabelecendo

---

[8] LEGENDRE, P. *L'amour du censeur. Essai sur l'ordre dogmatique.* Paris: Le Seuil, 1974.
[9] MARX, Karl e ENGELS, Friedrich. *O Manifesto do Partido Comunista.* Rio de Janeiro: Paz e Terra, 1996.
[10] WEBER, Max. *Economia y Sociedad – Esbozo de Sociologia Compreensiva.* México: Fondo de Cultura Económica, 1984.
[11] BOURDIEU, Pierre. A força do Direito in *O Poder Simbólico.* Lisboa: DIFEL, 1983.
[12] KELSEN, Hans, *Teoria geral do Direito e do Estado.* São Paulo: Martins Fontes, 1990.
[13] *Idem.*, 1990.

Estado e Direito como uma única ordem coercitiva. Dessa forma, os conteúdos ideológicos e políticos do Estado de Direito podem ser afastados, surgindo um conjunto de garantias para os cidadãos contra os arbítrios dos governantes, e liberdades fundamentais. Objeto de fortes divergências no debate atual, a expressão se aprimora como Estado Democrático de Direito. Observando que nos ocuparemos da democracia mais adiante, referimos que o embate se dá entre duas correntes de posicionamento teórico frente à ação do Estado, especialmente via Judiciário, dividindo-se entre procedimentalismo e substancialismo, onde se sustenta, no primeiro caso, a rejeição do intervencionismo estatal que percebe na dinâmica social e, no segundo caso, advoga-se a revisão do papel social do Judiciário, no sentido de evidenciar a vontade geral expressa no ordenamento jurídico,[14] já que nessa concepção, a ação do Judiciário condicionaria a realização de um Estado Democrático de Direito.[15] Nesse sentido, e por um prisma mais sociológico, pode-se observar que a falta de clareza quanto ao papel social do Estado e, pois do Judiciário, é observada em países periféricos[16] como o Brasil, por conseqüência da formação de uma elite social[17] autoritária e conservadora, que reproduz uma tradição de intelectuais[18] que sustentam a mesma visão de mundo, para o Estado e a política. Observa-se que essa formação intelectual, no caso dos juristas, é hoje majoritariamente voltada para a técnica jurídica, em detrimento da formação teórica: filosófica e sociológica.[19] Em decorrência, os intelectuais brasileiros, incluindo agentes políticos e juristas, são freqüentemente levados a tratar a razão européia não como instrumento de racionalidade, mas como ornamento,[20] em geral abandonado nos momentos de crise, a partir do que se dedicam a repetir velhas linhas de ação, rituais e discursos de legitimidade, muitos hoje já sem sentido na nova configuração social.[21] O resultado é a limitação con-

---

[14] STRECK, Lenio. *Hermenêutica Jurídica e(m) crise: uma exploração hermenêutica da construção do Direito*. 2ª ed. Porto Alegre, Livraria do Advogado, 2000.
[15] ROCHA, Leonel Severo. *A democracia em Rui Barbosa. O projeto político liberal-racional*. Rio de Janeiro: Líber Júris, 1995.
[16] SANTOS, Boaventura S. Os Tribunais na Sociedade Contemporânea. In *Revista Brasileira de Ciências Sociais* – ANPOCS n 30 (fev.96), 1996.
[17] CARVALHO, José Murilo de. *A Construção da Ordem: a elite política imperial*. Rio de Janeiro: Campus, 1980.
[18] PÉCAUT, Daniel. *Os intelectuais e a política no Brasil: entre o povo e a nação*. São Paulo: Ática, 1990.
[19] Dessa constatação, hoje corriqueira, nasce a crítica superficial e maniqueísta, segundo a qual a "dogmática" seria o inimigo, proferida, em geral, por juristas de perfil técnico, que, desconhecendo a Teoria do Direito, se apressam a assumir uma atitude "moderna", sem uma idéia clara do conceito ou da função dogmática jurídica, indispensável para a realização do Direito.
[20] GOMES, Roberto. A Razão ornamental, in GOMES, Roberto. *Crítica da Razão Tupiniquim*. Curitiba: Criar, 2001.
[21] HOLANDA, Sérgio Buarque de. *Raízes do Brasil*. São Paulo: Cia. das Letras, 1995.

siderável dos mesmos quanto a suas possibilidades de avaliar e agir para resultados políticos e sociais efetivos.[22]

O problema da unidade do Direito, que então se estabelece, decorre de uma exigência de sistematização do ordenamento jurídico, uma vez estabelecido o monopólio estatal sobre a organização do grupo; todo o fenômeno social seria expresso no Estado como único ente representativo e realizador das demandas sociais, o condutor legítimo dessa dinâmica, pela via jurídico-institucional. Essa forma de monopólio, entretanto, não dá conta, em absoluto, da complexidade social, surgindo em oposição a tese de um pluralismo,[23] apontando outros grupos organizados, aptos a receber alguma parcela de autonomia, sem no entanto se equivaler ao Estado.

É preciso destacar que a forma assumida em maioria pelo Estado moderno é a do Estado Providência, expressão de onde se pode deduzir o processo de transformação da forma anterior, dita "liberal", na primeira metade do séc. XX, em termos ideológicos, colocando-se o Estado a missão de suprir as necessidades de todos os indivíduos, e em termos práticos, assumindo o Estado a responsabilidade pelo desenvolvimento econômico e social.[24] Já na dinâmica do Estado imbuído da ordem capitalista surgida ao longo do séc. XIX, o Estado se estabelece como um grande gestor de recursos econômicos, fazendo destes o principal instrumento para a realização de seus fins, mas também se submetendo aos azares da dinâmica econômica internacional. Trata-se de promover o desenvolvimento dos indivíduos, mas sem abafar o desenvolvimento econômico do qual emergem as verbas que o Estado utiliza em seus programas sociais. A luta pela manutenção desse modelo, e suas extremas dificuldades, expõem o esgotamento do mesmo, numa crise multifacetada.[25] A fórmula socialista "comunista" prometia ir além da busca desse frágil equilíbrio, mas sua derrocada, marcada simbolicamente pela queda do muro de Berlim, propiciou a revelação do artificialismo da manutenção dos Estados-providência dos países centrais,[26] e suas hoje desesperadas necessidades de financiamento.

Quanto ao regime que assume o governo dos Estados modernos, destaca-se a Democracia, não como proposta instalada, mas como luta constante por sua realização. Norberto Bobbio[27] observa que democracia é hoje vista como um conceito elástico, mas que mantém a idéia de um governo

---

[22] ROCHA, Álvaro F. O. *Sociologia do Direito: a magistratura no espelho*. São Leopoldo, Ed. UNISINOS, 2002.
[23] CITTADINO, Gisele. *Pluralismo, Direito e Justiça Distributiva. Elementos da Filosofia Constitucional contemporânea*. Rio de Janeiro: Lúmen júris, 1999.
[24] GARCIA PELAYO, Manuel. *Las transformaciones del Estado Contemporáneo*, 4 ed. Madrid: Alianza, 1996.
[25] MORAIS, José Luis Bolzan. *As crises do Estado e da Constituição e a transformação espacial dos Direitos Humanos*. Porto Alegre, Livraria do Advogado, 2002.
[26] ROSANVALON, Pierre. *A Crise do Estado-providência*. Brasília: Editora da Unb, 1997.
[27] BOBBIO, Norberto. *Qual Socialismo?* São Paulo: Paz e Terra, 1983.

de muitos ou todos contra o governo de um ou de poucos. O autor contesta, porém, essa noção, dizendo que a democracia tem, ao contrário, contornos precisos. Desse modo "democrático é um sistema de poder no qual as decisões coletivas, isto é, as decisões que interessam a toda a coletividade (grande ou pequena que seja) são tomadas por todos os membros que a compõem".

Fazendo uma breve referência à tradição, o mesmo autor destaca que a teoria da democracia moderna resulta de três tradições do pensamento político ocidental: uma teoria clássica, uma teoria medieval e uma teoria moderna. A primeira é também conhecida como aristotélica,[28] e define a democracia como o governo de todos, em oposição ao governo de um e ao governo de alguns. Em seguida, a teoria medieval, ou romana, se apóia na soberania popular, na qual essa soberania ascende ou descende, conforme o poder se origine do povo por representação, ou soberano, por delegação. E, finalmente, a teoria moderna ou maquiaveliana, concebida em torno das grandes monarquias, para as quais a democracia é uma forma de república, oscilando entre ideais republicanos ou democráticos.

Objetivando a exposição, adotamos a forma sintética e sistematizada de classificação da democracia em três formas: deliberativa, plebiscitária e procedimental,[29] referindo que, nesse sentido, o sujeito da democracia seria o governo do povo, sua mecânica se rege por um ideal de governo pelo povo, com a finalidade de governar para o povo. Fundada na tradição aristotélica, a democracia deliberativa pode ser definida pela aplicação prática da razão teleológica à vida política. Firmemente apoiada em mecanismos legais, é garantida a participação do cidadão nas decisões, pois nesse sentido todo cidadão estaria investido dos poderes deliberativo e judiciário. O nível de exigência quanto ao cidadão passa a ser muito alto, pois as virtudes necessárias para a vida política não podem ser afastadas. Desse modo, por meio do voto nas assembléias e julgamentos nos tribunais populares, o cidadão realiza-se na vida pública, cujos objetivos são o bem comum (público) e a vida boa (individual). A democracia plebiscitária se radica na concepção de uma "vontade geral".[30] Não havendo o autor definido com clareza seu conceito de vontade geral, resta a idéia de que adota o voluntarismo, assumido pelo cidadão. Ao estabelecer as próprias leis, o cidadão obedeceria apenas a si mesmo e, desse modo, as leis expressariam essa vontade geral. As questões controvertidas dependeriam da manifestação, ou plebiscito, dos cidadãos. Esse sistema teria o dom de afastar a opressão das formas de governo tradicionais, em favor da liberdade do cidadão. Mas

---

[28] É preciso ter presente a distinção entre a democracia antiga e a moderna. Para isso, ver FINLEY, Moses I. *Democracia antiga e moderna*. Rio de Janeiro: Graal, 1988.
[29] BARZOTTO, L.F. *A Democracia na Constituição*. São Leopoldo: Ed. UNISINOS, 2003.
[30] ROUSSEAU, Jean-Jacques. *Discurso sobre a origem e o fundamento da desigualdade entre os homens* in ROUSSEAU (Os pensadores). São Paulo: Nova Cultural, 1991.

falha ao não definir com clareza as bases institucionais. Ao depender constantemente da manifestação dessa vontade, o sistema político se torna excessivamente instável. Esse decisionismo torna o Estado de Direito, a legalidade e a igualdade objetos de constante questionamento, sem a referência a uma justicialidade, e sem garantias contra o arbítrio da vontade geral. Finalmente, a democracia procedimental, trazida por Kelsen,[31] evita o voluntarismo, relativizando-o pelo estabelecimento de um procedimento que expresse a vontade do maior número de indivíduos, sobre o que estes consideram justo. A idéia à de que os cidadãos se orientam pelo individualismo racional, e desse modo, devem organizar juridicamente a vida pública. Preserva-se desse modo a liberdade da maioria, admitindo-se certo grau de contrariedade entre os cidadãos. Desse modo, elegem-se os governantes, que devem dispor de instrumentos jurídicos e institucionais para garantir a paz. A democracia passa a ser, então, um mecanismo de criação da ordem social, no sentido hobbesiano, tornando-se um acordo de interesses para a manutenção da ordem jurídica, apoiada na legitimidade da participação dos indivíduos nela envolvidos. Todas as formas da democracia antes expostas estão evidentemente sujeitas a intensas discussões e críticas, levando ao objetivo da disciplina que motiva o presente trabalho. Não sendo nosso objetivo aprofundar esse ponto, limitamo-nos a observar que a finalidade de um Estado Democrático de Direito está diretamente ligada à realização de um objetivo que é estabelecido pela mecânica da democracia. Trata-se de estabelecer, por essa via, a forma política e jurídica do bem comum e da vida digna a todos os cidadãos.

2. O Direito e a Justiça

O Direito se apresenta, na tradição, como "ars aequi et boni", enfatizando uma idéia de uma técnica, um modo de se realizar o justo e o bom. Essa definição se aproxima das concepções jusnaturalistas de Direito. Essa idéia de justiça está ligada á existência de uma ordem anterior e superior à humana, e vem desde Aristóteles, retomada na tradição cristã por Tomás de Aquino.[32] Essa concepção esteve sempre ligada a uma concepção das relações sociais e políticas, dominante na Idade Média européia, com o Direito Canônico e as origens do Ocidente como o conhecemos. Combatida desde o racionalismo e ferozmente atacada durante o Iluminismo, contra a mesma se opôs uma concepção de Direito Positivo, que passa a ser apenas o direito estabelecido pelos órgãos institucionais especializados do Estado. No direito continental europeu, o direito positivo assume a forma do ordenamento jurídico, da doutrina ou os escritos de seus comentaristas, e

---

[31] KELSEN, Hans. *Essência e valor da Democracia*. São Paulo: Martins Fontes, 1993.
[32] KELSEN, Hans. *A justiça e o Direito Natural*. Coimbra: Armênio Amado, 1979.

da jurisprudência, ou a tradição de interpretação judicial dessas leis, no exato molde jurídico-administrativo do modelo canônico, mas adotando os parâmetros da laicidade estatal. Esse direito se torna a expressão de uma ideologia de Estado, em estreita ligação com a ideologia da classe dominante. Esse conjunto de dispositivos e interpretações assume um caráter dogmático, de crença, baseada nos seguintes pontos fundamentais: a legitimidade da sua origem, na autoridade estatal, a superioridade e validade dessas leis, que se estabelecem em monopólio, a obrigatoriedade da submissão ao seu conteúdo e suas sanções, e, portanto, aos agentes que representam e aplicam esse ordenamento jurídico ao grupo social. Essas regras passam a ser conhecidas como direito objetivo, por se encontrar o mesmo instrumentalizado na lei. As interpretações que daí surgem quanto à aplicabilidade ou não dos direitos então estabelecidos podem ser reunidas na idéia de um direito subjetivo. A adaptação da lei aos fenômenos sociais propiciou a teoria do "fato jurídico", dentro da idéia de que o mundo jurídico não pode ignorar as modificações sociais, sob pena da perda de sua legitimidade e força. Essa idéia está relacionada aos avanços da Sociologia, e o conseqüente surgimento de uma Sociologia do Direito, na Europa do início do século XX. A tradição também estabeleceu a distinção entre Direito Privado e Direito Público, pela qual o primeiro se refere aos direitos que interessam primordialmente ao cidadão, e o segundo ao que diz respeito primordialmente ao interesse público. Hoje se constata uma "publicização" dos direitos, com a supremacia do Direito Constitucional, que resulta em uma autonomia cada vez menor ao cidadão e aos interesses "privados", que são cada vez mais revistos e conduzidos para um modelo de interesse público. Desse modo, a produção das leis está hoje intimamente ligada ao processo democrático, pelo robustecimento do Estado Democrático de Direito. Não é tranqüila a imposição dos interesses da elite econômica e política nos parlamentos em virtude de um maior nível de exigência dos cidadãos sobre seus representantes. A própria interpretação constitucional passa a ser profundamente questionada, pois nesse mecanismo reside um potencial extremamente significativo para a transformação social. Fica cada vez mais evidente, por essa mecânica, que as antigas concepções privatistas do Direito, antes tidas como "realistas", traduziam, na verdade a alienação, por seus defensores do engajamento na luta política que determina, muitas vezes, a compreensão da profundidade dos efeitos da ação do mundo jurídico. O Direito, por essa ótica, revela seus fundamentos filosóficos e políticos. A exposição desses mecanismos enfraquece o efeito de dominação a eles inerente.[33]

Pode-se expressar, para seguir em frente, que a discussão mais produtiva, a partir desse ponto, é a da justiça, ou do justo. Assim, esclarecemos

---
[33] BOURDIEU, Pierre, *O Poder Simbólico*. Lisboa: DIFEL, 1983.

que os autores e debates a seguir referidos são os que conduzem, na linha de uma filosofia política, ao debate sobre a possibilidade de uma justiça política.

A idéia de justiça em geral diz respeito ao ordenamento das relações entre as pessoas, apresentando dois significados centrais: a conformidade do comportamento do homem a uma norma e a adequação da norma (julgamento) ao comportamento humano.[34] Deve-se referir que também pode o mesmo termo se relacionar com sua concepção social, em cada grupo humano, a ação própria, ou ato de julgar, e ainda a designação do Judiciário. Platão[35] destaca que a justiça está necessariamente ligada à política, ao declarar que a discussão da justiça é feita no intuito pedagógico de elevar a alma a um nível idealizado de inteligibilidade, capaz de dar conta da melhor constituição para os cidadãos da *polis*. A partir dessa concepção, a justiça se instrumentaliza, tornando-se a virtude central, condição para a realização das outras virtudes. Aristóteles[36] apresenta a justiça como virtude completa, integral e perfeita, que traz em si todas as demais, produzindo efeitos internos e externos para o cidadão. Desse modo, distingue entre uma justiça geral em acordo com a moral e outra particular, ligada ao esforço por atribuir a cada um a sua parte nas coisas exteriores. Essa justiça se subdivide em Distributiva e Comutativa, atribuindo-se à primeira a distribuição dos bens comuns e encargos a cada um por seus méritos, e à segunda equiparar as vantagens e desvantagens em todas as relações humanas, o que se definiria como um justo corretivo. Hobbes[37] liga a justiça à conformidade às regras, tendo como critério a realização da paz. Grócio[38] também distingue duas formas da justiça, como atributiva ou a atribuição de algo a quem antes não possuía, e retributiva, a atribuição da devida recompensa. Kant[39] identifica a justiça com a liberdade, condicionada à realização do imperativo categórico. A justiça vista pela tradição do pensamento ocidental pode ser definida pelo Positivismo, mais representativa na obra de Kelsen,[40] que afirma que a justiça existe como objeto de discussão, mas deve a mesma ser rejeitada como elemento de fundamentação de uma jurisprudência puramente científica. A crítica que se opõe é a de que esta corrente não percebe que a justiça é parte do Direito na sua tarefa de manutenção da ordem social, representando assim uma vantagem distributiva.[41] A visão

---

34 ABAGNANO, Nicola. *Dicionário de Filosofia*. São Paulo: Martins Fontes, 2003.
35 PLATÃO. *República*. Lisboa: Calouste Gulbenkian, 1990.
36 ARISTÓTELES. *Ética a Nicômacos*. Brasília: Ed. Unb, 1992.
37 HOBBES, Thomas. *Leviatã* in HOBBES. (Os Pensadores). São Paulo: Abril, 1983.
38 ABAGNANO, Nicola. *Dicionário de Filosofia*. São Paulo: Martins Fontes, 2003.
39 KANT, Immanuel. *Fundamentação da metafísica dos costumes*. Lisboa: edições 70, 1995.
40 KELSEN, Hans. *Teoria Pura do Direito*. São Paulo: Martins Fontes, 2003.
41 HÖFFE, Ottfried. *Justiça política: fundamentações de uma filosofia crítica do Direito e do Estado*. Petrópolis, RJ: Vozes, 1991.

anarquista, representada por Proudhon, procurou mostrar que a justiça é faculdade do eu individual, não podendo, pois, ser imposta externamente.

A justiça no jusnaturalismo representado por Hobbes e Grócio se fundamenta no mútuo reconhecimento das proibições e na eficiência da ordem normativa. Não fica clara, porém, a idéia de coerção. A esse irrealismo, Höffe[42] afirma que crer numa justiça sem poder coercitivo se trata de ilusão. O Iluminismo marcou sua concepção de justiça pela racionalidade, a qual pretendia que pudesse justificar uma nova moralidade,[43] afastada da tradição (religiosa). Seus integrantes procuraram apresentar, desse modo, princípios universais que pudessem ser reconhecidos, aceitos e aplicados por toda a humanidade. Segue-se o Liberalismo, na trilha do individualismo. Nessa linha, a justiça tem regras que têm a função de garantir racionalmente a liberdade individual de expressão, de modo a permitir ao indivíduo viver como queira, pela limitação das ações do Estado e do outro. Desse modo, pode-se ser inteiramente racional sem ser justo, adequando-se a ação aos termos racionais.[44] Da mesma forma surge a justiça para Rawls,[45] para quem esta é uma noção integralmente igualitária, no sentido da justificação racional para que cada indivíduo determine e siga suas preferências.

MacIntyre,[46] em oposição a essa linha de desenvolvimento teórico, propõe uma retomada da justiça como virtude. Estabelecendo o que chama de desacordo moral contemporâneo, decorrente do fracasso da tentativa iluminista de justificação racional da moralidade, propõe a retomada da ética aristotélica a partir da perspectiva de uma tradição de pesquisa racional. O pensamento de Aristóteles é proposto como o núcleo da tradição clássica. Essa retomada levaria à redefinição das virtudes, pela prática. A justiça seria então uma virtude que mantém as relações necessárias para a obtenção dos bens internos, e garante à comunidade uma vida em que se possa perseguir o bem, e sustenta a tradição do contexto histórico no qual as virtudes individual e comunitária se desenvolvem. Desse modo, podem-se restaurar a moralidade e a civilidade, para dar sentido à vida em sociedade contemporânea. Não há, assim, uma única concepção de justiça válida e universal, mas justiças, cuja noção depende da adesão a uma racionalidade particular inserida no contexto de cada tradição.

3. A Filosofia Política e o debate atual

Partindo da compreensão da política como a dinâmica de todas as ações humanas que se relacionam com o poder, e sua ampliação para as

---

[42] *Op. cit.*, nota 3.
[43] MACINTYRE, Alasdair. *Justiça de quem? Qual racionalidade?* São Paulo: Loyola, 1991.
[44] *Idem*, nota 43.
[45] RAWLS, John. *Uma Teoria da Justiça.* São Paulo: Martins Fontes, 1997.
[46] *Op. cit.*, nota 43.

ações relacionadas ao Estado e ao Governo, chega-se à política como objeto da filosofia,[47] ou do conhecimento, e mais recentemente a uma ciência política, a se distinguir da primeira antes de tudo por questões de método, mas também por uma fácil, embora controversa, identificação desta última com a Sociologia Política. A Filosofia Política pode ser compreendida a partir dos seus significados tradicionais, iniciando nos escritores clássicos como Platão[48] e Aristóteles,[49] passando pelos cristãos como Agostinho[50] e Tomás de Aquino,[51] por Maquiavel[52] do Renascimento, sem esquecer Hobbes,[53] Montesquieu,[54] Locke,[55] Kant,[56] Hegel,[57] Tocqueville,[58] Stuart Mill[59] e Marx,[60] apenas para citar os mais destacados. Identificada a uma idéia de aconselhamento dos poderosos, que não lhe faz justiça, a filosofia política esteve sempre no centro das preocupações das mentes mais destacadas da História conhecida.

É possível agrupar a primeira corrente de idéias organizadas sobre o tema como a busca de uma descrição (e por vezes prescrição) de um Estado perfeito. Em seguida, ela explora as bases da legitimação possível do poder político, e tenta clarificar quais atividades humanas podem ser tomadas como propriamente políticas. Há também hoje a compreensão de que à filosofia política caberia a tarefa de propiciar uma reflexão crítica acerca do discurso político, desde a antiguidade aos dias de hoje, e é nesse sentido que cremos se estende essa tarefa sobre o discurso jurídico,[61] especialmente como linguagem de poder.[62]

---

[47] WOLFF, Francis. *Aristóteles e a Política*. São Paulo: Discurso Editorial, 1999.
[48] Op. cit. nota 35.
[49] ARISTÓTELES, *Política*, Madrid: Centro de Estúdios Constitucionales, 1989.
[50] AGOSTINHO, Santo. *Cidade de Deus*. São Paulo: Ed. Paulinas, 1984.
[51] AQUINO, Tomás de. *Escritos Políticos de Santo Tomás de Aquino*. Petrópolis, RJ: Vozes, 1995.
[52] MAQUIAVEL, Nicolau. *Dez cartas e o Príncipe*. Brasília: Unb, 1992.
[53] Op. cit., nota 37.
[54] MONTESQUIEU, *O Espírito das Leis*. São Paulo: Abril Cultural, 1973.
[55] LOCKE, John. *Segundo Tratado sobre o governo civil* in LOCKE (Os Pensadores) São Paulo: Abril Cultural, 1983.
[56] KANT, Immanuel, *A Paz Perpétua e outros opúsculos*. Lisboa: edições 70, 1995 b.
[57] HEGEL, Georg W. F. *Princípios de Filosofia do Direito*. 4 ed. Lisboa: Guimarães Editores, 1990.
[58] TOCQUEVILLE, Aléxis de. *A Democracia na América*. São Paulo: EDUSP/Itatiaia, 1987.
[59] MILL, J. S. *Considerações sobre o governo representativo*. Brasília: Unb, 1981.
[60] MARX, Karl. *Karl Marx: sociologia*. São Paulo: Ática, 1996.
[61] Nesse sentido, referimos o interesse, hoje público, do Judiciário em simplificar a linguagem jurídica. Não é difícil prever a resistência de muitos juristas, visto ser o domínio do código específico o passaporte de entrada no campo, no caso o jurídico, utilizado a partir daí como preciosismo lingüístico, para o fim de legitimação simbólica (reconhecimento) junto aos pares, mas especialmente junto às partes: é também um mecanismo equivalente ao da "letra de médico", que por seu efeito "oracular", contribuiria para a valorização mercadológica dos agentes, além de espantar o tédio inerente ao trabalho técnico quotidiano do Direito, muitas vezes repetitivo e profundamente enfadonho.
[62] BOURDIEU, Pierre. *A economia das trocas lingüísticas: o que falar quer dizer*. São Paulo: Edusp, 1998.

Para que se chegue, entretanto ao nível dessas considerações, é preciso lembrar, inicialmente, que a obra que ainda faz a referência do primeiro aspecto mencionado das tarefas da filosofia política é a de Platão,[63] construída inteiramente de modo ideal, com supremo desprezo pelo mundo e pelas limitações humanas, isto é, ignorando a mínima possibilidade de sua efetiva materialização. A idealização da forma do Estado ou sociedade perfeita se estende por toda uma linha de escritores utópicos, que muitas vezes abrem mão de suas concepções radicais, mas continuam a crer na justiça como referência determinante e absoluta da ordem política, a partir dos mais diversos pontos de vista, o que inclui também a linha marxista. Esse utopismo perde sua força após as guerras do século XX, com a nova ascensão do capitalismo e a final derrocada do socialismo comunista. Essa, portanto, é a menos defendida das atribuições da filosofia política hoje.

A seguir, pode-se afirmar que a filosofia política também se ocupa em investigar a mecânica da legitimação do poder. Como destaca Weber,[64] entretanto, poder, visto como a possibilidade de se obter obediência de outrem, é uma idéia amorfa se não concebida como exercício, ou dominação legítima, à qual estabelece a clássica tripartição em tradicional, carismática e racional-legal. As formas da legitimação, entretanto, convergem para um princípio ideológico de justificativa da submissão ao poder exercido por uma pessoa ou grupo, incluindo o sistema democrático. A discussão está sempre em aberto, possuindo aspectos explorados também em outras áreas de conhecimento, como a Sociologia.[65]

Outro aspecto do desenvolvimento da filosofia política é descrito na noção de que a filosofia política deve estabelecer com clareza quais são as atividades propriamente políticas, caso exista uma "autonomia da política", radicada na obra de Nicolau Maquiavel.[66] É possível identificar, entretanto, por trás dessa idéia de autonomia, a primeira semente da "razão de Estado", e a adesão à ideologia da força, ainda hoje assumida por muitos teóricos, inclusive do Direito, transposta para a imposição das escolhas do Estado, em detrimento dos mecanismos genuinamente democráticos.

A tarefa de estabelecer uma linha de reflexão sobre o discurso político, e, portanto, sobre o discurso jurídico como discurso de poder do Estado é, a nosso ver, a tarefa mais legítima para a filosofia política, que, para tanto, não pode abrir mão de recorrer à sociologia, à lingüística, à antropologia, à história e demais conhecimentos que se façam úteis, sem, porém resvalar em alguma forma de holismo improdutivo. Ao desvelar os mecanismos do poder e da política, apresenta-se a noção de que a política não se submete

---

[63] *Op. cit.*, nota 35.
[64] *Op. cit.*, nota 10.
[65] BOURDIEU, Pierre, *O Poder Simbólico*. Lisboa: DIFEL, 1983.
[66] *Op. cit.*, nota 52.

à técnica como mais um discurso de dominação, mas orienta-se integralmente por uma exigência de justiça. É nesse sentido que procura desnudar as relações entre os homens, pensar a correlação de forças na dinâmica social pelos prismas simbólico e procedimental, resultando na impossibilidade de normalização do arbitrário. Assim é que lhe cabe examinar constantemente o "justo"[67] institucional, que com facilidade se torna o justo que interessa aos beneficiados, e em seguida explorar todas as possibilidades do sentido que se imprime à ação política. Desse modo, resulta que novos pontos de vista são sempre possíveis, que a dinâmica política sempre se reinventa, e por conseguinte a história não tem um final, e renova-se a necessidade de difundir uma compreensão do político liberadora para todos, promotora de harmonia, mas que não use o consenso como forma de dominação, sustentando assim as formas da diversidade humana.

Num primeiro inventário sobre os debates que a filosofia política enfrenta hoje em dia, Delacampagne[68] examina as condições para que uma comunidade política seja realmente democrática, estabelecendo como condição para tanto a realização de três princípios: um primeiro de tolerância, ou laicidade, um de separação de poderes, e finalmente um princípio de justiça.

O primeiro debate inicia com uma questão bastante relevante: o princípio da tolerância deve ser aplicado aos inimigos da tolerância, quer dizer, uma comunidade ordenada que deseje sobreviver pode permitir que se expressem livremente os adversários da democracia, especialmente nas suas formas mais recentes, as do nacionalismo étnico e do fundamentalismo religioso, com seus discursos de fanatismo e incitação do ódio ao outro? É preciso lembrar que a situação ideal é a de não-ingerência mútua, entre religião e Estado. Tal não se observa, entretanto, a partir da posição religiosa. E quanto ao nacionalismo, a difusão da falsa premissa de que a cada etnia corresponderia uma nação, com seu "estado", engendra a xenofobia, o racismo e todas as formas da intolerância que hoje presenciamos.

O segundo debate inquire o princípio de separação dos poderes, afirmando que, se o mesmo define com exatidão os papéis atribuídos ao Executivo, ao Legislativo e ao Judiciário, mostra-se suficiente para gerir os conflitos inevitáveis entre esses poderes? E a resposta é negativa, mostrando-se intocados especialmente os conflitos entre o Executivo e o Legislativo pelo exercício do poder sem excessiva interferência dos representados, e a seguir o conflito entre o Executivo e o Judiciário, pela idéia de que, numa democracia verdadeira, ninguém está acima da lei.

Finalmente, sobre o problema da submissão às leis, remete-se a um problema mais amplo: a democracia se constitui, de fato, apenas no respeito

---

[67] RICOEUR, Paul. *O Justo, ou a essência da justiça*. Lisboa: Instituto Piaget, 1997.
[68] DELACAMPAGNE, Christian. *A Filosofia Política hoje*. Rio de Janeiro: Jorge Zahar Ed., 2001.

às leis, entendido como garantia de liberdade? A garantia jurídica das liberdades é suficiente para que a democracia se mantenha? A maioria por si só detém o poder de impor suas posições à minoria, levando a democracia necessariamente à tirania? Não há novidade na questão, que já vinha sendo debatida por Tocqueville,[69] na defesa da liberdade "ameaçada" pela expansão da igualdade decorrente da democracia. Surgem duas correntes críticas. A primeira, na linha da tradição grega, dirá que a liberdade é menos importante que a virtude, daí decorrendo que a democracia de massa não seria necessariamente a melhor solução política. A segunda, liderada por Michel Foucault,[70] afirma que a democracia "burguesa", formal e jurídica, seria apenas uma farsa da democracia verdadeira, representada para o fim de fazer com que esqueçamos da guerra social da realidade, sublimada na política. Pode-se objetar que a liberdade não, desse modo, mais importante que a justiça, que continua a representar as aspirações dos oprimidos.

Assim é que a discussão da justiça, e, pois, a do Direito, se torna central para a filosofia política, como se observa desde a obra de Platão,[71] até a de John Rawls.[72] É preciso lembra que o conceito de justiça não é exclusividade dos campos político ou jurídico, podendo o mesmo ser tomado em diversas acepções, como a moral ou ética, metafísico-histórica, religiosa ou estética. É nesse sentido que na obra de Rawls as dimensões ética e política se encontram tão estreitamente entrelaçadas.

Em seguida, surge a discussão da atualidade da noção de "contrato social", sempre reutilizada a partir do trabalho dos contratualistas, para fundamentar o clamor por justiça nas sociedades européias individualistas. Essa é a razão pela qual Rawls também a utiliza para apoiar sua teoria da justiça, defendendo a idéia de que as democracias modernas não deveriam apenas proteger as liberdades, mas também reduzir as desigualdades sociais.

Entretanto, o que se compreende realmente como justiça, em termos sociais? Surgem duas correntes de resposta: a primeira na linha de Marx, que toma a justiça por igualdade, buscando o fim da propriedade privada, por exemplo. Em seguida, a proposta de Rawls, segundo o qual justiça seria tomada como eqüidade, e se revela uma forma de apoiar as linhas de ação da social democracia européia, gerando intensas controvérsias.

Dessa forma, é necessário debater os direitos, a idéia do bem, e o justo. A discussão é encabeçada por uma linha de autores "libertaristas", como Robert Nozick,[73] defensores da menor intervenção possível do Estado na vida pública, e criticados pelos "comunitaristas" como Alasdair MacIntyre,[74]

---

[69] *Op. cit.*, nota 58.
[70] FOUCAULT, Michel. *Em defesa da sociedade*. São Paulo: Martins Fontes, 1999.
[71] *Op. cit.*, nota 35.
[72] *Op. cit.*, nota 45.
[73] NOZICK, Robert. *Anarquia, Estado e Utopia*. Rio de Janeiro: Jorge Zahar Ed., 1994.
[74] Op. cit. nota 46.

Charles Taylor[75] ou Michel Sandel,[76] que defendem o exercício da política para a realização do bem público, mais amplo que a dos direitos individuais ou a justiça distributiva. Há que referir também a contribuição para o debate de autores não exatamente engajados, mas representativos, como Ronald Dworkin[77] e Michael Walzer.[78]

Em seguida, enfrenta-se o problema do nacionalismo e seus limites, que resultado do trabalho, há muito empreendido quanto aos conflitos internacionais, no sentido de trocar os mecanismos bélicos por mecanismos jurídicos de solução. O debate sobre o sentido da manutenção ou não do estado-nação aponta vantagens e problemas para os dois lados. Entretanto, é possível silenciar a crítica do radicalismo para combater os frutos indesejados do nacionalismo, em especial o racismo, a xenofobia e o anti-semitismo? E a partir desse avanço, pode-se pretender ir além do estado-nação? Nesse sentido, apresentam-se os defensores de uma nova ordem internacional, política e juridicamente instaurada, na linha da proposição de um direito "cosmopolítico",[79] que deflagra controvérsias intensas, no sentido de que não há fundamentos claros para um "direito de ingerência", que há muito não se pode conceber as sociedades de forma maniqueísta.

A partir dessa constatação, estabelece-se o debate sobre a falência do modelo Estado, que é uma discussão antiga, estando presente no utopismo desde as suas raízes. Será possível conceber essa forma no mundo de hoje, com a globalização financeira, das comunicações e das informações, com a internet, tráfico de armas, drogas, e terrorismo internacional? As fronteiras vêm se esvaindo diante de nossos olhos, a cada dia, e os arautos do armagedon estão sempre a postos, mas não nos cabe sucumbir a esses cantos de sereia: a filosofia política aponta a visão de novas formas da organização, ainda pouco concebíveis, sem centro, talvez em rede, nas quais o diálogo será mais fluído, surgindo novas formas de discussão e de exercício da cidadania individual. O debate é de extrema importância, é amplo, e está aberto. É nessa linha que encaminhamos a discussão do conceito de justiça política, como segue.

4. A justiça política e os países periféricos

Iniciamos por enfrentar a proposição de uma justiça política, que é um conceito proposto na obra de Ottfried Höffe.[80] O autor pretende renovar o debate ético na relação entre o Direito e o Estado, e para tanto estabelece

---

[75] TAYLOR, Charles. *Argumentos Filosóficos*. São Paulo: Loyola, 2000.
[76] SANDEL, Michael. *Liberalism and the Limits of Justice*. Oxford: Oxford Press, 1982.
[77] DWORKIN, Ronald. *A matter of principle*. Cambridge: Harvard University Press, 1985.
[78] WALZER, Michael. *Esferas de la Justicia*. México: Fondo de Cultura Económica, 1997.
[79] *Op. cit.*, nota 56.
[80] *Op. cit.* nota 3.

para si três objetivos: primeiro, mostrar que a idéia de justiça política é elementar à ordem jurídica; segundo, mostrar que nem toda ordem de Estado e de Direito pode ser considerada legítima; e terceiro, mostrar que a legitimidade de uma ordem política deriva de princípios de justiça, que ultrapassam os limites de uma simples definição jurídica.

Höffe afirma ser o conceito de justiça política o fundamento de uma crítica ética de Direito e de estado, que visa a uma legitimação e a uma limitação de ambos. Assim é que pretende reconciliar Direito e Estado entre si, e ambos com a ética, de modo a possibilitar uma clara e produtiva delimitação dos poderes estatais. Assim é que desenvolve uma crítica ao positivismo jurídico e ao anarquismo, por colocarem em xeque o sentido e a possibilidade de um discurso sobre a justiça. Não é sustentável, afirma qualquer forma de dominação ou coerção social, como o Estado e, pois o Direito, que prescindam de princípios de justiça. Desse modo, veja-se que metas de todas as sociedades são pautadas por formas manifestas ou veladas de justiça. Nesse sentido é que as críticas da Justiça Política se dirigem em especial às instituições sociais do Direito e do Estado.

A legitimação da ordem e da coerção social não pode, porém, ser posta de lado. Assim é que incorrem em erro o positivismo por sua hobbesiana "carta branca" às ações de autoridade do Estado, e o anarquismo, que como arauto do caos, renuncia ao Direito do Estado. A tarefa da justiça política é, pois, construir um meio-termo entre essas concepções, reconhecendo por um lado o Direito do Estado, mas não de forma absoluta, de modo a limitar seus poderes. A justiça política se faz assim condição necessária para a convivência humana pacífica. O Estado, portanto, deve estar obrigado à justiça enquanto justiça política, que desse modo se faz medida normativa e crítica do Direito, pois o direito justo é a forma legítima para a convivência humana.

O autor então passa a discutir as atribuições de mandato político para o exercício da coerção social, de um ponto de vista ético. A justiça assim se torna uma obrigação social, como legitimação crítica. Para que a justiça política se legitime, é preciso ter consciência da multiplicidade histórica da política, procurando estabelecer um conceito universal do político, atribuindo desse modo vantagens e desvantagens para cada um dos afetados. A coexistência deve-se dar, portanto, por um critério de vantagem distributiva.

O comprometimento do estado com a justiça é, então, fundamental. Surgem então as estratégias com o fim de atrelar os poderes públicos à justiça. Em primeiro lugar, as tarefas de positivação, buscando o reconhecimento histórico concreto dos princípios de justiça: previsão e garantia dos direitos humanos, limitação da imposição da maioria nos parlamentos, a co-responsabilidade da coletividade com o estado na definição das condições econômicas, políticas, sociais e culturais, ações que resultam numa permanente discussão política num Estado constitucional, democrático e social.

Em segundo lugar, tarefas de julgamento e avaliação, pelas quais as formas jurídicas devem ser reconhecidas como não-estáticas, podendo sempre ser redefinidas a partir da verificação de critérios médios de justiça. Esse tipo de juízo deve ser aplicado à legislação, como esfera da ação pública, por três dimensões, de comunicação, aprendizagem e reconhecimento, a fim de trazer respostas para os problemas que surgem na dinâmica coletiva. Há ainda a necessidade de agregar um critério de racionalidade científica, de modo que o processo de deliberação política obedeça, internamente, a um consenso experimental e, externamente, a uma instância de cooperação entre ciência e política, possibilitando, assim, a concretização da justiça política. Entretanto, como se configura o entorno institucional e social para uma discussão do justo, como antes exposta, entre nós?

As peculiaridades próprias da formação histórica e social do Brasil são evidentes, mas o país se inscreve no caso dos demais países periféricos. Os autores que se dedicam à política comparada utilizam a expressão "países periféricos" ao tratar da América Latina, e de todos os países que não adotam o modelo de Estado europeu, e mantém relações de dependência política, econômica e cultural com os países centrais (os que geram o modelo). A cultura social dos países periféricos não se desenvolve no modelo europeu, e desse modo, as modificações lá ocorridas chegam a esses países como notícias, muitas vezes distorcidas, e por recortes utilizados pelas elites interessadas na legitimação e manutenção de suas posições. Os produtos culturais dos países centrais, como o próprio Estado e o Direito europeus, são apropriados pela elite, selecionados, recortados e passam a integrar estratégias de aplicação, ou de importação de modelos. Essa estratégia não é nova, e não é exclusividade de nenhum país periférico. A falta de bases educacionais para a implantação desses modelos impõe uma barreira cultural significativa entre a elite e a população, ao mesmo tempo em que as instituições decorrentes dessas estratégias são sempre frágeis. Assim, a dinâmica social e política desses países por ser vista por uma dinâmica externa de dependência política, econômica e cultural, e interna voltada a evitar a perigosa degradação da relação entre governantes e governados, entre instituições e população, por crises de legitimidade e corrupção. Trata-se de nações órfãs de modelo de organização social instalado na cultura social, o que entrava seu desenvolvimento político, social e econômico.[81]

Centrando a discussão, interessa-nos diretamente o tema do Judiciário nos países periféricos. Os níveis de desenvolvimento econômico e social,

---

[81] BADIE, Bertrand, e HERMET, Guy. *Política Comparada*. México: Fondo de Cultura Econômica, 1993.

sempre ligados, afetam diretamente o desempenho do Judiciário nos países periféricos,[82] em dois sentidos: por um lado, o aumento da litigiosidade social, que resulta em um número muito maior de demandas ligadas a direitos sociais e direitos humanos, e por outro lado, pela instabilidade das instituições estatais desses países, que reflete sobre o grau de comprometimento dos agentes do Judiciário com sua ação social. As chocantes desigualdades sociais agravam esse quadro, distanciando o Judiciário daqueles que mais necessitam da atuação desses agentes. E, nesse contexto, a expansão do Estado-providência aumentou a pressão sobre esses agentes, sem que a estrutura material ou cultural dos Judiciários fosse alterada.

É possível apontar, por essa via, que a crise do Judiciário nos países periféricos é também uma crise da magistratura,[83] que tem sua tradicional posição de superioridade social questionada em razão de demandas cada vez mais populares, em quantidade cada vez maior.[84] A complexidade das novas demandas e as críticas contundentes ao não-engajamento dos juízes nas questões políticas e sociais coloca em risco a concepção de campo jurídico,[85] compartilhada por estes agentes,[86] deflagrando por vezes crises pessoais e institucionais, pelo confronto direto ao "habitus"[87] judicial individual e de classe, formado no estudo da tradição européia importada, recortada e "adaptada" à tradição local de autoritarismo político e desinteresse pelas demandas sociais.

A dinâmica do campo jurídico, no caso dos países periféricos, e, pois, do Brasil, não se estrutura do mesmo modo que na Europa, entretanto, essa referência de análise é de muita utilidade para a compreensão do choque entre os modelos de estado, entre as concepções de posição social e as possibilidades da realização de ajustes que permitam uma maior efetividade institucional. Assim é que o estudo de um caso do Judiciário brasileiro[88] evidenciou o distanciamento social entre juízes e demandantes e a falta de preparo teórico[89] (não-técnico) desses agentes para enfrentar as novas crí-

---

[82] *Op. cit.*, nota 16.

[83] LENOIR, Remi. Desordem entre os agentes da ordem in BOURDIEU, Pierre (org.) *A miséria do mundo*. Petrópolis: Vozes, 1998.

[84] VIANNA, Luiz Werneck et al. *A Judicialização da Política e das relações sociais no Brasil*. Rio de Janeiro: Revan, 1999.

[85] Visto aqui como espaço social de lutas pelo direito de dizer o direito.

[86] BOURDIEU, Pierre. A força do Direito in *O Poder Simbólico*. Lisboa: DIFEL, 1983 a.

[87] Visto como a visão de mundo que decorre do treinamento para a função judicial.

[88] *Op. cit.*, nota 22.

[89] Entendemos a Teoria do Direito como aquela composta pelo conhecimento filosófico e sociológico, não em sua totalidade, (o que seria desejável, porém pouco prático) mas a partir de uma "Filosofia do Direito" e de uma "Sociologia do Direito". Esses conhecimentos são muitas vezes procurados por juristas desiludidos, em geral em final de carreira, para neles se alienar ou buscar consolo para as frustrações impostas pelas limitações da técnica, ou dogmática jurídica ao longo de suas carreiras. É preciso, entretanto, destacar que esses conhecimentos se revelam inócuos, se não se refletirem na prática jurídica, pela crítica e busca das soluções mais justas.

ticas e problemas que lhes são endereçados, como a relação com a mídia e o nepotismo. Como antes referido, muitos desses agentes evidenciaram desconhecer conceitos filosóficos fundamentais e mecanismos básicos da dinâmica social e política, o que autoriza a concluir que o problema da formação de novos juristas, e da reciclagem dos hoje ativos, é um entrave relevante à realização de um Estado Democrático de Direito entre nós, que necessita ser enfrentado de forma serena mas incisiva.

Considerações Finais

Desse confronto de conceitos e opiniões, resulta-nos a idéia de que é necessária a revisão e a reconstrução de muitos conceitos e instituições herdados da tradição ocidental européia, referidos ao longo do presente artigo. Mas esse trabalho deve ser realizado sob a luz da crítica objetiva e lúcida que decorre do conhecimento e da maturidade que a experiência agrega aos agentes e instituições. É fundamental, portanto, para o jurista atento, observar esse debate, pois não se chega a esse nível de crítica pelo caminho da dogmática tradicional, mas pelo estudo da Filosofia Política e da Sociologia, geral e jurídica, como essa linha de debates procura apontar. No caso específico do Brasil, muitos dos elementos culturais que a discussão da tradição européia pressupõe como dados, não estão solidificados entre nós culturalmente. E essa limitação é perceptível em todos os níveis sociais, rebaixando muito o nível dos debates acadêmicos, jurídicos e políticos. Por essa razão é que é a reformulação do Estado Democrático de Direito é entre nós tão lenta, traduzindo-se nas contradições e nos problemas observados diariamente no mundo jurídico, e em especial no Judiciário.

É preciso destacar que a Justiça Política entre nós significa o resgate de uma moralidade democrática. Nesse sentido, e assumindo algum prescritivismo, afirmamos que, pelas razões antes expostas, é central entre nós não a reconstrução, mas a construção de muitos dos conceitos necessários para o debate. Para tanto, faz-se necessário estabelecer prioridade sobre a *educação para o Estado Democrático de Direito*. E não apenas no nível superior, mas também e principalmente nos ensinos fundamental e médio, visto que a ignorância e o despreparo de muitos, especialmente dos jovens, pode facilmente fazê-los presa de ideologias radicais, sempre à espreita, cujo fracasso, fartamente demonstrado na tradição, se oculta por esse meio às novas gerações. Mesmo que se trate ainda de uma meta entre nós, o efeito das ações de um Estado perfeitamente democrático, composto por instituições sólidas e agentes bem preparados, resultaria, ainda assim, em grande parte anulada por esse grave déficit cultural instalado entre a população.

O discurso e a crítica da racionalidade estatal, do bem comum e da justiça só fazem eco em mentes educadas para a vida civilizada, isto é, regrada, o que significa e existência de uma maioria de mentes *educadas para a cidadania*. O mundo jurídico ganharia muito em efetividade se priorizasse essa exigência junto ao Estado e passasse também a agir nesse sentido. Do contrário, continuaremos adiando as necessárias mudanças sociais e políticas, lançando o melhor de nossos esforços ao vazio. O momento é propício, e deveria ser aproveitado.

    Expusemos até aqui os principais conceitos e os debates envolvendo Direito, Estado e Justiça na trilha da Filosofia Política para uma Justiça Política, buscando integrar o debate com aportes sociológicos. Por essa via, acreditamos que o exame desses elementos contribui para tornar possível o desenvolvimento de discussões sérias e produtivas, mas que não deixam de ser interessantes e prazerosas para a atividade acadêmica e de pesquisa: trata-se de desenvolver e manter o desejo de construir, por todos os meios ao nosso alcance, as condições sociais para que tenhamos um horizonte cada vez mais claro para o futuro.

— III —
Constituição, Direito Penal e Redes Sancionatórias:
uma perspectiva de projeção do sistema normativo criminal ao Estado Democrático de Direito

ANDRÉ COPETTI[1]

Sumário: 1. Notas Introdutórias; 2. Permanências garantistas liberais e expansão material do catálogo de bens não-individuais: características do direito penal pós-88; 3. Subsidiariedade, cláusulas de comunicabilidade e possibilidade de restituição do *status quo* como elementos de adequação do direito penal ao Estado Democrático de Direito; 3.1. A compreensão da estrutura do sistema jurídico em redes sancionatórias como fundamento hermenêutico para a articulação subsidiária de seu funcionamento; 3.2. Cláusulas de comunicabilidade como zonas de (dis)tensionamento normativo da complexidade constitucional composta por direitos e interesses individuais e coletivos; 4. A subsidiariedade e as cláusulas de comunicabilidade na legislação tributária: da necessidade de uma extensão isonômica dos institutos tributários aos demais delitos patrimoniais; 5. Considerações Finais.

1. Notas Introdutórias

O presente trabalho constitui-se na segunda etapa do projeto de pesquisa desenvolvido pelo autor junto ao PPGD/UNISINOS, denominado "A (in)comunicabilidade das redes sancionatórias", tendo a primeira sido concretizada a partir de um levantamento bibliográfico acerca do tema proposto. O texto que segue é o resultado parcial desse trabalho investigativo, sendo composto: a) por uma sucinta análise de algumas características fundamentais do modelo penal configurado após a positivação constitucional do projeto de sociedade, Estado e Direito consistente no Estado Democrático de Direito; b) por algumas projeções de adequação do sistema normativo penal ao paradigma político-jurídico positivado constitucionalmente, tendo como elementos referenciais a agudização do princípio da subsidiariedade, a estruturação e a articulação do sistema normativo em redes sancionatórias e a possibilidade de restituição do *status quo ante* ao fato

---
[1] Doutor em Direito pela UNISNOS. Professor do Programa de Pós-Graduação em Direito da UNISINOS. Advogado.

delituoso como fator limitador da atuação estatal penal; c) por fim, por algumas análises fragmentadas do ordenamento jurídico penal, na perspectiva da (in)comunicabilidade das redes sancionatórias, como referência casual das projeções de ajuste dos estratos normativos infraconstitucionais ao projeto constitucional de sociedade, Estado e Direito.

A idéia central do trabalho está construída sobre uma análise e uma projeção político-criminal articuladas desde uma visualização de zonas problemáticas a partir da sanção, tendo como fundamento a estruturação do ordenamento jurídico em quatro diferentes redes sancionatórias, a saber: rede penal, cuja principal sanção são as penas privativas de liberdade; rede administrativa, calcada sobre penas restritivas de direito; rede civil, onde a indenização vem a ser a pena primordial; e, por fim, a rede de mediação, cujo objetivo fundamental é a solução dos conflitos fora dos ritos procedimentais jurisdicionais.

Muito distante de pretender dar uma solução mágica ao problema da adequação do direito penal ao projeto democrático constitucionalizado, as idéias que seguem podem significar, pelo menos no campo da reflexão, mais uma contribuição comprometida com a democratização e a humanização do direito penal.

A perspectiva teórica utilizada como base da reflexão aqui esboçada é um garantismo de dupla via, onde direitos e interesses individuais e coletivos estão num plano equalizado, sem preferências apriorísticas e abstratas. Por este campo de visão, a idéia de indivíduo está superada pela de pessoa ou cidadão, cuja cidadania somente pode ser concretizada pela efetivação não só de direitos individuais, mas também de direitos e interesses não-individuais que demandam a proteção jurídica e até mesmo penal em algumas situações extremadas. Somente com esta superação torna-se possível a construção de um sistema penal contemporâneo que possa ser percebido como justo, pois os direitos fundamentais não mais se concebem apenas como direitos e nem tampouco apenas restritos ao plano individual. Para transcender de forma consciente este tipo de perspectiva unidimensional, o indivíduo deve ser considerado não só atomizadamente, mas, também – horizontalmente – como membro da comunidade humana e – verticalmente – como membro de uma cadeia geracional.[2]

Assim, o presente ensaio tem como pedras angulares de sua construção:
- uma concepção não mais estritamente atomizada do indivíduo, mas também social e comunitária, decorrendo disto restrições ao seu âmbito de liberdade,bem como obrigações de solidariedade dirigidas a gerações presentes e futuras;
- a prevalência da pessoa diante do Estado, sendo aquela, em sua vida comunitária o fim de qualquer ação do Estado, o qual sempre deve ser considerado como meio, como instrumento de realização dobem estar social.

---

[2] Cfe. ESER, Albin. *Uma justicia penal "a la medida del ser humano". Visión de um sistema penal y procesal justa para el hombre como individuo y ser social*. In: Revista de Ciencias Penales. n. 15 Costa Rica: Associación de Ciencias Penales da Costa Rica, dez/98.

2. Permanências garantistas liberais e expansão material do catálogo de bens não-individuais: características do direito penal pós-88

O acontecimento da Constituição Federal de 1988 propiciou o surgimento de uma grande quantidade de construções teóricas e pragmáticas que pretendiam dar uma nova roupagem ao direito penal, no sentido de aproximá-lo definitivamente do projeto constitucional positivado. Não obstante alguns avanços, especialmente pela abertura de novos campos de debate, bem como pela elevação qualitativa das discussões que passaram a ocorrer no País, não se observou um significativo câmbio no paradigma penal brasileiro, a ponto de se poder observar que havia sido constituída uma nova proposta legitimadora da atuação estatal penal.

O texto constitucional trouxe uma série de referências penais, sendo, com certeza, a Carta constitucional com o maior número de indicações e obrigações criminalizadoras, além de um possuir uma outra boa quantidade de disposições voltadas à ampliação da atuação estatal penal, situação que redundou num significativo aumento do espectro de bens jurídicos tutelados penalmente.[3] Por outro lado, a Constituição renovou uma série de permanências liberais, notadamente em relação a garantias individuais contra atuações penais abusivas do Estado.

---

[3] Ver a respeito COPETTI, André. *Racionalidade Constitucional Penal Pós-88*. In: Anuário do PPGD/UNISINOS. São Leopoldo: Livraria do Advogado/UNISINOS, 2004. Neste trabalho, confirmou-se que a tradição penal brasileira, ainda que privilegiadora de bens individuais, especialmente se for considerado o aspecto sancionatório do tratamento jurídico-penal dispensado a eles pelo Estado, não pode ser considerada como arraigada a concepções liberais-individualistas puras. Sempre houve uma mitigação não-individualista. A partir disso, concluiu-se que o modelo penal brasileiro, no que toca ao substrato filosófico-político que lhe subjaz, historicamente, é constituído por uma simbiose entre a tradição individualista e não-individualista, com uma preponderância da primeira, ainda mais se for tomado em conta o ângulo quantitativo das sanções cominadas, pois os crimes que violam bens individuais sempre tiveram penas mais rigorosas associadas abstratamente, e, na perspectiva concreta, sempre foram o alvo preferencial das ações dos poderes públicos, tanto em relação à aplicação, quanto com referência à execução da lei penal. Esse caráter interno paradoxal e conflitivo do sistema normativo penal brasileiro acentuou-se, particularmente, após todas as agregações que a ele se realizaram, com o bloco de legislação com conteúdo criminal. Tais aderências, ocorridas por força de indicações presentes na Carta Constitucional de 1988, ampliaram significativamente a tutela penal de caráter não-individualista. Dos dados analisados (a legislação com conteúdo penal criminalizador pós-88), concluiu-se, tendo como referência às vertentes que compõem as tradições individualista e coletivista, que o modelo penal brasileiro mais se aproxima de um liberalismo igualitário, de inspiração rawlsiana, do que propriamente de um comunitarismo que se manifeste como uma retomada do pensamento organicista aristotélico. Essa conclusão se tornou possível em função de que, não obstante ter havido uma majoritária previsão típica de tutela a bens não-individuais na legislação penal editada pós-Constituição de 1988, à qual se deve agregar toda a tradição nacional de proteção penal a bens não-individuais, existente desde o Código Criminal do Império, no aspecto sancionatório, que se constitui na manifestação efetiva do poder penal estatal, há uma priorização das liberdades individuais, seja pelo aspecto quantitativo das penas – em sua maioria bastante baixas –, seja pelas possibilidades de prevalência da liberdade individual, pela concessão de benefícios alternativos às penas de prisão, sobre as possibilidades de aplicação efetiva da lei penal pelo Estado.

As orientações liberais, afirmadas por Jescheck como idiossincrasias do direito penal moderno,[4] ainda permanecem como aspectos fundantes de nosso sistema normativo criminal, especialmente se for considerada a estruturação normativa do sistema penal, embasada sobre o princípio da legalidade, da determinação taxativa, da subsidiariedade, da fragmentariedade, da culpabilidade, da pessoalidade e da humanização das penas. E considerando que tais permanências ocorrem na esfera principiológica de proteção ao cidadão contra abusos do Estado, nisto não parece haver pecado mortal algum. Nem tampouco há, nessas permanências liberais, alguma grande contradição com o projeto constitucional de 1988, pois nele a pessoa foi restituída a um lugar histórico que lhe havia sido subtraído nos projetos constitucionais de 1934, 1937 e 1967/1969. Também há que se considerar que pela tradição do constitucionalismo houve uma boa parcela de entregas que foram feitas pelo liberalismo e pelo iluminismo e que permanecem nos sistemas positivos de direitos fundamentais como conquistas inafastáveis da humanidade.[5]

Assim, pode-se afirmar que há, com certeza, no projeto constitucional democrático e social e, por conseqüência, nos seus reflexos irradiados aos estratos normativos infraconstitucionais, a permanência e a recepção de uma parcela liberal bastante significativa, especialmente no que se refere à institucionalização de garantias. Da mesma forma, frise-se que é salutar que o direito penal recepcionado constitucionalmente, bem como o que emergiu do projeto constitucional de Estado Democrático de Direito, possua e deva possuir, mais do que qualquer outro ramo normativo que prescreva alguma atuação coercitiva do Estado, elementos de garantia liberal-individualista.

Por outro lado, com a positivação da tutela de bens, direitos e interesses não-individuais na Constituição de 1988 – com nunca até então ocorrera na história constitucional brasileira[6] –, houve uma equalização entre indivíduo e coletividade, decorrendo disto primazias liberais em algumas áreas

---

[4] Cfe. JESCHECK, Hans-Heinrich. *Lehrbuch des Strafrechts*. Allgemeiner Teil, 2. Aufl 1972, p. 35.

[5] Sobre as origens de influências históricas iluministas no direito penal brasileiro, ver NEDER, Gizlene. *Iluminismo jurídico-penal luso-brasileiro. Obediência e submissão*. Rio de Janeiro: Freitas Bastos, 2000; BATISTA, Nilo. *Matrizes Ibéricas do Sistema Penal Brasileiro*. Rio de Janeiro: Freitas Bastos, 2000.

[6] A relação entre Estado Social e criminalização é bemanalisada por Luisi, que afirma que as "Constituições contemporâneas tem, ao lado dos princípios (penais) até agora analisados, um série de preceitos destinados a alargar a incidência do direito criminal no sentido de fazê-lo um instrumento de proteção de direitos coletivos, cuja tutela se impõe para que haja uma justiça mais autêntica, ou seja, para que se atendam as exigências de Justiça material. Expressam esses tipos de normas constitucionais, as instâncias do *Sozialstaats*, e fazem com que o Estado exerça uma função ativa, ampliando a área de atuação do direito penal". Cfe. LUISI, Luiz. *Os princípios constitucionais penais*. 2. ed. Porto Alegre: SAFe, 2003. A respeito ver também CUNHA, Maria da Conceição Ferreira da. *Constituição e Crime. Uma perspectiva da criminalização e da descriminalização*. Porto: Universidade Católica Portuguesa, 1995; CARVALHO, Márcia Dometila Lima de. *Fundamentação Constitucional do Direito Penal*. Porto Alegre: SAFe, 1992. FELDENS, Luciano. *A Constituição Penal*. Porto Alegre: Livraria do Advogado, 2005.

de intervenção e hegemonias sociais-coletivistas em outras, sempre tendo em conta que em todas elas devem-se fazer marcantes os referenciais democráticos em suas mais variadas perspectivas, como é próprio do Estado Democrático de Direito.

Nesse sentido, o projeto constitucional, ao abrigar os postulados liberais-individualistas que primam pela garantia individual, buscando com isso a limitação estatal, e, também, em sentido diverso, ao alargar significativamente o seu catálogo de bens jurídicos não-individuais, com uma conseqüente inflação de bens jurídico-penais, gerou uma complexidade axiológico-normativa até então nunca vista, situação que afastou quaisquer facilidades aos juristas na execução da tarefa de reconfiguração constitucional do direito penal.[7]

As elaborações teóricas, no plano acadêmico, e as institucionalizações pragmatizadas, nos campos legislativo e judicial, a partir da simbiose entre permanências liberais garantistas e ampliações materiais não-individuais no plano do bem jurídico, não levaram à construção de alguma engenhosidade jurídica que permitisse afirmar que se estivesse diante de um novo modelo de direito penal, democrático e social, se é que o direito penal pode, em algum momento, ter tais características, especialmente a primeira.[8]

---

[7] Sobre o estatuto da política criminal no quadro do Estado de Direito material contemporâneo e de um sistema jurídico-penal teleológico, racional e funcional, ver DIAS, Jorge de Figueiredo. *Questões Fundamentais do Direito Penal Revisitadas*. São Paulo: RT, 1999, p. 33 e segs.

[8] Um dos principais reflexos da inserção de tipos penais voltados à tutela de bens não-individuais deu-se na teoria do bem jurídico. Quanto a isto, manifestou-se com propriedade Diez Ripollés dizendo que "Sin duda uno de los problemas fundamentales que afronta la teoría del bien jurídico es su empleo en el ámbito de los denominados indistintamente bienes jurídicos colectivos, difundidos o universales. La proliferación de reformas legales que introducen en los códigos penales preceptos protectores de tales bienes ha dado origen a una intensa polémica sobre su procedencia. No és éste lugar donde podamos ocuparnos detenidamente de todos los aspectos del problema, pero sí cabe realizar algunas observaciones. La primera de ellas ha de ser para reconocer la legitimidad de su introducción en los cuerpos legales penales: Su toma en consideración refleja el paso del Estado de derecho liberal, preocupado fundamentalmente por asegurar el orden social en un contexto de garantías formales de la convivencia pacífica por medio del aseguramiento a todos los ciudadanos de determinados presupuestos materiales. Sin duda su masiva integración en los códigos ha creado disfunciones importante, entre las que podrían destacarse la extrema vaguedad de algunas de sus formulaciones, la tendencia, probablemente derivada del déficit anterior, a acomodarse en estructuras típicas de peligro con los riesgos para la seguridad jurídica a que ello da lugar, y su fácil abuso por un legislador que quiere servirse del Derecho penal para labores de transformación social que son a éste ajenas, cuando no para producir efectos meramente simbólicos en la sociedad(33). Pero en neutralizar tales defectos consiste el desafío que a la ciencia penal hace la necesaria introducción de estos objetos de tutela. Las ocasionales propuestas de limitar la aceptación de tales bienes a sólo aquellos que tengan claras connotaciones individualistas, lejos de implicar un avance en el Derecho penal garantista, suponen reconocer anticipadamente el fracaso de nuevas elaboraciones conceptuales más ajustadas a las actuales necesidades de tutela de las sociedades democráticas, que es lo mismo que decir, de los individuos que las integran. La resignada admisión de que vivimos en una sociedad de riesgo, que tiene que asumir construcciones conceptuales tan poco precisas como las que actualmente ofrecen muchos bienes jurídicos colectivos, parece más bien el caballo de Troya de los partidarios de sustituir el concepto de bien jurídico por otros instrumentos técnico-jurídicos más concordes con una visión expansiva del sistema de control penal y menos respetuosos con los actuales principios estructurales de intervención penal. Frente a tales alternativas, parece más acertado concluir que la presencia de los bienes jurídicos colectivos confronta al Derecho penal de modo perentorio con

Em algumas áreas, permanecem "privilégios garantistas" que impedem a proteção de bens não-individuais, enquanto que em outras se excede o Estado em relação aos indivíduos para tutelar bens, direitos e interesses de natureza coletiva. Há, com isso, proteções penais excessivas e deficientes que precisam ser definitivamente afastadas de um sistema penal que se pretenda humanista, garantista e democrático. É preciso que tais situações polarizadas sejam aproximadas de um centro de proporcionalidade, de onde possam irradiar soluções político-jurídicas que permitam uma proteção equilibrada das diferentes categorias de bens jurídicos positivados constitucionalmente.

3. Subsidiariedade, cláusulas de comunicabilidade e possibilidade de restituição do *status quo* como elementos de adequação do direito penal ao Estado Democrático de Direito

As tentativas de determinação do âmbito de intervenção penal, atendendo a padrões de racionalidade, dignidade e humanidade, longe de qualquer dúvida, têm-se constituído numa das principais tarefas dos juristas ao longo dos últimos séculos. Aproximações pela via da (des)criminalização e da (des)penalização constituem-se nas mais comuns alternativas político-criminais adotadas por legisladores e juristas. Entretanto, tais caminhos, contemporaneamente, não possibilitaram a construção de um direito penal adequado ao projeto democrático e social constitucionalizado, de tal forma que nele surgissem equalizadas as posições entre indivíduo e coletividade, afastando-se, assim, no plano individual, violações a liberdades individuais por excessos da potestade estatal penal ou, na perspectiva coletiva, deficiências na proteção a bens coletivos por abundantes, tendenciosas e casuísticas proteções, mascaradas de garantias, a determinados estratos sociais.

As soluções buscadas dentro dos microcosmos legislativo – através da edição de sucessivas leis com conteúdo penal, seja para privilegiar o indivíduo contra a atuação penal do Estado, seja para proteger bens jurídicos de natureza não-individual, com conseqüentes restrições aos cidadãos em

la necesidad de llevar a cabo esa tarea siempre pendiente de colaboración entre las ciencias sociales, singularmente en este caso la sociología, y la política criminal, colaboración que debería orientarse en el tema que ahora nos ocupa en dos direcciones fundamentales: Por un lado, a la búsqueda de una formulación de tales bienes jurídicos que compatibilice una adecuada descripción empírica de realidades sociales merecedoras de protección jurídicopenal con una delimitación conceptual aceptable en los estrictos términos de la dogmática penal. Por otro lado, y como consecuencia de lo anterior, a la elaboración de un concepto de lesión material o dañosidad de tales bienes jurídicos colectivos que, cumpliendo las exigencias dogmáticas, permita sustituir en un buen número de casos las muy cuestionables estructuras típicas de peligro, hoy tan generalizadas en relación con estos objetos de tutela, por las más garantistas de resultado material". Cfe. RIPOLLÉS, José Luiz Dies. *La Contextualización del Bien Jurídico Protegido en un Derecho Penal Garantista*. In: Revista de Ciencias Penales. n. 15, Costa Rica: Asociación de Ciencias Penales de Costa Rica, dezs/98.

sua perspectiva atomizada – e judicial – através de reinterpretações do antigo modelo – não têm tido a potencialidade de estabelecer um novo paradigma penal que rompa com os excessos liberais-individualistas – ao proteger bens coletivos –, sem, no entanto, descambar o Estado para exageros de cunho socializante, nem tampouco descurar das garantias individuais historicamente conquistadas, ou, noutro sentido, que tutele espaços e interesses individuais, sem apresentar algumas deficiências e permissividades em relação à tutela de bens coletivos.

Uma das principais causas de tal situação é a falta de articulação entre as mais diversas estratégias que compõem o manancial de possibilidades da atuação estatal penal, para a tutela dos mais diferentes bens jurídicos, havendo, em não raros casos, a adoção de remédios jurídicos que muitas vezes são inadequados, por excessivos ou deficientes, tendo-se em conta o tipo de bem tutelado.

A ocorrência dessa desarticulação decorre, em parte, da concepção fragmentada de intervenção, construída desde elementos conceituais tradicionais, cunhados para dar sustentação a modelos penais particularizados, dotados de uma complexidade muito mais reduzida daquela que os paradigmas democráticos de Direito possuem e reclamam, a partir das demandas de concretização surgidas com a multiplicidade material de seus sistemas constitucionais positivos de direitos fundamentais.

A reiterada utilização de estratégias político-criminais tradicionais, tais como criminalizações, descriminalizações, penalizações, despenalizações e situações penais e processuais que abrandam ou agravam a situação do réu ou apenado, conduz exatamente à constituição de um modelo penal desfuncionalizado, tendo em vista as exigências democráticas e sociais de Direito de enfrentamento de condutas não desejadas socialmente. De um lado, porque concepções estritamente liberais conduzem à utilização de institutos que impedem a tutela eficaz de bens não-individuais. Veja-se, por exemplo, a quantidade de alternativas penais à pena privativa de liberdade (transação, suspensão condicional do processo, *sursis* e substituições de pena) que coloca num mesmo patamar condutas de lesividade totalmente distinta; de outro lado, algumas exacerbações persecutórias estatais em nome da tutela de bens coletivos – ampliada desde 1988 – e até mesmo de bens individuais, atingem incisivamente liberdades individuais. *E.g.*, as sanções decorrentes de ilícitos tributários que, na hipótese do não-pagamento do tributo ou contribuição social devidos, ao serem aplicadas cumulativamente, inviabilizam o funcionamento de negócios e empresas em função das pesadas multas administrativas que podem chegar a até 300% do valor da dívida fiscal, impõem a retirada do patrimônio da esfera de disponibilidade do infrator e, ainda, na esfera penal, podem privar de liberdade o agente. Ora, tal cumulatividade tem a potencialidade de liqüidar com qualquer perspectiva de vida econômica de uma pessoa, ferindo, assim, qualquer idéia ou concepção de razoabilidade e proporcionalidade da intervenção estatal.

A reconfiguração do direito penal ao paradigma democrático e social de Direito deve buscar outros caminhos além destas sendas político-criminais tradicionais, de tal forma que nenhuma das esferas de interesse contempladas constitucionalmente venha a ser prejudicada por alguma proteção excessiva ou deficiente de bens que compõem as os outros âmbitos materiais. Com isso, não se quer dizer que estas vicissitudes não devam mais fazer parte do rol de instrumentos a ser utilizado por legisladores e aplicadores da lei, pois o direito penal cumpre, na pior das hipóteses, uma função simbólica como última instância jurídica na proteção dos bens jurídicos. O que se quer frisar é que novos roteiros políticos devem ser traçados no enfrentamento de condutas realmente intoleráveis para a sociedade.

No plano material, não há qualquer hesitação em afirmar-se que a ampliação do rol de bens a serem tutelados pelo direito penal – especialmente de natureza não-individual – é, pelo menos neste momento histórico, irreversível. A legislação penal surgida após a promulgação da Carta Constitucional de 1988 não só atendeu a indicações e obrigações criminalizadoras constantes no texto da Constituição, mas, em sua maior parte, buscou tutelar bens realmente importantes para uma concepção de felicidade dominante no imaginário social dos brasileiros que, até então, não tinham merecido qualquer atenção mais significativa dos poderes públicos, especialmente pela via jurídica.

Em que pese a necessidade de tutela a bens não-individuais – o que deve ser feito não somente por via de leis penais –, no Brasil parece que a solução adotada privilegiou a criminalização e a penalização como políticas de tutela preferencial desses bens, sem qualquer articulação com outras possibilidades, até mesmo mais eficazes que o direito penal, para a realização de tais tarefas cometidas constitucionalmente. Foram relegadas a um plano de menor importância, em nome de políticas econômicas neoliberais, as políticas públicas de efetivação da cidadania, instrumentos estatais que poderiam incidir diretamente sobre algumas destacadas zonas sociais de vulnerabilidade criminógena.

Esta simples e direta criminalização e penalização de condutas, sem uma maior articulação persecutória de todo o sistema jurídico, significou uma solução que redundou apenas na criação de mais zonas de delitização, em mais repressão e em menos tolerância, o que se afasta do pretendido para o direito penal em uma sociedade democrática. Se, por um lado, este aumento no rol de bens protegidos pelo direito penal amplia o âmbito de intervenção do Estado, por outro, é preciso encontrar-se vias de minimização dessa ampliação coercitiva com a garantia dos espaços de liberdade individual, a fim de que a concepção de bem jurídico seja, como bem destaca Malarée, *una expresión real de la superación de la contradicción que se genera entre el Estado como monopolizador de la coerción y la libertad que el Estado democrático reconoce y garantiza a los indivíduos.*[9]

Assim sendo, e retomando mais uma vez a constatação da necessidade de constante interpretação da complexidade constitucional para fins de configuração e reconfigurações permanentes do direito penal, não há qualquer dúvida de que se constitui em exigência inalienável do modelo democrático e social de Direito uma constante equalização entre os interesses individuais e coletivos,[10] buscando fazer da idéia de bem jurídico uma síntese entre estes interesses em embate.

Nessa busca de alternativas articuladas que superem as referências político-criminais tradicionais e lancem o direito penal em um novo tempo democrático, ganha um espaço destacado: a) a necessidade de efetivação do princípio da subsidiariedade, concebido como elemento funcionalizador do sistema normativo estruturado sobre redes sancionatórias; b) a idéia de que a legitimação da intervenção estatal penal encontra na possibilidade de restituição do *status quo ante* do bem lesionado um obstáculo à sua incidência.

3.1. A compreensão da estrutura do sistema jurídico em redes sancionatórias como fundamento hermenêutico para a articulação subsidiária de seu funcionamento

A base estrutural/formal sobre a qual se assenta o sistema jurídico-penal brasileiro é a mesma sobre a qual se fundamenta a quase totalidade dos modelos penais ocidentais, qual seja, o modelo liberal. Tal modelização tem como valor de referência a liberdade, a ser garantida mediante a distinção entre infração e desvio e mediante a limitação de intervenção do Estado unicamente ao domínio da infração.[11]

Esse modelo se caracteriza, em primeiro lugar, pelo alto grau de sofisticação da rede penal, bem como, num segundo ponto, pela descoberta, ou redescoberta, contemporaneamente, de outras redes de sanções, admi-

---

[9] Cfe. MALARÉE, Hernan Hormazábal. *Política Penal en el Estado Democrático. In:* El Poder Penal del Estado. Buenos Aires: De Palma, 1985, p. 155.
[10] Não se pode mencionar a existência de um conflito entre indivíduo e coletividade quando se toca no problema da tutela de bens de diferentes naturezas, até mesmo, porque como já dito, o indivíduo, última instância de titularidade de quaisquer destes bens, somente pode ser percebido e compreendido também numa perspectiva social e comunitária. Numa perspectiva fenomenológica, sempre haverá uma solução histórica e contextualmente mais adequada que outra e, portanto, o aparente conflito na verdade nunca foi conflito, mas apenas um fenômeno que demanda um processo de compreensão/interpretação para, através de construções de sentido, ser elaborada a melhor solução que ora poderá privilegiar o indivíduo, ora o interesse coletivo.
[11] Ver a respeito DELMAS-MARTY, Mireille. *Os grandes sistemas de política criminal.* São Paulo: Manole, 2004, p. 99.

nistrativas, civis e de mediação. A rede penal é marcada por um objetivo bastante claro do liberalismo: a necessidade de desenvolvimento de técnicas (de fundo e de processo) voltadas à limitação da esfera de intervenção do Estado. Já a estruturação do ordenamento jurídico em diversas redes de sanções coloca, pelo menos em tese, a necessidade de comunicação entre as mesmas.

Na perspectiva tradicional, o funcionamento das diferentes redes sancionatórias que compõem o ordenamento jurídico dá-se, via de regra, de forma isolada e, eventualmente, cumulativa. Isso tem levado a resultados que, não raras vezes, em funções de excessos estatais penais, distanciam-se significativamente de pretensões democráticas.

Ao invés de serem pensadas para funcionarem de forma articulada e subsidiária, são construídas para exercer, de forma justaposta, diferentes funções isoladas, a saber, punição (rede penal), regulação (rede administrativa), reparação (rede civil) e conciliação (rede de mediação). Essa lógica de funcionamento atende ao ultrapassado e não-democrático princípio da independência do funcionamento das redes sancionatórias, o qual permite, normalmente, uma atuação isolada e cumulativa.

Tal forma de funcionamento, lastreada na idéia de que cada rede supostamente possui um objetivo diferente, tem, na independência funcional e na separação de contenciosos, as causas fundamentais de uma cumulação exacerbada de sanções, o que se constitui numa clara violação ao princípio do *non bis in idem,* que, por sua vez, num projeto democrático, não pode, juntamente com a regra da não-cumulação de sanções, restringir-se a uma endogenia do sistema penal, mas, de modo mais amplo, devem refletir-se por todo o ordenamento jurídico, como uma amálgama democrática de sua estruturação em redes sancionatórias articuladas e com objetivos comuns.[12]

É claro que a necessidade de articulação das redes inclui, em algumas situações, a possibilidade de cumulações, sem que disso decorra qualquer lesão ao princípio da proporcionalidade – fundamento constitucional de toda essa concepção de articulação estrutural do ordenamento jurídico. Assim, possível é a cumulação entre sanções penais e civis, sem no entanto afastar-se a perspectiva de que em inúmeros casos a indenização patrimonial possa levar a não-propositura da ação penal, como, por exemplo, é facultado no Brasil, o não-exercício da representação pelo ofendido, para os casos de lesão corporal em que tenha havido a reparação do dano.

Aqui se faz necessário e oportuno destacar que num projeto de sociedade democrática e, portanto, na inclusão neste projeto de um modelo de direito penal adequado, mister se faz uma profunda articulação entre as

---

[12] Acerca das possibilidades de violação do princípio do *non bis in idem* nas legislações latino-americanas, ver *Sistemas Penales y Derechos Humanos en América Latina.* Buenos Aires: De Palma, 1983.

redes penal e civil, com a finalidade de que a rede sancionatória penal somente possa ser acionada para os casos em que a restituição do *status quo ante* do bem jurídico violado seja impossível. Em todos os demais, onde possa ser recomposta a situação material violada – o que fundamentalmente deve dar-se no plano patrimonial – ao estágio anterior ao cometimento da infração penal, fica vedada a intervenção penal.

É evidente que esta obstaculização da intervenção penal pela possibilidade de restituição do *status quo ante* não pode ser concebida de forma absoluta, mas necessariamente dever ser condicionada e limitada, uma vez que a permissibilidade irrestrita do cometimento de infrações, combinada com a possibilidade de utilização ilimitada do instituto da restituição material do *status quo ante,* pode levar a situações que venham a burlar os objetivos da articulação subsidiária através desse instituto e até mesmo, por conseqüência, a estimular o cometimento reiterado de delitos.

Essa proposta de funcionamento articulado, a qual deve-se adicionar a possibilidade de restituição do *status quo* ante, vem concebida no sentido de enfrentar aquele que provavelmente seja o maior problema relativo ao funcionamento cumulativo das redes sancionatórias, qual seja, a cumulação de sanções administrativas e penais. Tal problema fica mais agudo na medida em que se pode observar a repetição de sanções com a mesma natureza nestas duas diferentes redes. É o caso das sanções restritivas de direito ou das prestações pecuniárias devidas ao Estado, utilizadas tanto na esfera penal quanto na administrativa e, em muitos casos, utilizadas cumulativamente, gerando, com isso, efeitos nefastos e irreversíveis ao cidadão.

Para a superação dessa situação problemática em relação ao funcionamento das redes sancionatórias, e projetando-o numa perspectiva democrática que tenha como fundamento principiológico constitucional inalienável a idéia de proporcionalidade, em cuja complexidade esteja incluída toda e qualquer proibição de excesso ou deficiência, deve-se conceber a dinâmica do ordenamento jurídico a partir do princípio da coerência, onde o funcionamento das redes ocorra de modo sucessivo ou alternativo.

Além dos casos de suspensão condicionada do funcionamento da rede penal, bem como da sua utilização em caso de fracasso de algum outro tipo de processo de natureza não-penal, como decorrência da aplicação do princípio da subsidiariedade, a articulação entre as redes deve dar-se fundamentalmente com a positivação de cláusulas de comunicabilidade entre as diferentes redes, de tal forma que haja a previsão expressa de passagem de uma rede à outra, somente após o esgotamento dos recursos jurídicos de coerção previsto na rede menos rigorosa.

A Itália tem utilizado o mecanismo da definição como infração penal do ato daquele que não executa uma sanção de natureza não-penal que lhe foi imposta, quer por um juiz civil, quer por uma autoridade administrativa.

Nesta hipótese, há a necessária manutenção da possibilidade de submissão ao poder judicial de toda e qualquer questão que tenha sido resolvida em sede administrativa, ou, então, a previsão de algum recurso que permita a comunicação entre a via administrativa e judicial, a fim de chancelar judicialmente os processos e decisões administrativos.

Por fim, ainda é importante destacar a necessidade de dotação do ordenamento jurídico de mecanismos que permitam um funcionamento alternativo entre as suas diferentes redes sancionatórias. Nesse sentido, um dos caminhos passa por um processo de administrativização da persecução de uma série de delitos, evitando-se com isto, uma série de conseqüências penais que incidem sobre os condenados.

Para tanto, é preciso pensar em dotar o sistema jurídico de uma lei de base sobre a repressão administrativa que siga os moldes e função que possui a parte geral do Código Penal na persecução penal. Evidente que a ação administrativa precisa estar conciliada com o atendimento de todas as garantias judiciárias e guarde no direito penal uma última instância persecutória.

3.2. Cláusulas de comunicabilidade como zonas de (dis)tensionamento normativo da complexidade constitucional composta por direitos e interesses individuais e coletivos

A existência de cláusulas de comunicabilidade permite, em primeiro lugar, o estabelecimento de um diálogo entre as diferentes redes sancionatórias na persecução de objetivos comuns, evitando-se atuações exacerbadas do Estado na tutela de determinados bens jurídicos que, pelo próprio excesso, deixariam de ser proteções para transformarem-se em abusos.

Por outro lado, a partir dessa possibilidade de diálogo entre as diferentes redes sancionatórias, projeta-se uma maior organicidade do sistema normativo e o estabelecimento de estratégias persecutórias mais eficazes com menores prejuízos aos indivíduos que sofrem a intervenção estatal em sua esfera privada.

Também é possível projetar-se que essas cláusulas permitem uma melhor tutela dos diferentes bens jurídicos que em inúmeras situações encontram-se em conflito. Assim, através de mecanismos legais que prevejam situações de recalque do funcionamento de uma rede até o exaurimento da rede imediatamente menos grave que lhe precede, pode-se buscar a tutela de bens jurídicos individuais ou não-individuais com um mínimo de ofensa à integridade ou dignidade dos indivíduos que tenham cometido qualquer espécie de violação.

Nesse sentido, pode-se observar que as cláusulas de comunicabilidade entre redes sancionatórias constituem-se em verdadeiros espaços normativos de distensionamento entre os interesses individuais e não-individuais.

Com outros termos, ao minimizar-se a atuação estatal penal ou criar-se uma série de mecanismos que reforcem a sua intervenção subsidiária, estabelecem-se possibilidades de tutela eficaz de bens jurídicos com mínimas ofensas aos direitos mais fundamentais dos cidadãos, havendo, em razão disto, uma redução dos tensionamentos axiológicos cada vez que se aplica uma pena privativa de liberdade, especialmente em casos em que o bem protegido é não-individual.

4. A subsidiariedade e as cláusulas de comunicabilidade na legislação tributária: da necessidade de uma extensão isonômica dos institutos tributários aos demais delitos patrimoniais

Na legislação brasileira, em que pese a predominância esmagadora de uma desarticulação entre as redes sancionatórias, o que evidencia um funcionamento isolado e cumulativo na maior parte dos casos previstos pela legislação, há um exemplo que precisa ser tomado como referência de adequação da ação persecutória estatal ao modelo de Estado Democrático de Direito. Sem afastar a possibilidade de atuação estatal penal na coibição de determinadas condutas, o sistema normativo tributário brasileiro criou uma série de cláusulas de comunicabilidade que permitem um funcionamento articulado entre as diferentes redes de sanções que o compõem, havendo, a partir delas, possibilidades de suspensão da intervenção penal, bem como de funcionamento sucessivo entre as redes administrativa e penal.

Anteriormente à entrada em vigência da Lei n. 9.249/95, a persecução estatal em relação a agentes realizadores de condutas previstas como ilícitos tributários, inclusive na esfera penal, podia ser concretizada através da incidência de duas redes sancionatórias distintas, componentes do sistema jurídico brasileiro, a saber: a rede administrativa e a rede penal.

Pela rede sancionatória administrativa podiam ser instaurados processos no âmbito das Secretarias das Receitas Federal e Estadual, que podiam evoluir para a propositura de ações executivas fiscais, as quais tinham por finalidade a arrecadação do tributo ou contribuição social devida, bem como a imposição de multas e outras sanções no âmbito administrativo. Já pela rede penal havia a possibilidade de instauração de ação penal pública incondicionada, visando à aplicação de sanção criminal, particularmente privação de liberdade.

As duas redes, pelas possibilidades normativas vigentes antes da Lei 9.249/95, podiam atuar concomitante e independentemente uma da outra, e gerar uma situação punitiva consistente numa dupla penalização: no âmbito administrativo, a arrecadação do tributo devido acrescido das multas e outros consectários decorrentes do lançamento do nome do devedor nos cadastros oficiais de inadimplentes, tais como restrições de crédito, a participações em licitações e outros certames públicos; na esfera penal, a submissão ao processo criminal – que, por si só, já se constitui em uma pena –, a possibilidade de alguma prisão cautelar, a imposição de pena definitiva privativa de liberdade, o lançamento do nome do réu no rol dos culpados, a perda da primariedade etc. Negava-se, com a ausência total de articulação entre as redes sancionatórias administrativa e penal no âmbito tributário, não só qualquer idéia de subsidiariedade do direito penal em relação aos demais ramos de regulação jurídica, mas também uma concepção mais apurada de democracia fundada em perspectiva de tolerância, de dignidade humana e, fundamentalmente, de proporcionalidade na atuação estatal.

Nesse cenário de regulação, definiam-se não só as possibilidades sancionatórias elencadas nesses dois âmbitos normativos, mas, antes disso, a própria legitimidade do Estado em atuar na persecução desse tipo de condutas e, como conseqüência, a função da sanção criminal num determinado projeto de sociedade, Estado e Direito. Claramente optava-se por um Estado repressor, cuja justificação de sua atuação persecutória residia não só na arrecadação de tributos, mas, também, na idéia de retribuição e prevenção dos ilícitos tributários.

Com a entrada em vigência da Lei n. 9.249/95, a situação mudou significativamente, tendo essa lei redefinido os objetivos do Estado em relação ao problema tributário, à atuação estatal persecutória e à própria função da pena. Se antes dessa lei, a possibilidade de atuação concomitante e independente das duas redes sancionatórias deixava margem para compreender-se a intervenção estatal a partir de uma funcionalidade retributiva, prevencionista e arrecadatória, com a edição do referido diploma legal tributário, o papel do Estado em relação às condutas consistentes em sonegação de impostos passou a ser preferencialmente arrecadatória, ficando as finalidades retributivas e prevencionistas em plano secundário.

Por esta lei, através de seu artigo 34, introduziu-se no âmbito normativo tributário uma cláusula de comunicabilidade entre as redes sancionatórias administrativa e penal, de forma que o pagamento do tributo ou da contribuição social devidos, inclusive acessórios, antes do recebimento da denúncia, na esfera administrativa, extinguia a punibilidade em sede penal. Era um primeiro movimento político-legislativo no sentido de articular o funcionamento das redes sancionatórias que incidiam sobre os fatos definidos como ilícitos penais e que também sofriam a incidência da rede administrativa.

Com o surgimento da Lei n. 9.430/96, tal processo de humanização do sistema normativo tributário seguiu sua marcha. Com o disposto no artigo 83 desta lei, ficou determinado que "a representação fiscal para fins penais relativa aos crimes contra a ordem tributária definidos nos arts. 1° e 2° da Lei n. 8.137, de 27 de dezembro de 1990, será encaminhada ao Ministério

Público após proferida a decisão final, na esfera administrativa, sobre a exigência fiscal do crédito tributário correspondente".

Com essa disposição, ficou positivada no ordenamento jurídico-tributário uma cláusula de comunicabilidade entre as redes administrativa e penal que impede o acionamento da atuação penal sem que haja o esgotamento da intervenção administrativa. Por essa cláusula, constituiu-se um funcionamento articulado e sucessivo entre as redes administrativa e penal, destacando-se não só a subsidiariedade do direito penal em relação ao direito administrativo, mas também dotando o sistema tributário de uma idéia de proporcionalidade, ao impedir excessos persecutórios pela vedação de um funcionamento cumulativo das redes sancionatórias.

Também por essa cláusula de comunicabilidade ratificou-se a função primordialmente arrecadatória do direito tributário, já ensaiada pela Lei n. 9.249/90, apesar de ainda persistirem pesadíssimas multas em sede administrativa que dão ao sistema uma conotação ainda repressiva e que o afastam de uma diretriz política mais democrática e humanista consistente na limitação da atuação estatal a uma simples busca da restituição aos cofres públicos do tributo devido. Mas o avanço em relação ao funcionamento articulado entre as redes constitui-se em fato notadamente democrático.

O último estágio desse processo de constituição de um novo modelo de persecução tributária constituiu-se com a edição da Lei n. 10.684/2003, que, através de seu artigo 9°, *caput* e § 2°, instituiu novas possibilidades de articulação de redes componentes do sistema normativo tributário, em atendimento à subsidiariedade e à proporcionalidade.

O *caput* do art. 9°, ao determinar que "é suspensa a pretensão punitiva do Estado, referente aos crimes previsto nos arts. 1° e 2° da Lei n. 8.137, de 27 de dezembro de 1990, e nos arts. 168A e 337A do Decreto-Lei n. 2.848, de 7 de dezembro de 1940 – Código Penal, durante o período em que a pessoa jurídica relacionada com o agente dos aludidos crimes estiver incluída no regime de parcelamento", estabeleceu uma nova cláusula de comunicabilidade entre as redes penal e administrativa que cria um funcionamento alternativo entre elas ao estancar a atuação penal enquanto estiver em ação a rede administrativa.

Com essa instituição, mais uma vez dirigiu-se o sistema normativo tributário pela aplicação legislativa das idéias de subsidiariedade, de proporcionalidade, de não-cumulação de sanções e do princípio do *non bis in idem*.

Mas o processo de humanização da atuação estatal tributária, pela Lei n. 10.684/2003, deu mais um passo na busca do aperfeiçoamento daquela idéia inicial contida no artigo 34 da Lei n. 9.249/90. Ao prever o § 2° do seu artigo 9° que "extingue-se a punibilidade dos crimes referidos neste artigo quando a pessoa jurídica relacionada com o agente efetuar o pagamento integral dos débitos oriundos de tributos e contribuições sociais inclusive acessórios", retirando, assim, a limitação temporal de anterioridade do pagamento ao recebimento da denúncia contida no artigo 34 da Lei n. 9.249/90, e não estabelecendo nenhuma outra, consolidada ficou a concepção de que a finalidade fundamental do direito tributário no Brasil é a arrecadação do tributo devido, pois segundo o dispositivo, pode-se concluir que o Estado se dá por satisfeito com o valor devido, mesmo que pago em qualquer momento da persecução penal.

É totalmente coerente compreender-se que tal cláusula insere-se no rol de causas de extinção de punibilidade contidas no artigo 107 do Código Penal, sendo plenamente razoável a interpretação de que tal benefício possa ser concedido mesmo no lapso de execução da pena.

A compreensão desse processo de entranhamento no sistema normativo tributário de medidas protetivas aos cidadãos, em sua perspectiva individual, contra possibilidades de abusos persecutórios estatais, não podem ser entendidas como remédios estritamente liberais-individualistas, mas, noutro sentido, como medidas políticas de reequalização da posição políticas dos indivíduos num projeto constitucional de sociedade, Estado e Direito que se denomina, acima de tudo, como democrático. Tais instituições, sem criarem obstáculos intransponíveis para a realização de uma parcela social do projeto constitucional, criaram mecanismos protetivos que evitam excessos estatais – notadamente através da aplicação de um direito penal com finalidades repressivas e retributivas –, ao articularem e darem uma razoável organicidade no funcionamento das diferentes redes que compõem o sistema normativo tributário.

Tais hipóteses previstas pela legislação tributária, para satisfazer ao projeto de democracia pretendido constitucionalmente, em atendimento ao princípio da isonomia, precisam necessariamente ser aplicadas aos demais casos de delitos patrimoniais, sejam as vítimas pessoas no âmbito privado ou até mesmo o Estado. Nesse sentido, ou se reforma o Código Penal a fim de prever cláusulas de comunicabilidade genéricas que se apliquem a todos os crimes patrimoniais, ou, noutro sentido, o Poder Judiciário adota uma postura político-criminal que permita a incidência dos benefícios tributários aos demais casos de delitos sem violência ou grave ameaça à pessoa em que tenha havido apenas dano patrimonial. Essa foi a solução preconizada primeiramente pela 2ª Câmara Criminal do Tribunal de Alçada do Rio Grande do Sul e, posteriormente, pela 5ª Câmara do Tribunal de Justiça gaúcho ao adotar parecer de Lenio Luiz Streck.[13]

---

[13] A decisão prolatada no julgamento da apelação n. 70.012.564.811 foi ementada nos seguintes termos: CONSTITUCIONAL. APLICAÇÃO DO PRINCÍPIO DA ISONOMIA. INAPLICABILIDADE DE DISPOSITIVO PENAL (ART. 155 DO CP). SENTENÇA REDUTIVA. NULIDADE PARCIAL SEM REDUÇÃO DE TEXTO.
Crime de furto. Ausência de prejuízo para a vítima. Restituição dos bens após a consumação e antes do início da ação penal. Aplicação dos arts. 34 da Lei nº 9.249/95 e 9º da Lei n.º 10.684/03, por analogia. Princípio da Isonomia (art. 5º, da CF). A vinculação do jurista é, primordialmente, para com a Lei

5. Considerações Finais

De todo o exposto, restam as seguintes considerações parciais de encerramento do presente ensaio, as quais deverão ser complementadas ao final do projeto de pesquisa do qual este breve trabalho constitui-se em parte inicial:

a) não resta qualquer dúvida de que a positivação constitucional de um modelo de sociedade, Estado e Direito consistente no Estado Democrático de Direito criou uma complexidade axiológica e normativa muito mais ampla do que todas as até então postas pelos textos constitucionais anteriores;

b) de tal complexidade, emergiu a necessidade de reconfiguração do direito penal ao projeto constitucional, não tendo havido até então alguma modificação substancial que tenha alterado o curso paradigmático do direito penal brasileiro;

c) a existência de bens individuais e coletivos sujeitos à proteção jurídica, como nunca antes houvera no constitucionalismo e no penalismo brasileiros, gerou algumas situações de tensionamento axiológico e, por conseqüência, na própria atuação estatal, levando em alguns casos a soluções excessivas ou deficientes em relação a alguns desses núcleos de bens;

d) tais situações que ferem o princípio da proporcionalidade são decorrência, em parte, da desarticulação das diferentes redes sancionatórias que compõem o ordenamento jurídico, havendo, em razão disto, atuações isoladas, fragmentadas e desprovidas de organicidade que, em não raros momentos, perseguem objetivos distintos, impondo sanções de forma repetitiva e excessiva, que distanciam o direito penal de um modelo pretendido para uma sociedade democrática, na qual a pessoa, o cidadão são o fim e ainda ocupam um lugar de preferência em relação ao Estado, mero meio de realização do bem-estar social.

e) urge uma necessária articulação das diferentes redes sancionatórias, aplicável a todos os delitos sem violência ou grave ameaça à pessoa, nos moldes em que se construiu o sistema de comunicabilidade utilizado no direito tributário, como meio de humanização, racionalização e democratização do direito penal;

f) por fim, é preciso que o direito penal, numa mudança radical de rumos, fique limitado aos caos em que, não havendo violência ou grave ameaça à pessoa, a restituição material do *status quo ante* seja totalmente inviável.

Maior, fazendo desta uma Constituição normativa integral (K. Hesse – C. Clève), e não uma Constituição meramente semântica ou uma Constituição nominal, para usar a terminologia de Loewenstein. O princípio da igualdade de todos perante a lei é um dos direitos fundamentais da Carta Magna.
Condenação quanto ao segundo delito. Provas adequadas da autoria e da materialidade. Prejuízo da vítima comprovado.
Apelo ministerial provido em parte. Manutenção da sentença absolutória no tocante ao primeiro crime.

— IV —
A garantia constitucional do postulado da efetividade desde o prisma das sentenças mandamentais

DARCI GUIMARÃES RIBEIRO[1]

Sumário: 1. Noções gerais; 2. O Postulado da efetividade; 3. As sentenças mandamentais; 3.1. Origem; 3.2. Contribuição da doutrina brasileira; 3.3. Características; 3.4. Diferença das demais espécies de sentenças.

> "¿Te parece posible que subsista sin arruinarse aquella ciudad en la que las sentencias pronunciadas nada pueden, sino que son despojadas de su autoridad y destruidas por los particulares?"
>
> Sócrates, *apud* Platão, *Critón*. Trad. por Maria Rico Gómez. Madrid: Centro de Estudios Constitucionales, 1994, p. 13 (50b).

1. Noções gerais

A sociedade brasileira vive um momento peculiar de transformação social. A partir dos anos 90, novos fatores sociais passam a destacar-se na sociedade civil organizada, sugerindo, por conseguinte, novas demandas sociojurídicas. Neste início de século XXI, deparamo-nos com várias crises nas sociedades de um modo geral e, em especial, na sociedade brasileira; estas crises evidenciam uma necessidade urgente de revisão de paradig-

---

[1] Doutor em Direito pela Universitat de Barcelona. Especialista e Mestre pela PUC/RS. Professor Titular da Unisinos e do Programa de Pós-Graduação em Direito. Advogado. Membro do Instituto Brasileiro de Direito Processual Civil. Membro representante do Brasil no Projeto Internacional de Pesquisa financiado pelo Ministério da Educação e Cultura – MEC – da Espanha, sobre "La tutela judicial del crédito: aspectos nacionales e internacionales", referente ao Plano Nacional de Investigação Científica, Desenvolvimento e Inovação Tecnológica 2004-2007, segundo Resolução de 14 de dezembro de 2004, da Secretaria de Estado de Universidades e Investigações, publicada no Boletim Oficial do Estado nº 312, de 28 de dezembro de 2004.

mas,² bem como a construção de novos modelos, capazes de atenderem a uma demanda cada mais crescente e urgente de prestação de tutela jurisdicional. O acesso à justiça é inevitável e pressupõe um revisionamento nos sistemas jurídicos atuais. É neste contexto que emerge a construção de um direito processual constitucional³ que passa a refletir estas e outras questões, e gera um espaço de reflexão crítica dos problemas que afligem o processo como instrumento constitucional de realização da justiça,⁴ que, além de denunciar os problemas sociais, deverá anunciar possibilidades concretas de acesso à justiça, buscando sempre unir teoria e prática.

Modernamente, os processualistas, preocupados com o fenômeno da efetividade do processo, estão recorrendo ao caminho inverso daquele utilizado pela doutrina processual do início do século, pois enquanto estes perseguiam o afastamento do processo a respeito do direito material, aqueles perseguem uma aproximação entre processo e direito.⁵ Esta aproximação se deve, basicamente, a dois fatores: de um lado, o florescimento de novos direitos, nascidos, como é sabido, a partir da revolução tecnológica,

---

² De acordo com a clássica opinião do criador do conceito, TOMAS KUHN, podemos entender paradigma como: "as realizações científicas universalmente reconhecidas que, durante algum tempo, fornecem problemas e soluções modelares para uma comunidade de praticantes de uma ciência", *A estrutura das revoluções científica*. Trad. por Beatriz Vianna Boeira e Nelson Boeira. São Paulo: Perspectiva, 2003, p. 13.

³ Neste particular, convém esclarecer algumas confusões terminológicas acerca dos institutos de Direito Processual Constitucional e Direito Constitucional Processual. Em que pese determinado setor da doutrina negar relevância prática a esta distinção – entre os quais, PAULO MEDINA, *Direito Processual Constitucional*. Rio de Janeiro: Forense, 2003, p. 5; ou simplesmente negar a existência do Direito Constitucional Processual – entre eles, RODRÍGUEZ DOMÍNGUEZ, Derecho Procesal Constitucional: precisiones conceptuales. In: *Derecho Procesal Constitucional*. 4ª ed., México: Porrúa, 2003, t. I, p. 490; MARCELO CATTONI, Uma justificação democrática da jurisdição constitucional brasileira e a inconstitucionalidade da Lei nº 9.686/99. In: *Rev. Fac. Dir. Univ. Fed. Paraná*, 2001, nº 36, p. 177 a 207 e WILLIS GUERRA FILHO, *Processo Constitucional e Direitos Fundamentais*. 4ª ed., São Paulo: RCS editora, 2005, Cap. I, p. 7 e 8 – o certo é que o tema apresenta grande importância prática, na medida em que possibilita a criação de um novo ramo do Direito Processual, o Direito Processual Constitucional. Este novo ramo do Direito Processual, mais do que permitir o enlace entre Processo e Constituição, revela uma mudança paradigmática na forma de conceber o próprio Direito Processual que passa a ser visto não mais como um simples instrumento de realização do ordenamento jurídico (concepção objetiva) ou dos interesses em conflito (concepção subjetiva), mas como um Direito Fundamental. Esta nova postura permite aos operadores do direito (re)interpretar os institutos processuais à luz da Constituição.

⁴ Há mais de 50 anos, COUTURE já destacava esta faceta do processo como instrumento de realização da justiça e infelizmente apontava o seu afastamento deste desiderato, *Fundamentos del derecho procesal civil*. 3ª ed., Buenos Aires: Depalma, 1988, nº 93, p. 149.

⁵ Esta aproximação entre direito e processo traz como conseqüência, inclusive, uma nova interpretação do *direito de ação* que hoje se encontra plasmado nas mais diversas constituições, entre elas, a Constituição espanhola, no art. 24.1; a Constituição italiana, no art. 24.1; e a Constituição brasileira, no inc. XXXV, do art. 5º. De acordo com a acertada opinião de RAPISARDA, modernamente: "Non basta, in proposito, richiamare l'attenzione sul fatto che la garanzia dell'azione atipica si trova oggi esplicitamente affermata nell'art. 24, I comma, Cost. È necessario aggiungere che l'idea dell'azione come entità astratta dal diritto sostanziale funziona come garanzia di tipicità della tutela 'solo' in relazione ad una logica dei rapporti tra diritto sostanziale e processo che costruisce le tecniche di tutela come mere proiezioni processuali della struttura del diritto tutelando", *Profili della tutela civile inibitoria*. Padova: Cedam, 1987, cap. VI, nº 2, p. 218.

onde a economia se expande progressivamente através de "prestações de fato", e traz consigo, em conseqüência, o crescimento das atividades econômicas de "prestações de serviços", que incrementam, sobremaneira, o número de prestações pessoais ou não fungíveis;[6] e de outro lado, a origem do Estado Democrático de Direito,[7] ou *Welfare State*,[8] que cria uma nova ordem de pensamento e concebe o acesso à justiça a partir da perspectiva dos justiciáveis,[9] ou seja, esta nova ordem de pensamento está comprometida com um processo de resultados, onde os consumidores do direito buscam instrumentos adequados à tutela de todos os direitos, com o objetivo de assegurar-se praticamente a utilidade das decisões judiciais, seja no âmbito repressivo ou preventivo.

Esta é a razão pela qual o estudo da garantia constitucional do postulado da efetividade será realizado a partir da sentença mandamental que, atualmente, é um dos meios mais eficazes na realização concreta do direito.

Este estudo nos conduzirá, necessariamente, a um redimensionamento da função jurisdicional, na medida em que essa função é avaliada não a partir dos mecanismos processuais abstratamente considerados nas leis infraconstitucionais, mas fundamentalmente a partir do grau de satisfação real que esses mecanismos produzem aos consumidores da justiça que tem ao seu alcance a Constituição Federal.

2. O Postulado da efetividade

No atual estágio da nossa civilização, o processo é considerado uma das maiores conquistas da humanidade, na medida em que a própria Cons-

---

[6] Neste particular, consultar os valiosos estudos de CALVÃO DA SILVA, *Cumprimento e sanção pecuniária compulsória*. Coimbra: Coimbra, 1987, n° 3, p. 24 e RAPISARDA, *op. cit.*, n° 14, p. 75 e ss.

[7] Para um estudo mais detalhado do Estado Democrático de Direito, consultar REIS NOVAES, Jorge. *Contributo para uma teoria do Estado de Direito*. Coimbra: Coimbra, 1987, especialmente os cap. II e VI; BIDART CAMPOS, German José. *Doctrina del Estado Democrático*. Buenos Aires: EJEA, 1961, especialmente os cap. I e IV; CANOTILHO, J. J. Gomes. *Direito Constitucional*. 5ª ed., Coimbra: Almedina, 1992, parte IV, especialmente os cap.I a III; *Estado de Direito*. Lisboa: Gradiva, 1999; REALE, Miguel. *O Estado Democrático de Direito e o conflito das ideologias*. São Paulo: Saraiva, 1998, especialmente os cap. I, II e IV; STRECK, Lenio L. *Jurisdição constitucional e hermenêutica: uma nova crítica do direito*. 2ª ed., Rio de Janeiro: Forense, 2004, especialmente os cap. I a IV, entre tantos outros autores.

[8] Muitos autores não diferenciam Estado Democrático de Direito de Estado Social Democrático de Direito, mais conhecido como *Welfare State*. Para consultar as diversas opiniões a respeito, ver meu *Contribuição ao estudo das sanções desde a perspectiva do Estado Democrático de Direito*. In: *Constituição, Sistemas Sociais e Hermenêutica*. Porto Alegre: Livraria do Advogado, 2005, p. 199, nota 47.

[9] Sobre o tema, consultar obrigatoriamente CAPPELLETTI, Acesso alla giustizia come programma di riforma e come metodo di pensiero. In: *Rivista di Diritto Processuale Civile*, 1982, p. 243 e ss. Ver também, do mesmo autor, 'Il processo civile come fenomeno sociale di massa'. In: *Studi in Memória di Roberto Bracco*. Padova: Cedam, 1976, p. 73 e ss; e Problemas de reforma do processo civil nas sociedades contemporâneas. In: Revista de Processo, n° 65, p. 130 e ss. Desde esta perspectiva, pois, é oportuno assinalar a proposta defendida por MARINONI, segundo a qual: "As tutelas, assim, devem ser classificadas de acordo com os resultados que proporcionam aos consumidores dos serviços jurisdicionais", *A antecipação da tutela*. 5ª ed., São Paulo: Malheiros, 1999, n° 3.3.11, p. 111.

tituição Federal assegura dentro de suas garantias fundamentais o sobreprincípio[10] segundo o qual "ninguém será privado da liberdade ou de seus bens sem o devido processo legal". Por esta razão, o processo passa a ser entendido como elemento indispensável para o exercício da liberdade ou a manutenção dos bens em sociedade, pois sem ele nossa liberdade e/ou nossos bens estariam seriamente comprometidos, na medida em que poderiam ser retirados sem a necessária observância de um procedimento legal.

Atualmente, por força da Emenda Constitucional nº 45, promulgada em 08.12.2004, a efetividade encontra-se positivada no inciso LXXVIII do art. 5º da Constituição Federal. Reza o citado inciso que "a todos, no âmbito judicial e administrativo, são assegurados a razoável duração do processo e os meios que garantam a celeridade de sua tramitação". Não obstante a atual previsão constitucional da "razoável duração do processo", já era permitido sustentar, com anterioridade, esta possibilidade, através do § 2º do art. 5º da Constituição Federal, que possibilita a parte em seu benefício à Convenção Americana sobre Direitos Humanos, em que o Brasil é signatário, através do art. 8.1 que prevê o direito da parte ser ouvida dentro de um prazo razoável.[11]

Em se tratando de um tópico sobre efetividade, e não um estudo sobre a mesma, que comporta, pela sua amplitude, diversas formas de abordagem, limitar-nos-emos aqui simplesmente a sua natureza jurídica.

A efetividade se nos apresenta como um princípio, sobreprincípio ou postulado?. Para que a pergunta possa ser corretamente respondida é fundamental destacar a importância da efetividade dentro dos pressupostos constitucionais do Estado Democrático de Direito. De acordo com nosso entendimento, ela, a efetividade, compõe um dos elementos integrantes desta concepção de Estado, na medida em que contribui para a construção de uma sociedade mais justa (art. 3º, inc. I, da CF), baseada na dignidade

---

[10] De acordo com nosso entendimento, anteriormente defendido ('O sobreprincípio da boa-fé processual como decorrência do comportamento da parte em juízo'. In: *Anuário do Curso de Pós-Graduação em Direito da Unisinos*, São Leopoldo, 2003, especialmente p. 84 a 86), a palavra *sobreprincípio* indica que a garantia constitucional do *due process of law* se sobrepõe aos demais princípios processuais constitucionais condicionando-os, sempre que possível, em sua interpretação no tempo e no espaço. Nesta ordem de idéias HUMBERTO ÁVILA, para quem os sobreprincípios "funcionam como fundamento, formal e material, para a instituição de sentido às normas hierarquicamente inferiores", *Teoria dos princípios: da definição à aplicação dos princípios jurídicos*, 2ª ed., São Paulo: Malheiros, 2003, nº 3.1, p. 80.

[11] Dispõe o art. 8.1 desta Convenção que: "Toda pessoa tem direito a ser ouvida, com as devidas garantias e dentro de um prazo razoável, por um juiz ou tribunal competente, independente e imparcial, estabelecido anteriormente por lei, na apuração de qualquer acusação penal formulada contra ela, ou para que se determinem seus direitos ou obrigações de natureza civil, trabalhista, fiscal ou de qualquer outra natureza". Esta possibilidade já foi por mim defendida quando escrevi "A instrumentalidade do processo e o princípio da verossimilhança como decorrência do *Due Process of Law*". In: *Revista de Jurisprudência Brasileira*, nº 173, p. 31 e 32; também publicada na *Revista Ajuris*, nº 60, p. 273 e 274. Sobre o tema, consultar, CRUZ E TUCCI, *Devido processo legal e tutela jurisdicional*, São Paulo: RT, 1993, p. 99 a 126.

da pessoa humana (art. 1º, inc. III, da CF), pois de acordo com Rui Barbosa a justiça prestada de forma tardia equivale à injustiça qualificada.

Neste diapasão, podemos seguramente afirmar que existe o dever constitucional de promover a efetividade do direito quer em nível da função judicial, administrativa ou mesmo legislativa, em todas as esferas de poder: federal, estadual e municipal. Para o legislador, este dever lhe é imposto quando

> al regular la constitución y funcionamiento de los Tribunales, debe considerar los posibles riesgos de inefectividad de la tutela y eliminarlos en la medida de lo posible, por lo que podría ser contraria a la Constitución una regulación que se despreocupase de la efectividad de la tutela, y ello aun al margen de si ese riesgo no resultase realizable en todos los casos (...).[12]

Também a função executiva deve promover a efetividade através da garantia dos meios estruturais adequados para que a justiça possa ser eficaz, evitando, com isso, que suas carências possam repercutir nos consumidores do direito. A efetividade também está presente na administração pública, tanto direta quanto indireta, através do art. 37 da Constituição Federal que lhe determina obediência ao princípio da *eficiência*, entre outros.

O Poder Judiciário também se encontra submetido ao inarredável dever de propagandear a efetividade dos interesses que lhe são submetidos à apreciação. Este dever constitucional dos juízes de velar pela efetividade da tutela judicial não se limita somente ao aspecto processual – como a obrigatoriedade da realização da audiência preliminar –, mas também ao aspecto material, uma vez que exige dos juízes a obediência aos parâmetros de uma interpretação razoável do ordenamento jurídico.[13]

Identificada a real importância da efetividade na construção do Estado Democrático de Direito e sua extensão nas diversas áreas de poder, podemos concluir que pelo seu valor a efetividade se nos apresenta como *postulado*, pois de acordo com a opinião de Humberto Ávila, os postulados normativos "são normas imediatamente metódicas, que estruturam a interpretação e aplicação de princípios e regras mediante a exigência, mais ou menos específica, de relações entre elementos com base em critérios".[14]

3. As sentenças mandamentais

Sempre que empreendemos o árduo caminho da classificação de um instituto, as proféticas palavras de Carnelutti se nos assomam a memória, pois, de acordo com o prestigiado autor, "Conviene que los teóricos del Derecho se den cuenta de la función y de la importancia de la clasificación e igualmente comprendan cómo y por qué si la observación no va seguida

---

[12] CHAMORRO BERNAL, *La tutela judicial efectiva*. Barcelona: Bosch, 1994, p. 280.
[13] Neste sentido, CHAMORRO BERNAL, op. cit., p. 281.
[14] *Teoria dos princípios: da definição à aplicação dos princípios jurídicos*, op. cit., p. 120.

de la clasificación, no sirve para nada. La clasificación debe hacerse según reglas que ellos mismos deben tratar de descubrir".[15]

O tema relacionado à classificação das tutelas demanda algumas precisões conceituais, entre as quais cabe destacar aquela segundo a qual podemos classificar tanto pretensões processuais[16] como sentenças, pois, de acordo com o art. 128, do CPC,[17] o juiz somente está legitimado a julgar o litígio dentro dos limites impostos pelas partes, sendo-lhe vedado ditar decisões *ultra, citra ou extra petita*, é o chamado princípio da congruência.[18] Por isto, é correto aludir tanto a classificação de pretensões como de sentenças, tudo depende do ponto de vista desde o qual se analise o processo: se desde a ótica inicial, estaremos classificando as pretensões processuais, e se o é desde a ótica final, estaremos classificando as sentenças de procedência.[19]

3.1. Origem

As pretensões de mandamento provêm diretamente dos interditos romanos,[20] uma vez que nestes, segundo destaca Gandolfi, "l'ordeni del pretore era fondato, come vedremo, sull'imperium, quale potere di coercizio-

---

[15] *Metodología del derecho*. Trad. por Angel Osorio. 2ª ed., México: UTEHA, 1962, p. 52.

[16] De acordo com nosso entendimento, a classificação das tutelas que toma por base as diversas espécies de pretensão processual é a que melhor contribui, desde uma perspectiva metodológica, para a real compreensão da efetividade da tutela jurisdicional, já que esta é reflexo jurídico da ação material e representa um ato concreto e particular de declaração de vontade, além de manter em funcionamento o processo. Não é possível efetuar uma classificação partindo da ação processual devido ao seu caráter abstrato e universal: se a ação processual tem como característica o fato de ser abstrata e universal, estas qualidades por si só afastam qualquer intento de classificação, já que para classificar qualquer objeto se exige obrigatoriamente elementos concretos capazes de individualizá-lo dos demais, como ocorre, e. g., com a pretensão processual. Em conseqüência, a ser a pretensão processual um ato concreto e particular de declaração de vontade, permite, de maneira adequada, uma classificação a partir dos diversos tipos de declarações petitórias. Por isto esta classificação, que parte da pretensão processual como reflexo jurídico da ação material, é a única capaz de realizar adequadamente as garantias constitucionais asseguradas pelo art. 5º Constituição Federal, na medida em que se percebe a "*insufficienza del concetto meramente processuale dell'azione a realizzare la garanzia dell'art. 24, 1º comma*", nas palavras de DENTI, quando se refere também às garantias do art. 24 da Constituição Italiana (Valori costituzionali e cultura processuale. In: *Sistemi e Riforme: Studi sulla Giustizia Civile*. Bologna: Mulino, 1999, p. 62). Desde esta perspectiva, pois, a classificação que toma por base a pretensão processual, contribui ineludivelmente à desejada efetividade da tutela jurisdicional. Para aprofundar melhor no estudo da classificação que leva em consideração às pretensões processuais, consultar o que escrevi em *La pretensión Procesal y la Tutela Judicial Efectiva: Hacia una Teoría Procesal del Derecho*. Barcelona: Bosch, 2004, nº 9.5.1, p. 158 e ss.

[17] No direito espanhol, o princípio da congruência encontra-se fincado no art. 218 da nova LEC. Sobre o tema consultar PICÓ, Los princípios del nuevo proceso civil. In: *Instituciones del nuevo proceso civil. Comentários sistemáticos a la Ley 1/2000*. Barcelona: Difusión Jurídica, t. I, p. 27 e ss; e MONTERO AROCA, *Los principios políticos de la nueva Ley de Enjuiciamiento Civil. Los poderes del juez y la oralidad*. Valencia: Tirant lo Blanch, 2001, especialmente cap. X, p. 89 a 94.

[18] Sobre o tema, consultar meu *Provas Atípicas*. Porto Alegre: Livraria do Advogado, p. 22 a 28.

[19] É evidente que a classificação que toma por base a sentença refere-se unicamente àquelas que são procedentes, pois a improcedência de qualquer pretensão processual é classificada como sendo declarativa negativa, devido ao caráter da subsunção.

[20] Orienta-se neste sentido OVÍDIO B. DA SILVA, *Curso de processo civil*. 4ª ed., São Paulo: RT, 1998, v. II, pág. 334. Os interditos, segundo JUSTINIANO, eram "unas fórmulas y concepciones de

one, e mirava ad assicurare in modo energico, autoritativo e sollecito l'ordine giuridico".[21] Nesta espécie de tutela jurisdicional o *'praetor'* ordenava geralmente ao demandado um determinado comportamento que poderia consistir em uma proibição (*interdictum prohibitorium*), ou retituição (*interdictum restitutorium*),[22] e jamais o condenava, posto que esta função, no período formulário, correspondia sucessivamente ao *index* privado.[23] Esta

---

palabras, por las cuales el pretor mandaba ó prohibía que se hiciese alguna cosa. Se empleaban con más frecuencia en las contiendas acerca de la posesión ó de la cuasi-posesión", *Instituciones*. Trad. por Ismael Calvo y Madroño. Madrid: Góngora, 1915, IV, 15, p. 292. De igual modo, GAYO, ao dizer que: "En determinados casos el pretor o el procónsul imponen su autoridad para poner fin a la controversia, principalmente cuando la controversia es sobre la posesión o la cuasi-posesión, concretándose a mandar o prohibir que se haga algo. Las fórmulas y redacciones que emplean para ello se llaman interdictos 'o, para ser más exactos, interdictos y' decretos", *Instituciones*. Trad. por Alvaro D'Ors e Pérez-Peix. Madrid: Instituto Francisco de Vitoria, 1943, IV, 139, p. 210. Para BONFANTE: "Scopo essenziale dell'interdetto è mantenere lo stato di possesso come è attualmente costituito, impedire la turbativa futura, impetrandone anzi dal pretore il divieto, il 'vim fieri veto'", *Corso di diritto romano*. Milano: Giuffrè, 1972, v. III, p. 431. A este respeito, afirma acertadamente ALBERTARIO, que: "La procedura civile romana separava nettamente 'actiones' e 'interdicta'", 'Actiones' e 'interdicta'. In: *Studi di Diritto Romano*. Milano: Giuffrè, 1946, v. IV, p. 117, porém com o tempo os dois institutos acabaram confundindo-se. De acordo com a opinião do autor, esta confusão foi provocada pelos textos das '*Pandette*' e do '*Codice giustinianeo*' (*Instituciones*, IV, 15, 8) que "sono testi – come abbiamo cercato di dimostrare – interpolati per adattarli alla nuova realtà giuridica, nella quale l'interdetto non è più quell'istituto che nell'età classica era, ma si è trasformato, nella nuova procedura postclassica giustinianea, in una azione. (...) Ma la identificazione, che questi testi fanno di 'interdictum' con 'actio', è pur certamente dovuta non al giureconsulto classico, che non poteva farla se non incorrendo in un grossolano errore, ma a una mano postclassica, cioè a una tarda glossa o a un tardo rimaneggiamento del testo classico", '*Actiones*' *e* '*interdicta*', op. cit., p. 157. Corroborando estas interpolações nos textos pseudo-clássicos encontramos SCHULZ, *Derecho romano clásico*. Tad. por José Santa Cruz Teigeiro. Barcelona: Bosch, 1960, nº 113, p. 60; e COLLINET, *La nature des actions des interdits et des exceptions dans l'uvre de justinien*, Paris: s/edit., 1947, p. 483 e ss. Daí conclui ALBERTARIO que "Se i giureconsulti dicevano che tutti questi 'agere interdicto', non per questo gli 'interdicta' erano anche 'actiones'", '*Actiones*' *e* '*interdicta*', op. cit., p. 163. Esta idéia é repetida pelo autor em 'In tema di classificazione delle azioni. In: *Rivista di Diritto Processuale Civile*, 1928, nº 1, p. 200. No mesmo sentido, diferenciando as ações dos interditos, BISCARDI, *La protezione interdittale nel processo romano*. Padova: Cedam, 1938, nº 5, p. 14 a 16; GANDOLFI, *Contributo allo studio del processo interdittale romano*. Milano: Giuffrè, 1955, cap. II, nº 2, p. 36, e também em *Lezioni sugli interdetti*. Milano: La Goliardica, 1960, cap. II, nº 5, p. 67 e ss; e BUONAMICI, *La storia della procedura civile romana*. Roma: L'Erma' di Bretschneider, 1971, v. I, p. 422. Para aprofundar melhor no estudo da proteção possessória através dos interditos no direito romano, ver por todos, MALAFOSSE, *L'interdit momentariae possessionis: contribution a l'histoire de la protection possessoire en droit romain* Roma: L'Erma' di Bretschneider, 1967, p. 29 e ss.

[21] *Contributo allo studio del processo interdittale romano*, op. cit., cap. IV, nº 3, p. 98. Para BETTI, "l'imperium, questo potere che ha il proprio fondamento non in una legge ma nella magistratura come tale, è un residuo della costituzione regia nella costituzione repubblicana", *Istituzioni di diritto romano*. Padova: Cedam, 1947, v. I, § 11, p. 21.

[22] La división de los interdictos en *prohibitoria*, *restitutoria* y *exhibitoria* está en JUSTINIANO, *Instituciones*, IV, 15, 1, op. cit., p. 292.

[23] Esta segunda parte do processo, denominada *apud iudicem*, correspondia ao *iudex*, que, de acordo com a opinião de MURGA, "no es más que un ciudadano cualificado que asume la solución concreta del asunto litigioso emitiendo su opinión o '*iudicium*'", *Derecho romano clásico – II. El proceso*. 3ª ed., Zaragoza: Universidad de Zaragoza, 1989, p. 139. Daí que no direito romano antigo, a atividade do *praetor* (procedimento *in iure*) se diferenciava da atividade do *iudex* (procedimento *apud iudicem*), pois, enquanto o primeiro detinha o *imperium*, e era o responsável em redigir o documento conhecido

origem dos interditos romanos, trazem consigo algumas conseqüências que também caracterizam as sentenças mandamentais, como por exemplo, o *imperium*,[24] a realização forçosa da ordem *manu militar*,[25] e a *causae cog-*

---

como *formula*, em virtude da *litis contestatio*, o segundo detinha somente a *iurisdictio* (*ius dicere*), com seus poderes limitados pela *litis contestatio*. A atividade sucessiva do juiz com respeito a atividade do pretor nos é descrita por GAYO, quando o mesmo se refere ao procedimento dos interdictos "Pero el acto no se termina con el mandato o la prohibición de hacer algo, sino que el asunto pasa al juez o a los recuperadores y allí se presentan las fórmulas y se indaga si se hizo algo contra el edicto del pretor o no se hizo lo que éste mandó que se hiciera. (...)", *Instituciones*, op. cit., IV, 141, p. 210. Para analizar melhor a estrutura da magistratura romana e suas características, ver ARANGIO-RUIZ, *Storia del diritto romano*. Napoli: Jovene, 1950, cap. V, § 2°, p. 96 e ss.
A este respeito, é conveniente desenvolver, mesmo que perfunctoriamente, a distinção existente entre as funções do pretor e as funções do juiz, isto é, a complexa questão de distinguir *imperium* de *iurisdictio*. De acordo com a opinião de VOCI, "sono di 'imperium' gli atti pretori che immediatamente impongono un ordine o creano una situazione giuridica diversa dal processo (da questi atti solo mediatamente ed eventualmente potrà sorgere un rapporto processuale); sono di 'iurisdictio' gli atti pretori che attengono al sorgere e allo svolgersi di un rapporto processuale, per la cui costituzione i privati si sono rivolti al magistrato. Qui risalta che 'imperium' vale come potere di ordinanza; per contro, 'ius dicere' non può essere inteso come esprimere, riconoscere o formulare un precetto di diritto oggettivo", Per la definizioni dell'imperium. In: *Studi in Memoria di Emilio Albertario*. Milano: Giuffrè, 1953, v. II, p. 98. Daí que para o autor se pode dizer que são "'*praetores*' i magistrati 'cum imperio'", *Per la definizioni dell'imperium*, op. cit., p. 84. De igual modo LAURIA, para quem a explicação do porque do nome *iurisdictio* é suficiente para esclarecer as dúvidas, uma vez que "il magistrato pronunziava dei 'verba legitima' (la sua funzione si esauriva in questa pronunzia), cioè 'dicebat ius'. Se questo era il significato originario della parola, si spiega agevolmente come mai all'esplicazione della 'iurisdictio' non fosse necessario adoperare potere di comando, e come restassero esclusi da essa tutti quegli atti nei quali non si usavano formole solenni; e si spiega anche perchè la 'iurisdictio' non ricevette mai attributi che la specificassero: 'ius dicere' indicava la forma con la quale quella funzione si esplicava, non il contenuto della funzione", Iurisdictio. In: *Studi in Onore di Pietro Bonfante*. Milano: Fratelli Treves, v. II, p. 529; e GROSSO, ao dizer que "l' *imperium* spettava ai consoli, detti in antico '*praetores*', ed al '*praetor* (...)'" *Lezioni di storia del diritto romano*. 3ª ed., Torino: Giappichelli, 1955, n° 85, p. 163, enquanto "agli altri magistrati non muniti di '*imperium*' (censori, edili, magistrati aventi la '*iurisdictio*') (...)", *Lezioni di storia del diritto romano*. op. cit., n° 91, p. 174. Para aprofundar melhor no tormentoso problema da *iurisdictio* e de sua relação com o *imperium*, ver também LUZZATTO, *Procedura civile romana*. Bologna: U.P.E.B, 1948, v. II, p. 163 e ss; GIOFFREDI, *Contributi allo studio del processo civile romano*. Milano: Giuffrè, 1947, p. 9 e ss; e MURGA, *Derecho romano clásico – II. El proceso*, op. cit., p. 36 e ss. Sobre os poderes do magistrado no direito grego a través da análise da constituição de Atenas, ver por todos, ENRICO PAOLI, *Les pouvoirs du magistrat de police dans le droit attique, en Altri Studi di Diritto Greco e Romano*. Milano: Istituto Editoriale Cisalpino – La Goliardica, 1976, p. 221 e ss.

[24] Sobre este particular, consultar por todos, VOCI, Per la definizioni dell'*imperium*. In: *Studi in Memoria di Emilio Albertario*, op. cit., p. 67 e ss.

[25] Apesar das diversas formas de execução dos interditos romanos, podemos afirmar, seguindo a GANDOLFI, que "il processo interdittale si concludeva con un ordine rivolto ad una parte privata; traeva fondamento dall'*imperium* del magistrato al quale il cittadino non può sottrarsi; mirava a garantire, sia pure attraverso la tutela di interessi privati, l'ordine sociale e l'ottemperanza a provvedimenti della pubblica autorità (*'bonorum possessio', 'missio in possessionem'*, concessioni pubbliche di uso, vendite all'asta pubblica ecc)", *Lezioni sugli interdetti*, op. cit., cap. III, n° 4, p. 124. Por isto, quando o autor analiza o conteúdo do texto de *Iulianus*, 48 dig., D.43,8,7, afirma que: "La menzione delle rovine fa suppore che la pronuncia venisse eseguita '*manu militari*' ('*cogendus demolire*'), se il destinatario non vi ottemperasse spontaneamente. Lo stesso significato sembra abbia il '*tollere debet*': e tanto più in quanto messo in relazione all'*imperium del pretore*", *Lezioni sugli interdetti*, op. cit., cap. III, n° 4, p. 124 e 125.

nitio ou cognição sumária,[26] que define esta pretensão como um processo sumário.[27]

A sentença mandamental foi descoberta por Georg Kuttner, em 1914, através de sua obra *Urteilswirkungen ausserhalb des Zivilprozesses* (Efeitos da sentença fora do processo civil).[28] O autor criou esta outra forma de tutela a partir da análise das eficácias contidas na sentença, já que a classificação por gênero e espécies era insuficiente para explicar aquelas eficácias existentes em algumas sentenças que não se identificavam com a eficácia meramente declarativa, nem com a constitutiva, e tampouco com a condenatória. Por isto, para Kuttner, as sentenças mandamentais (*Anordnungsurteile*)[29] devem ser entendidas como

> as sentenças em que o juiz, sem proferir decisão com força de coisa julgada sobre a própria relação jurídica de direito privado, dirige imediatamente a outro órgão estatal, a uma autoridade pública ou a um funcionário público a ordem determinada de praticar ou omitir um ato oficial, mais precisamente designado na sentença e contido no âmbito das atribuições desse órgão, e isso mediante requerimento especial e novo da parte vencedora.[30]

A partir deste conceito, podemos identificar quais são as características essenciais das *Anordnungsurteile* para o autor: a) não produzem coisa julgada; b) dirigem até outro órgão público alheio ao processo; c) necessitam uma ulterior solicitude da parte interessada.

---

[26] Orienta-se neste sentido, BISCARDI, quando disse: "La costante necessità di un sia pur sommario esame di merito della parte del magistrato adito dal ricorrente risulta implicitamente dalla possibilità, fatta al primo, di 'reddere' o 'denegare interdictum'", *La protezione interdittale nel processo romano*, op. cit., nº 10, p. 36. De igual modo, MURGA, para quem: "Esa es sin duda la característica más excepcional de estos actos donde tras la breve 'cognitio' del asunto – de ahí el calificativo de procedimiento cognitorio que reciben estos actos –, el magistrado por sí mismo concede o deniega el medio procesal que se le pide", *Derecho romano clásico – II. El proceso*, op. cit., p. 357.

[27] A característica do procedimento *ex interdicto* como uma forma de processo sumário levou BISCARDI a afirmar que: "Il carattere sommario del procedimento interdittale e la condizionalità della pronuncia favorevole al ricorrente ('interdictum') suggerirebbero dei facili riaccostamenti col procedimento monitorio o ingiuntivo delle legislazioni moderne", *La protezione interdittale nel processo romano*, op. cit., nº 11, p. 63, nota 5.

[28] Neste sentido, GOLDSCHMIDT, *Derecho Procesal Civil*. Trad. por Leonardo Prieto-Castro. Barcelona: Labor, 1936, §15, p. 113; PRIETO-CASTRO, Acciones sentencias constitutivas. In: *Trabajos y Orientaciones de Derecho Procesal*. Madrid: Revista de Derecho Privado, p. 140, nota 23; PONTES DE MIRANDA, *Tratado das ações*. São Paulo: RT, 1976, t. IV, § 1º, p. 9; BARBOSA MOREIRA, A sentença mandamental. Da Alemanha ao Brasil. In: *Revista de Processo*, nº 97, p. 252; OVÍDIO B. DA SILVA, *Curso de processo civil*, op. cit., v. II, p. 359; e CLÓVIS DO COUTO E SILVA, A teoria das ações em Pontes de Miranda, In: Revista Ajuris, nº 43, p. 73.

[29] De acordo com a opinião de BARBOSA MOREIRA: "A dicção empregada pelo processualista alemão fora 'Anordnungsurteil'; uma das acepções de 'Anordnung' é 'ordem', no sentido de determinação dirigida a alguém", *A sentença mandamental. Da Alemanha ao Brasil*, op. cit., p. 252. Nesta ordem de idéias, PRIETO-CASTRO, quando disse: "El nombre, acción de mandamiento, fue introducido por nosotros en la trad. de Goldschmidt (pág. 113) como correspondiente a 'Anordnungsklagen und, Urteile', denominación creada, como asimismo el tipo, por Kuttner, (...)", *Acciones y sentencias constitutivas*, op. cit., p. 140, nota 23. Também utiliza a denominação de *ação mandamental*, GUASP, *La pretensión procesal*. Madrid: Cívitas, 1996, p. 80, nota 80.

[30] Tradução direta do alemão por BARBOSA MOREIRA, *A sentença mandamental. Da Alemanha ao Brasil*, op. cit., p. 253. No mesmo sentido é a tradução realizada por CLÓVIS DO COUTO E SILVA, *A teoria das ações em Pontes de Miranda*, op. cit., p. 73.

Apesar da rigorosa análise levada a cabo pelo processualista alemão, sua doutrina teve escasso êxito, conseguindo somente a adesão de Goldschmidt, para quem, "la 'acción de mandamiento' se encamina a obtener un mandato dirigido a otro órgano del Estado. Por médio de la sentencia judicial".[31] Esta nova forma de tutela jurisdicional influiu sobremaneira na doutrina do autor, até o extremo de sustentar, surpreendentemente, que as sentenças mandamentais são o gênero, e as sentenças condenatórias, simples espécies.[32] Desgraçadamente, seu estudo não foi mais adiante destas observações, pelo que o mesmo destacou: "Esta cuarta clase de acción, así calificada por Kuttner, está aún pendiente de investigación científica".[33]

3.2. Contribuição da doutrina brasileira

Modernamente, as sentenças mandamentais têm ressurgido com o vigoroso estímulo subministrado por parte da doutrina brasileira,[34] principalmente através das obras de Pontes de Miranda[35] e Ovídio B. da Silva.[36]

---

[31] *Derecho procesal civil*, op. cit., § 15, p. 113.

[32] A explicação do autor reside no fato de que "la acción de condena es ya una acción de mandamiento, puesto que en cuanto título ejecutivo contiene en sí también un mandato dirigido al órgano de ejecución, para que lleve ésta a efecto (cfs. también la acción derivada del § 731). Pero esta circunstancia se explica sólo por el hecho de que la 'condena' del proceso moderno ha sobrepasado los efectos privados de la 'condemnatio' del proceso romano, bajo el influjo de las concepciones jurídicas alemanas. Aun cuando no en la medida del Derecho procesal francés o del angloamericano, el Derecho procesal alemán conoce, además, otras acciones de mandamiento", *Derecho procesal civil*, op. cit., § 15, p. 113.

[33] *Derecho procesal civil*, op. cit., § 15, p. 113.

[34] Esta nova modalidade de sentença encontra grande respaldo na doutrina nacional, entre os quais cabe citar PONTES DE MIRANDA, *Tratado das ações*, op. cit., t. I, §25, p. 122; §27, p. 134 e 135; §37, p. 211; OVÍDIO B. DA SILVA, *Curso de processo civil*, op. cit., v. II, p. 333 e ss; e também em *Do processo cautelar*. Rio de Janeiro: Forense, 1998, 2ª ed., nº 11, p. 84 e ss, e p. 164; BARBOSA MOREIRA, *A sentença mandamental. Da Alemanha ao Brasil*, op. cit., nº 97, p. 264; ADA PELLEGRINI GRINOVER, *Tutela jurisdicional nas obrigações de fazer e não fazer*. In: *Revista Ajuris*, nº 65, p. 26, também publicado em *Revista Forense*, v. 333, p. 11; ATHOS GUSMÃO CARNEIRO, *Da antecipação de tutela no processo civil*. Rio de Janeiro: Forense, 1999, nº 32.1 e 32.3, p. 40 e 41; MARINONI, *Tutela inibitória*. São Paulo: RT, 1998, p. 351; e também em *A antecipação da tutela*, op. cit., nº 2.4.4, p. 49 e ss; KAZUO WATANABE, *Código brasileiro de defesa do consumidor. (Comentado pelos autores do anteprojeto)*. Rio de Janeiro: Forense Universitaria, 1991, p. 520 e ss; e também em 'Tutela antecipatória e tutela específica das obrigações de fazer e não fazer (art. 273 e 461 do CPC)'. In: *Revista Ajuris*, nº 66, p. 164 e ss; BEDAQUE, *Tutela cautelar e tutela antecipada: tutelas sumárias e de urgência*. São Paulo: Malheiros, 1998, cap. V, nº 2, p. 99 e ss; ZAVASCKI, *Antecipação da tutela*. São Paulo: Saraiva, 1997, p. 13; CARREIRA ALVIM, *Tutela antecipada na reforma processual*. Curitiba: Juruá, 2000, 2ª ed., cap. XIII, nº 1, p. 179; BOMFIM MARINS, *Tutela cautelar: teoria geral e poder geral de cautela*. Curitiba: Juruá, 2000, nº 42, p. 112 e ss; ou EDUARDO LAMY, *Prisão penal e coerção processual civil*. In: *Revista Gênesis*, 2001, nº 19, p. 81.

[35] O prestigiado autor realiza um profundo estudo das sentenças mandamentais principalmente em seu conhecido *Tratado da Ações*, op. cit., tanto no tomo I, com exposições gerais (ver especialmente § 25, p. 122; § 27, p. 133 e 134; § 28, p. 139; § 37, p. 211; § 39, p. 215 e ss; e § 46, p. 279, 283 e 284), como no tomo IV, que está todo dedicado ao exame do tema.

[36] O professor gaúcho realiza um estudo pormenorizado das sentenças mandamentais através de sua inovadora *Teoria da Ação Mandamental*, contida no *Curso de processo civil*, op. cit., v. II, p. 333 a 431. Anteriormente, o autor já havia dedicado um estudo específico sobre o tema intitulado *Sentença mandamental*. In: *Sentença e Coisa Julgada*. 3ª ed., Porto Alegre: Fabris, 1995, p. 35 a 89, onde individualizava esta nova modalidade e traçava caminhos ainda não tão nítidos.

Pode-se afirmar, com toda a segurança, que atualmente as sentenças mandamentais têm se desenvolvido fora dos estreitos limites impostos por Kuttner, uma vez que não se dirigem exclusivamente a outros órgão públicos alheios ao processo,[37] nem tampouco necessitam uma nova solicitação da parte interessada, permanecendo, em alguns casos, a inexistência da coisa julgada,[38] que estaria justificada em razão de sua própria natureza, herdada dos interditos romanos, como anteriormente analisamos.

A doutrina desenvolvida por Pontes de Miranda tem seu ponto de partida na constatação segundo a qual, não existindo sentenças *'puras'*, o único critério legítimo para classificá-las reside na eficácia preponderante entre todas as demais eficácias contidas na sentença.[39] A partir de então, o autor procura conceituar sentença mandamental, distinguindo-la de outras formas de tutela, com o fundamento segundo o qual:

> Na ação mandamental, pede-se que o juiz mande, não só declare (pensamento puro, enunciado de existência) nem que condene (enunciado de fato e de valor); tampouco se espera que o juiz por tal maneira fusione o seu pensamento e o seu ato que dessa fusão nasça a eficácia constitutiva. Por isso mesmo, não se pode pedir que dispense o 'mandato'. Na ação executiva, quer-se mais: quer-se o 'ato' do juiz, fazendo não o que devia ser feito pelo juiz 'como juiz', sim o que a parte deveria ter feito. No mandado, o ato é ato que só o juiz pode praticar, por sua estatalidade. Na execução, há mandados – no correr do processo; mas a 'solução' final é ato da parte (solver o débito). Ou do juiz, 'forçando'.[40]

Com base no exposto, podemos afirmar que as sentenças mandamentais são exclusivamente aquelas em que prepondera, como eficácia imediata, o *mandado*, a *ordem*, que devem ser atendidos imediatamente[41] (em contraposição a outras situações em que o mandado ou a ordem devem ser atendidos em um momento posterior, como resultado mediato da sentença[42]).

---

[37] De igual modo, PONTES DE MIRANDA, para quem: "O mandado pode ser dirigido a outro órgão do Estado, ou a algum sub-órgão da justiça, ou a alguma pessoa física ou jurídica", *Tratado das ações*, op. cit., t. VI, §1º, p. 9. No mesmo sentido, ADA PELLEGRINI GRINOVER, *Tutela jurisdicional nas obrigações de fazer e não fazer*, op. cit., p. 26; ATHOS GUSMÃO CARNEIRO, *Da antecipação de tutela no processo civil*, op. cit., nº 32.1, p. 40; e principalmente OVÍDIO B. DA SILVA, que dedica a este ponto toda a parte final de seu *Curso de processo civil*, op. cit., v. II, p. 419 a 431.

[38] Sobre o assunto OVÍDIO B. DA SILVA esclarece que "nem todas as sentenças mandamentais estão privadas de coisa julgada. O mandado de segurança, por exemplo, em geral, produz coisa julgada, ao passo que a sentença proferida em processo cautelar não a produz, sendo ambas mandamentais", *Curso de processo civil*, op. cit., v. II, p. 360.

[39] Sobre a diferença existente entre efeitos, conteúdo e eficácia de uma sentença, consultar o que escrevi em meu livro *La pretensión Procesal y la Tutela Judicial Efectiva: Hacia una Teoría Procesal del Derecho*, op. cit., nº 9.5.3, p. 171 e ss.

[40] *Tratado das ações*, op. cit., t. I, § 37, p. 211.

[41] De acordo com a opinião do autor: "Na sentença mandamental, o 'ato' do juiz é junto, 'imediatamente', às palavras (verbos) – o ato, por isso, é dito 'imediato'. Não é 'mediato', como o ato executivo do juiz a que a sentença condenatória alude (anuncia); nem é 'incluso', como o ato do juiz na sentença constitutiva", *Tratado das ações*, op. cit., t. I, § 37, p. 211.

[42] Para PONTES DE MIRANDA, "A mandamentalidade como eficácia mediata é só no futuro. (...) Há sempre mandado, que se pede 'depois'. Quando o juiz sentencia não manda: a eficácia é da sentença, mas para que se exerça depois a pretensão mandamental", *Tratado das ações*, op. cit., t. I, §27, p. 134. Com isto o autor quer dizer que: "o 'conteúdo' da ação de mandamento é obter mandado do juiz, que

Outro autor que merece ser destacado por suas valiosas contribuições nesta matéria é Ovídio B. da Silva que, partindo dos estudos realizados por Pontes de Miranda, afirma:

> A ação mandamental tem por fim obter, como eficácia preponderante, da respectiva sentença de procedência, que o juiz emita uma ordem a ser observada pelo demandado, ao invés de limitar-se a condená-lo a fazer ou não fazer alguma coisa. É da essência, portanto, da ação mandamental que a sentença que lhe reconheça a procedência contenha uma ordem para que se expeça um mandado. Daí a designação de sentença mandamental. Neste tipo de sentença, o juiz 'ordena' e não simplesmente 'condena'. E nisto reside, precisamente, o elemento eficacial que a faz diferente das sentenças próprias do Processo de Conhecimento".[43]

O autor depois de analisar extensa e minuciosamente desde a origem das sentenças mandamentais até sua configuração moderna, passando pela análise do desenvolvimento da jurisdição de urgência e dos instrumentos executórios, além da crise do processo liberal, afirma que:

> O que é decisivo para que exista uma ação mandamental, é que a respectiva sentença de procedência contenha um 'mandado', como sua eficácia preponderante. O que se quer, o objeto principal do pedido é, justamente, a obtenção desse 'mandado'. Pode haver mandados pós-sentenciais, em demandas que não sejam, 'preponderantemente', mandamentais, como aconteceria com a ação declaratória de falsidade documental, cuja sentença, além de declarar o falso, decretasse (ordenasse) sua destruição. Neste caso, a eficácia mandamental de menor intensidade não seria suficiente para retirar da demanda seu caráter de ação declaratória.[44]

3.3. Características

A sentença mandamental, como todo sentença processual, está caracterizada por um verbo que a identifica e a distingue de outras sentenças, e que ademais, se encontra no conteúdo da respectiva sentença. O verbo que representa esta pretensão é o de *ordenar* ou *mandar*. Por isso, através desta pretensão o autor pede, como eficácia preponderante, que o juiz, por meio da sentença, ordene ou mande ao demandado fazer ou não fazer algo em virtude da ordem.

As características desta pretensão não se resumem unicamente na identificação do mencionado verbo (ordenar ou mandar), como crêem a maioria dos autores, senão que também, se encontram em algumas das peculiaridades herdadas dos interditos romanos com certos matizes modernos. Assim, por exemplo:

a) O verbo ordenar ou mandar, contido na sentença mandamental, traduz atualmente aquilo que antigamente representava o *imperium* para o interdito, pois, como destaca Gandolfi: "In ogni modo sta il fatto che l'interdetto è senza alcun dubbio un ordine del pretore ad una parte, di asservare

---

se não confunde com o efeito executivo da sentença de condenação (sem razão, JAMES GOLDSCHMIDT). A sentença de condenação pode conter, também, mandamento ao que executar a sentença, mas isso é outra questão", *Tratado das ações*, op. cit., t. I, § 46, p. 283.
[43] *Curso de processo civil*, op. cit., v. II, p. 334.
[44] *Curso de processo civil*, op. cit., v. II, p. 352.

un certo comportamento positivo o negativo, e pronunciato in forza dell'-imperium che è per definizione il potere di coercizione".[45]

b) As sentenças mandamentais, assim como nos interditos romanos, também apresentam como característica uma *cognitio summaria*,[46] que as inclui na categoria dos processos sumários,[47] uma vez que a cognição realizada pelo magistrado nesta forma de tutela jurisdicional é limitada, tanto no plano *horizontal*, já que a cognição do juiz se reduz em sua extensão, como ocorre, por exemplo, com a cognição da pretensão de manutenção da posse, que por sua natureza se limita unicamente a questões fáticas, relacionadas diretamente com a posse,[48] como no plano *vertical*, posto que a cognição do juiz se reduz em sua profundidade, como ocorre, *v.g.*, com a cognição cautelar que não permite ao juiz aprofundar a análise da cognição.[49] [50]

---

[45] *Lezioni sugli interdetti*, op. cit., cap. III, nº 4, p. 130 e 131. Para ATHOS GUSMÃO CARNEIRO, "na ações 'mandamentais' o juiz, no uso do poder de império inerente à função jurisdicional, 'expede ordem dirigida a autoridade particular ou a pessoa particular, (...)", *Da antecipação de tutela no processo civil*, op. cit., nº 32.1 p. 40.

[46] Para aprofundar no estudo da cognição sumária, ver FAIRÉN GUILLÉN, *El juicio ordinario y los plenarios rápidos*. Barcelona: Bosch, 1953, cap. III, p. 41 e ss; BIONDI, Cognitio summaria. In: *Nuovo Digesto Italiano*, Torino: UTET, 1938, t. III, p. 271 e ss; publicado também no *Novissimo Digesto Italiano*. Torino: UTET, 1959, t. III, p. 436; e PRIETO-CASTRO, *Derecho procesal civil*. 5ª ed., Madrid: Tecnos, 1989, nº 254 e ss, p. 307 e ss. Para uma análise detalhada das diversas formas de cognição no processo civil brasileiro, ver por todos, KAZUO WATANABE, *Da cognição no processo civil*. São Paulo: RT, 1987, especialmente nº 9 a 13, p. 37 a 50; e nº 19 a 25, p. 83 a 110.

[47] A este respeito, merece aprovação o exposto por FAIRÉN GUILLÉN, quando disse que: "la forma específica – acelerada por lo regular – de los sumarios, depende de que se trate de un camino específico para obtener una finalidad específica, a fin de alcanzar la cual es precisa la citada forma especial", *El juicio ordinario y los plenarios rápidos*, op. cit., cap. IV, nº 3, p. 55.

[48] No direito brasileiro, está proibida a *exceptio proprietatis* quando o tema da discussão é a posse, salvo se o demandante invoca a propriedade como fundamento da posse. Este é o sentido da jurisprudência do S.T.J: "Não cabe, em sede possessória, a discussão sobre o domínio, salvo se ambos os litigantes disputam a posse alegando propriedade ou quando duvidosas ambas as posses alegadas", 4ª Turma, REsp. nº 5.462, rel. Min. Athos Carneiro; DJU, 7.10.91, p. 6.470. Este é o sentido do art. 933 do CPC, que destaca: "Na pendência do processo possessório, é defeso, assim ao autor como ao réu, intentar a ação de reconhecimento do domínio". No direito espanhol a regra é a mesma, conforme atesta a jurisprudencia segundo a qual "El interdicto es siempre, por naturaleza, un proceso posesorio, de lo que deriva como inevitable efecto, que dentro de él, únicamente pueden disputarse cuestiones que tienen relación con la posesión, quedando excluidas aquellas cuyo enjuiciamiento implique la entrada por él órgano judicial en dimensiones ajenas". In: *Ley de enjuiciamiento civil y leyes complementarias*, Madrid: Colex, 1997, art. 1.651, p. 528.

[49] De igual modo, entre tantos outros, CALAMANDREI, ao dizer que: "Para poder llenar su función de prevención urgente las providencias cautelares deben, pues, contentarse, en lugar de con la certeza, que solamente podría lograrse a través de largas investigaciones, con la 'apariencia del derecho', que puede resultar a través de una cognición mucho más expeditiva y superficial que la ordinaria ('summaria cognitio'). (...) Por lo que se refiere a la investigación sobre el derecho, la cognición cautelar se limita en todos los casos a 'un juicio de probabilidades' y 'de verosimilitud'", *Introducción al estudio sistemático de las providencias cautelares*. Trad. por Santiago Sentís Melendo. Buenos Aires: Editorial Bibliográfica Argentina, nº 20 e 21, p. 76 e 77. De acordo com a opinião de SERRA DOMÍNGUEZ: "Si las medidas cautelares tienen como presupuesto no tanto el derecho, cuanto la apariencia de derecho, el procedimiento en que se adopten debe ser sumario, entendiendo por sumariedad la limitación del conocimiento judicial a la apreciación de las circunstancias y presupuestos precisos para la adopción de la medida cautelar. (...) La sumariedad no debe empero convertirse en superficialidad, por no afectar

Também podemos incluir como característica da sentença mandamental a realização forçosa da ordem *manu militari*, independentemente de um processo de execução *ex intervallo*.[51] Esta execução imediata da ordem na mesma relação processual se justifica na necessidade de atender adequadamente, tanto os novos direitos, como a nova forma de pensamento predo-

---

tanto a la profundidad del conocimiento cuanto a los límites del objeto conocido, debiendo por tanto el juez estudiar en cada caso concreto la concurrencia de los presupuestos legales que determinan la adopción de la medida cautelar, examen que no puede aplazarse al incidente de oposición o a los recursos", Teoría general de las medidas cautelares. In: *Las Medidas Cautelares en el Proceso Civil* (con Ramos Méndez). Barcelona: Industrias M. Pareja, 1974, cap. I, n° VII, letra 'a', p. 80. Para aprofundar o estudo da cognição cautelar entre os diversos autores, ver meu artigo, Teoria Geral da Ação cautelar inominada. In: *Tutela de Urgência* (AAVV), Porto Alegre: Síntese, 1997, p. 172 e ss.

[50] A técnica utilizada para que a cognição seja sumária, permitindo assim agilizar os processos, consiste em: a) permitir que o juiz conheça todas as questões referentes ao conflito, porém de forma superficial, proibindo-lhe averiguar em profundidade as questões apresentadas; ou b) eliminar do conhecimento do juiz alguma questão pertinente ao conflito, porém permitindo-lhe analisar em toda sua profundidade aquelas questões apresentadas em juízo. A tutela cautelar exemplifica o primeiro caso, na medida em que, permitindo as partes trazer qualquer fato ao processo, não se eliminam questões do conhecimento do juiz, porém se proíbe averiguar em profundidade estas questões; enquanto os processos possessórios exemplificam o segundo caso, na medida em que está proibido às partes trazer ao processo questões que não se relacionam diretamente com a posse, como conseqüência se está eliminando do conhecimento do juiz questões que poderiam haver sido analisadas, contudo, sobre as questões apresentadas em juízo não há nenhuma limitação para o juiz. Daí que para nós a cognição é sumária tanto na primeira hipótese como na segunda, de acordo com os argumentos apontados. De forma diversa é o entendimento de KAZUO WATANABE, que através de um conceito limitativo afirma que: " '*Cognición sumária*' é uma cognição superficial, menos aprofundada no sentido vertical", *Da cognição no processo civil*, op. cit., n° 22, p. 95. A postura do professor de São Paulo tem como pressuposto, para identificar a cognição sumária, somente a porção do conflito que está no processo, por isto, o restante do conflito que não foi trazido ao processo não pode limitar o conhecimento do juiz, enquanto para nós o pressuposto para identificar a cognição sumária reside no conflito em toda sua dimensão sociológica, e não somente naquela porção do conflito chegada ao processo. O conhecimento do juiz, sobre o conflito, está limitado, tanto se não pode conhecer alguma questão como se não pode aprofundar sobre as questões. Limitar a cognição sumária às questões chegadas ao processo significa esquecer o verdadeiro significado do conflito em sociedade que necessita ser eliminado em toda sua extensão, para que a paz possa voltar em toda sua plenitude, e não somente de forma parcial, que traria simplesmente uma paz incompleta.
Em definitivo, podemos concluir, seguindo a opinião de FAIRÉN GUILLÉN, que os processos sumários são aqueles que, por necessidade de rapidez, limitam a cognição do juiz "restringiendo su contenido material a través de una limitación de los derechos de las partes con respecto a los medios defensa", *El juicio ordinario y los plenarios rápidos*, op. cit., cap. IV, n° 3, p. 55, enquanto os processos plenários rápidos (que no direito brasileiro denomina-se '*procedimento sumário*'), apesar de não limitarem a cognição do juiz, limitam sua própria forma. Como conseqüência, "las pautas de 'sumariedad'", na acertada opinião do autor, "son perfectamente diversas en ambos grupos de tipos; no se trata de dos subgrupos yuxtapuestos bajo la denominación común de 'juicios sumarios'; pues esta 'sumariedad', en los plenarios rápidos es simplemente de carácter formal, en tanto que en los sumarios propiamente dichos, tiene carácter material", *El juicio ordinario y los plenarios rápidos*, op. cit., cap. IV, n° 3, p. 55 e 56.

[51] De igual modo, PONTES DE MIRANDA, *Tratado das ações*, op. cit., t. I, §37, p. 211; OVÍDIO B. DA SILVA, *Curso de processo civil*, op. cit., v. II, p. 334 e 348; KAZUO WATANABE, *Tutela antecipatória e tutela específica das obrigações de fazer e não fazer (art. 273 e 461 do CPC)*, op. cit., p. 169; ADA PELLEGRINI GRINOVER, *Tutela jurisdicional nas obrigações de fazer e não fazer*, op. cit., p. 26; MARINONI, *Tutela inibitória*, op. cit., p. 351; ATHOS GUSMÃO CARNEIRO, *Da antecipação de tutela no processo civil*, op. cit., n° 32.1 e 32.3, p. 40 e 41; BEDAQUE, *Tutela cautelar e tutela antecipada: tutelas sumárias e de urgência*, op. cit., cap. V, n° 2, p. 99; entre outros.

minante na sociedade que exige um processo de resultados que seja capaz de declarar e realizar o direito em menor tempo possível.[52]

A sentença se chama mandamental, porque entre todas as eficácias possíveis, compreendidas no conteúdo da sentença (eficácia meramente declarativa, quando declara existentes os requisitos para a concessão da ordem; eficácia de condenação, que se encontra na criação, tanto do título executivo de condenação em custas como na criação da via executiva para realizar este título; eficácia de execução, que reside na capacidade da ordem emitida pelo juiz realizar-se imediatamente, sem necessidade de um processo sucessivo e autônomo), a eficácia preponderante ou maior, pretendida pela parte, consiste na *ordem* para que o demandado imediatamente realize o mandado da sentença, sob pena de incorrer em delito de desobediência e/ou em multa pecuniária (*astreinte*). Isto é, a desobediência acarreta uma ameaça direta sobre a pessoa do demandado ou indireta sobre seus bens, caso ele resolva não obedecer imediatamente à ordem contida na sentença. Inclusive pode existir a cumulação das ameaças, diretas e indiretas, com a finalidade de dar maior eficácia ao cumprimento da ordem.[53]

De acordo com nosso posicionamento, toda sentença é intrínseca e objetivamente coercitiva.[54] Nas sentenças de mandamento existe uma coação atual,[55] uma vez que estas exercem uma pressão física direta sobre a vontade do obrigado de maneira concreta e real, isto é, a coação atual consiste em ordenar ao demandado a realização imediata do direito, ameaçando-lhe fisicamente através da perda da liberdade e/ou através da *astreinte* no sentido de dobrar sua vontade para realizar, voluntariamente, o comando imperativo da sentença que está traduzido na *ordem*. Por isso, a natureza da sentença mandamental se identifica com a natureza das ordens compreendidas, tanto no sistema americano do *Contempt of Court*, como no sistema francês das *astreintes*.[56]

---

[52] Para buscar maiores esclarecimentos acerca do tema, consultar o que escrevi em meu livro *La pretensión Procesal y la Tutela Judicial Efectiva: Hacia uma Teoría Procesal del Derecho*, op. cit., especialmente nº 9.5.3.2, p. 186 e ss.

[53] Este é o sentido do art. 461 do CPC quando prevê que o juiz poderá determinar "(...) providências que assegurem o resultado prático equivalente ao do adimplemento". Isto equivale dizer que o juiz poderá aplicar simultaneamente as duas formas de coação psicológica para assegurar, com maior precisão, o resultado útil do comando sentencial. Assim se expressa também KAZUO WATANABE, *Tutela antecipatória e tutela específica das obrigações de fazer e não fazer (art. 273 e 461 do CPC)*, op. cit., p. 168.

[54] Em tese de Doutorado que foi posteriormente publicada, defendemos que por meio da sentença existe a concreção de uma sanção abstrata através da coação que pode ser atual ou potencial. Estas idéias foram amplamente trabalhadas em meu *La pretensión Procesal y la Tutela Judicial Efectiva: Hacia una Teoría Procesal del Derecho*, op. cit., especialmente nº 3.2, p. 39 e ss, especialmente p. 44 e 45. Para aprofundar no tema relacionado ao estudo das diversas espécies de sanções, ver meu *Contribuição ao estudo das sanções desde a perspectiva do Estado Democrático de Direito*, op. cit., p.187 e ss.

[55] Ver meu *La pretensión Procesal y la Tutela Judicial Efectiva: Hacia una Teoría Procesal del Derecho*, op. cit., p. 46, nota 107.

[56] Ambos os temas foram amplamente tratados em *La pretensión Procesal y la Tutela Judicial Efectiva: Hacia una Teoría Procesal del Derecho*, op. cit., p. 165 e ss.

A comprovada eficiência da sentença mandamental para atender de forma adequada e satisfatória aos novos direitos a determinado setor da doutrina italiana a alterar sua compreensão secular da sentença condenatória para adaptá-la a esta nova realidade.[57] A inadequação da sentença condenatória passa pela crise da *obligatio*, uma vez que esta foi concebida em época muito remota, para atender realidades que hoje já não mais existem. Esta crise alcança diretamente sua proteção processual, também criada naquela época: a *condemnatio*. Daí sustentar Carnelutti, já no início do século, a defesa de uma sentença mandamental, pois, para ele,

> l'obbligazione non si salva se non a patto di abbandonare invece il rispetto del diritto reale e di cercare in una severa applicazione delle misure esecutive vere e proprie quella tutela, che il diritto del creditore perde per l'abbandono delle misure coercitive; e, dove le misure esecutive non servono, in una coraggiosa adozione delle misure penali.[58]

Como exemplos de sentença mandamental podemos indicar, entre outras: a) a pretensão de manutenção de posse;[59] b) a pretensão cautelar;[60] c)

---

[57] Entre os autores que propugnam pela pena de prisão como meio de coação para que o devedor cumpra uma sentença condenatória que tenha por base uma obrigação de fazer ou não fazer, MOLARI, *La tutela penale della condanna civile*. Padova: Cedam, 1960, p. 52; PROTO PISANI, Appunti sulla tutela di condanna. In: *Riv. Trim. Dir. Proc. Civ.*, 1978, p. 1161 e ss; FRIGNANI, *L'injunction' nella 'common law' e l'inibitoria nel diritto italiano*. Milano: Giuffrè, 1974, pág. 592 e 611. Em sentido contrário, CHIARLONI, *Misure coercitive e tutela dei diritti*. Milano: Giuffrè, 1980, p. 177 e ss e também em 'Ars distinguendi e tecniche di attuazione dei diritti'. In: *Formalismi e Garanzie: Studi sul Processo Civile*. Torino: Giappichelli, 1995, p. 50 e MANDRIOLI, Sulla correlazione necessaria tra condanna ed eseguibilità forzataIn: *Riv. Trim. Dir. Proc. Civ.*, 1976, n° 8, p. 1355.

[58] Diritto e processo nella teoria delle obbligazioni. In: *Studi di Diritto Processuale in Onore di Giuseppe Chiovenda*. Padova: Cedam, 1927, n° 8, p. 248.

[59] Esta pretensão foi analisada desde a perspectiva da sentença mandamental por OVÍDIO B. DA SILVA, *Curso de processo civil*, op. cit., v. II, p. 413 a 417. No direito espanhol, em que pese a resistência por aceitar uma sentença mandamental, alguns autores apontam, sem se dar conta, as características desta espécie de tutela jurisdicional, entre os quais PRIETO-CASTRO, que afirma "La sentencia del 'interdicto de retener', por haber sido 'inquietado' o 'perturbado' el demandante en la posesión o en la tenencia, o por tener el demandante fundados motivos para creer que lo será, contiene una primera parte propiamente jurisdiccional, civil, que consiste en '*orden de que se mantenga*' en la posesión al demandante, (...)" (o sublinhado é nosso), *Derecho procesal civil*, op. cit., n° 296, p. 356.

[60] A respeito da tutela cautelar, CALAMANDREI afirma acertadamente que: "La misma se dirige, pues, como las providencias que el derecho inglés comprende bajo la denominación de 'Contempt of Court', a salvaguardar el 'imperium iudicis', o sea a impedir que la soberanía del Estado, en su más alta expresión que es la de la justicia, se reduzca a ser una tardía e inútil expresión verbal, una vana ostentación de lentos mecanismos destinados, como los guardias de la ópera bufa, a llegar siempre demasiado tarde. Las medidas cautelares se disponen, más que en interés de los individuos, en interés de la administración de justicia, de la que garantizan el buen funcionamiento y también, se podría decir, el buen nombre", *Introducción al estudio sistemático de las providencias cautelares*, op. cit., n° 46, p. 140.
A tutela cautelar exige sem dúvida uma sentença mandamental baseada em uma ordem coercitiva para poder evitar o aparecimento do dano, e não uma sentença de condenação que está baseada em uma tutela repressiva. A própria natureza da tutela cautelar exige: a) uma *cognitio summaria* (vid. *supra*, nota 37); b) uma sentença baseada na força do *imperium* para evitar o aparecimento do dano que pode ser antecipada (art. 273 do CPC), ou seja, se antecipa a eficácia de mandamento existente no conteúdo de qualquer sentença que a contenha; e c) que a ordem expedida pelo juiz seja executada imediatamente, no menor tempo possível. Se aceitarmos a natureza condenatória da sentença cautelar, teríamos de aceitar também, por uma questão de coerência e lógica, sua natureza repressiva que é inadequada para prevenir o dano, sua cognição plenária, e finalmente sua característica específica que consiste unicamente na criação da via executiva através da criação do título executivo, não permitindo que a realização forçada do direito se dê no mesmo processo.

a pretensão de obra nova; d) o mandado de segurança que é um dos casos mais típico desta modalidade de sentença.

3.4. Diferença das demais espécies de sentenças

Depois de identificar as características que singularizam a sentença mandamental podemos afirmar, com toda segurança, que elas não se confundem com as constitutivas, nem com as de condenação, nem tampouco com as de execução.

As sentenças mandamentais não se confundem com as sentenças constitutivas, porque nestas o autor pede ao juiz, como eficácia preponderante, a modificação de um estado jurídico que antes da sentença não existia, enquanto na sentença mandamental o autor solicita ao juiz, como eficácia preponderante, a emissão de uma ordem que deve ser observada pelo demandado. Porém, como as pretensões não são puras,[61] pois geralmente possuem mais de uma eficácia, a pretensão constitutiva, além da eficácia preponderante, apresenta outras, com valores menores, como por exemplo, a eficácia mandamental que está contida na ordem do juiz para inscrição da separação dos cônjuges e dos bens no Registro Civil. Isso, não autoriza a confusão realizada por alguns autores[62] que mesclam a eficácia maior, contida no pedido de modificação de um estado jurídico, com outra eficácia de peso menor, contida, por exemplo, em uma ordem. É conveniente assinalar também, seguindo a opinião de Ovídio B. da Silva, que

> embora o mandado e sua execução não estejam no 'conteúdo' da sentença, aqui existe um 'verbo' específico que traduz a eficácia peculiar à ação mandamental, verbo este que integra o conteúdo da sentença. Embora o 'efeito' se manifeste externamente, há no conteúdo da sentença uma eficácia produtora desse efeito.[63]

A sentença mandamental não deve confundir-se com a condenatória, porque nesta o autor pede ao juiz, como eficácia preponderante, que condene o devedor a realizar uma determinada prestação, enquanto na mandamental, o autor solicita ao juiz, como eficácia preponderante, que ordene ao demandado um determinado comportamento. Quem condena não ordena, simplesmente exorta, esperando o cumprimento voluntário.[64] A ordem exi-

---

[61] Tese hoje consagrada de PONTES DE MIRANDA, segundo a qual "Não há nenhuma ação, nenhuma sentença, que seja pura", *Tratado das ações*, op. cit., t. I, § 26, p. 124.

[62] Entre eles, PRIETO-CASTRO, *Derecho procesal civil*, op. cit., nº 70, p. 111; e GUASP, *La pretensión procesal*, op. cit, p. 80, nota 80. En sentido contrário, GOLDSCHMIDT, para quem: "El mandamiento no tiene tampouco una virtualidad constitutiva, sino que 'exige' ejecución, que puede obtener incluso en calidad de ejecución provisional (§ 775, nº 1; § 16, II, C. M.)", *Derecho procesal civil*, op. cit., § 15, p. 115.

[63] *Curso de processo civil*, op. cit., v. II, p. 356.

[64] A importância da ordem na caracterização da sentença mandamental é destacada, inclusive, por BARBOSA MOREIRA, que afirma: "Ocioso frisar que, se não houver ordem, a sentença de procedência não será mandamental, mas simplesmente condenatória", *A sentença mandamental. Da Alemanha ao Brasil*, op. cit., p. 261.

ge mais que a simples condenação, uma vez que, por estar fundada no *imperium*, exerce uma coação atual sobre o demandado, e não uma coação potencial, como existe na sentença condenatória. Ademais, podemos afirmar que a sentença mandamental também se distingue da condenatória pelo fato de possuir uma cognição sumária; realizar-se imediatamente, sem necessidade de um processo de execução forçada;[65] exigir sempre do demandado o cumprimento específico de uma ordem, e não de uma obrigação que não existe, já que não há *vinculum iuris* entre demandante e demandado, pelo que não se pode falar de credor e devedor, aqui a sentença não se refere a prestações devidas pelo devedor;[66] e a ordem apresenta natureza distinta da condenação, pois enquanto aquela (mandamental) quase sempre é preventiva, esta (condenatória) sempre é repressiva.[67] A diferença entre as duas formas de tutela se mantém inclusive quanto à conduta do demandado depois da respectiva sentença, pois, enquanto a inércia do demandado diante

---

[65] A este respeito, merece aprovação o exposto por MARINONI, ao dizer que: "Na sentença mandamental o juiz tutela integralmente o direito do autor, enquanto a tutela condenatória constitui uma 'tutela pela metade', já que correlacionada com a ação de execução. É preciso que se perceba que não há ordem ou uso de coerção na sentença condenatória, há, simplesmente, declaração e aplicação da sanção. (...) É necessário frisar, entretanto, que a sentença mandamental não difere da condenatória apenas por conter ordem, mas fundamentalmente por poder levar à tutela de um direito que não pode ser efetivamente tutelado mediante a condenação", *Tutela inibitória*, op. cit., p. 351.

[66] De igual modo, OVÍDIO B. DA SILVA, *Curso de processo civil*, op. cit., v. II, p. 425. Nesta ordem de ideais, é oportuno destacar as agudas observações de CHIOVENDA sobre a ordem implícita o explícita contida em algumas sentenças. De acordo com a opinião do autor: "Bien diferente es el caso cuando la misma declaración de certeza, la misma manifestación de voluntad que constituye la sentencia, comprende el *orden implícito o explícito dirigido a persona diversa de las partes de ejecutar algo. Un efecto tal de la sentencia, que algunos llaman mediato* (LANGHEINEKEN, 'Der Urteilsanspruch', Leipzig, 1899, p. 102-104) comprende ante todo el orden implícito o explícito dirigido a un órgano ejecutivo cuando se trate de ejecución forzada, para el caso de incumplimiento del obligado: pero, el mismo comprende también otros casos, que aquí precisamente se tocan, en los cuales lo que se ejecuta puede muy bien ser en daño de una parte, *pero ni se ejecuta sobre la persona, ni sobre los bienes por ella poseídos, ni es cosa que pueda ejecutarse por la parte, de donde el concepto de la ejecución 'forzada' desaparece*; aquí pueden citarse la inscripción y la cancelación de las hipotecas; la ejecución de transcripciones y de transferencias de fundos; la supresión de documentos declarados falsos (C. de P. C., art. 309); la restitución de documentos (C. de P. C., art. 310), de depósitos, de cauciones; (...). *Estos casos, algunos de los cuales están regulados inexactamente en la ley como ejecución forzosa* (C. de P. C., arts. 561, 722), *se diferencian de la misma porque no se refieren a prestaciones debidas por una de las partes*" (os sublinhados são nossos), *La acción en el sistema de los derechos*. Trad. por Santiago Sentís Melendo. Bogotá: Temis, 1986, nº 2, p. 69, nota 7. Deste modo, podemos concluir que Chiovenda, já em 1903, identificava determinadas ordens existentes dentro de algumas sentenças e as diferenciava das eficácias típicas que integram uma sentença condenatória, tanto que o autor conclui seu raciocínio afirmando que: "Estos casos, algunos de los cuales están regulados inexactamente en la ley como ejecución forzosa se diferencian de la misma porque no se refieren a prestaciones debidas por una de las partes', op. cit., p. 69 nota 7. Contudo, o autor jamais se referiu às pretensões mandamentais como uma categoria autônoma ao lado das declarativas, constitutivas e condenatória.

[67] A este respeito, afirma acertadamente RAPISARDA que "la correlazione necessaria tra condanna ed esecuzione forzata è il frutto di una visione repressivistica di tale rimedio, che non può non porsi in contrasto con una tecnica di tutela, come quella inibitoria, che svolge una funzione preventiva anche nelle ipotesi in cui venga impiegata per impedire (non già la commissione, bensì) la ripetizione o la continuazione di una violazione in parte già commessa. La concezione della condanna come tutela repressiva esprime il punto di vista piú diffuso tra la dottrina processualistica tradizionale", *Profili della tutela civile inibitoria*, op. cit., cap. V, nº 2, p. 188.

de uma sentença condenatória não acarreta nenhuma conseqüência pessoal, uma vez que esta sentença se limita unicamente a criar o título executivo, que possibilitará o futuro processo de execução forçosa; a inércia do demandado ante uma sentença mandamental configura delito de desobediência e/ou origina uma multa pecuniária (*astreinte*), podendo, inclusive, existir a prisão por flagrante delito.[68]

Também devemos distinguir as sentenças mandamentais das sentenças executivas.[69] Apesar de ambas possuírem a ordem ou mandado como característica essencial, e permitirem a existência de atividade jurisdicional depois da firmeza da sentença procedente, ambas não podem confundir-se, na medida em que: a) a conduta inerte do demandado diante de uma sentença executiva pode ser pressionada através do uso da força policial, enquanto a inércia do demandado frente a uma sentença mandamental, como vimos, configura um delito de desobediência e/ou origina uma multa pecuniária (*asterinte*); b) a realização do direito do autor, criado através de uma sentença executiva, é um ato exclusivo do demandado, que deve entregar o bem, objeto da disputa ao demandante, enquanto que a realização do direito do autor, criado através de uma sentença mandamental, é *ato exclusivo do juiz*, pois somente ele pode executá-la devido ao seu caráter estatal[70]; c) a

---

[68] De acordo com o acertado entendimento de KAZUO WATANABE: "O mandado a ela correspondente reclama o cumprimento específico da ordem do juiz, sob pena de configuração do crime de desobediência e, até mesmo, dependendo do nível de autoridade pública a quem é ela dirigida, do crime de responsabilidade", *Tutela antecipatória e tutela específica das obrigações de fazer e não fazer (art. 273 e 461 do CPC)*, op. cit., p. 165. O autor conclui seu pensamento afirmando que: "Para assegurar o cumprimento dessas ordens o nosso sistema processual se vale da 'pena de desobediência' (poderá haver a prisão em flagrante, mas o processo criminal será julgado pelo juiz criminal competente, na forma da lei)", *Tutela antecipatória e tutela específica das obrigações de fazer e não fazer (art. 273 e 461 do CPC)*, op. cit., p. 168.
Nesta ordem de idéias, adotamos integralmente os mesmos argumentos empregados por PEKELIS para diferenciar a sanção da '*common law*', consistente em prisão por desacato civil, das sanções criminais, Técnicas jurídicas e ideologias políticas. In: *Revista Jurídica Argentina La Ley*, t. 29, 1943, p. 837 e ss. Podemos dizer que a coação exercida sobre o demandado, geralmente confundida com sanção, em virtude da inércia ante uma sentença mandamental, não pode ser identificada como uma coação de tipo criminal. Além do mais, esta não possui natureza mandamental, senão melhor de condenação. A respeito, afirma acertadamente EDUARDO LAMY que: "Interessante é o paralelo que pode, neste momento, ser traçado com a situação de flagrância no crime de desobediência do Direito Brasileiro", pois, "como no Brasil a natureza da prisão por desobediência é penal, o arrependimento posterior do devedor não evitará a eventual aplicação da sanção, fazendo apenas com que a situação de flagrância ganhe termo caso o devedor cumpra a obrigação assumida", Prisão penal e coerção processual civil. In: *Gênesis – Revista de Direito Processual Civil*, 2001, n° 19, p. 81 e 82.
[69] Sobre esta espécie de sentença, consultar o que escrevemos em *La pretensión Procesal y la Tutela Judicial Efectiva: Hacia una Teoría Procesal del Derecho*, op. cit., p. 188 e ss.
[70] De igual modo, PONTES DE MIRANDA, para quem: "No mandado, o ato é ato que só o juiz pode praticar, por sua estatalidade. Na execução, há mandados – no correr do processo; mas a 'solução' final é ato da parte (solver o débito). Ou do juiz, 'forçando'", *Tratado das ações*, op. cit., t. I, §37, p. 211; e OVÍDIO B. DA SILVA, que disse: "A distinção entre sentenças executivas e mandamentais é fundamental: a execução é 'ato privado da parte' que o juiz, através do correspondente processo – se a demanda fora condenatória ou desde logo por simples decreto, se a ação desde o início era executiva –, realiza em substituição à parte que deveria tê-lo realizado. Na sentença mandamental, o juiz realiza o que somente ele, como representante do Estado, em virtude de sua 'estatalidade', pode realizar", *Curso de processo civil*, op. cit., v. II, p. 335.

finalidade da ordem é totalmente distinta, pois, enquanto a contida em uma sentença executiva é para repor o titular na propriedade ou posse da coisa, a ordem contida em uma sentença de mandamento é para exigir do demandado um fazer ou não-fazer.

— V —

Hobbes e a Segurança Global num ambiente internacional de anarquia

IELBO MARCUS LOBO DE SOUZA[1]

Sumário: 1. A Perspectiva Hobbesiana do Mecanismo Social no Estado da Natureza e no Estado Civil; 2. A Visão Hobbesiana das Relações Internacionais; 3. A Possibilidade de Ordem Internacional num Cenário Hobbesiano de Anarquia; 4. Conclusão.

1. A Perspectiva Hobbesiana do Mecanismo Social no Estado da Natureza e no Estado Civil

A filosofia política de Hobbes propõe-se a examinar as origens do governo civil (*i.e.*, o Estado ou soberano), os princípios que regem o seu funcionamento, a natureza do poder e suas variadas espécies.[2] Do ponto de vista metodológico, sua teoria explora as causas constitutivas do governo civil, partindo da divisão do objeto de estudo em partes separadas, e segue o método dedutivo de raciocínio. Os princípios políticos sobre os quais discorre são baseados na antropologia política (ou psicologia humana) e compatibilizados com a física mecanicista a que aderiu.[3] Devota, assim, atenção à "qualidade da natureza humana", para fins de estabelecimento de um governo civil, e à "disposição dos homens" para formar um Estado sobre bons alicerces.[4]

Uma proposição fundamental formulada por Hobbes é a de que no estado de natureza (quando os homens não estão constituídos numa sociedade civil) há uma permanente guerra "de todos contra todos".[5] Essa condição natural se explicaria, segundo Hobbes, por uma conjunção de fatores.

---
[1] PhD (Univ. of London), Professor de Direito Internacional na Universidade do Vale do Rio dos Sinos – Unisinos.
[2] Hobbes, Thomas. *Do Cidadão*. São Paulo: Martins Fontes, 1998, p. 16.
[3] Zarka, Yves-Charles. Thomas Hobbes. *In*: Denis Huisman (ed.). *Dicionário dos Filósofos*. São Paulo: Martins Fontes, 2001, p. 501.
[4] Do Cidadão, *op. cit*, p. 13.
[5] *Op. cit*, p. 33.

Os homens são, na visão Hobbesiana, racionais, egoístas e anti-sociais por natureza. Nesse sentido, Hobbes destoa abertamente de Aristóteles, que na sua obra *Política* retrata o homem como um animal político e atribui ao homem uma aptidão natural para a vida em sociedade e para o bem. Hobbes, ao contrário, realça que os homens não têm prazer na companhia dos outros,[6] e só admitem a vida em sociedade como uma resposta indispensável à ameaça de morte violenta e mútua. Portanto, toda associação duradoura, na perspectiva hobbesiana, só pode ter como origem o medo recíproco. Na ausência do medo, a natureza humana impeliria os homens à tentativa de dominação, e não à associação ou colaboração mútua.[7] Hobbes também faz referência à ilustração mencionada por Aristóteles das abelhas e formigas como criaturas políticas que, tendo por natureza ao bem individual, acabam por promover o bem comum, para descartar a hipótese de que entre os homens tal comportamento e conseqüência se verifiquem, pois, segundo Hobbes, para essas criaturas, o acordo vigente seria natural, ao passo que para os homens tal pacto só poderia ser artificial, e ainda assim demandaria um poder maior que assegurasse a sua implementação.[8]

Prosseguindo na análise da natureza humana e sua condição, Hobbes propõe um outro postulado que divergiria da posição de Aristóteles: a igualdade natural dos homens.[9] A natureza, na ótica de Hobbes, fez os homens iguais no que diz respeito ao conjunto das faculdades do corpo e do espírito.[10] Essa igualdade é invocada por Hobbes para fundamentar o medo recíproco entre os homens, em razão do potencial de causarem danos uns aos outros. A incapacidade de garantir a segurança pessoal adviria também do direito e dever naturais que todo homem tem de preservar sua vida e sua integridade física.[11] Quando todos buscam a sua segurança pessoal, e a eles é facultado o recurso a quaisquer meios necessários a esse fim (qual seja, a preservação da vida e integridade[12]), não é razoável esperar que a segurança pessoal de cada um seja provida pelos outros ou por si próprio.

A igualdade natural no estado da natureza se manifesta também no rol de direitos dos homens: todo homem tem direito a tudo, sendo lícito cada um fazer o que quer e contra quem quiser, e possuir e gozar de tudo o que

---

[6] Hobbes, Thomas. *Leviatã*. São Paulo: Abril, 1983, p. 75.
[7] Do Cidadão, *op. cit*, p. 28.
[8] Leviatã, *op. cit*, p. 104-105.
[9] "A questão de decidir quem é o melhor homem não tem lugar na condição de simples natureza, na qual (conforme acima se mostrou) todos os homens são iguais... Bem sei que Aristóteles, no livro primeiro de sua Política, como fundamento de sua doutrina, afirma que por natureza alguns homens têm mais capacidade para mandar... e outros têm mais capacidade para servir...como se senhor e servo não tivessem sido criados pelo consentimento dos homens, mas pela diferença de inteligência, o que não só é contrário à razão, mas é também contrário à experiência". Leviatã, *op. cit*, p. 91.
[10] Leviatã, *op. cit*, p. 74.
[11] Do Cidadão, *op. cit*, p. 31.
[12] *Ibid*.

queira ou possa obter.[13] Na visão de Hobbes, esse direito de todos a todas as coisas, no estado da natureza, é inútil e acaba provocando, em razão do estado de escassez, um conflito ou competição permanente entre os homens.

Na lógica do medo recíproco, segundo Hobbes, os homens são levados a atacarem preventivamente uns aos outros, pois não haveria um meio mais razoável de garantir a sua segurança do que através de uma ação antecipatória.[14]

Detendo-se, ainda, ao exame da natureza humana, Hobbes revela que os homens por natureza são orgulhosos e buscam a vanglória, o que os conduz a desejarem estar sempre na posição mais alta do poder, e como esta posição não pode ser ocupada por todos, causa-se um conflito absoluto entre eles.[15]

Portanto, o efeito combinado da *competição*, do *medo recíproco* e da *vanglória* explica, na orientação hobbesiana, um estado de natureza de guerra de todos contra todos e uma vida "solitária, pobre, sórdida, embrutecida e curta" para todos os homens.[16] Hobbes admite que tal estado de natureza jamais possa ter existido como tal, mas haveria exemplos de sociedades acéfalas na América que a ele se assemelhariam, e, de toda forma, sempre se pode recorrer à ilustração de um país sob guerra civil.[17]

Na continuação desse estado, os homens se exterminariam mutuamente. A reta razão, prossegue Hobbes, dita então uma lei fundamental: a necessidade de procurar a paz, ou, na impossibilidade de alcançá-la, de promover a autodefesa.[18] O caminho que os homens devem seguir para sair dessa condição e garantir a paz e segurança é mediante a adoção de um pacto ou contrato social pelo qual cada qual abdica do direito que tem a todas as coisas, "contentando-se, em relação aos outros homens, com a mesma liberdade que aos outros homens permite a si mesmo".[19]

O pacto, no entanto, não será completo e eficaz sem a necessária instituição de um poder coercitivo superior (soberano ou governo civil) que implementará as regras de conduta (fundadas nas leis da natureza) e assegurará a paz e a segurança. Ao soberano será conferida toda a força e o poder dos homens, bem como a prerrogativa de representá-los pela prática de atos e tomada de decisões.[20] O pacto ou contrato, como observa Polin, "interrompe o mecanismo natural simplesmente causal e o substitui por um mecanismo social artificial onde as forças se recompõem em forças novas

---

[13] Do Cidadão, *op. cit*, p. 32.
[14] Do Cidadão, *op. cit*, p. 221.
[15] Do Cidadão, *op. cit*, p. 222.
[16] Leviatã, *op. cit*, p. 76.
[17] *Ibid*.
[18] Do Cidadão, *op. cit*, p. 35-36.
[19] Leviatã, *op. cit*, p. 79.
[20] Leviatã, *op. cit*, p. 103-107.

constituídas para um novo corpo, e se distribuem segundo um plano teleológico"[21] (Polin, 15).

Na operação do mecanismo social hobbesiano, o direito e o poder estão entrelaçados. Para Hobbes, a força ou o poder é a base do direito, podendo ser afirmado que "pactos sem espadas são simplesmente palavras".[22] Esta a razão pela qual para a constituição da sociedade civil, se faz necessária a garantia do pacto social por meio de um Soberano, em favor de quem cada indivíduo, tendo em vista a consecução da paz e da segurança individual, renuncia ao livre e autônomo uso da força, e a transfere. O Soberano, que passa a deter um poder maior do que o de qualquer indivíduo, é fiador do pacto social, impondo aos indivíduos, pelo medo da punição, a obediência aos pactos, e garantindo, em troca, o bem-estar e a segurança comuns.[23] Na formação da sociedade civil, desaparece o equilíbrio natural entre os homens em favor do Soberano, que deveria ter poder e autoridade ilimitados.[24]

O pensamento de Hobbes foi elaborado e divulgado numa época em que os Estados se organizavam sob a forma de monarquias, e seu país, em particular, a Inglaterra do Século XVII, enfrentava uma luta de poder entre os Monarquistas e os Parlamentaristas que desencadeou uma verdadeira guerra civil. Nesse contexto social e político, as obras *Elements of Law*, *De Cive* e *Leviathan* ofereceram a contribuição de Hobbes ao desenvolvimento de uma solução racional para a preservação da *paz interna* ou doméstica dos Estados a partir da justificação do poder soberano.

2. A Visão Hobbesiana das Relações Internacionais

Poderiam os elementos da análise de Hobbes ser transpostos e aplicados para a descrição e compreensão das relações internacionais contemporâneas? É bom que se esclareça que obviamente Hobbes estava mais preocupado em examinar a organização política das sociedades nacionais e os conflitos dentro dos Estados do que as relações entre os Estados e os conflitos interestatais. Por esta razão, ele reserva pouco espaço às relações entre Soberanias nas suas obras. Há, porém, alguns trechos de especial relevância. Uma das passagens mais citadas pode ser encontrada em Leviatã:

> Mas mesmo que jamais tivesse havido um tempo em que os indivíduos se encontrassem numa condição de guerra de todos contra todos, de qualquer modo em todos os tempos os reis, e as pessoas dotadas de autoridade soberana, por causa de sua independência vivem em

---

[21] Polin, R. La force et son emploi dans la politique de Hobbes. *In*: Preston King (ed.). *Thomas Hobbes: Critical Assessments*. London: Routledge, 2000, p. 15.

[22] Porque as leis de natureza... por si mesmas, na ausência do temor de algum poder capaz de as levar a ser respeitadas, são contrárias às nossas paixões naturais, as quais nos fazem tender para a parcialidade, o orgulho, a vingança e coisas semelhantes. E os pactos sem a espada não passam de palavras, sem força para dar segurança a ninguém. *Leviatã, op. cit*, p. 103.

[23] *Leviatã, op. cit*, p. 109.

[24] *Ibid*. Hobbes aponta a divisão de poderes entre o Parlamento e o Rei como a causa da Guerra Civil na Inglaterra.

constante rivalidade, e na situação e atitude dos gladiadores, com as armas assestadas, cada um de olhos fixos no outro; isto é, seus fortes, guarnições e canhões guardando as fronteiras dos seus reinos, e constantemente com espiões no território de seus vizinhos, o que constitui uma atitude de guerra. Mas como através disso protegem a indústria de seus súditos, daí não vem como consequencia aquela miséria que acompanha a liberdade dos indivíduos isolados.[25]

No parágrafo acima transcrito, Hobbes estaria recorrendo à analogia da condição do homem no estado de natureza para descrever a condição dos Estados no cenário internacional e a natureza do sistema político internacional. Assim como os homens no estado de natureza, os Estados estariam numa condição permanente de guerra, embora o conceito de guerra de Hobbes seja amplo o suficiente para abarcar também a disposição de lutar.[26] Na lógica da analogia, os Estados atuariam dentro de um cenário estrutural caracterizado pela anarquia, isto é, a ausência de um poder soberano acima deles, ou um Governo mundial, o que é bastante significativo.

Hobbes não se dedicou a uma reflexão aprofundada sobre o que os Estados poderiam ou deveriam fazer para sair do estado de natureza, mas deixa manifestar uma posição a partir da qual se permite extrair algumas conclusões:

No que se refere às atribuições de um soberano para com o outro, que estão incluídas naquele direito que é comumente chamado direito das gentes, não preciso aqui dizer nada, porque o direito das gentes e a lei da natureza são uma e a mesma coisa. E qualquer soberano tem o mesmo direito, ao procurar a segurança de seu povo, que quealquer homem privado precisa ter para conseguir a segurança de seu próprio corpo. E a mesma lei que dita aso homens destituídos de governo civil o que devem fazer e o que devem evitar no que se refere uns aos outros, dita o mesmo aos Estados...[27]

Nesse trecho, Hobbes afirmou a identidade entre o direito das gentes e o direito natural, destacando a aplicação aos Estados, nas suas relações internacionais, das mesmas regras ou princípios que regem as relações humanas no estado de natureza. O direito natural seria constituído por uma série de princípios morais ou leis da natureza que, se obedecidos pelos homens, produziriam uma vida melhor em sociedade e serviriam aos interesses gerais dos homens. Esses princípios existem no estado de natureza, mas não vinculam os homens, a menos que se crie um poder comum que lhes possa dar eficácia. Embora não obrigatórios, os *Artigos da Paz* decorrem da razão natural e constituiriam um importante norte para os Estados assim como para os homens. Goldsmith reconhece a influência do direito positivo no pensamento hobessiano, mas interpreta Hobbes no sentido de que a lei civil constituiria o conteúdo explícito e promulgado do direito

---

[25] *Leviatã, op. cit*, p. 77.
[26] "Pois a guerra não consiste apenas na batalha, ou no ato de lutar, mas naquele lapso de tempo durante o qual a vontade de travar batalha é suficientemente conhecida". *Leviatã, op. cit*, p. 75.
[27] Leviatã, *op. cit*, p. 210.

natural.[28] A possibilidade de aplicação dos três primeiros princípios dos *Artigos* será agora examinada.

Um primeiro princípio que compõe os *Artigos* foi assim descrito por Hobbes:

> Consequentemente é um preceito ou regra geral da razão, que todo homem deve esforçar-se pela paz, na medida em que tenha esperança de consegui-la, e caso não a consiga pode procurar e usar todas as ajudas e vantagens da guerra. A primeira parte desta regra encerra a lei primeira e fundamental de natureza, isto é, procurar a paz, e seguí-la. A segunda encerrra a suma do direito de natureza, isto é, por todos os meios que pudermos, defendermo-nos a nós mesmos.[29]

Quando estendido aos Estados, esse princípio se descreveria sob a forma de duas proposições: a) todo Estado deve buscar a paz; b) na impossibilidade de se alcançar a paz, o Estado deve se defender, usando de todas as ajudas e vantagens da guerra.

Contemporaneamente, o dever dos Estados de procurar a paz se traduziria na atual norma que impõe a solução pacífica das controvérsias internacionais. O sistema jurídico internacional também reconhece aos Estados o direito "inerente" de legitima defesa na hipótese de o Estado ser vítima de violência (ataque armado) por parte de outro Estado. Com efeito, no argumento hobbesiano, a autopreservação ou autodefesa apresenta-se como um direito natural dos Estados, e sua relevância é tamanha que um pacto que estipulasse a renuncia ao direito de defesa seria nulo e não-obrigatório:

> Um pacto em que eu me comprometa a não me defender da força pela força é sempre nulo. Porque (conforme acima mostrei) ninguém pode transferir ou renunciar a seu direito de evitar a morte, os ferimentos ou o cárcere (o que é o único fim da renúncia ao direito), portanto a promessa de não resistir à força não transfere qualquer direito em pacto algum, nem é obrigatória.[30]

Se a autopreservação (e, portanto, a segurança) assume a condição de direito e valor maior para o Estado, toda a sua estratégia de ação deveria ser pautada por ele, e esse direito não poderia ser transferido ou renunciado pelo Estado.

Uma segunda lei natural, segundo Hobbes, é a de que os homens devem renunciar ou transferir o seu direito sobre todas as coisas:

> Desta lei fundamental da natureza, mediante a qual se ordena a todos os homens que procurem a paz, deriva esta Segunda lei: Que um homem concorde, quando outros também o façam, e na medida em que tal considere necessário para a paz e para a defesa de si mesmo, em renunciar a seu direito a todas as coisas...[31]

Para os Estados, isso poderia significar a necessidade de limitação da sua soberania ou do exercício dos seus direitos soberanos, em princípio

---

[28] Goldsmith, M. Hobbes on law. *In*: Tom Sorell (ed.). *The Cambridge Companion to Hobbes*. Cambridge: Cambridge Univ. Press, 1996, p. 285-286.
[29] *Leviatã*, *op. cit*, p. 78.
[30] *Leviatã*, *op. cit*, p. 84.
[31] *Leviatã*, *op. cit*, p. 79.

ilimitada, em troca de um benefício que extrapola os custos da limitação, no caso, a paz e a segurança individual e coletiva. Uma limitação necessária na soberania dos Estados somente poderia ser imposta por um pacto único ou um conjunto de normas obrigatórias, e abarcaria especialmente a proibição do uso da força, exceto em defesa própria. Sem perder de vista as realidades do estado de natureza, no entanto, Hobbes ressalva que os outros Estados deveriam estar dispostos a fazer o mesmo, caso contrário o Estado que agisse sozinho estaria em desvantagem e poderia colocar sua própria segurança em risco.

Um terceiro princípio ressalta a importância do cumprimento dos acordos ou pactos celebrados, em especial aqueles que importam na alienação das liberdades individuais e do direito a todas as coisas:

> Daquela lei de natureza pela qual somos obrigados a trransferir aos outros aqueles direitos que, ao serem conservados, impedem a paz da humanidade, segue-se uma terceira: Que os homens cumpram os pactos que celebrarem. Sem esta lei os pactos seriam vãos, e não passariam de palavras vazias; como o direito de todos os homens a todas as coisas continuaria em vigor, permaneceríamos na condição de guerra. Nesta lei de natureza reside a fonte e a origem da justiça. Porque sem um pacto anterior não há transferência de direito, e todo homem tem direito a todas as coisas, consequentemente nenhuma ação pode ser injusta. Mas, depois de celebrado o pacto, rompê-lo é injusto. E a definição de justiça não é outra senão o não cumprimento de um pacto.[32]

Esse trecho sugere que seria possível a celebração de acordos vinculativos no estado de natureza, e que a noção de justiça, enquanto associada à implementação dos acordos, teria lugar nesse estado de coisas, pelo menos naquelas situações em que uma das partes do acordo já agiu na execução dos seus termos.[33] Portanto, haveria um espaço nas relações internacionais para o julgamento moral da conduta dos Estados numa situação de estado de natureza.

Em favor de quem ou do que tal limitação se impõe? Esta é uma questão cental que, para o cenário anárquico, não há resposta certa. O argumento de Hobbes, como visto, justifica a conclusão de que a segurança dos indivíduos só pode ser garantida pela instituição do poder soberano, beneficiário da alienação dos direitos dos indivíduos a todas as coisas. Pode-se inferir, pela perspectiva hobbesiana, que a paz universal, o fim do estado de natureza nas relações internacionais e a segurança dos Estados somente seriam alcançados pela instituição de um Governo mundial, ou pela hegemonia de uma grande potência?

Hobbes não chega a sugerir essa tese explicitamente. Bull entende que a idéia de um pacto entre os indivíduos (ou nacionais) de todos os Estados para a criação de um Governo mundial não foi proposta por Hobbes expres-

---

32 *Leviatã, op. cit*, p. 86.
33 Beitz, Charles. *Political Theory and International Relations*. Princeton: Princeton Univ. Press, 1999, p. 30.

samente porque, ao contrário do que acontece no estado de natureza, os indivíduos não precisariam formar um grupo defensivo de abrangência universal sob a égide de um tal Governo, pois inexistiria um inimigo externo que justificasse tal ação.[34]

Um pacto entre os Estados para a instituição de um Soberano seria também desnecessário, pois Hobbes não vislumbraria o mesmo grau de miséria para a anarquia internacional que se encontraria no estado de natureza para os indivíduos, como se infere pelo trecho seguinte: "Mas como através disso protegem a indústria de seus súditos, daí não vem como consequência aquela miséria que acompanha a liberdade dos indivíduos isolados".

Se a vida dos Estados não é tão miserável quanto a dos indivíduos no estado de natureza, não haveria o impulso natural para a formação de um poder soberano supraestatal.[35]

A ordem e a paz internacional, no ambiente anárquico internacional, seriam estabelecidas, na perspectiva hobbesiana, com base na aplicação, por extensão, das opções de ação dos indivíduos no estado de natureza. Uma opção de conduta seria buscar sua segurança mediante ação antecipatória, *i.e.*, atacando antecipadamente ou preventivamente o potencial/iminente inimigo ou outros para o fim de se tornar mais forte:

> E contra esta desconfiança de uns em relação aos outros, nenhuma maneira de se garantir é tão razoável como a antecipação; isto é, pela força ou pela astúcia, subjugar as pessoas de todos os homens que puder, durante o tempo necessário para chegar o momento em que não veja qualquer ...[36]

A ação armada antecipatória, no plano interestatal, não poderia ser um instrumento para a consecução da ordem internacional, mas somente um meio de se garantir a segurança individual do Estado. Ainda assim, tal segurança poderia ser ilusória, pois, em primeiro lugar, somente seria alcançada pelos Estados mais fortes, e poderia desencadear, em resposta, a ação antecipada de um ou mais Estados, o que geraria um clima geral de instabilidade e insegurança e um grave nível de violência internacional. No mundo da era nuclear, algo não previsto nem imaginado por Hobbes, uma ação preventiva contra uma grande potência nuclear não significaria necessariamente a segurança do Estado que assim agiu, pois sempre poderá haver uma retaliação nuclear, e, no caso, o jogo não será de soma zero. Demais, a ação antecipatória, se não se justifica por razão de legítima defesa na iminência de um ataque ou agressão armada por parte de um outro Estado,

---

[34] Bull, Hedley. Hobbes and the International Anarchy. *In*: Preston King (ed.). *Thomas Hobbes: Critical Assessments*. London: Routledge, 2000, p. 85.
[35] Hobbes, na introdução ao Do Cidadão, aponta para um impulso da natureza nessa direção, *op. cit.*, p. 16.
[36] *Leviatã, op. cit*, p. 75.

se caracterizaria como uma ação unilateral em desrespeito ao primeiro princípio dos *Artigos de Paz* ditados pela razão.

Uma segunda opção para os Estados seria a de associarem-se com outros em pactos de defesa mútua:

> O medo da opressão predispõe os homens para antecipar-se, procurando ajuda na associação, pois não há outra maneira de assegurar a vida e a liberdade.[37]
>
> Mesmo que haja uma grande multidão, se as acções de cada um dos que a compõem forem determinadas segundo juízo individual e os apetites individuais de cada um, não se poderá esperar que ela seja capaz de dar defesa e protecção a ninguém, seja contra o inimigo comum, seja contra as injúrias feitas uns aos outros... E devido a tal não apenas facilmente serão subjugados por um pequeno número que se haja posto de acordo, mas além disso, mesmo sem haver inimigo comum, facilmente farão guerra uns contra os outros, por causa dos seus interesses particulares... Também não é bastante para garantir aquela segurança que os homens desejariam que durasse todo o tempo das suas vidas, que eles sejam governados e dirigidos por um critério único apenas durante um período limitado, como é o caso numa batalha ou numa guerra. Porque mesmo que o seu esforço unânime lhes permita obter uma vitória contra um inimigo estrangeiro, depois disso, quando ou não terão mais um inimigo comum, ou aquele que por alguns é tido por inimigo é por outros tido como amigo, é inevitável que as diferenças entre os seus interesses os levem a desunir-se, voltando a cair em guerra uns contra os outros.[38]

A criação de mecanismos coletivos de defesa mútua, no entanto, sofre as limitações apontadas por Hobbes acima. A formação de um pacto de defesa mútua representaria uma solução ilusória, visto que no estado de natureza não se pode esperar que as partes, egoístas por natureza, venham a cumprir promessas não-obrigatórias. Demais, existe o perigo de que a aliança seja constantemente rompida, uma vez que o inimigo imediato tenha sido derrotado. Haveria também uma dificuldade de articulação das ações conjuntas. A constatação dessas dificuldades não implica, porém, que mecanismos de defesa coletiva sejam desaconselhados por Hobbes, até porque nos trechos acima referidos ele refere-se à associação entre homens, e não entre soberanos.

O agrupamento dos homens para a formação de um governo com autoridade e poderes limitados representaria uma terceira opção, mas, na ótica de Hobbes, tal curso acarretaria a desintegração social e a guerra civil (e, portanto, o retorno ao estado de natureza), pois um Soberano com poderes limitados não teria autoridade suficiente para terminar o estado de natureza.[39]

Embora, como dito, não tenha se ocupado com a ordem internacional, as poucas manifestações de Hobbes sobre a matéria indicariam opções ques-

---

[37] *Leviatã, op. cit*, p. 61.
[38] *Leviatã, op. cit*, p. 104.
[39] "E esta é a divisão da qual se diz que um reino dividido em si mesmo não se pode manter, pois, a menos que esta divisão anteriormente se verifique, a divisão em exércitos opostos jamais poderá ocorrer. Se antes de mais não houvesse sido aceite, na maior parte da Inglaterra, a opinião segundo a qual esses poderes eram divididos entre o rei e os lordes e a câmara dos comuns, o povo jamais haveria sido dividido nem caído na guerra civil.". Leviatã, *op. cit*, p. 111.

tionáveis de ação para os Estados que, quando muito, manteriam uma paz precária. Na análise de Wendt, a ordem hobbesiana no estado de natureza, onde falta um mecanismo que determine a cooperação entre Estados que se percebem como inimigos, é inerentemente instável, seja pelo inevitável Dilema de Segurança que provoca, seja pela possibilidade de levar a um Império sujeito a desafios internos que podem recriar o sistema anárquico.[40]

3. A Possibilidade de Ordem Internacional num Cenário Hobbesiano de Anarquia

As proposições básicas do pensamento hobessiano foram endossadas e desenvolvidas pela perspectiva Realista posteriormente e, a partir delas, sugeriu-se uma tendência estrutural no comportamento dos Estados no plano internacional e formas correspondentes de se assegurar a paz internacional.

O Realismo situa os Estados como os atores dominantes do sistema político internacional. Os Estados são estimados como atores políticos racionais, no sentido de que atuam orientados pela seleção de estratégias que melhor se prestariam ao atendimento de objetivos nacionais dentro de um cenário anárquico. O racionalismo realista é politicamente objetivo e se orienta pelos interesses nacionais definidos em termos de poder.[41] Para os Realistas (notadamente os adeptos do Realismo Estrutural), a estrutura do sistema internacional, organizada segundo a condição de anarquia, conjugada com a distribuição relativa do poder entre os Estados, é o fator determinante do comportamento dos Estados no plano internacional e das suas preferências ou objetivos.

A anarquia, na ótica realista, significa que o sistema internacional é descentralizado, carente de uma autoridade supranacional com poder suficiente para dirigir e conter o comportamento dos Estados. Os Estados são igualmente soberanos, o que lhes assegura uma grande parcela de liberdade de ação e autonomia. Contudo, a distribuição de poder entre os Estados é desigual, o que os induziria a estarem em permanente competição e conflito por mais recursos de poder com a finalidade de garantirem ao menos a sua segurança individual, pois a autopreservação seria um objetivo primário de todo Estado. Para o Realismo, os Estados também não podem discernir com certeza as intenções dos outros Estados.

Arrimando-se nessas premissas básicas, o Realismo prevê três padrões de comportamento para os Estados no sistema internacional.[42]

---

[40] Wendt, Alexander. Why a World State is Inevitable. *European Journal of International Relations* 2003, vol. 9 (4), p. 517-518.

[41] Morgenthau, Hans J. *Politics Among Nations: The Struggle for Power and Peace*. New York: Alfred A. Knopf, 1978, p. 4.

[42] Schmidt, Brian. Realism as Tragedy. *Review of International Studies* 2004, vol 30, p. 432-434.

O primeiro é a ação inspirada pelo medo. O medo dos Estados de serem vítimas de violência por parte de outro(s) Estado(s) lhes deixa, num sistema anárquico, em situação de fragilidade, tendo em vista a ausência de um poder maior que garanta a paz internacional e socorra a vítima. O medo é invocado por Hobbes como um fator determinante do comportamento dos homens no estado de natureza, e haveria essa mesma relação, para Hobbes, entre o medo e a atitude dos soberanos: "Vemos todos os países, embora estejam em paz com seus vizinhos, ainda assim guardarem sua fronteiras com homens armados, sua cidades com muros e portas, e manterem uma constante vigilância. Com que propósito fazem isso, se não for pelo medo ao poder do vizinho?"[43]

O segundo é a conduta movida pelo objetivo de auto-ajuda ou auto-preservação, na medida em que os Estados se conscientizam de que a sua sobrevivência está somente em suas mãos.

O terceiro seria a ação guiada para a maximização do poder (no caso do Realismo Ofensivo) ou para a segurança própria do Estado (para o Realismo Defensivo).

A semelhança entre as premissas do argumento de Hobbes e as da Escola Realista é patente, e os dois chegam a uma mesma conclusão sobre a condição geral dos sujeitos no ambiente anárquico: uma situação de guerra ou conflito permanente. Bull sintetiza que a contribuição de Hobbes para a tradição Realista foi a de fornecer:

> (...) uma descrição rigorosamente sistemática da lógica das relações entre poderes independentes que se acham numa situação de anarquia... que nos diz como e porque esses poderes devem se confrontar, e o fazem, sob os imperativos da anarquia internacional, e também o que eles deveriam e às vezes podem fazer para fornecer um mínimo de segurança mesmo enquanto eles permanecem nessa condição.[44]

Resta saber se as opções de ordem internacional mantidas pelo Realismo guardariam relação com uma possível versão de proposta hobbesiana para a paz e segurança internacional num ambiente anárquico.

Uma primeira noção de ordem no sistema internacional anárquico é aduzida por Kissinger. Em termos de estrutura global de poder, o sistema internacional atual teria, na visão de Kissinger, a configuração multipolar, contendo pelo menos seis grandes potências e uma multiplicidade de Estados médios ou menores. O sistema seria também heterogêneo, com centros importantes de poder por todo o globo, que apresentariam valores e percepções não uniformes. A ordem mundial seria estabelecida pelo retorno ao instrumento da política de equilíbrio de poder, nos moldes do ocorrido no sistema europeu dos sécs. XVIII e XIX.[45]

---

43 Do Cidadão, op. cit, p. 14.
44 Bull, Hedley, op. cit., p. 81.
45 Kissinger, Henry. *Diplomacy*. New York: Simon & Schuster, 1994, p. 23-24, 26, 27.

Segundo Kissinger, o sistema de equilíbrio de poder não visa a evitar crises ou guerras, mas a limitar a capacidade dos Estados de dominar outros e o escopo dos conflitos. O resultado a ser alcançado pela operação da política do equilíbrio do poder não seria necessariamente a paz, mas a estabilidade e a moderação. O sistema funcionaria eficazmente quando conseguisse manter a insatisfação dos Estados abaixo do nível em que eles poderiam se sentir compelidos a desafiar a ordem internacional.[46]

Na concepção de Kissinger, o equilíbrio das forças não seria suficiente, pois não poderia prescindir de um consenso sobre princípios legitimadores. Para Kissinger, a legitimação seria a expressão de um senso comum de valores democráticos (democracia e direitos humanos), e de um acordo internacional sobre a razoabilidade ou justiça dos arranjos existentes e sobre os alvos e métodos permissíveis da política externa dos Estados. A estabilidade ou volatilidade da ordem internacional dependeria de nível de equilíbrio entre o senso de segurança e o de justiça.[47]

A noção kissingeriana de ordem internacional compreende, portanto, o alcance de um patamar mínimo de estabilidade nas relações interestatais, a ser mantido pela equação do equilíbrio do poder somada à ocorrência de fatores de legitimação. Kissinger cita o sistema internacional estabelecido pelo Congresso de Viena como o exemplo de um sistema bem-sucedido, pois foi o que sobreviveu por maior tempo sem uma grande guerra, e isso, na sua opinião, se explicaria pela "legitimidade, equilíbrio, valores comuns e diplomacia do equilíbrio do poder".[48]

O que haveria de comum e diferente entre a noção de ordem de Kissinger e Hobbes? Em comum, Kissinger e Hobbes enxergam as realidades do poder e o estado permanente de conflito e competição entre os Estados. Por outro lado, Kissinger esposaria uma visão mais otimista a respeito das perspectivas de alianças políticas e militares para a garantia da segurança individual dos Estados, e, indo mais além, acreditaria na possibilidade da ação individual de cada Estado na busca (egoísta) dos seus interesses nacionais contribuir para o bem-comum de todos os Estados. Kissinger também introduz uma noção de legitimidade internacional que faltaria na análise inicial de Hobbes.

Uma segunda proposta de ordem internacional, ainda sob a ótica realista, foi exposta por Raymond Aron. Na sua visão, a ordem do sistema internacional é um reflexo da relação potencial ou real de forças entre os Estados (ou distribuição de poder), dos atributos geopolíticos dos Estados, e dos seus valores, princípios e estruturas domésticas básicas. A política interna dos Estados, para Aron, e nisso ele se distinguiria de Kissinger, teria

---
[46] *Op. cit.*, p. 21.
[47] *Op. cit.*, p. 27.
[48] *Op. cit.*, p. 811.

um importante papel na constituição da ordem internacional. Por outro lado, Aron perfilha-se ao lado de Kissinger e outros realistas ao reconhecer a importância da configuração da relação de forças na caracterização do sistema internacional, e defender a instrumentalidade da política do equilíbrio do poder na manutenção da ordem internacional.[49] A identidade entre Aron e Hobbes residiria na adoção da tese da anarquia em estado de natureza e em situar o conflito ou a guerra como o elemento fundamental das relações internacionais, definindo, por exemplo, o conceito de sistema internacional como o "conjunto constituído pelas unidades políticas que mantêm relações regulares entre si e que são suscetíveis de entrar numa guerra geral".[50]

Kissinger, Aron e outros realistas compartilham com Hobbes o entendimento de que as instituições internacionais ou regimes normativos não exercem um papel fundamental na composição da ordem mundial. Hobbes chega a afirmar que "Desta guerra de todos os homens contra todos os homens também isto é consequência: que nada pode ser injusto. As noções de bem e de mal, de justiça e injustiça, não podem aí ter lugar. Onde não há poder comum não há lei, e onde não há lei não há injustiça".[51] Kissinger e Aron também se alinham aos fundamentos hobbesianos ao propugnarem a instrumentalidade do mecanismo da balança de poder, a flexibilidade das alianças e a racionalidade dos cálculos de poder.[52]

Uma contribuição relevante para o debate sobre a ordem internacional – e, em certo sentido, desafiadora do pensamento hobbesiano – foi oferecida por Hedley Bull. Contrariamente a Hobbes, Bull procura demonstrar que é possível para os Estados formarem uma sociedade mesmo numa condição de anarquia internacional. Após examinar e rebater cada uma das premissas do argumento hobbesiano, Bull assim sistematiza sua análise: "O argumento, portanto, de que porque os homens não podem formar uma sociedade sem governo, os príncipes soberanos ou Estados não podem, cai por terra não apenas porque um certo grau de ordem pode de fato ser alcançado entre os indivíduos na ausência de governo, mas também porque os Estados não são como os indivíduos, e são mais capazes de formam uma sociedade anárquica".[53] Como seria atingida a ordem internacional num ambiente anárquico, segundo Bull?

Bull define ordem internacional como "um padrão de atividade que mantém os objetivos elementares ou primários da sociedade de estados, ou sociedade internacional".[54] Para a existência de ordem, explicita Bull, ne-

---

[49] Aron, Raymond. *Paz e Guerra entre as Nações*. Brasília: Editora UnB, 2002, p. 154-155, 189-193.
[50] *Op. cit.*. p. 153.
[51] *Leviatã, op .cit.*, p. 77.
[52] Fonseca Jr, Gelson. *A Legitimidade e Outras Questões Internacionais*. São Paulo: Paz e Terra, 1998, p. 56-57.
[53] Bull, Hedley. *The Anarchical Society*. New York: Columbia Univ. Press, 2002, p. 48.
[54] *Op. cit.*, p. 8.

cessário se faz um senso de interesses comuns associados aos objetivos primários, normas que prescrevam o padrão de comportamento e instituições que tornem as normas efetivas. Os objetivos elementares de uma sociedade, na visão de Bull, seriam a limitação da violência, o respeito aos acordos e a estabilidade da posse.[55] Esses objetivos devem ser partilhados entre os membros da sociedade, idealmente sob a forma de valores. As normas são necessárias como norte para que se determine qual o comportamento que está de acordo com esses objetivos e qual não está, isto é, qual o tipo de ação que contribuiria para a manutenção da ordem. Finalmente, Bull enfatiza a importância de que as normas sejam socialmente eficazes, para o que concorreriam as instituições, que se encarregariam de formulá-las, comunicá-las, administrá-las, interpretá-las, aplicá-las e legitimá-las.[56]

A análise de Bull encontra seus fundamentos na tradição grociana das relações internacionais, que percebe a política internacional dentro de uma sociedade de Estados ou sociedade internacional. O internacionalismo grociano aceita as premissas de que os Estados são os principais atores nas relações internacionais, e que estas se desenvolvem em padrões de conflito e cooperação, e sua prescrição basilar é a de que os Estados estão vinculados, em suas relações internacionais, pelas normas e instituições da sociedade que formam.[57]

4. Conclusão

Hobbes exerceu grande influência na conformação do Realismo nas relações internacionais, especialmente no desenvolvimento de suas premissas. Embora não tenha efetuado uma análise aprofundada sobre a política internacional, suas reflexões sobre o estado de natureza ofereceram uma justificação racional para a adoção do conceito de anarquia enquanto forma de organização do sistema político internacional. No entanto, a ordem internacional hobbesiana representaria, sem a introdução de mecanismos de equilíbrio e valores legitimadores, uma proposta de paz precária e de grande instabilidade política. O Realismo procurou dar uma resposta a esses riscos, mas a melhor perspectiva teórica parece ser aquela que pretende esboçar os contornos de uma sociedade internacional fundada em normas e instituições.

---

[55] *Op. cit.*, p. 5.
[56] *Op. cit.*, p. 51-54.
[57] *Op. cit.*, p. 23-25.

— VI —

Crise do Estado, Constituição e Democracia Política:
a "realização" da ordem constitucional! E o povo...

JOSÉ LUIS BOLZAN DE MORAIS[1]

> "O termo 'democracia' não deriva apenas
> etimologicamente de povo.
> Estados democráticos chamam-se
> governos 'do povo' [*Volks herrschaften*];
> eles se justificam afirmando que em última instância
> o povo estaria 'governando' [*herrscht*]."
> (F. Müller – *Quem é o povo? A questão fundamental
> da democracia* – p. 47)

> "Mas que o juiz, por melhor que creia ser
> o seu raciocínio, esteja atento para
> Não se desviar demais da letra do estatuto,
> pois isso não se faz sem perigo."
> (Thomas Hobbes – *Diálogo entre um filósofo
> e um jurista* – p. 39)

---

[1] Procurador do Estado do Rio Grande do Sul; Mestre (PUC/RJ) e Doutor (UFSC/Université de Montpellier I) em Direito do Estado; Professor da UNISINOS/RS. Professor Associado do Doutorado em Sistemas Jurídico-Políticos Comparados da Universidade de Lecce – Itália. Autor de: (1)*Do Direito Social aos Interesses Transindividuais. O Estado e o Direito na Ordem Contemporânea* – 2ª edição no prelo, (2)*A Idéia de Direito Social* – 2ª edição no prelo,(3) *A Subjetividade do Tempo* e (4)*Mediação e Arbitragem. Alternativas à Jurisdição!* – 2ª edição no prelo, (5)*As Crises do Estado e da Constituição e a Transformação Espacial dos Direitos Humanos*(Col. Estado e Constituição), (6)*O Estado. E suas crises*, como organizador e, com Lenio Luiz Streck, (7)*Ciência Política e Teoria Geral do Estado* – em 4ª edição –, todos pela Livraria do Advogado de Porto Alegre e (8)*Costituzione o Barbarie*, Lecce(Itália), editora Pensa, além de outros trabalhos em livros e revistas especializadas. Pesquisador do CNPq e da FAPERGS. Membro da Coordenação do Comitê de Ciências Humanas e Sociais da FAPERGS. Consultor *ad hoc* do CNPq, da CAPES e do MEC/SESU/INEP. Coordenador do Círculo Constitucional Euro-Americano (CCEUAM –). Membro Conselheiro do Instituto de Hermenêutica Jurídica – IHJ (www.ihj.org.br).

Sumário: Considerações Inaugurais: circunstâncias para o debate!; A transformação do constitucionalismo e o controle de constitucionalidade; A realização da Constituição e a revisão das relações interfuncionais. A jurisdição constitucional como *policymaker*; A encruzilhada da democracia "dos modernos". E o povo?; Anotações Críticas; E, por isso, pode-se colocar a questão: *Onde está o povo?* .

Considerações Inaugurais: circunstâncias para o debate!

Este trabalho compõe os resultados do projeto de pesquisa, patrocinado pelo CNPq/FAPERGS/UNISINOS, intitulado *A Jurisprudencialização do Direito Constitucional*, no qual viemos enfrentando uma das questões centrais do debate constitucional contemporâneo, qual seja a mudança de caráter do próprio direito constitucional e do constitucionalismo em razão da centralidade assumida pelas Cortes Constitucionais diante da abertura significativa assumida pelas constituições.

Tais interrogações partem do pressuposto da indissociabilidade do tratamento da questão constitucional vinculado à que reflexão acerca das circunstâncias do Estado na modernidade. Ou seja, no âmbito do Grupo de Pesquisa "Estado e Constituição", viemos tentando refletir sobre uma Teoria do/para o Estado Constitucional e suas características e dificuldades.

O tratamento do problema posto foi exposto, por primeira vez, através do texto publicado neste mesmo Anuário do PPGD/UNISINOS, no ano de 2002, sob o título "A jurisprudencialização da Constituição. A construção jurisdicional do Estado Democrático de Direito". De lá para cá, a questão vem sendo tratada em diversos momentos, seja com a publicação de trabalhos acadêmicos,[2] seja com a participação em eventos científicos da área, seja, ainda, nos programas e atividades desenvolvidos na disciplina de Teoria do Estado Contemporâneo ou no Seminário sobre o Estado Contemporâneo, junto ao PPGD/UNISINOS.

Desde o primeiro momento, temos intentado enfrentar a questão da mudança significativa do direito constitucional que vem marcada profundamente pela passagem de uma ordem constitucional legislativa para uma ordem constitucional "jurisprudencial" ou, dito de outra forma, do texto da lei para o texto da decisão jurisdicional.

---

[2] Ver, exemplificativamente, os nossos trabalhos publicados: *As crises do Estado e da Constituição e a transformação espacial dos direitos humanos*. Col. Estado e Constituição. Porto Alegre: Livraria do Advogado. 2002; *O Brasil pós-88. Dilemas do/para o Estado Constitucional*. In: SCAFF, Fernando Facury (Org.). Constitucionalizando direitos: 15 anos da Constituição brasileira de 1988. Rio de Janeiro: Renovar. 2003; *Uma democracia federal. Novos lugares para a política democrática*. In: AVELÃS NUNES, Antônio José e COUTINHO, Jacinto Nelson de Miranda. Diálogos Constitucionais Brasil/Portugal. Rio de Janeiro: Renovar. 2004; *A jurisprudencialização da Constituição e a densificação da legitimidade da jurisdição constitucional* (em co-autoria com Walber de Moura Agra). In: Revista do Instituto de Hermenêutica Jurídica. Vol. 1, n. 2. Porto Alegre: IHJ. 2004; *Direitos Humanos e Constituição. O novo da EC 45/04*. In: LEAL, Rogério Gesta e REIS, Jorge Renato dos. Direitos Sociais & Políticas Públicas. Desafios contemporâneos. Santa Cruz do Sul: EDUNISC. 2005; *Prefácio* à obra Estado de Direito e Interpretação, de Emílio Santoro. Porto Alegre: Livraria do Advogado. 2005. Na Itália, foi publicado: *Costituzione o Barbarie*. Col. Costituzionalismi Difficili. N. 2. Lecce: Ed. Pensa. 2004.

Tal passagem, resumidamente, pode ser percebida a partir da transição de uma ordem legislativa liberal clássica para uma ordem normativa liberal-social onde o texto da lei adquire uma maior abertura significativa além de, em razão da afetação contemporânea de seu *lócus* tradicional – o Estado Nacional –, também ver modificados o seu ambiente, a sua formalização e a sua capacidade de definir estavelmente o próprio contrato social de instauração da sociedade política, implicando a necessária revisão de muitos de seus postulados e de suas estratégias.

Por conseqüência, pensar o constitucionalismo contemporaneamente, em um "tempo" de crise(s) nos leva a deixar para trás a tradição dos glosadores e suplantar uma postura positivista empobrecedora do papel do direito e da doutrina jurídica, como sugere, entre outros, F. Müller, percebendo-o em sua efervescência viva, em sua vigência, para além da "neutralidade" do texto normativo, não mais se submetendo aos limites do "nacionalismo jurídico" característico da modernidade, tornando, de certo modo, obsoletas algumas das características do próprio constitucionalismo, em particular, deslocando o foco das atenções de sua realização.

E é a isto que estamos dedicando nossa atenção, devendo ser explicitado, desde logo, que, no âmbito desta pesquisa, a interrogação privilegiará o desvio que se dá, sobretudo desde a segunda metade do século passado, em direção à função jurisdicional no exercício de sua(s) competência(s) de "controle" de constitucionalidade, deixando em segundo plano o debate acerca da ocorrência de um novo ambiente para o constitucionalismo – regional/comunitário, mundial/cosmopolita, bem como de uma nova forma de expressão – constituição/tratados.

Assim, a discussão não deve prescindir de uma reflexão que considere não apenas as circunstâncias do constitucionalismo contemporâneo desde uma perspectiva restrita aos aspectos que dizem com a compreensão do fenômeno constitucional como um conjunto de estratégias jurídico-dogmáticas, mas a tenha como um objeto multifacetado que, para ser apreendido em toda a sua extensão e complexidade, imprescinde de uma aproximação inter e transdisciplinar como uma teoria do/para o constitucionalismo que enfrente o tema desde o acoplamento de saberes diversos.

Tendo isto presente, queremos aproveitar esta oportunidade para refletir sobre um aspecto pontual do debate constitucional, qual seja aquele que estabelece alguns interrogantes acerca de um tema que, de regra, aparece como substrato do Estado Constitucional e, por conseqüência, da Democracia: o *povo*. Afinal, é em torno deste *povo* que se constitui o poder político moderno sob a fórmula da democracia representativa como Estado Constitucional, em particular; em torno deste *povo* é que este busca se legitimar. E, assim, põe-se a questão fundamental para compreender o papel da jurisdição constitucional em tempos de crise do Estado de Bem-Estar – sua refundação ou sua desconstrução. Afinal, onde está o povo(?) nesta rearticulação funcional do Estado, com a proeminência assumida pela função jurisdicional.

Pretendemos, portanto, tomar esta interrogação como eixo condutor para um debate acerca do que temos tratado como um dos aspectos – uma das repercussões ou vieses – da(s) crise(s) do Estado.[3] Quer-se, portanto, propor uma discussão ao redor de um aspecto específico desta interrogação, qual seja, o problema do modelo de política democrática adotado pela modernidade ocidental, o representativo, e seus métodos de funcionamento, tendo na dita *soberania popular* seu elemento de legitimação, em particular visando a reconstituir o lugar – onde – do povo em uma democracia que não pode ser apenas um conjunto formal de regras do jogo, tendo presente a posição privilegiada que a jurisdição constitucional assumiu nas últimas décadas.

Dessa forma, a dúvida que aqui se coloca repercute um importante aspecto a ser considerado pelo debate acadêmico, particularmente sob a ótica político-jurídica, onde a questão da democracia se põe como uma referência constitutiva fundamental, sobretudo se considerarmos, como o faz F. Müller, que o *primeiro componente da "democracia" (o povo) é objeto de pouca reflexão; o segundo domina continuamente o Direito Público, a Sociologia Política e a Ciência Política*[4] e que a questão democrática[5] se vê envolvida permanentemente com o problema de sua legitimação popular e das estratégias para dar conta da mesma em um ambiente de progressiva deterioração de seus métodos clássicos, em particular sob o formato da representação popular, seja diante das insuficiências do próprio modelo, seja diante do influxo do processo de colonização da política pelas determinações econômicas globais[6] que caracteriza este momento "neo"moderno.[7]

---

[3] Ao longo do tempo, vimos refletindo acerca da realidade da instituição do Estado, em particular acerca de suas inflexões contemporâneas, sobretudo no que diz com uma *teoria das crises*, onde se discute aquilo que poderia ser tratado como o *futuro do Estado*, como já o fizera Dalmo Dallari, nos idos dos anos 1970 ou como pode ser lido na obra O Estado em Crise, dirigida por Nicos Poulantzas, ora mencionados apenas a título exemplificativo, uma vez que este tema tem, de lá para cá, adquirido uma permanência no debate contemporâneo. Particularmente, expressamos a preocupação relativa à crise de soberania – elemento fulcral na constituição do Estado (dito Moderno) –, como crise conceitual; a crise do *Welfare state*, como crise estrutural, alicerçada nas incapacidades deste em dar conta das prestações assumidas a partir de um substrato que lhe é peculiar; a crise funcional, como uma revisão das interfaces entre as diversas atribuições especializadas que o Estado deve desempenhar; a crise constitucional, como a fragilização do mecanismo jurídico privilegiado da modernidade institucional do Estado.

[4] Ver: F Müller, *Quem é o povo? A questão fundamental da democracia*. São Paulo: Max Limonad. 2000. p. 55.

[5] Ver: BOLZAN DE MORAIS, José Luis. *A democracia dos modernos. Crise de representação e novas formas e lugares para as práticas democráticas. Relato de Pesquisa*. In: ROCHA, Leonel Severo e STRECK, Lenio (Orgs.). Anuário do PPGD. São Leopoldo: UNISINOS. 2003, p. 197-222.

[6] *Com boas razões, Friedrich Müller denomina esta metafísica da vontade popular integralmente realizada totalitarismo. Mas ao mesmo tempo ele chama a atenção para o fato de que os arroubos retóricos da democracia nos devem inquietar menos do que a sua redução à retórica, pois os arroubos fracassam diante do simples fato de que os grupos humanos não podem ser tornados harmônicos, se não que permanecem prenhes de conflitos.* Ralph Christensen, in Introdução a *Quem é o povo?*, p. 39.

[7] Utilizamos, aqui, este termo para tentar explicitar as circunstâncias de crise a que se submetem as formas e fórmulas tradicionais da política moderna, as quais se vêem confrontadas pelo *novo* que, ao

Para tanto, pretendemos desenvolver a reflexão em duas perspectivas bem marcadas. De um lado, uma retomada da questão relativa ao controle de constitucionalidade e do papel, estrutura e estratégias dos órgãos que detêm tal competência, sem reproduzirmos as questões tradicionais que caracterizam esta reflexão. De outro, retomaremos o debate acerca da democracia moderna, pretendendo, com isso, pôr em relevo aspectos que devem ser considerados para a construção do poder político e, portanto, do próprio poder de *dizer o direito*, tendo, neste ponto, como apontado por F. Müller, preferência o debate acerca do elemento subjetivo de legitimação da democracia.

A transformação do constitucionalismo e o controle de constitucionalidade

O debate acerca da transformação do constitucionalismo sob o influxo da emergência – e crise – do Estado Social – tomado aqui como conceito abrangente das suas mais variadas expressões – e, no seu interior, o papel e as formas do controle de constitucionalidade nos leva a pensar acerca dos *procedimentos de controle de constitucionalidade como mecanismos assecuratórios de uma política, bem como de uma prática, democrática.*

Ou seja, neste contexto é preciso observar a *jurisdição constitucional* como um dos mecanismos e das instâncias da *democracia,* bem como pensar os seus procedimentos na perspectiva da incorporação desta no seu interior sem, contudo, que isto signifique apenas interrogar alguns aspectos que permitam uma *democratização formal*, tais como: ampliação da legitimidade ativa, abertura do acesso à jurisdição, rediscussão da composição das Cortes Constitucionais, revisão dos mecanismos de seleção dos seus membros, definição de mandato para os membros etc.

Em razão disso, a questão deve ser pensada desde um viés que considere uma *democratização substancial* desta instância de poder político, diante das características assumidas pelo constitucionalismo contemporâneo e do significado incorporado à tarefa de controle de constitucionalidade em razão mesmo desta mudança substantiva trazida pelo constitucionalismo do Estado Social, o que implica, também, as transformações havidas em razão de sua afetação atual.

Portanto, a premissa aqui assumida é a de que a partir, em especial, da segunda metade do século XX, a função jurisdicional do Estado adquiriu

---

mesmo tempo, projeta uma transformação e/ou uma retomada de experiências do passado, como, e.g., refere André-Noël Roth ao discutir um *modelo de regulação neofeudal* que aponta para a incapacidade de uma instância legítima e monopolizadora do poder promover a coação jurídica. Embora o autor reflita este aspecto em escala internacional, é possível tomá-lo como referência para a perda de centralidade do Estado, como instância pública e central de/para a decisão política. Ver, deste autor: *O Direito em crise: fim do Estado Moderno*. In: FARIA, Jose Eduardo. Direito e Globalização Econômica: implicações e perspectivas. São Paulo: Malheiros. 1996, p. 15-28.

uma proeminência no âmbito da organização estatal, passando a funcionar como *policymaker*, sem que, de regra, suas "fórmulas" tivessem acompanhado esta nova "substância", não bastando mais, para responder à indagação acerca de sua legitimidade democrática, o recurso mediato ao reconhecimento e atribuição constitucional de suas competências no regime da especialização de funções.

Dito de outro modo, deve-se considerar que sempre a intervenção jurisdicional se configurou como uma atuação criadora/modificadora do real, entretanto, com a construção do modelo de Estado Social e sua conformação aberta, bem como diante das insuficiências de/na sua realização, a jurisdição, em particular em sua faceta de controle de constitucionalidade, ocupou o centro do embate pela realização das "promessas incumpridas" contidas nas Cartas Políticas e, assim, este *ativismo* ganhou contornos muito mais profundos sem que a jurisdição tenha assumido e incorporado, com a mesma intensidade, características *republicanas*, tradicionalmente já fixadas às demais funções do Estado – executiva e legislativa – o que renova o tema da *legitimidade democrática* da jurisdição constitucional, apresentando-se como uma dúvida acerca de sua referência popular, como apontado acima.

A questão então se põe no contexto dos seguintes dilemas:

a – O problema do Estado Democrático de Direito e suas circunstâncias de crise e de exceção permanente a que se vê confrontado cotidianamente;

b – O rearranjo da organização e das relações funcionais no âmbito do Estado, bem como a revisão às suas referências de legitimação democrática;

c – A necessidade de realização dos conteúdos constitucionais pautados em enunciados normativos significativamente abertos, assim como referenciados em uma estrutura de poder político que se vê confrontado em sua capacidade decisória e em suas condições materiais de realização;

d – A emergência de um constitucionalismo cujas características se apresentam diferenciadas em relação àquelas que lhe foram agregadas originariamente, ganhando relevo as idéias de constituição como referência cultural, e não apenas como documento legislativo; a norma constitucional como instrumento de abertura e relacionamento do direito nacional com a ordem internacional; a constituição como um documento de princípios, e não apenas de regras, pondo em relevo a necessidade de sua *densificação* através de práticas hermenêuticas que afetam, inclusive, o tema da mutação constitucional; o problema da realização da Constituição que deixa de ser apenas uma tarefa legislativa e se constitui também como uma prática de políticas públicas e de controle de constitucionalidade etc.

Com este quadro de idéias, pode-se, preliminarmente, dizer que as Constituições deixam de ser apenas textos legislados – expressos sob a forma de normas jurídicas – e passam a ser contextos culturais pertencentes a uma certa *tradição constitucional* apreendidos por políticas públicas – pela atuação da função executiva – e por decisões jurisdicionais que lhe preenchem circunstancialmente o significado.

É neste espaço que ganha importância ainda maior o debate acerca das relações entre *jurisdição constitucional* e *democracia* ou, para resumir, de uma *jurisdição constitucional democrática*.

E isto por uma razão bastante repisada: as Constituições, hoje em dia, além de novos conteúdos e estratégias aportadas pelo Estado Democrático de Direito, passaram a ser percebidas como um documento escrito e formal – em sentido estrito – mas também como uma *obra aberta* que se "informa" de toda uma *cultura constitucional*, como veremos adiante.

Tal caracterização iimpõe uma permanente necessidade de *atribuição de sentido* a esta *Constituição ampliada*, o que nos leva a refletir acerca de *a quem* é "dada" legitimidade e com *quais procedimentos* para promover esta densificação/concretização constitucional histórico-circunstancial.

E tudo isso em um *ambiente de desfazimento das certezas e promessas modernas* acerca do próprio *lugar do/para o constitucionalismo* – o Estado Nacional – que se encontra confrontado com um espectro de crise(s) que vão desde a sua perda de referência como *autoridade soberana*, como *lócus* privilegiado da política,[8] até a *desconstrução* de seu modelo de bem-estar social, sobretudo diante da *escassez de recursos* e da *transformação de suas bases econômicas capitalistas*.

De qualquer modo, tais circunstâncias implicam, desde logo, – e restringimo-nos a este aspecto neste momento – um *rearranjo das relações e conteúdos* das tradicionais funções do Estado, onde a jurisdição passa a apresentar-se como o *espaço preferencial do embate político* e assume uma postura que vai muito além da simples *adequação formal-hierárquica* de textos legislados, cuja novidade, para nós, está, sobretudo, na *intensidade* e *explicitação*, posto que a isto sempre se dedicou.

Cada vez mais é no *ambiente jurisdicional* que se promove a *conservação* do Estado Democrático de Direito, a quem se promove como *instância de realização* do seu pacto instituidor.

---

[8] Como adverte P. Häberle, *allá denuncia dei pericoli della globalizzazione, di un'economia del terrore senza fine, le tre impalcature, cioè il diritto costituzionale nazionale, il diritto delle unioni regionali fra stati e il diritto internazionale dell'umanità devono avere delle strutture proprie, nonostante tutte le interazioni, le mutazioni e l'osmosi.* Ver, do autor, *Diritto costituzionale nazionale, unioni regionali fra stati e diritto internazionale come diritto universale dell'umanità: convergenze e divergenze*. Nesta perspectiva, interessa anotar o debate proposto por este autor acerca das *convergências* e *divergências* entre o nacional(local), o regional e o internacional e sua repercussão sobre a fórmula do Estado Nacional Constitucional, chamando a atenção para o que nomina de *Estado Constitucional Cooperativo* decorrente da experiência regional, para a noção de *Constituição Parcial* presente no direito internacional humanitário. Ainda, o mesmo autor reflete a hipótese de um *direito comum* também no plano universal desde, exemplificativamente, a tutela do meio ambiente em razão do reconhecimento, e.g., das organizações não-governamentais. Texto em versão italiana por J. Luther, de conferência proferida na Cidade do México e Bologna, em abril de 2004. Mimeo., p. 3, 4, 8 e 10.

Estas circunstâncias põem a dúvida acerca da *aptidão* da jurisdição constitucional, em um ambiente democrático, a assumir tal posição, seus limites e estratégias.

E a *tarefa constituinte*, por conseqüência, também é ressignificada, deixando de ser uma expressão extraordinária e passando a confundir-se com a *política cotidiana*.

Se as Constituições expressam confusa e polissemicamente *acrodos políticos* fruto de *sociedades complexas e plurais*, não resta que à jurisdição constitucional substituir-se à função constituinte e praticar uma permanente *criação constitucional* diária através da jurisprudência das Cortes Constitucionais?

Se atentarmos para o *contexto político-jurídico contemporâneo*, parece que não há como escapar a tais circunstâncias. No âmbito de uma *crise da autoridade estatal*, a *quem recorrer?* A jurisdição constitucional aparece, assim, como uma/a opção.

Não sem riscos ou dilemas. Ou seja, em razão, como salientado anteriormente, de suas fórmulas e estratégias, não há uma tendência à *neutralização da política*, substituindo a *oportunidade política* pelo *decisionismo judicial* e apontando, na linha sugerida por Ingborn Mauss(NR), uma *onipotência* da jurisdição?

Porém, ao seu lado, podem ser apontados aspectos que contrabalançam tais preocupações, sobretudo por constituir-se a jurisdição em um *ambiente contramajoritário*, promovendo um balanceamento do poder, que apresentando-se como um *instrumento de accountability*.

Por óbvio que tal situação repropõe a questão da *especialização de funções* em uma sociedade de bem-estar – em crise –, onde a *democracia* se *substancializa,* e a sua estratégia organizacional se vê confrontada por uma *unidade ética* marcada pela necessidade de realização dos fins a que se destina o Estado *constituído* por meio da Constituição como pacto fundante.

Com isso põe-se a questão de *rever a tripartição clássica*, a qual pode ser pensada como *dicotomia* marcada, de um lado, por *funções de governo* (executivo e legislativo) e *função de garantia*.

Todavia, tal não resolve o problema, mas apenas reorganiza-o, deixando em aberto a questão das *relações* entre o *princípio democrático* e a *função de garantia*, em particular, parece-nos, em um país como o Brasil que, ao lado da *irrealização do bem-estar*, temos um *modelo de jurisdição constitucional* complexo onde *todo* juiz é juiz constitucional.

Este debate poderia ser refletido a partir da trasmutação da jurisdição constitucional de uma *função de contralegislador* que promove a "limpeza" do ordenamento jurídico por intermédio de uma verificação vertical de compatibilidade das normas, o que não conflita desde logo com o princípio democrático, posto que não invadia o espaço legislativo, até mesmo porque os conteúdos legislados – direitos humanos de liberdade – não o exigiam imediatamente, para uma *função contramajoritária de garantia*. Nesta situação, já não mais se está diante de *decisões de bloqueio* de práticas inconstitucionais, mas de *decisões de substituição/implementação* de *conteúdos* constitucionais, o que afeta o caráter do *estatuto da maioria* incorporado ao princípio democrático, tudo inserido em um processo de *fragmentação do Estado como instância de poder*.[9]

Ou seja: com a *lei do Estado Democrático de Direito* abre-se espaço para uma reconfiguração das funções do Estado e a necessidade de se reconstruir a fórmula política de tomada de decisão, bem como no que diz com as relações dos espaços nacional/internacional.

---

[9] O tratamento dos direitos humanos, em particular, promove uma reviravolta paradigmática na modernidade jurídica, implicando, também, uma revisão conceitual nas relações entre o direito interno e o direito internacional, como já referido, bem como impondo uma reflexão renovada quanto aos mecanismos e estratégias na e para a aplicação de um *direito convencional dos direitos humanos* pelos órgãos internos dos países que compartilham as definições constantes em tais normas, sobretudo no que se refere às suas relações com o direito constitucional de base nacional. Alguns aspectos deste debate podem ser vistos em: AMIRANTE, Carlo. *Principles, Values, Rights, Duties, Social Needs and the Interpretation of the Constitution. The hegemony of multi-level governance and the crisis of constitutionalism in a globalised world*. In: NERGELIUS, Joakim *et al*. Challenges of Multi-Level Constitutionalism. 21st World Congress "Law and Politics in Search of Balance. Sweden. 12-18 august. 2003, p. 171-190; VERDUSSEN, Marc. *L'application de la convention Européenne des Droits de L'homme par les Cours Constitutionnelles*. In: SEGADO, Francisco Fernadéz. *The Spanish Constitution in the European Constitutional Context*. Madrid: Dykinson. 2004, p. 1555-1572. Isto tudo aponta para aquilo que está se nomeando *constitucionalismo global*, o qual, em síntese proposta por J. J. Gomes Canotilho, apresenta três características marcantes, quais sejam: a) a ordem jurídico-política internacional vem alicerçada em relações Estado/povo e não mais em relações Estado/Estado; b) surgimento de um direito internacional materialmente informado por valores, princípios regras universais que se apresentam em declarações e documentos internacionais e; c) inserção da dignidade humana como elemento ineliminável de todos os constitucionalismos. Tais circunstâncias, entretanto, para o mesmo autor, são insuficientes para superar a fórmula clássica do *constitucionalismo nacional*. Como diz Canotilho: em nome de um mínimo de "realismo" julga-se que este modelo ainda permanece como paradigma básico da agenda das relações internacionais mesmo que, noutros sectores, se avance decididamente na globalização e transnacionalização (ex: relações econômicas). De qualquer forma, o recorte cada vez mais exigente de um direito peremptório ou imperativo internacional (*jus cogens*) sugere a idéia, cada vez mais sufragada pelos cultores de direito internacional, de o poder constituinte dos estados e, conseqüentemente, das respectivas constituições nacionais, estar hoje vinculado por *princípios e regras* de direito internacional peremptório...em *parâmetro de validade* das próprias constituições nacionais cujas normas deveriam ser consideradas nulas se violassem as normas do *jus cogens* internacional. Ver, deste autor, o seu *Direito Constitucional e Teoria da Constituição*, 7ª ed. Coimbra: Almedina, p. 1370-1371. Como refere P. Häberle, *Lo stato non è più il punto d'Archimede del pensiero costituzionalista, né sul piano nazional, né su quello regionale o universale*...Ou, ainda: *Finora erano in primo piano gli stati sovrani, spesso quelli potenti. Oggi agiscono da "atori" anche altri soggetti...* Ver, *Diritto costituzionale...*, p. 6 e 9. Como refere P. Häberle, *Lo stato non è più il punto d'Archimede del pensiero costituzionalista, né sul piano nazional, né su quello regionale o universale*...Ou, ainda: *Finora erano in primo piano gli stati sovrani, spesso quelli potenti. Oggi agiscono da "atori" anche altri soggetti...* Ver, *Diritto costituzionale...*, p. 6 e 9. Ver: VERDUSSEN, Marc. L'application de la Convention Européenne des Droits de L'homme par les Tours Constitutionnelles. In: SEGADO, Francisco Fernández Segado. *The Spanish Constitution in the European Constitucional Context*. Madrid: Dikynson. 2004, p. 1570.

E isto, em um *ambiente de escassez*, promove um crescimento geométrico na tensão entre as funções de governo e a função de garantia.

Portanto, este debate não pode ser visto e tratado senão a partir de uma revisão conceitual como um projeto substancial marcado pela incerteza, não podendo, entretanto, abstrair de que este se constitui a partir de uma *unidade* voltada à realização da *dignidade humana* como um *valor constitucional* que advém deste constitucionalismo como projeto cultural, como apresentado acima.

Este não é um debate que se resolve exclusivamente com uma segmentação entre posturas procedimentalistas e substancialistas; bons e maus; mocinhos e bandidos.

A questão democrática põe em evidência não apenas *quem?* e *como?* mas *o que?* decidir voltado à realização dos interesses de *todos* e não apenas de uma *maioria circunstancial*.

A realização da Constituição e a revisão das relações interfuncionais. A jurisdição constitucional como *policymaker*

Um dos grandes temas que se apresenta para o debate doutrinário constitucional diz respeito à revisão do papel das funções tradicionais do Estado, em particular quanto às atribuições, aos limites, à investidura etc., e, para o que nos interessa aqui, no que se refere à função jurisdicional, sobretudo diante do constitucionalismo contemporâneo voltado à construção do Estado Democrático de Direito, onde assume um papel central no processo de consolidação dos *acordos* constitucionais expressos nas normas que compõem o texto das Constituições.

Neste contexto, o constitucionalismo ganha contornos novos onde alarga-se a própria compreensão do que seja Constituição, passando de um texto legislado a um documento histórico-cultural.

Assim, resumidamente, pode-se dizer que a Constituição – em uma perspectiva que podemos nominar *substancialista*[10] – à forma escrita se somam a legitimidade e a função das Constituições.

---

[10] De outro lado, podemos referir uma outra perspectiva que chamaremos formalista, para a qual, na tradição dos *Federalistas*, como diz Giovanni SARTORI *(...) as constituições são, em primeiro lugar e acima de tudo, instrumentos de governo que limitam, restringem e permitem o controle do exercício do poder político* (p. 211) ou seja, *as constituições são "formas" que estruturam e disciplinam os processos decisórios do Estado...são conjuntos de procedimentos tendo por objetivo assegurar o exercício do poder sob controle...são e devem ser neutras com relação ao seu conteúdo* (p. 214). Para esta tradição, *Precisamos desconfiar, assim, das constituições que contêm aspirações...As constituições com aspirações são, no final de contas, um desvio e um sobrepeso de capacidades constitucionais que têm como resultado a impossibilidade de funcionar* (p. 215). Ver: SARTORI, Giovanni. *Engenharia Constitucional. Como mudam as constituições.* Brasília: UnB. 1996. Assim, para N. Matteucci: La constitución escrita basa su legitimidad en dos elementos: ya sea en el contenido mismo de las normas, que se imponen por su racionalidad intrínseca y por su justicia; ya sea en su fuente formal, por emanar de la voluntad soberana del pueblo a través de una assemblea constituyente y, a veces, de un referéndum... El segundo carácter se refiere a la función: se quiere una constitución escrita no sólo para impedir

Mais abrangente ainda a concepção de P. Häberle, para quem as Constituições são *testi costituzionali in senso stretto e formale le costituzioni scritte, in senso largo e materiale anche le opere classiche di um Aristote (in matéria di eguaglianza e giustizia), di um Montesquieu (in matéria di separazione dei poteri) o di um Hans Jonas in materia di tutela dell'ambiente, intesa come imperativo categórico kantiano esteso sia nel tempo sia nello spazio all'intero mondo...*[11]

Ou seja, tem-se hoje em dia uma concepção das Constituições que, para além de seus novos conteúdos e estratégias, passam a ser percebidas como um documento jurídico-histórico-cultural, o que põe em evidência o problema da realização do projeto constitucional e da atribuição de sentido ao texto da Constituição, implicando uma revisão das relações entre as funções estatais clássicas em um ambiente de – aparente – escassez de meios e de mudanças paradigmáticas nas/das fórmulas polítco-jurídicas modernas, como já apontado, apropriando à jurisdição uma tarefa que ultrapassa em muito a simples aplicação das normas jurídicas e verificação da adequação hierárquica dos textos legislados que, aliás, ela nunca teve, apesar das negativas doutrinárias.

Assim, à jurisdição se abre a possibilidade de promover atribuições de sentido aos textos constitucionais por intermédio de sua intervenção jurisprudencial, emergindo como atuação peculiar à consertação própria ao Estado Democrático de Direito, cujo caráter transformador incorpora um deslocamento no sentido da função jurisdicional do Estado como instância de realização do projeto de Estado presente no pacto constitucional.

O acontecimento histórico do constitucionalismo ocidental colocou, assim, a possibilidade de que os órgãos jurisdicionais com atribuições de controle de constitucionalidade venham a escrever e reescrever os textos dos Estatutos Fundamentais, cumprindo uma função que originariamente se constituiu em tarefa do Poder Constituinte[12] como expressão da atividade

---

un gobierno arbitrario e instaurar un gobierno limitado, sino para garantizar los derechos de los ciudadanos y para impedir que el Estado los viole. En efecto, la constitución no sólo regula el funcionamiento de los organismos del Estado, sino que además consagra los derechos de los ciudadanos, puestos como límites al poder del Estado. Ver: MATTEUCCI, Nicola. *Organización del poder y libertad. Historia del constitucionalismo moderno.* Madrid: Trotta. 1998.

11 Ver, do autor, *Diritto costituzionale nazionale, unioni regionali fra stati e diritto internazionale come diritto universale dell'umanità: convergenze e divergenze.* Texto em versão italiana por J. Luther, de conferência proferida nas cidades do México e Bologna, em abril de 2004. Mimeo, p. 2.

12 Tomamos aqui a idéia de Poder Constituinte como aquele que produz o *texto* constitucional, sem a distinção clássica e equivocada entre *poder constituinte originário* e *poder constituinte derivado*, na medida em que só àquele pode-se atribuir a tarefa de produzir a Constituição em seu texto original. Por outro lado, a interpretação constitucional adquiriu uma posição de destaque nas últimas décadas do século XX, fruto da terceira fase do constitucionalismo, perceptível no pós-guerra. Isso porque o preenchimento dos conteúdos de certos direitos constitucionais (geralmente de direitos fundamentais), assim como o extensão desses mesmos direitos estão "nas mãos" daqueles que compõem esse essencial órgão, o Tribunal Constitucional. Como diz Pedro de Vega, "Sucede, no obstante, que las dificultades y problemas para obtener el consenso en las sociedades pluralistas determinan que la voluntad constituyente se exprese por lo común en una legislación constitucional confusa, ambigua y polisémica. Com

legislativa, reinscrevendo, assim a temática da especialização de funções, sem, contudo, comprometer os limites próprios a esta estratégia organizacional da atividade estatal, em face dos riscos de violação dos mesmos, podendo levar *alla tentazione dell'onnipotenza*.[13]

Assim, esta mesma atividade jurisdicional pode, paradoxalmente, por outro lado, significar uma invasão pelo Judiciário das esferas de atribuições classicamente atreladas às funções executiva e legislativa, atingindo o princípio da especialização de funções, sobretudo pela alteração/(re)construção interpretativa de dispositivos constitucionais, caso a jurisdição ceda *alla tentazione di sostituire proprie valutazioni di opportunità a quelle espresse nelle decisioni politiche*.[14] Ou, por outro viés, o Poder Judiciário e a expansão de sua atuação, nesse sentido, quanto à invasão do Legislativo pelo Executivo, serviria como corretivo, comportando-se como um instrumento de *accountability*; e, quanto à representação política clássica, serviria como um novo caminho para aquisição, defesa e concretização de direitos.

Tais circunstâncias se põem em consonância com a transformação política operada pelo Estado Democrático de Direito, quando a própria noção de democracia é trasladada para um *locus* legitimador não mais meramente formal, senão, principalmente, substancial, apesar de tal já estar presente no âmbito do Estado Social, implicando que a noção de garantia não fica mais restrita aos padrões liberais de limitação negativa da ação estatal, mas vem acrescida de um *plus* transformador, em que a concretização de obrigações/prestações que importam na transfiguração do *status quo* assume efetivamente uma posição de primazia no espaço de legitimação constituído pela função de garantia e, com isso, a distribuição clássica das funções dos poderes públicos não mais está sujeita a uma separação rigorosa, com o objetivo de reforçar uma estrutura de fiscalização, mas, noutro sentido, se apresenta mais flexível, voltada a uma finalidade de cooperação, baseada na perspectiva de que há uma unidade inexorável no Estado[15] para

---

lo cual, a la hora de interpretar y custodiar el cumplimiento de esa voluntad por parte de los Tribunales Constitucionales, lo que realmente ocurre es que de guardianes del poder constituyente pasan a transformarse en sus sustitutos. [...] es un acto de auténtica creación constitucional". Ver a respeito VEGA, Pedro de, *Apuntes para una Historia de las Doctrinas Constitucionales del Siglo XX*, in *Teoría de la Constitución*, Madri: Editorial Trotta, 2000, 499 p.

[13] Valerio Onida, Corriere della Sera, 20/01/2005, p. 5.

[14] Id. Ibidem.

[15] Parece-nos que a idéia clássica, proposta por Montesquieu, aponta, muitas vezes, para uma fragmentação estatal, onde as diversas funções do Estado aparecem como compartimentos descompromissados com a construção conjunta do projeto de Estado alicerçado na Constituição. Não raro as funções de Estado parecem estar vinculadas a lógicas e compromissos distintos, sem que se percebam como operadoras do que Rousseau supunha ser a *vontade geral*. Talvez um bom exemplo desta fragmentação possa ser buscado na figura dos *precatórios*, onde se percebe claramente a descontinuidade e fragmentação da atuação dos diferentes poderes públicos, quando um deles – o jurisdicional – determina o pagamento de valores, o outro – o executivo – precisa cumprir a ordem e alocar recursos orçamentários para o futuro e, eventualmente, se utiliza do terceiro – o legislativo – para instrumentalizar formas que viabilizem o pagamento, sem que se tenha, muitas vezes, uma atuação conjunta dos mesmos diante do interesse em disputa.

a realização de valores éticos substanciais positivados constitucionalmente e intensamente reclamados pela população, a qual está, de alguma maneira, expressa em uma atribuição executiva peculiar ao espaço público, sem que se limite às tarefas próprias do Poder Executivo.

Para Valério Onida, presidente da Corte Constitucional italiana, é preciso *rilegge la tripartizione dei poteri: non più legislativo, esecutivo e giudiziario ma "poteri di governo e politici, da um lato, e poteri di garanzia dall'altro"*.[16]

Ou seja, para enfrentar tais circunstâncias, como dito anteriormente, pode-se optar por uma outra classificação para as funções do Estado segmentando-as entre *funções de governo,* que abarcariam as tradicionais funções executiva e legislativa, e *função de garantia,* vinculada à atividade jurisdicional, o que nos (re)conduz à discussão acerca do papel/conteúdo da jurisdição no interior de um projeto democrático, implicando em uma reconsideração das relações entre o *princípio democrático* e a *função de garantia,* assim como de uma retomada do próprio debate acerca da (uma) caracterização da *democracia.*[17]

Neste ambiente, não só as fórmulas e práticas são revisitadas, como seus instrumentos e meios ganham novos contornos. A estratégia liberal da especialização de funções assimila tais circunstâncias, promovendo um rearranjo institucional que, em um primeiro momento promove a função executiva para o centro do jogo político, diante da necessidade de pôr em prática os programas constitucionais sob a forma de políticas públicas prestacionais, forjando o que chamamos, como já dito, "executivização" da Constituição.

Porém, contemporaneamente, é a função jurisdicional que, como guardiã e realizadora da Constituição, passa a ter seu espectro de atuação reforçado, assumindo-se como espaço político para consolidação do projeto constitucional,[18] no ue fica reconhecido como "judicialização" da política

---

16 Ver Corriere della Sera, 20 de janeiro de 2005, p. 5.
17 Este debate foi realizado no texto *A jurisprudencialização da Constituição...*publicado no Anuário PPGD/UNISINOS de 2002.
18 A tradicional teoria da democracia considera-a, sem dúvida alguma, em função dos efeitos substanciais que potencialmente podem surgir a partir do estabelecimento e cumprimento das regras formais do jogo, como o melhor e mais seguro caminho para a justiça concreta, sendo ela a forma exata de organização do *estado de justiça*, não sendo possíveis tensões entre democracia e justiça.Partindo-se dessa nota conceitual sobre democracia formal, e jamais desprezando o processo histórico por ela caracterizado, não é possível crer-se que o simples respeito aos procedimentos formais democráticos possa garantir que uma decisão política venha a satisfazer a realização de uma pretensão de justiça voltada para a concretização dos direitos humanos. Neste aspecto, razão parece ter Höffe quando diz que os procedimentos democráticos de decisão são determinados por regras de maioria, mas decisões de maioria são, quando muito, vantajosas, para a maioria e, de modo algum, para todos. Mas a maioria pode impor seus interesses à minoria, de modo que a democracia pode-se tornar uma variante do "direito do mais forte" Ver: HOFFE, Otfried. *Justiça Política: Fundamentacão de uma Filosofia Crítica do Direito e do Estado.* Petrópolis: Vozes, 1991, p. 370.

e politização do jurídico ou, de outro ângulo, porém correlato, jurisprudencialização da Constituição.

Este rearranjo institucional da organização do exercício do poder político exige uma análise renovada, o que é realizado, de regra, desde o embate entre procedimentalistas e substancialistas, apesar de esta ser uma discussão que pode receber um outro tratamento, de não-exclusão recíproca, mas de aproximação.

E, por isso mesmo, o papel do constitucionalismo, com as *nuances* advindas da (des)ordem contemporânea, parece-nos ainda central para aqueles que não apenas nos ocupamos em estudá-lo, mas, e particularmente, para todos aqueles que nos preocupamos com a continuidade democrática assentada conteudisticamente não apenas em um conjunto de regras do jogo democrático, como quer Bobbio,[19] mas também em seus conteúdos humanitários e transformadores, em particular quando nos colocamos frente a um projeto constituinte alicerçado na idéia de Estado Democrático de Direito, como antes apresentado, onde o *seu Direito* precisa suportar e viabilizar este projeto transformador.[20]

A encruzilhada da democracia "dos modernos". E o povo?

Isto nos coloca frente à *crise política* que atinge o Estado e suas estratégias de constituição do poder político e das fórmulas de construção e elaboração do consenso e das decisões em um ambiente democrático que vem marcado pela fantochização[21] da política e i(re)novação das estratégias de tomada de decisão, em particular sob o formato da *democracia participativa*.

Assim, é preciso ter presente que para que se constitua a democracia representativa, em especial como *procedimento* que viabiliza, em sociedades plurais e complexas, o estabelecimento de decisões coletivas/comuns,

---

[19] Ver, sobre o tema das regras do jogo democrático: BOBBIO, Norberto. *O Futuro da Democracia: uma defesa das regras do jogo*. São Paulo: Paz e Terra, 1986.

[20] Como diz Marcelo Gallupo, *o direito desse tipo de Estado deve adotar um conceito de princípio capaz de suportar esse pluralismo de projetos de vida, que não pode ser um conceito que implique uma hierarquia entre os princípios, o que pode causar estranheza na Teoria Jurídica dominante no Brasil, ainda muito marcada tanto pelo paradigma do Liberalismo quanto pelo paradigma do Estado Social, ambos profundamente sistematizadores, mas certamente não no meio das demais Ciências Sociais.* Ver, do autor, *Igualdade e Diferença. Estado Democrático de Direito a partir do pensamento de Habermas*. Belo Horizonte: Mandamentos, 2002, p. 21.

[21] Ver, a respeito, o nosso *A democracia dos modernos...* In Anuário do PPGD/UNISINOS/2003. Em primeiro lugar, quando referimos a possibilidade de fantochização da democracia, estamos tentando ilustrar a idéia de que para que se constitua efetivamente a democracia dos modernos, como forma representativa de tomada de decisões, um de seus pressupostos, embora não seja o único e sequer o suficiente, é a *oferta* de alternativas reais de opção, não apenas quantitativamente, mas, e sobretudo, qualitativa – o que pressupõe uma ampla gama de liberdades (expressão, organização partidária e social etc), além de um debate amplo e qualificado dos dilemas sociais, marcado por respostas distintas e contraditórias –, dadas ao cidadão-eleitor no momento da escolha dos representantes, tomado aqui como circunstância característica da democracia representativa (p. 202).

sob este viés, mister se faz que o cidadão-eleitor – o *povo ativo* de que fala F. Müller[22] – tenha diante de si a possibilidade real – não ilusória – de escolher dentre modelos diversos de resposta aos problemas sociais. Ou seja, ao final, deve-se ter presente que, para que o jogo democrático se constitua, as velhas ideologias – mortas segundo alguns – se façam presentes, permitindo ao cidadão optar dentre as opções que se lhe apresentam, concretizando-se, de fato, um *pluralismo* inerente à democracia.

Estamos dizendo, com isso, que, para a democracia representativa, a *história* não pode morrer, entendida tal afirmativa como a colocação à disposição da cidadania de propostas políticas que signifiquem uma efetiva diversidade, como se *outros e diversos mundos fossem (sejam) possíveis*.

Como sustenta F. Müller:

> A *idéia fundamental da democracia* é a seguinte: determinação normativa do tipo de convívio de um povo pelo mesmo povo. Já que não se pode ter o autogoverno, na prática quase inexeqüível, pretende-se ter ao menos a autocodificação das prescrições vigentes com base na livre competição entre opiniões e interesses, com alternativas manuseáveis e possibilidades eficazes de sancionamento político. Todas as formas da decisão representativa arredam (nehmen aus dem Spiel) a imediatidade (*Unmittelbarkeit*). Não há nenhuma razão democrática para despedir-se simultaneamente de um possível conceito mais abrangente de povo: do da totalidade dos atingidos pelas normas: *one man one vote*. Tudo o que se afasta disso necessita de especial fundamentação em um Estado que se justifica como "demo"cracia.[23]

A "demo"cracia repercute necessariamente, mesmo em sua forma representada, mediatamente, para que se justifique, esta necessária *competição entre opiniões e interesses*, permitindo ao *povo* que possa determinar-se politicamente.

Todavia, diante dos quadros de enfraquecimento do espaço público da política e da sua economicização, em um contexto de jogo econômico global inserto em um capitalismo financeiro, marcado, ainda, por uma *reflexividade* normativa, constata-se, ao menos tendencialmente, o desaparecimento de tais alternativas reais de escolha, posto que se tem estabelecido um estereótipo de desdiferenciação de propostas, de desidentificação de candidaturas, de homogeneidade, de mercantilização da política e de *marquetização* das candidaturas – onde propostas e candidaturas são apresentadas, vendidas e *compradas* como em um grande *balaio de liquidação* de um *Magazine S/A*, conduzindo o cidadão-eleitor a um processo de apatia, de desinteresse ou, o que é pior, de menosprezo pela política diante da percepção – construída heteronomamente – da total desnecessidade mesmo dos próprios instrumentos de escolha dos representantes – as eleições – ou de sua participação no jogo eleitoral, posto que o jogo já está feito, as alternativas inexistentes e o resultados previamente determinados.

---

[22] Como diz o autor, no *geral esse povo ativo, a totalidade dos eleitores é considerada – não importa quão direta ou indiretamente – a fonte de determinação do convívio social por meio de prescrições jurídicas.* Ver: Quem é o povo? p. 56.
[23] Id. Ibid., p. 57-58.

Assim, pensar a questão democrática contemporaneamente implica inserir o debate no contexto próprio à sociedade atual.

Ou seja, em tempos de crise das fórmulas organizacionais da modernidade, a própria idéia de democracia e, atrelada a ela a de cidadania, precisa ser contextualizada.

Em primeiro lugar, como enfatiza F. Müller, o projeto democrático não se satisfaz com uma participação popular marcada pelos limites do *povo ativo*, é preciso, ainda, pensá-lo e tê-lo como algo mais do que simplesmente aqueles titulares de nacionalidade a quem são reconhecidos direitos de participação política – o que, de regra, vem expresso, com todas as suas limitações, nos pactos constitucionais de cada País, apesar da novidade introduzida pelo direito comunitário europeu a partir do reconhecimento, no âmbito da União Européia, do direito de voto, em sede municipal, ao cidadão comunitário – mas como *instância global da atribuição de legitimidade democrática*. Dessa forma, *o povo não é apenas – de forma mediada – a fonte ativa da instituição de normas por meio de eleições bem como – de forma imediata – por meio de referendos legislativos; ele é de qualquer modo o destinatário das prescrições, em conexões com deveres, direitos e funções de proteção.*[24]

E, como destinatário, este *povo* da democracia vem percebido como titular de um conjunto de *compromissos políticos* – os direitos humanos – como pressupostos de sua constituição efetiva, pois, *sem a prática dos direitos do homem e do cidadão, "o povo" permanece em metáfora ideologicamente abstrata de má qualidade*. Só com a prática efetiva destes é que ele se torna, para F. Müller, *povo de um país (Staatsvolk) de uma democracia capaz de justificação – e torna-se ao mesmo tempo "povo" enquanto instância de atribuição global.*[25]

Como reconhece este autor, *onde funcionários públicos e juízes não chegam ao seu cargo por meio de uma eleição pelo povo, a sua ação se liga de forma demasiado etérea à ação originária do povo ativo*, o que implica a necessidade de não-interrupção da *estrutura de legitimação* democrática.[26]

---

[24] Ver: Müller, F. *Quem é o povo?* p. 61.

[25] Id. Ibid., p. 63-64. É preciso que se tenha presente que o conjunto de direitos humanos a que nos referimos aqui não diz unicamente com aqueles respeitantes às liberdades individuais e político(a)s, como transparece do texto deste autor, mas sem estarem assegurados e satisfeitos os acessos a padrões mínimos de vida digna, assim como não há expressão autônoma da vontade sem acesso à informação, ao conhecimento, à cultura, ao diálogo (inter)cultural. Poderíamos, também, falar de uma democracia e uma cidadania atreladas às dimensões de direitos humanos, onde teríamos uma democracia/cidadania da liberdade, vinculada às liberdades negativas, uma democracia/cidadania da igualdade, atrelada às liberdades positivas e às prestações públicas e uma democracia/cidadania da fraternidade/solidariedade, adrede aos novos conteúdos humanitários ambientais, de desenvolvimento sustentável, de paz, etc.

[26] F. Müller, op. cit., p. 59-60.

E aqui se põe a encruzilhada para a questão por nós suscitada: *onde está o povo nesta nova formulação da estrutura jurisdicional do Estado contemporâneo?*

Anotações Críticas

Neste ambiente de re(in)definições das estruturas institucionais, em particular no âmbito de um Estado Democrático de Direito, requer-se uma revisão não apenas dos papéis do Estado, como também um olhar crítico relativamente às relações interfuncionais e, sobretudo, diante da sobrevalorização da jurisdição, acerca do caráter da função jurisdicional em um projeto democrático, não mais visto apenas como *contralegislador*, mas como *agente de realização* dos acordos políticos plasmados constitucionalmente.

A reflexão posta aqui pretendeu, assim, estabelecer algumas referências para tal discussão, em particular quanto a uma nova conformação da estrutura funcional do Estado marcada pela recuperação do *povo* como base de legitimação do poder político, repercutindo, mais pontualmente, o papel que é apropriado à jurisdição, em especial quanto a sua competência de controle de constitucionalidade o que, no caso brasileiro, ganha dimensões extrapoladas em face da sua dualidade – concentrada e difusa –, da ampliação dos instrumentos, do alargamento da legitimidade ativa e da ausência de uma Corte Constitucional exclusiva, bem como de uma cultura constitucional adequada ao projeto político-jurídico plasmado na Carta de 1988.

Além disso, procurou-se explicitar, como já levado a cabo em outros trabalhos, que este debate se põe em um contexto onde o substrato clássico do/para o constitucionalismo se vê envolto em um processo de fragmentação de suas bases conformadoras, especialmente no que diz com o espaço próprio para as constituições, o Estado Nacional, de um lado, e, por outro, com as possibilidades para a realização de um projeto de transformação social pautado pelas fórmulas inauguradas pelo Estado Social, maximizado pela situação de exceção econômica permanente referida ao início, o que afeta, ainda mais, as condições necessárias e suficientes para a concretização dos instrumentos que visam a promover a satisfação das necessidades sociais e a instaurar uma sociedade justa e solidária.

A questão da revisão das relações funcionais se coloca no centro do debate de uma teoria do/para o Estado Constitucional que considere, além dessa recomposição da especialização de funções, os problemas e as dificuldades que se apresentam para a realização dos projetos constitucionais contemporâneos.

De forma explícita, a necessidade de reconstrução das respostas clássicas acerca da realização do Estado Constitucional se apresenta como o (um dos) problema(s) fundamental(is), considerando-se, como dito acima, um *ambiente de escassez e de emergência* e de *mudanças paradigmáticas*.

Assim, apontou-se a idéia de substituir a tripartição clássica por uma dualidade entre funções de governo (executiva e legislativa) e função de garantia (jurisdicional), o que se acoplaria a uma postura jurisdicional de feitio mais pró-ativo a partir de um texto constitucional de perfil *aberto*, o que, todavia, mantém a interrogação acerca da legitimidade da jurisdição em uma situação de crise da própria democracia e de sua fórmula representativa, de um lado, e, de outro, o problema da *atribuição de sentido* à Constituição e das estratégias de/para sua realização.

Neste último aspecto, parece-nos fundamental que se estabeleçam instrumentos adequados para o que se poderia caracterizar como *mecanismos de informação constitucional*, através dos quais o *juiz constitucional* teria melhores condições para promover o desvelamento da norma constitucional, o que, entretanto, não é suficiente para solucionar o *déficit* democrático presente neste âmbito.

Tal situação conduz ao questionamento acerca da legitimidade da jurisdição, fazendo emergir, para além das respostas tradicionais, um questionamento acerca do *caráter republicano* do poder, uma vez que historicamente a função jurisdicional guardou *marcas monárquicas* que estão em contradição com uma proposta de ativismo judicial, uma vez estabelecidas em um momento diverso daquele vivido hoje pelo constitucionalismo.

Diante da crise do modelo representativo de democracia, de um lado, e a ascendência da jurisdição como "lócus" de reconhecimento e realização do projeto constitucional, de outro, coloca-se no centro do debate constitucional a tarefa de responder aos limites aqui tentados apontar, em particular quanto a *qual democracia* adequada para a construção da decisão política quando a jurisdição se apresenta como arena privilegiada para a realização do constitucionalismo, estando praticamente desfeito o ambiente no qual o Estado Constitucional se vincula e veicula, assim como estando profundamente esgarçadas as condições de realização da democracia representativa.

Entretanto, este parece ser um debate ainda aberto e que não encontra respostas adequadas e suficientes, seja em uma postura procedimentalista, seja em uma tomada de posição substancialista. Também, diante do aprofundamento da crise política – do modelo de democracia *dos modernos* – merece uma leitura crítica a reapropriação da decisão política aos espaços tradicionais ocupados pelas aqui denominadas *funções de governo*.

Com isso, a temática permanece cercada de indefinições que conduzem, até mesmo, a se pensar na possibilidade de se rever a tradição transferencial que marca os mecanismos de tomada de decisão, voltando-se a recuperar fórmulas não heterônomas de decidir acerca dos temas coletivos.

E, por isso, pode-se colocar a questão: *Onde está o povo?*

Para tanto, recuperar alguns de seus pressupostos pareceu-nos necessário, para permitir recompor os seus vínculos como fórmula política que busca construir, historicamente, sua legitimação, sobretudo em um ambiente onde, como pretendemos deixar anotado acima, os compromissos de/para a realização das promessas da modernidade democrática parecem indelevelmente atingidos pela desqualificação da política como instância dialógica de/para a construção do consenso.

Em sua obra *Quem é o povo?* F. Müller não apenas reflete acerca de aspectos fundamentais para (um)a teoria político-constitucional, como também apresenta instigações para a reflexão jurídica teórica, assim como imputa ao jurista uma tarefa central para a (re)construção do projeto democrático.

Partindo do pressuposto de que o *povo* está na base não só da etimologia do termo *democracia*, como também compõe o fundamento de legitimação dos mesmos Estados Constitucionais (Democráticos), justificando, assim, *todas as razões do exercício democrático do poder e da violência*, bem como imputando ao mesmo a centralidade na crítica à mesma,[27] para compreendermos o caráter da democracia e para (re)construirmos o seu significado neste novo ambiente, a adoção da classificação trazida pelo jurista alemão contribui para elucidar algumas das insuficiências que se podem sentir a partir da tomada de consciência daquilo que nomeamos como *crise política*, como crise da democracia representativa, em particular, como crise de legitimação das instâncias de decisão, incluídas aqui aquelas pertencentes à estrutura da função jurisdicional – como função de garantia. Talvez assim se possa, efetivamente, *levar o povo a sério como uma realidade.*[28]

Como se pretendeu demonstrar, não há como desconhecer que, como todo o resto, o sistema político calcado na idéia da representação política padece, como as demais estratégias erigidas pela modernidade ocidental, de insuficiências para dar conta de um contexto de profunda transformação das estruturas e estratégias de poder, apesar de, ainda e novamente, insistirmos que a fórmula constitucional sustentada no projeto utópico dos direitos humanos e alicerçada em estratégias decisórias que contemplem a efetiva participação de todos – direta, participada ou representativa – ainda aparece como instrumento necessário para que se ultrapasse este momento de (re)fundação da política.

É preciso, assim, retomar um sentido simbólico atribuído ao jogo democrático que sugere uma reinterpretação referentemente à questão da democracia a partir da tomada de consciência, em especial nos países

---
[27] F. Muller, *Quem é o povo?*, p. 47.
[28] Idem, p. 113.

altamente industrializados, de que a resolução da maioria das necessidades materiais não tem o condão de colocar o homem a salvo, num novo patamar de relações intersubjetivas. Deve, para tanto, ocorrer uma transformação das significações políticas.

Insere-se, nesta atitude, a assunção da democracia como incerteza, seja referencialmente aos resultados da competição eleitoral, seja no que respeita ao conteúdo das soluções exigidas pelos problemas públicos, pelas relações intersubjetivas etc.[29]

A concretização de uma "ordem" democrática que tenha, o que não poderia deixar de ser, como característica intrínseca a sua reavaliação cotidiana, não é incompatível com o delineamento de um conjunto de "regras do jogo".

A estabilidade jurídica, campo de estabelecimento de normas conviviais, não pode significar o aprisionamento, o congelamento, de uma vez por todas, de seu conteúdo. Não pode significar o fim da democracia.

Alteração, mudança, renovação constantes não significam caos. Ao contrário, conduzem ao engajamento, à identificação, mas nunca à uniformização, e suas regras (normas) devem ter a estabilidade inerente à continuidade democrática, que se liga à elaboração de "hipóteses sobre o aproveitamento da desordem, entretanto na lógica da conflitualidade", promovendo "...uma cultura da readaptação contínua, nutrida da utopia".[30]

Neste quadro, na base desta democracia, deve estar um *povo* que não seja tomado apenas como uma população *ícone*, apreendida de forma mítica *...pseudo-sacral e* instituída *assim como padroeira tutelar abstrata, tornada inofensiva para o poder-violência – "notre bom peuple"*.[31]

Ou seja, estando o *povo* na raiz do projeto democrático em – permanente – realização é preciso que seja tomado em sua realidade, como ser(es) no mundo,[32] na medida em que, como diz F. Müller, *uma democracia constitucional não pode justificar-se apenas perante o povo ativo nem perante o povo enquanto instância de atribuição, mas deve necessariamente poder fazer isso também perante o demos como destinatário de todas as presta-*

---

[29] Ver: Jose Luis BOLZAN DE MORAIS, *A Subjetividade do Tempo*. Porto Alegre: Livraria do Advogado. *Passim*.

[30] Ver U. ECO, *Viagem na Irrealidade Cotidiana*, p. 99. A questão democrática, assumida como incerteza, põe em evidência os mesmos embates colocados pela passagem do imaginário ao simbólico: *Dessa passagem, (...), levamos um certo medo novo, do que é mutante, das certezas relativas desta vida – e um certo fascínio pelo abrigo 'seguro' dos códigos totalitários onde o narcisismo que 'pensa que sabe' não se vê continuamente questionado pelas evidências de que tudo o que é também pode não ser, depende... Totalitarismo e narcisismo: associação existente não só no inconsciente do dominador, mas também no que se deixa dominar.* Maria R. KEHL. Masculino/Feminino: o olhar da sedução, in *O Olhar*, p. 416.

[31] F. Müller, op.cit., p. 67.

[32] Como diz F. Müller, *está em pauta levar o povo a sério como uma realidade. Precisamente isso impede continuar tratando a "democracia" somente em termos de técnica de representação e legislação, bem como continuar compreendendo "kratein", que então se deve referir ao povo efetivo, somente do ponto de vista do direito da dominação.* Op. cit., p. 113.

ções afiançadas que a respectiva cultura constitucional invoca...[33] – até mesmo porque o seu âmbito de realização não mais está circunscrito aos limites rígidos de um determinado espaço geográfico – o território – ou a significações pré-constituídas definitivamente.

Mais, descortinando-se *quem é o povo?*, a partir dos supostos trazidos por F. Müller, é necessário que se reconstruam os lugares da democracia para que, assim, se possa verificar *onde está o povo?*, sob pena de este perder-se na massificação de uma falsa democracia midiática da qual temos tido, nestes dias atuais (2005), uma triste experiência.

Esta é, parece-nos, uma via possível e necessária de reflexão acerca da legitimação mesma das instâncias de poder político onde, como tentado demonstrar, nos últimos tempos, tem preponderado o ambiente da jurisdição como *lócus* privilegiado do debate acerca da realização do projeto de Estado delineado no seu marco constitucional, o que, de algum modo, recoloca em pauta o diálogo proposto por Thomas Hobbes entre um filósofo e um jurista.

---

[33] Id. Ibid., p. 95.

— VII —

Pessoa Humana e Boa-Fé Objetiva nas Relações Contratuais:
a alteridade que emerge da *ipseidade*[1]

JOSÉ CARLOS MOREIRA DA SILVA FILHO[2]

Sumário: 1. Introdução; 2. A Repersonalização do Direito Civil e a Pessoa; 3. A Inadequação do Enfoque Biologicista da Pessoa Humana; 4. A pessoa enquanto consciência "descolada" e a sua configuração na mesmidade; 5. A pessoa a partir da existência e da ipseidade: o momento da alteridade; 6. A boa-fé e o personalismo nas relações contratuais: por um enfoque centrado na ipseidade; 7. Considerações Finais.

1. Introdução

O princípio da boa-fé objetiva no direito contratual é hoje um dos temas mais ricos no cenário jurídico. O que ele tem de rico, todavia, não se resume especificamente à regulação jurídica das relações contratuais e, mormente, das relações econômicas que o contrato media. A conexão da boa-fé com outros temas fundamentais do universo jurídico é flagrante e promissora. Em primeiro lugar, porque ela explicitamente remete a uma reconsideração do que, cada vez com maior refinamento, tem constituído o sistema jurídico, já que evidencia a necessidade de que a autonomia e a auto-suficiência desse sistema sejam cada vez mais questionadas, especialmente diante da proximidade do sistema ético e do político.[3] Outro aspecto

---

[1] Este artigo é resultado parcial do projeto de pesquisa "Relações contratuais: em busca de um novo modelo jurídico a partir da ética da alteridade e da hermenêutica filosófica", coordenado pelo Prof. Dr. José Carlos Moreira da Silva Filho e financiado pela UNISINOS.

[2] Doutor em Direito das Relações Sociais pela UFPR; Mestre em Teoria e Filosofia do Direito pela UFSC; Professor do Programa de Pós-Graduação em Direito (Mestrado), da Especialização em Direito Privado e da Graduação em Direito da UNISINOS.

[3] Ao apresentar a Filosofia do Direito enquanto uma filosofia prática, ALBANO PEPE assinala de modo preciso esta questão: "O 'amálgama normativo' existente no mundo grego era auto-justificável, enquanto estava inserido, desde sempre num sistema normativo unitário. Diferentemente, na modernidade, o Direito dogmatizou-se a partir de 'uma relativa emancipação do sistema jurídico em relação às demais ordens normativas e aos demais subsistemas sociais tais como a técnica, a religião, a moral, a

importante, que já foi devidamente assinalado em outros trabalhos,[4] é o importante papel que o princípio da boa-fé objetiva assume para uma necessária e urgente reflexão acerca do modo de compreender/interpretar/aplicar as normas jurídicas e seus textos. Finalmente, um aspecto que salta aos olhos é a evidente conexão da boa-fé com um tema que tem desafiado tanto o labor acadêmico como o forense: a *repersonalização* do Direito Civil. Com este termo, quer-se indicar, de modo geral, a idéia de que a *pessoa humana*, em uma noção que vá além da sua versão individualista e abstrata (daí falar-se em *repersonalização*, e não em *personalização*), deve configurar o centro de gravitação do Direito Civil (e não mais o patrimônio). Este terceiro aspecto descortinado pela riqueza do princípio da boa-fé objetiva, conjugado ao primeiro aspecto e a peculiaridade que ambos assumem quando voltados para as relações contratuais, é o principal alvo deste artigo. Neste sentido, a reflexão aqui proposta visa a aprofundar, com base na filosofia, o debate que cerca o conceito de *pessoa*, para que, ao final, possam ser apontadas algumas conexões com as relações contratuais no marco do princípio da boa-fé.

2. A *Repersonalização* do Direito Civil e a *Pessoa*

Percebe-se, nos debates jurídicos atuais, uma evidente intensificação do coro que enaltece e reivindica papel cardinal para a noção de *pessoa humana*. Hinos de louvor e cânticos de júbilo são entoados em prol da sua dignidade enquanto fundamento do Estado Democrático de Direito e enquanto principal conectivo entre a Constituição e o Direito Privado, a ponto de se exigir o próprio fim desta dicotomia. Em uma explícita relação com a promoção e a proteção da dignidade da *pessoa humana*, bradam-se pala-

---

etiqueta e os usos sociais, a magia, a posse de bens e riquezas, a amizade', conforme indica Adeodato. Esta 'autonomia' do sistema jurídico, esta postura auto-referencial, cria um estatuto próprio para o Direito, separado das outras ordens normativas. (...) Ao estruturar-se desta forma na modernidade, o Direito não perde necessariamente seus vínculos com a ética e a política, mas pode criar formações discursivas, através de sua criação ou aplicação, que o apresentem ao mundo da vida como autônomo face às exigências éticas ou políticas formuladas por outras esferas da sociedade. Entendo, que é competência da Filosofia do Direito, entendida como Filosofia Prática, retomar, independentemente da 'autonomia' do Direito dogmaticamente constituído, os vínculos 'esquecidos' entre o Direito, a ética e a política, fundamentais à formação democrática no âmbito do Estado Democrático de Direito". (PEPE, Albano Marcos Bastos. *A filosofia do direito e a filosofia prática* – o *ethos* enquanto mundo compartilhado: a questão da legitimidade no Direito. Curitiba, 2002. 116 f. Tese [Doutorado em Direito] – Programa de Pós-Graduação em Direito, Universidade Federal do Paraná. p. 20-21). As considerações deste artigo se encaminham para a mesma direção.

[4] Ver: SILVA FILHO, José Carlos Moreira da. *Hermenêutica filosófica e direito*: o exemplo privilegiado da boa-fé objetiva no direito contratual. 2.ed. rev. e ampl. Rio de Janeiro: Lúmen Júris, 2006; e SILVA FILHO, José Carlos Moreira da; ALMEIDA, Lara Oleques de; ORIGUELLA, Daniela. "O princípio da boa-fé objetiva no direito contratual e o problema do homem médio: da jurisprudência dos valores à hermenêutica filosófica". In: ROCHA, Leonel Severo, STRECK, Lenio Luiz (orgs.) *Constituição, sistemas sociais e hermenêutica*: programa de pós-graduação em direito da UNISINOS: Mestrado e Doutorado. Porto Alegre: Livraria do Advogado, 2005, p. 67-92.

vras de ordem como *funcionalização* e *constitucionalização* do Direito Privado, incluindo-se aí seus clássicos institutos (especialmente a propriedade e os contratos). Todavia, o que pouco se percebe é a realização de uma discussão realmente séria sobre o tema nas arenas jurídicas. Em boa parte dos casos, invoca-se a prioridade da promoção e da proteção da dignidade da *pessoa humana* como uma espécie de legitimador vazio para qualquer discurso que se queira adotar, muito embora, justiça seja feita, é possível encontrar esforços louváveis e de mérito em estudos desenvolvidos sobre o tema.[5] E, de fato, se há algum debate que não pode de maneira alguma se transformar em um palavrório estéril é o que se debruça sobre o conceito de *pessoa*, com todas as implicações éticas, políticas e jurídicas que esta discussão possa trazer. E isto tanto é mais verdade quanto, com maior evidência, se desenha no horizonte o fortalecimento de um sistema de exclusão social com proporções planetárias apoiado em uma lógica que faz pouco caso do segundo imperativo explicitado por Kant em sua filosofia moral: "age de tal maneira que possas usar a humanidade, tanto em tua pessoa como na pessoa de qualquer outro, sempre e simultaneamente como fim e nunca simplesmente como meio".[6]

O fato de que se vive uma época de crise e transformação das referências, entre elas a do conceito de *pessoa*, não é, efetivamente, o problema.

---

[5] É preciso esclarecer que longe se está de querer indicar a inadequação de um discurso de constitucionalização no Direito Civil, ou de que não é importante trazer à evidência um sistema jurídico que gravite em torno da *pessoa* e sua dignidade. O argumento aponta, na verdade, para a premência de que este tema seja aprofundado, de que não se dê por "favas contadas" algo que ainda precisa ser conquistado e explorado. Reconhecem-se, assim, importantes trabalhos neste campo, como, por exemplo: FACHIN, Luiz Edson. *Teoria crítica do Direito Civil*. Rio de Janeiro: Renovar, 2000; CARVALHO, Orlando de. *A teoria geral da relação jurídica* – seu sentido e limites. 2.ed. Coimbra: Centelha, 1981; SESSAREGO, Carlos Fernández. *Derecho y persona*. 2.ed. Trujilo-Peru: Normas Legales, 1995; SARLET, Ingo Wolfgang. *Dignidade da pessoa humana e Direitos Fundamentais na Constituição Federal de 1988*. Porto Alegre: Livraria do Advogado, 2001; MARTINS-COSTA, Judith (org.). *A reconstrução do Direito Privado*. São Paulo: Revista dos Tribunais, 2002.

[6] KANT, Immanuel. *Fundamentação da metafísica dos costumes e outros escritos*. São Paulo: Martin Claret, 2003. p.59. Oportunamente, voltar-se-á a este importante imperativo categórico de KANT, por ora, basta assinalar o fato de que o contexto em que se vive, exatamente por colocar em funcionamento uma lógica que colide claramente com uma efetiva preocupação pela *pessoa* enquanto um *telos* que sustente e dê sentido às ações humanas, exige que se discuta e se reflita profunda e efusivamente sobre o tema. Como se isto não bastasse, as inovações da técnica abalam fortemente as agora frágeis concepções sobre a *pessoa*, especialmente no campo da biotecnologia. Apontando para as nuvens negras no firmamento da noção e do debate sobre a *pessoa humana*, assim escreve LUCIEN SÈVE: "Quando morte pessoal e morte corporal se dissociam, quando uma avó traz em si o filho da sua filha, quando se armazenam embriões humanos congelados, quando se abre a caixa de Pandora dos nossos genomas, como seria possível que as nossas representações de nós mesmos não ficassem perturbadas, desestabilizadas as nossas relações com os outros, postos em questão os traços fundamentais da condição humana? Nunca a apreensão e a extensão da pessoa tinham sido desordenadas a este ponto. Mutações tanto mais perturbadoras quanto encontram, aliás, ressonância numa crise vasta e mais profunda da sociedade, e mesmo da civilização: o tecido social rasga-se, as identidades psíquicas ocultam-se, o casamento, o trabalho, a escolaridade, a política são abandonados pelos seus sentidos tradicionais, as perspectivas de um mundo melhor desmoronam-se, o dinheiro impõe-se como senhor de todos os valores, a inumanidade transborda do copo. Poderá a pessoa permanecer sozinha, incólume nesta grande vacilação das referências?" (SÈVE, Lucien. *Para uma crítica da razão bioética*. Lisboa: Piaget, 1997, p. 89-90).

A história é repleta de reviravoltas e transformações paradigmáticas, inerentes à própria condição humana. O aspecto digno de preocupação é, em verdade, o descaso por uma discussão profunda e interessada destas referências, seja pela insistência de um comodismo ilusório, apegado a velhos conceitos, seja pela prevalência do imediatismo e das vantagens fáceis, que faz pouco caso da relação entre os atos que dita e a preservação e afirmação da noção de dignidade de *si* e do *alter*.

Talvez para alguns possa parecer curiosa a expressão *pessoa humana*. Afinal, não são pessoas apenas os homens? Hattenhauer lembra que em certas culturas mais arcaicas os objetos e os animais eram considerados pessoas, e que, no seio da cultura ocidental, foi somente a partir dos fundamentos trazidos pela teologia moderna que se pôde estabelecer que todos os homens são pessoas, e apenas os homens.[7] O momento decisivo na fixação desta linha divisória ocorre no marco da conquista da América, quando então, diante de imensas e abundantes riquezas naturais, a atribuição da condição de *pessoa* aos objetos não caía bem à lógica do capitalismo mercantilista. Além disso, havia a necessidade de definir o estatuto dos índios em termos de serem humanos ou não.[8] Ao prevalecer a noção de que os índios eram homens, ainda que *selvagens*, vislumbra-se com clareza a idéia de que algo une todos os seres humanos e constitui a *humanidade*. Algo que vai além da identidade grupal, tribal ou comunitária (antigamente teto máximo da identidade dos indivíduos), e que esboça a pertença do indivíduo à espécie humana. A base teórica para esta afirmação se consolida na filosofia moderna, que dá uma feição secularizada ao universalismo cristão.

---

[7] Analisando o conceito de *pessoa*, constata o autor que: "Se necesitó largo tiempo para que en la vida jurídica el concepto de persona quedase circunscrito al hombre. Los fundamentos se encuentran en la teología moderna, singularmente en Tomás de Aquino (1225-1274). En todas las páginas de la Bíblia veían escrito los doctores de la Iglesia que el hombre es creación de Dios y que, aun cuando criatura, e, al mismo tiempo, rey y señor de la Creación. Lo que diverenciaba al hombre de su Creador era el ser creado; de las criaturas le diferenciaba el don divino de la razón (ratio)". (HATTENHAUER, Hans. *Conceptos fundamentales del Derecho Civil – introducción histórico-dogmática*. Barcelona: Ariel, 1987, p. 14-15).

[8] É célebre o debate estabelecido nos anos de 1550 e 1551, na cidade espanhola de Valladolid, entre o teólogo e jurista Juan Gines de Sepúlveda e o Frei dominicano Bartolomé de Las Casas. Tal confronto verbal se deu diante do crescente desconforto entre os clérigos gerado pelas ações cada vez mais violentas dos conquistadores espanhóis em relação aos índios (em boa parte denunciadas por Bartolomé de Las Casas). Para o primeiro, os índios estariam a meio caminho entre os homens e os animais, sendo claramente inferiores aos conquistadores espanhóis. Apoiando-se em Aristóteles e sua opinião sobre os escravos e os bárbaros, Gines de Sepúlveda conclui pela inferioridade dos índios e pela legitimidade de uma guerra justa contra eles, que, aliás, seria um verdadeiro ato emancipatório. Já Bartolomé de Las Casas, conhecido como o primeiro defensor dos Direitos Humanos na América, em um pronunciamento que durou nada mais nada menos do que cinco dias, além de confrontar cada um dos argumentos de seu opositor (apoiando-se também em Aristóteles), conclui que os índios eram muito mais fiéis e religiosos que os espanhóis que moviam guerra contra eles, estes sim com maiores possibilidades de serem assimilados às bestas e às feras. Uma exposição mais detalhada sobre este episódio pode ser conferida em: SILVA FILHO, José Carlos Moreira da. "Da 'invasão' da América aos sistemas penais de hoje: o discurso da 'inferioridade' latino-americana". In: WOLKMER, Antonio Carlos (org.). *Fundamentos de história do Direito*. 2.ed. Belo Horizonte: Del Rey, 2002. p. 279-330.

Deste modo, percebe-se que a palavra *pessoa* aponta para uma verdadeira construção cultural e que, tal qual ela chegou aos dias presentes, indica muito mais do que apenas um ser biológico.

Sinteticamente, pode-se perceber ao menos três direções possíveis para o conceito de pessoa: a biológica, a filosófica e a jurídica.[9] Sem dúvida alguma, há uma intensa imbricação entre tais tonalidades, sem falar que o aspecto filosófico, por si só, traduz inúmeras tendências, que vão, para citar algumas, desde o racionalismo kantiano até o pensamento existencialista. Antes, porém, de se adentrar em breve análise quanto ao aspecto jurídico e ao filosófico, cabe realizar uma importante ponderação ao enfoque biológico, visto que o período de intensas pesquisas no campo da biotecnologia, como o que se vive, favorece uma visão biologicista da pessoa. Tal reflexão pode ser feita à luz da fenomenologia hermenêutica de Martin Heidegger.[10]

3. A Inadequação do Enfoque Biologicista da *Pessoa Humana*

O enfoque biologicista[11] da *pessoa* vê nela apenas e simplesmente a presença de um indivíduo da espécie humana, e que, como tal, possui suas características ontológico-naturais, hoje apresentadas principalmente através dos estudos biogenéticos. É uma visão científico-natural do homem que praticamente torna obsoleta qualquer outra explicação a respeito do que define o humano, inclusive em suas especificidades individuais e até mesmo em suas ações.[12] Tal perspectiva coaduna-se, em certo sentido, com as

---

[9] Devido à importância e amplitude do tema, evidenciam-se, sem dúvida, outras importantes possibilidades de enfoque, dentre as quais pode-se destacar a pedagogia, a psicanálise e o próprio campo da arte. De todo modo, todos estes olhares encontram um necessário e fundamental interlocutor na perspectiva filosófica, optando-se, aqui, e até pelas restritas dimensões do artigo, em explorar mais esta última alternativa.

[10] LUCIEN SÈVE, em sua importante obra, realiza um raciocínio semelhante utilizando-se de categorias provenientes do materialismo histórico (SÈVE, *op. cit.*, p. 43-55).

[11] O termo "biologicista" foi escolhido aqui exatamente para indicar uma versão desviada e unilateral do enfoque biológico, já que, por óbvio, a biologia encerra grande importância na definição do homem e da vida. O argumento que será apresentado quer indicar, simplesmente, que o homem não pode ser definido apenas com base nestes critérios, pois se é certo que o fato de um indivíduo pertencer à espécie humana lhe proporciona certas capacidades, estas, por sua vez, se manifestam culturalmente.

[12] Em seu discurso de agradecimento pelo recebimento do Prêmio Kyoto, proferido em 12 de novembro de 2004, HABERMAS critica a tese oriunda das pesquisas neurológicas de que a vontade e a livre deliberação teriam um reduzido papel na explicação das ações humanas, melhor explicadas por processos bioquímicos que acontecem antes de qualquer pensamento voluntário. "Doch wenn Gründe und deren logische Verarbeitung als Epiphänomene abgetan werden, bleibt von der kausalen Rolle dês Selbstverständnisses sprach- und handlungsfähiger Subjekte nicht mehr viel übrig. Aus neurobiologischer Sicht spielen Gründe die Rolle bloss mitlaufender Kommentare zum unbewusst verursachten und neurologisch erkärbaren Verhalten. Dann bleibt allerdings rätselhaft, warum Meinungen und Handlungen für die Subjekte selbst mit Gründen verknüpft sind. Reduktionistische Forschungsstrategien setzen sich zudem der Frage aus, ob denn die eine der beiden epistemischen Perspektiven beiseite geschoben werden kann oder ob wir auf eine komplementäre Verschränkung beider Wissensperspektiven angewiesen sind. Dass wir hinter den epistemischen Dualismus der Wissensperspektiven 'nicht zurückgehen' können, heisst zunächst, dass die korrespondierenden Sprachspiele und Erklärungsmuster nicht

teses que definem o homem a partir de aspectos inatos, como se a *humanidade*, por si só, aflorasse em qualquer homem de maneira independente à sua história. A filosofia moderna, especialmente, a partir da cisão epistemológica entre ciências da natureza e ciências do espírito, procurará fornecer uma outra compreensão da vida humana. Wilhelm Dilthey, a partir de sua *filosofia da vida*,[13] procura *compreender* o homem na história da qual faz parte, e não descrevê-lo como uma criatura da natureza. É só a partir das obras do espírito humano que se pode traçar algo sobre a essência humana. Têm-se, assim, duas perspectivas radicalmente diferentes para se abordar o homem: uma proveniente das ciências da natureza; outra das ciências do espírito.

Na tentativa de superar este dualismo epistemológico, que tão fortemente caracteriza o senso comum presente (tanto o prático quanto o teórico), pode-se recorrer à perspectiva fenomenológica de Heidegger, segundo a qual tudo o que pode ser dito e compreendido sobre o ser já é uma determinação do *ser-aí*. Isto quer dizer que qualquer compreensão que o homem possa ter sobre os entes que o cercam e sobre si mesmo já vem amparada

---

aufeinander reduziert werden können. Gedanken lassen sich nicht ohne semantischen Rest in ein auf Dinge un Ereignisse zugeschnittenes Vokabular übersetzen. Dies aber drängt die Frage auf, ob wir die Welt aus beiden Perspektiven gleichzeitig betrachten müssen, um von ihr etwas lernen zu können. Wir sind Beobachter und Kommunikationsteilnehmer in einem." Tradução feita pela turma de "Alemão Textos Jurídicos II", conduzida pela Prof* Birgit Faustini na UNISINOS durante o 2º semestre de 2005: "Quando a razão e seu emprego lógico são menosprezados como epifenômeno, não resta muito do papel causal da autocompreensão dos sujeitos capazes de falar e agir. Do ponto de vista neurobiológico, as razões têm somente o papel de comentário a um comportamento produzido de maneira não consciente, explicável neurologicamente. Então fica enigmático por que afinal surgiu o luxo de um 'Lugar das Razões', por que de opiniões e ações, para os sujeitos, estarem associadas com as razões. Estratégias reducionistas de pesquisa expõem-se à pergunta, se uma das duas perspectivas epistemológicas pode ser deixada de lado, ou se dependemos de um cruzamento complementar de ambas as perspectivas do conhecimento. Não poder retroceder a um dualismo epistemológico da perspectiva de conhecimento, quer dizer, primeiramente, que os jogos de linguagem correspondentes e os modelos de esclarecimento não podem ser reduzidos um ao outro. Pensamentos não se deixam traduzir, sem um saldo semântico, para um vocabulário talhado para coisas e acontecimentos. Isso força a questão se devemos contemplar simultaneamente o mundo de ambas as perspectivas, para podermos aprender algo dele. Somos ao mesmo tempo observadores e participantes da comunicação." (HABERMAS, Jürgen. *Die Freiheit, die wir meinen. Der Tagesspiegel online*. Berlim, 14 nov. 2004. Disponível em: http://archiv.tagesspiegel.de/archiv/14.11.2004/1477636.asp. Acesso em: 14 out. 2005).

[13] A base de DILTHEY é a historicidade interna da própria experiência, e não a coincidência entre os conceitos do cientista e o mundo exterior. Afinal, o mundo histórico não é exterior, ele forma-se a partir do espírito humano. O que torna possível o conhecimento histórico é a homogeneidade de sujeito e objeto. É neste sentido que a investigação de DILTHEY assume um viés individual, pois se trata, antes de mais nada, do modo como um indivíduo adquire um contexto vital, para a partir daí, ganhar os conceitos que poderão instrumentalizar o conhecimento do contexto histórico. Aqui entra em jogo a *filosofia da vida* ou *vivência*, categoria que representa, em DILTHEY, este novo ponto de partida e que evidenciará, portanto, a necessidade de uma outra espécie de ciência, diversa das ciências da natureza. Não se trata, pois, de um sujeito histórico transcendental, mas sim de individualidades históricas, que, diante da realidade histórica da vida, apreendem os seus nexos a partir de si. Assim, verifica-se o que é peculiar da escola histórica, ou seja, a insistência no ponto de partida da própria experiência, e não em uma perspectiva idealista. Para DILTHEY, as ciências do espírito não devem tentar compreender a vida com categorias exteriores a ela, mas sim derivadas dela.

por um *mundo* que lhe antecede. Este *mundo*, contudo, não deve ser tido como uma descrição objetiva dos entes em sua substância, mas sim enquanto *"aquello 'em que' um 'ser ahí' fáctico, em cuanto es este 'ser ahí' 'vive'. 'Mundo' tiene aqui uma significación preontológicamente existencial"*.[14] O *ser-aí* indica o homem a partir de uma perspectiva existencial. É um ente cujo modo de ser é o de guiar-se a partir da compreensão que possui dos demais entes e de si mesmo. É um ente que pressupõe uma *compreensão existencial*, que por ele não é escolhida, pois para que possa escolher algo, já tem de possuir uma compreensão prévia. Esta lhe é dada a partir do seu contexto histórico e cultural, a partir dos sentidos que lhe chegam pela linguagem.

O modo de argumentar que situa a deliberação e a racionalidade como fenômenos causados geneticamente, afirma Ernildo Stein,

> está implicando em uma espécie de círculo vicioso quando afirma que o ser vivo que pensa é determinado geneticamente. Não percebe que aquilo mesmo que ele pensa "geneticamente" já antecipa e transcende a ordem genética. O elemento genético que é afirmado como causa da deliberação já imerge num pré-compreender, numa autocompreensão que o antecipa como um a priori. Não poderíamos falar do genético sem fazê-lo preceder por algo que é da ordem da deliberação, a pré-compreensão. Uma tal dificuldade nos obriga a perceber que a vida humana não se reduz à materialidade da coisa bioquímica, exigindo-se que a vida humana se constitua pelo próprio fato de o ser humano se compreender previamente(...). Assim, o fato da vida humana que delibera, rompe a barreira da coisa bioquímica, acrescentando, assim, a si mesmo, a autocompreensão que é mais do que os componentes genéticos. A vida humana é mais que a soma dos elementos genéticos que lhe servem de vetor.[15]

Dito com outras palavras, quando o homem se dá conta de si, quando desenvolve uma autoconsciência, a percepção que possui das coisas que estão à sua volta e de si mesmo já é desde sempre mediada pelo sentido.[16] Que sentido? Aquele que lhe é transmitido pelo horizonte histórico-cultural do qual emerge, aquele que ultrapassa a sua constituição genética, aquele que lhe é transmitido a partir do contato com os outros.[17] Eis um aspecto

---

14 HEIDEGGER, Martin. *El ser y el tiempo*. México: Fondo de Cultura Económica, 1997. § 14, p. 78.

15 STEIN, Ernildo. *Exercícios de fenomenologia* – limites de um paradigma. Ijuí: Unijuí, 2004, p. 183.

16 Tal questão é apresentada de modo esclarecedor por CASTOR RUIZ: "A relação da pessoa com o mundo nunca será algo naturalmente dado, seu conhecimento nunca é uma adequação natural do intelecto à realidade, pois essa adequação sempre se encontra mediatizada pelo sentido. A condição natural da verdade perde aqui um dos pressupostos básicos da filosofia tradicional. Ela não mais é uma verdade natural; não existe uma única forma de verdade porque não há uma adequação nem do intelecto tampouco da pessoa com a realidade; o que existe é uma mediação significativa. O ser humano não se acopla aos dados objetivos da natureza, ele os interpreta; nunca os recebe naturalmente nem pela razão tampouco pelos sentidos; ele os mediatiza pelo sentido. A fratura humana instituiu nele a dimensão do hermeneuta como condição de interação com o mundo em que vive.(...) Para nós não existe o mundo natural, pois nosso mundo é sempre um sentido do mundo". (RUIZ, Castor Bartolomé. "A filosofia, a verdade e o sujeito". In: HELFER, Inácio; ROHDEN, Luiz; SCHEID, Urbano (orgs.) *O que é filosofia?* São Leopoldo: UNISINOS, 2003. p. 30).

17 O existenciário *ser-com* indica que *"es el mundo en cada caso ya siempre aquel que comparto com los otros"*. (HEIDEGGER, *op.cit.*, § 26, p. 135).

central para a investigação sobre a *pessoa*: a alteridade. Umberto Eco argumenta que não se trata de uma vaga inclinação sentimental,

> mas de uma condição fundadora. Assim como ensinam mesmo as mais laicas entre as ciências, é o outro, é seu olhar, que nos define e nos forma. Nós (assim como não conseguimos viver sem comer ou sem dormir) não conseguimos compreender quem somos sem o olhar e a resposta do outro. Mesmo quem mata, estupra, rouba, espanca, o faz em momentos excepcionais, e pelo resto da vida lá estará a mendigar aprovação, amor, respeito, elogios de seus semelhantes. E mesmo àqueles a quem humilha ele pede o reconhecimento do medo e da submissão. Na falta desse reconhecimento, o recém-nascido abandonado na floresta não se humaniza (...).[18]

A despeito de todas as suas condições genéticas, as crianças que crescem alijadas do convívio humano não manifestam, em seu comportamento, as características pelas quais costuma-se atribuir a qualificação de humano. Não faltam casos para comprovar tal constatação, desde os das crianças-animais até os das crianças que cresceram quase totalmente isoladas. Na primeira situação, tem-se o exemplo de Amala e Kamala e, na segunda, o mais que comentado exemplo de Kaspar Hauser.

Amala e Kamala foram duas crianças encontradas vivendo juntas com uma matilha nos arredores da aldeia de Godamuri, na Índia, em 1920. De início, não era possível perceber que se tratavam de seres humanos. O Reverendo Singh, que acompanhava a excursão e que depois anotou suas impressões em seu diário, imaginou que se tratavam de "dois monstros com a face perdida numa espécie de crina emaranhada e que caminhavam a quatro (...). Ao saírem da caverna ambas se comportaram exatamente como os lobos: pondo a cabeça de fora, espreitando para um e outro lado, e arriscando-se por último a saltar".[19] Após serem capturadas, ambas foram levadas para a cidade de Midnapore, onde Singh administrava um orfanato. A mais nova foi chamada de Amala, e a mais velha, de Kamala:

> Uma e outra apresentavam espessas calosidades na palma das mãos, nos cotovelos, nos joelhos e na planta dos pés. Deixavam pender a língua através dos lábios vermelhos, espessos, imitavam o arfar dos lobos e por vezes abriam desmedidamente os maxilares. Ambas revelavam fotofobia e nictalopia acentuadas, passavam o dia aninhadas à sombra e em frente de uma parede, saindo da sua prostração à noite, uivando várias vezes e gemendo com o desejo de fugirem. Amala – de ano e meio – e Kamala – de oito anos e meio – dormiam muito pouco: quatro horas por dia, e tinham dois modos de locomoção: apoiadas nos cotovelos e nas rótulas para as pequenas deslocações rápidas, e nas mãos e nos pés para distâncias maiores ou para correrem com celeridade. Os líquidos eram lambidos e os alimentos ingeridos com a cabeça inclinada e de cócoras. O gosto exclusivo pelos alimentos cárneos levava ambas

---

[18] ECO, Umberto. "Quando o outro entra em cena, nasce a ética". In: ECO, Umberto; MARTINI, Carlo Maria. *Em que crêem os que não crêem?* 9.ed. Rio de Janeiro: Record, 2005, p. 83.

[19] MALSON, Lucien. *As crianças selvagens* – mito e realidade. Porto: Livraria Civilização, 1967. p.87-88. Neste livro, MALSON fornece uma tabela que relaciona inúmeros casos semelhantes, que vão desde crianças criadas por ursos e carneiros até crianças criadas por panteras, babuínos e leopardos. Além, é claro, dos casos famosos de Kaspar Hauser e de Vitor, a criança selvagem de Aveyron (*Ibidem*, p. 74-76).

as raparigas às duas únicas atividades de que eram capazes: caçar os frangos e desenterrar as carcaças ou as entranhas".[20]

Este impressionante relato mostra que o fato de os homens possuírem as condições genéticas para andarem eretos e desenvolverem a linguagem e o raciocínio não é o suficiente para que eles se manifestem enquanto homens, pois esta manifestação envolve a assimilação de sentidos e noções que são transmitidos culturalmente, e a partir das quais os homens se tornam propriamente homens.[21]

O caso de Kaspar Hauser já é mais complexo. Trata-se de um rapaz que, no dia 26 de maio de 1828, quando então contava com cerca de 16 ou 17 anos, foi encontrado na cidade de *Nuremberg*, imóvel, embora com postura vacilante, como se estivesse bêbado, segurando uma carta dirigida a uma autoridade local. A carta relatava, em síntese, que o jovem havia sido criado recluso e que, por falta de condições de continuar a mantê-lo, o homem que o teria criado e escrito a carta não viu outro remédio senão confiá-lo à Cavalaria, visto que Kaspar dizia querer ser um cavaleiro como seu pai o fora. Na verdade, o rapaz não se comunicava e mal conseguia ficar de pé. Sob a suspeita de que fosse um malfeitor, foi então mantido em uma torre para prisioneiros. É a Paul Johann Anselm Ritter Von Feuerbach, pai do filósofo Ludwig Feuerbach e presidente da corte de apelação de *Ansbach* (possuindo jurisdição sobre o caso de Kaspar), que pertence o relato original sobre o caso. Com base neste relato e até mesmo na autobiografia que Kaspar veio a escrever, inúmeros escritos foram e são produzidos até hoje na Alemanha. Entre eles, poesias (Rilke, Trakl) e até mesmo filmes.[22]

---

[20] *Ibidem*, p.86-87. Amala morreu um ano depois. Kamala, após permanecer prostrada e reclusa durante semanas, aos poucos, começa a interagir com a esposa do Reverendo e com as demais crianças do orfanato, aprendendo a comunicar-se, inicialmente por gestos, e depois por algumas poucas palavras que consegue aprender. Aprende também, ainda de que modo rudimentar, a expressar as emoções e, depois de alguns anos, a andar ereta, ainda que mantendo um certo estilo lupino. Em 1929, ou seja, nove anos depois de ter sido encontrada junto com os lobos, Kamala morre, tendo conseguido apenas de modo pálido tornar-se propriamente humana.

[21] LUCIEN SÈVE, em relação ao caso de Amala e Kamala, comenta que: "Não se tendo desenvolvido entre os homens, estas rapariguinhas estão inteiramente 'lobizadas'. Contra as crenças tenazes numa natureza humana, o seu caso mostra de modo evidente a extensão e a profundidade daquilo que configura em nós a integração na sociedade: não somente, como é evidente, a boa educação, a linguagem, a sociabilidade, mas traços que passam mesmo por serem exclusivamente congênitos, como a posição ereta ou o caráter onívoro, as possibilidades sensoriais ou as pulsões emocionais. Também de todos estes pontos de vista o rebento humano é 'totipotente'. (...) Heroínas de uma extraordinária experiência antropológica involuntária, elas ensinam a quem quiser ouvi-las que, para pensar o humano, a biologia deve dar lugar à biografia". (SÈVE, *op.cit.*, p. 47).

[22] A película de WERNER HERZOG (*Jeder für sich und Gott gegen alle*), de 1974, traduzida no Brasil com o título de "O Enigma de Kaspar Hauser", impressiona pela fidelidade aos relatos históricos e especialmente pela sensibilidade com a qual retrata o tema, o que, sem dúvida, muito se atribui ao trabalho do ator principal, Bruno S., que, exatamente pelo fato de ter passado grande parte de sua infância em uma instituição para doentes mentais, não teve dificuldades em emprestar autenticidade ao seu personagem.

Descobre-se, posteriormente, que Kaspar havia sido criado preso em um porão e seu único contato com seres humanos advinha daquele que o mantinha recluso.[23] Por meio deste contato, aprendeu as poucas palavras que sabia: "cavaleiro quero, como pai era" e "cavalo" (graças ao único brinquedo que possuía: um pequeno cavalo de pau). Acolhido primeiramente pelo próprio carcereiro da prisão e depois por Georg Friedrich Daumer (que tinha sido aluno de Hegel e Schelling), o jovem Kaspar começa a aprender alguns hábitos e rapidamente aprende a língua alemã, inclusive na forma escrita. Após muitos questionamentos, acaba por aderir a uma certa religiosidade e a outras atitudes próprias da sociedade da época. A atividade que melhor sabia fazer era a de montar e domar cavalos. A notícia da existência de figura tão singular rapidamente se espalha, e muitos vêm de longe para vê-lo. A súbita notoriedade acabou por se revelar uma das principais causas de sua morte, já que acaba assassinado.

Raffaelli fornece uma síntese esclarecedora quanto ao modo peculiar de Kaspar Hauser ver o mundo:

> Kaspar, apesar de não ser estúpido ou insano, era quase totalmente desprovido de conceitos e palavras e mostrava total falta de familiaridade com os objetos cotidianos e os acontecimentos naturais, de tal forma que poderia ser tomado por "um habitante de outro planeta". Durante seu aprisionamento, ele não tinha autoconsciência, não se via como algo separado de seus objetos. Depois, em Nuremberg, não sabia distinguir o tamanho dos objetos à distância e acreditava que os objetos possuíam vontade própria. (...) Quando um espelho foi colocado na sua frente, ele tocou o seu reflexo na superfície polida e, então procurou pela pessoa que ele acreditava estar escondida atrás do mesmo. Kaspar não sabia diferenciar homens de mulheres, a não ser pelas suas roupas. Era atraído pelas roupas femininas – mais coloridas – e chegou a manifestar mais tarde o desejo de tornar-se uma garota para poder usar este tipo de vestimenta. (...) Só mais tarde ele faria distinção entre vida de vigília e atividade onírica. (...) Kaspar falava de si mesmo unicamente empregando a terceira pessoa e tinha dificuldade de compreender o "eu" e o "você". (...) No início, Kaspar tinha dificuldade em enxergar paisagens, espaços abertos com uma variedade de perceptos. Uma bucólica cena campestre o perturbava de tal modo, que evitava olhar pela janela.[24]

Talvez a melhor imagem da aflição de Kaspar Hauser quando adquire uma clara consciência de sua situação sejam as cenas de Herzog, especialmente quando, em um diálogo com seu mentor e com muita dificuldade e sofrimento, o personagem fala: "Por que para mim tudo é tão difícil?" Kaspar permanece isolado em seu mundo, mantendo um contato mais próximo apenas com os animais e com os homens que, ao longo de sua curta vida,

---

[23] Conforme relata RAFAEL RAFFAELLI, hoje, com base nos fortes indícios e até mesmo em testes de DNA que foram recentemente realizados, é praticamente certo que Kaspar Hauser era filho de Stéphanie Adrienne Napoleone de Beauharnais, filha adotiva de Napoleão, casada com Karl, grão-duque de *Baden*. Para que o príncipe não assumisse o trono, o que desfavoreceria seu filho Leopold na sucessão, a condessa de Hochberg teria substituído o príncipe por um filho doente de um jardineiro, o qual, então, o teria mantido até os 17 anos nas condições já descritas. (RAFFAELLI, Rafael. "A Inércia do imaginário". In: *Cadernos de pesquisa interdisciplinar em ciências humanas*, Florianópolis, UFSC, N.59, nov. 2004, p. 1-23).

[24] *Ibidem*, p. 19-21.

representaram um papel paternal. Em sua autobiografia, Kaspar dizia que quando estava no cativeiro e não conhecia o mundo, ele não pensava e não sonhava. Este episódio ilustra satisfatoriamente que o *mundo*, incluindo-se aí o próprio homem, não é simplesmente uma substância objetiva colocada diante dos olhos humanos, mas sim uma percepção da natureza, dos objetos, de si e dos outros mediada por um sentido que é sempre apreendido por alguém, e a partir do qual, se pode dizer que *mundo* só o *ser-aí* o tem, assim como o próprio *ser-aí* só se revela enquanto ente a partir de uma compreensão existencial, e não, simplesmente, da mera existência física e biológica do homem.

4. A *pessoa* enquanto consciência "descolada" e a sua configuração na *mesmidade*

A modernidade, em termos filosóficos, inicia-se trazendo à tona uma reflexão radical, provocada de modo paradigmático pela dúvida cartesiana. É o que Hannah Arendt denomina de *universalização da dúvida*.[25] A reforma protestante (que deslocou a fundamentação do mundo ocidental na religião para um perspectivismo sobre a religião), as grandes navegações (que descortinaram uma configuração do planeta que não se conhecia), bem como os avanços científicos e tecnológicos (que ampliaram o fosso entre essência e aparência) levaram Descartes a colocar toda a realidade e o seu próprio fundamento em dúvida.[26] Desta dúvida, emerge como única tábua de salvação a consciência racional, pois, afinal, é ela quem duvida ("penso, logo existo"). Este *Cogito*, por sua vez, é dotado de processos próprios de funcionamento, que projetam na natureza uma lógica de caráter matemático. "Descartes concluiu que aqueles processos que se passam na mente do homem são dotados de certeza própria e podem ser objeto de investigação na introspecção".[27]

Configura-se uma tendência que, segundo Charles Taylor, já vinha se desenhando desde o idealismo platônico: o de um crescente processo de interiorização[28] – da ordem externa (natureza, Deus) ao fundamento na

---

[25] ARENDT, Hannah. *A condição humana*. 10.ed. Rio de Janeiro: Forense Universitária, 2001, p. 260-292.

[26] Como se sabe, a dúvida sobre o fundamento da realidade se expressa na possibilidade de um "Deus mal", isto é, de um criador que teria elaborado um ser com sede de verdade sem que, todavia, pudesse chegar a conhecê-la. DESCARTES, na *Terceira Meditação* tenta contornar esta dúvida oferecendo uma prova da existência de Deus baseada no *Cogito* (DESCARTES, René. "Meditações". In: *Descartes – Os Pensadores*. São Paulo: Nova Cultural, 1996, p. 277-296).

[27] ARENDT, *op. cit.*, p. 292.

[28] Conforme analisa TAYLOR, em PLATÃO havia o estímulo para uma interiorização na busca da verdade. O filósofo grego recomendava a introspecção como método para que fossem relembradas as idéias conhecidas no mundo inteligível (uma verdade externa no fim das contas). Em SANTO AGOSTINHO, este procedimento de interiorização seria recomendado para que o encontro com a palavra de Deus (também uma verdade fora do homem) pudesse acontecer. Em DESCARTES, por fim, este processo culminaria na busca dos próprios mecanismos da razão humana (localizados na mente), o que

consciência do sujeito. Tal processo culmina na construção de um *self pontual*, ou seja, de um sujeito completamente descolado de todo o resto, inclusive de si mesmo.[29] A figura do ponto serve para ilustrar a ausência de dimensão geométrica deste "eu". A identidade pessoal confunde-se com esta consciência abstrata, a qual exatamente, por estar longe de tudo, inclusive do próprio corpo e das paixões, pode tornar tudo um objeto a ser controlado e dominado. Firma-se a radical polaridade entre sujeito e objeto. É como se ao subjetivismo radical correspondesse um objetivismo radical.[30]

Este sujeito descolado da existência e objetificador torna-se plenamente configurado em Locke. Para o filósofo, a própria mente humana é transformada em um objeto, é reificada. Em seu famoso livro *Ensaio sobre o entendimento humano*, Locke rejeita o inatismo das idéias, argumentando que elas são produzidas na mente através da experiência, inicialmente como idéias simples e depois, por associações mecânicas, tornando-se mais complexas. O propósito desta verdadeira desmontagem da estrutura mental é propiciar o descarte do conhecimento pré-reflexivo, trazido pela tradição, e substituí-lo por uma visão que se sustente sobre procedimentos sólidos e confiáveis de pensamento. O sujeito é chamado a assumir responsabilidade sobre si e a tomar consciência de sua autonomia. Para Locke, este *self* é a *pessoa*. O filósofo afirma a "íntima relação entre nossa noção de *self* e nossa autocompreensão moral. A pessoa de Locke é o agente moral que assume responsabilidade por seus atos à luz da retribuição futura".[31] Ao invés de contempladores da ordem, os homens devem construir a descrição da realidade de acordo com as regras do seu próprio pensamento. É uma razão eminentemente procedimental. Para haver uma "reforma" do mundo pelo viés da razão, é necessário, assim, que o homem se distancie de si mesmo. Daí a noção de *self pontual*: uma consciência que se destaca completamente.

É exatamente esta noção de um sujeito descolado que Paul Ricoeur, ao propor o que chama de uma *hermenêutica de si*, irá descartar logo no início de sua importante obra *O si-mesmo como um outro*. O "'eu' que leva a dúvida e que se reflete no *Cogito* é essencialmente tão metafísico e hiperbólico quanto a própria dúvida o é em relação a todos os seus conteúdos. Não é, para dizer a verdade, ninguém".[32] O *Cogito* se aproxima muito mais da pergunta "o que eu sou?" do que da pergunta "quem eu sou?" A resposta cartesiana, pois, à primeira questão seria: "uma coisa que pensa". A identidade do sujeito, deste modo, coloca-se fora da existência concreta, do

---

completa o processo de interiorização da verdade. Ver: TAYLOR, Charles. *As fontes do self*: a construção da identidade moderna. São Paulo: Loyola, 1997, p. 149-270.
[29] *Ibidem*, p. 223.
[30] A objetividade deste *mundo* cartesiano e de sua noção de substância (*res extensa*) é trazida à luz em confronto com o *mundo* heideggeriano nos parágrafos 18 a 21 de *Ser e Tempo*.
[31] *Ibidem*, p. 226.
[32] RICOEUR, Paul. *O si-mesmo como um outro*. Campinas: Papirus, 1991, p. 16.

corpo, da historicidade, da alteridade. Ele está fora do tempo, e com isso revela-se um *mesmo* que foge da alternativa entre mudança e permanência no tempo.

À palavra inglesa *self*, utilizada por Taylor tanto para se referir ao *Cogito* como a outros aspectos que demarcam a interioridade (e que em sua obra rumam para a noção de *autenticidade*), corresponde a palavra *si* em portugês ou *soi* em francês. O *si*, todavia, adquire em Ricoeur dois sentidos diferentes: o que aponta para o *mesmo* (o *same* do inglês, o *gleich* do alemão, ou o *idem* do latim) e o que indica a *ipseidade* (o *self* do inglês, o *Selbst* do alemão, o *ipse* do latim). Assim, de um lado, tem-se a *identidade-idem*, que traz à tona a figura do *mesmo* ou da *mesmidade*; de outro lado, tem-se a *identidade-ipse*, que aponta para a figura do *ipse* ou da *ipseidade*. Enquanto, no primeiro caso, com relação à *pessoa*, prevalece a pergunta "o quê?", no segundo, abre-se o espaço apropriado para a questão "quem?". Ambas as espécies de identidade configuram-se enquanto modos de permanência no tempo. Neste item, tratar-se-á da noção de *mesmidade*, reservando-se ao item seguinte a elucidação da segunda espécie, para que então o tema da alteridade possa ser devidamente situado e, finalmente, a consideração da *pessoa*, assim configurada, possa trazer alguns aportes para a leitura das relações jurídico-contratuais a partir do princípio da boa-fé.

A *mesmidade* indica o retorno do *mesmo* ao longo do tempo, ou seja, a sua estabilidade e durabilidade.[33] Para representar esta forma de identidade, Ricoeur utiliza o termo *caráter* e o define como "o conjunto das marcas distintivas que permitam reidentificar um indivíduo humano como o mesmo".[34] O *caráter* vai sendo adquirido com o hábito, transformando toda a inovação (*ipse*) que surja ao longo do tempo em algo que possa ser reconduzido ao *mesmo*. Esta dialética entre hábito e inovação revela o caráter histórico do *caráter*, impedindo que esta identidade possa ser assimilada, sem mais, ao sujeito separado e exterior. Tal noção evidencia, igualmente, que a *ipseidade*, ainda que sofra a tendência a ser recoberta pelo *caráter*, é um prerequisito fundamental para que este se forme. Pode-se dizer que o *caráter* é "o quê" do "quem", isto é, aquela parte da identidade que se identifica com o que permanece sempre o *mesmo*.

É neste sentido que se pode encontrar a marca do *idem* na noção de *pessoa* que, sem dúvida alguma, é a mais mencionada nos discursos jurídicos sobre a dignidade da *pessoa humana* (por vezes muito mais pelo efeito retórico do que pelas idéias que efetivamente aponta): a que se encontra na filosofia moral kantiana. A dimensão normativo-prescritiva da ação huma-

---

[33] Esta noção está presente em várias espécies de identidade, a saber: a identidade numérica (permite reconhecer a mesma coisa inúmeras vezes); a identidade qualitativa (a semelhança extrema); e a continuidade ininterrupta entre o primeiro e o último estádio de desenvolvimento de um indivíduo considerado (*Ibidem*, p. 140-142).
[34] *Ibidem*, p. 144.

na é imprescindível para a noção de *pessoa*, pois esta é reconhecida, efetivamente, a partir da interação com os outros (como, aliás, restou demarcado no item anterior). Nesta esfera, Kant trouxe uma contribuição ímpar ao demarcar a necessidade incontornável da dimensão deontológica, aquela que focaliza o dever e a responsabilidade. Estes se sustentam na idéia do respeito à *pessoa humana*.

O que significa este respeito? Em primeiro lugar, ele se baseia em um princípio incondicional que não pode estar sujeito às flutuações dos interesses empíricos. Este princípio descortina a esfera da *moralidade* (*Möralitat*). Esta, por sua vez, consiste na livre aceitação de um dever que a razão apresenta à vontade como necessário. Seguir esta diretriz pode, inclusive, violar as próprias inclinações sensíveis, daí por que se trata de um imperativo ético incondicional, ou *categórico*. Assim, para saber se um determinado preceito ou *máxima* (como designa Kant) é aceitável ou moral, ele deve ser submetido à *prova da universalização*, segundo a qual só será moral o preceito que puder ser assumido como norma em qualquer situação e para todos. A formulação do primeiro imperativo categórico kantiano é, pois: "age como se a máxima da tua ação devesse se tornar, pela tua vontade, lei universal da natureza".[35] Percebe-se que a vontade representa a própria razão prática, comum a todos os seres racionais, e que ela será considerada boa quando estiver de acordo com as leis da razão, quando se submeter ao constrangimento moral (que ocorre no procedimento da universalização). Em última análise, quem realiza este constrangimento moral, esta obrigação, é a própria *pessoa*. Kant internaliza na *pessoa* o comando e a obediência e indica que a vontade só é livre quando obedece à sua consciência moral, e não quando cede às inclinações convenientes do momento. Esta consciência moral, por sua vez, é tida como um *fato da razão*, isto é, algo que simplesmente existe e deve ser assumido como um fato dado.[36]

É exatamente tal consciência que justificará a dignidade da *pessoa humana*, pois, quando o homem se guia por ela, goza da autonomia, opondo-se à submissão heterônoma, tornando-se verdadeiramente livre. Este autolegislador de sua conduta pode se direcionar a uma infinidade de fins, matérias ou objetos, o que demonstra não se tratar o imperativo categórico

---

[35] KANT, *op. cit.*, p. 52.

[36] SÈVE critica esta noção de fato da razão, e prefere ver na consciência do dever o resultado de uma construção histórica e cultural. Questiona o filósofo francês: "onde está a prova de que este pretenso fato *a priori* não é, na realidade, como a própria razão, uma conquista da consciência coletiva e individual(...)? (...) a aptidão para universalizar a máxima de uma ação cessa de aparecer como uma faculdade da razão pura, para ser compreendida como uma capacidade histórica e biograficamente formada, de que não são, portanto, garantidas nem a inteira identidade no tempo ou no espaço sociais, nem a verdadeira independência relativamente aos contextos culturais. A moralidade é um fato da civilização cujo valor não é de modo nenhum menor, porque é produzido e não dado, mas cujo alcance universalista deve ser pensado em termos totalmente diferentes – já não como ultimamente recebido, mas como construído". (SÈVE, *op.cit.*, p. 175-176).

de um formalismo vazio, pois ao que ele visa fornecer não são preceitos particulares, mas sim um princípio formador de moralidade. Esta autonomia estabelece o homem como um *reino de fins*, instaurando o segundo imperativo categórico kantiano, já mencionado acima,[37] que, além de demarcar o *respeito de si* (objeto da regra da universalização), aponta para o *respeito pelo outro*, para a reciprocidade.

Nesta altura, é possível perceber na consciência moral kantiana enquanto um fato da razão a emergência moral da *ipseidade*, pois como se verá a seguir, esta se apóia na necessária atribuição (*atestação*) de um ato a alguém (o "quem" relativo ao *ipse*). Todavia, a dificuldade de desenvolver, a partir do segundo imperativo, uma efetiva colocação do *alter*, ameaça esta *ipseidade* de ser capturada pela *mesmidade*. Tal dificuldade, segundo Ricoeur, expressa-se no conceito de *humanidade*, que foi acrescido em Kant à noção de autonomia para que pudesse contemplar a diversidade das pessoas. Esta diversidade resume-se à universalidade do gênero humano, não propiciando o espaço para que, efetivamente, a diferença entre as pessoas seja considerada. Assim, "o si implicado reflexivamente pelo imperativo formal não era de natureza monológica mas simplesmente indiferente à distinção das pessoas".[38] É neste plano que se pode perceber o aspecto *idem* da identidade moral kantiana.

A figura da promessa, até pela conexão que guarda com o tema das relações contratuais, pode melhor ilustrar tal aspecto. Kant focaliza a importância em se manter uma promessa feita bem mais na fidelidade do agente à sua intenção do que no atendimento às expectativas ou à confiança do outro. O essencial é a relação entre a máxima que a pessoa estabelece para si, no caso prometer algo a alguém, e a regra da universalização. Com isto, perde-se de vista uma outra trajetória: a que leva da aplicação da máxima ao caso particular. É neste plano que de fato surge a alteridade das pessoas, não apenas as cômodas ou tempestuosas inclinações às quais a vontade também está sujeita. Sob este ponto de vista, a razão em se manter uma promessa encontra outra justificativa: o atendimento às expectativas do outro.[39] Tanto as circunstâncias como as conseqüências das ações em acordo com as máximas adotadas passam a ter uma clara importância na delimitação da conduta. No plano institucional, tem-se ainda outro aspecto: a necessidade do respeito pelo bem comum, pelo horizonte histórico-social no qual as comunidades se sustentam. Um modo mais adequado de trazer à baila estes aspectos necessita aprofundar-se na análise da *identidade-ipse*, o que se fará no próximo item.

---

[37] Transcreve-se aqui novamente: "age de tal maneira que possas usar a humanidade, tanto em tua pessoa como na pessoa de qualquer outro, sempre e simultaneamente como fim e nunca simplesmente como meio" (KANT, *op.cit.*, p. 59).
[38] RICOEUR, *op.cit.*, p. 262.
[39] *Ibidem*, p. 307-314.

5. A pessoa a partir da existência e da *ipseidade*: o momento da alteridade

Quando a identidade é examinada sob o enfoque do *idem*, a *pessoa* é muito mais algo de que se fala do que alguém que fala. O "quem" torna-se reificado pela *atribuição* a ele de uma série de predicados que o *caracterizam*. Neste plano, como demonstra Ricoeur, a tendência é priorizar um enfoque analítico e descontextualizado da *pessoa*. Porém, na mesma medida em que a análise se desloca para um plano pragmático, é possível evidenciar a noção de *ascrição*.[40] Ela indica que a atribuição de um predicado no plano da ação é sempre feita para uma pessoa, percebida a partir de uma unidade indissolúvel entre o corporal e o psíquico, assumindo centralidade a relação entre o agente e a motivação do seu ato. A *ascrição*, portanto, não se compadece de uma análise que suspenda a conexão da atribuição de um ato com a pessoa que age. Esta suspensão da atribuição se expressa, por exemplo, no modo abstrato pelo qual se trata das paixões, da alma e do psíquico, como se fossem realidades em si mesmas onde o menos importante fosse a sua conexão com este ou aquele homem.[41] No plano moral, esta noção mais ampla de *ascrição* trará a de *imputação*. Há sempre alguém a quem se atribui um determinado dever (daí por que a consciência moral kantiana indicaria uma *ipseidade* moral).

Aprofundando este plano indicado pela *ascrição*, surge a *atestação*. Esta indica um processo no qual o *ipse* não é sufocado pelo *idem*. Neste plano, o *si* é identificado muito mais com a *palavra dada* do que com o *caráter*. A identidade aqui não se confunde com algo que possa ser simplesmente reificado ou percebido em geral, mas atrela-se de maneira incontornável ao "quem", traduz muito mais a idéia de *existência* do que de *substância*. A permanência no tempo deste tipo de identidade revela sempre a necessidade de uma manutenção de si mesmo, de uma consciência que, ao mesmo tempo em que é determinada pela palavra que a formou e pela palavra que formula, possui consciência desta situação. Esta consciência é considerada profundamente imersa na temporalidade. Para indicar a *pessoa* a partir desta consciência, Ricoeur remete ao Heidegger de *Ser e Tempo* e à utilização que aí é feita do termo *ser-aí* (*Dasein*).

No § 25 de *Ser e Tempo*, Heidegger investiga o "quem" do *ser-aí*. Este "quem", para fazer jus à análise existenciária do filósofo, não pode indicar simplesmente as pessoas percebidas enquanto algo que faça frente no plano

---

[40] Trata-se de uma palavra oriunda do verbo inglês *to ascribe*, e que é trazida à luz pelo filósofo PETER STRAWSON, do qual RICOEUR parte para indicar uma espécie de bem particular de atribuição.

[41] Observa RICOEUR que "é um fenômeno surpreendente que, na escala de uma cultura inteira, toma proporções consideráveis, às quais não cessamos de acrescentar o repertório dos pensamentos, no sentido lato da palavra, incluindo cognições, volições, emoções das quais compreendemos o sentido sem levar em consideração a diferença das pessoas às quais elas são atribuídas" (RICOEUR, *op.cit.*, p. 119).

da *disponibilidade*, do *à-mão* ou *diante-dos-olhos* (*Vorhandenheit*), mas deve sim evidenciar a sua dimensão enquanto um transcendental da existência. Não há um sujeito sem *mundo*, assim como não há, igualmente, um sujeito isolado dos outros. O *ser-no-mundo* (*In-der-Welt-sein*) e o *ser-com* (*Mitsein*) indicam que o "quem" do *ser-aí* só pode ser devidamente colocado em uma consciência existencial de si (*Gewissen*), em um *cuidado* (*Sorge*) ou manutenção de si (*Selbst-Ständigkeit*) que se apresenta *a cada vez*. Escreve Heidegger que:

> Si el "yo" es una determinación esencial del "ser ahí", tiene que hacerse de él una exégesis existenciaria. Entonces, la cuestión del "quién" sólo puede responderse verificando fenoménicamente una determinada forma del ser del "ser ahí". Si sólo *existiendo* es el "ser ahí" en cada caso su "si mismo", entonces piden tanto la constancia del "sí mismo", cuanto su posible "estado de ser no sí mismo", que se plantee la cuestión de un modo ontológico-existenciario, como el único acceso adecuado a los problemas entrañados por ella. (grifos do autor)[42]

Para Ricoeur, a análise existenciária do "quem" do *ser-aí* indica claramente o estatuto ontológico da *ipseidade* (*Selbstheit*).[43] É importante, porém, assinalar que a *atestação* de si não pode-se fechar em si mesma, sob pena de se transformar em uma abstração estéril. Ela necessita da estabilidade trazida pela *mesmidade* e de um constante diálogo com ela, mas sem que, com isto, seja anulada. A *ipseidade* coloca o *caráter* em movimento. Instaura-se, pois, uma dialética entre as duas formas de identidade.

É fundamental, contudo, perceber que é através do pólo da *ipseidade* que se pode situar adequadamente o tema da alteridade, pois é neste espaço de uma manutenção de si que os outros entes que têm a mesma forma de ser do *ser-aí*, isto é, os outros homens, podem ser percebidos enquanto *si-mesmos*, e não enquanto *o mesmo*.[44] A alteridade, compreendida aqui como o que se percebe neste estranhamento, não se projeta apenas aos outros homens, mas inclusive à própria consciência (no sentido existenciário) e ao *corpo próprio*.[45] Tem-se, pois, uma *alteridade de si* e uma *alteridade do diverso de si*.

Estas dimensões da alteridade revelam o seu caráter fenomenológico, ou seja, a forma concreta de se percebê-la, ou ainda, a sua *atestação*. Esta forma seria a *passividade*, ou seja, a constatação de que algo chega a *si*, de que existe algo *diverso*, algo de que, ao mesmo tempo, se é distinto e dependente: a carne, a consciência, o outro. Instaura-se, assim, uma segunda

---

[42] HEIDEGGER, op. cit., p. 133.

[43] RICOEUR, op .cit., p. 361.

[44] Ao se perceber os outros homens no plano *inautêntico* (*uneigentlich*) do que está *diante-dos-olhos*, o próprio *si* acaba se deixando arrastar pelo *se* ou *a gente* (*das Man*), isto é, pela cômoda uniformidade do senso comum.

[45] Ao comentar a alteridade em relação ao corpo próprio ou à carne, RICOEUR mostra que ao inserir a questão do corpo na dialética da *mesmidade* e da *ipseidade* é possível escapar ao dilema de HUSSERL sobre como conciliar o *corpo* (um "outro eu" que é visto no espaço junto aos outros corpos) e a *carne* (um "eu" que não pode ser visto, que está fora da espacialidade objetiva, que sofre). A carne realiza a mediação com o mundo físico (*Ibidem*, p.377-380).

dialética: a que se dá entre a *ipseidade* e a *alteridade*. Tal dialética demite de vez o *Cogito* do posto central que ocupava e evita, igualmente, que o *si* assuma este lugar e sufoque o *alter*.

Esta passividade, enquanto forma concreta de perceber a alteridade, é tratada de forma contundente em Levinas. Em *Totalidade e infinito*, apresenta-se o embate entre *totalidade* e *exterioridade*, entre o *mesmo* e o *outro*. Aqui, o Outro só pode fazer frente enquanto *rosto*, enquanto *epifania* (o que não pode ser percebido enquanto um fenômeno) que revela o primado da ética sobre o da gnoseologia ou compreensão.[46] O *outro* deve ser aceito em total passividade pelo *eu*, ele chega da *exterioridade*. Instaura-se, deste modo, uma separação absoluta entre o *eu* e o *outro*, a impossibilidade que haja uma mediação, pois nesta sempre o *outro* seria subsumido no *mesmo*.

Ricoeur argumenta que, mesmo tendo demarcado de modo tão contundente e hiperbólico a passividade do *eu* diante do *alter* (que se traduz na chamada a uma *responsabilidade* diante do outro, em uma *injunção*), ao estabelecer a separação radical, Levinas não deixa espaço para que se faça a distinção entre o *si* e o *eu*, não percebe a *ipseidade* enquanto um espaço de abertura, no qual o outro é acolhido sem que seja sufocado ou subsumido na *mesmidade*, no qual o *si* assume a responsabilidade que lhe chega por esta *injunção*. Ricoeur propõe, então, uma "dialética cruzada do *si-mesmo* e do *diverso de si*",[47] que comporte tanto o movimento que vai do outro para o mesmo (*injunção* ética), quanto o que vai do mesmo para o outro.

A *injunção*, pois, suscita claramente uma dimensão ética que densifica a passividade na qual o *si* se percebe enquanto pólo da dialética entre *ipseidade* e alteridade. É neste ponto que se pode retomar o que vinha sendo ponderado no final do item anterior, ou seja, que no plano ético, o outro efetivamente aparece no momento da aplicação das máximas aos casos particulares, quando se percebe a necessidade de um julgamento moral em situação (*phronésis*), especialmente nos casos de conflito gerados a partir da esfera deontológica, ou seja, a partir da tentativa prévia de se guiar pelo teste da universalização (autonomia). O conflito surge aqui não só em função da diferença do outro, mas também em consideração à esfera *teleológica* na qual as convicções comunitárias se sustentam.

Charles Taylor, em sua obra *The ethics of autenticity*, mostra que uma ética que se volta para a afirmação de *si* no plano da autenticidade[48] deve perceber que a consciência é, desde o início, acompanhada pela presença dos outros. A gênese e o desenvolvimento do pensamento, e, assim, da

---

[46] LEVINAS, Emmanuel. *Totalidade e infinito*. Lisboa: Edições 70, 1988, p. 176-180.
[47] RICOEUR, *op. cit.*, p. 396.
[48] É possível perceber inúmeros pontos de convergência entre a *hermenêutica de si* de RICOEUR e a *ética da autenticidade* em CHARLES TAYLOR, todavia, este tema não será desenvolvido aqui.

autonomia são dialógicos. Logo, uma ética da auto-afirmação que descambe para o narcisismo e o pouco caso com os outros é uma manifestação equivocada da cultura contemporânea que acaba por destruir a própria autenticidade. Afinal, lembra Taylor, vive-se em uma época na qual a identidade, que antes se sustentava na ordem cósmica ou teológica e agora passa ao interior do indivíduo, traduzindo-se em uma crescente reflexividade da consciência, precisa ser reconhecida. O reconhecimento passou a ser um problema, algo que precisa ser negociado com os outros membros da sociedade, já que agora a medida da identidade é o próprio indivíduo. O não-reconhecimento ou o reconhecimento incorreto revela-se uma ofensa e uma ameaça à própria sobrevivência da identidade que se busca afirmar, porquanto induz a uma autodepreciação.

Além disso, sublinha o filósofo canadense, há que se levar em conta que a autenticidade e a autonomia que dela decorre só faz sentido a partir de um pano de fundo significativo, de um *horizonte inescapável*. Caso só se considere a autonomia da escolha como algo independente do horizonte sobre o qual ela se faz, ter-se-á uma autonomia placebo, onde ou a escolha se faz sobre questões insignificantes (como a escolha do menu do MacDonald's) ou a própria escolha é tornada irrelevante.[49]

Nota-se, pois, a necessidade de se pensar em uma autonomia com contornos demarcados a partir da alteridade percebida na *ipseidade*, o que leva, como designa Ricoeur, a uma *autonomia solidária* (não mais auto-suficiente). É uma "dependência segundo a exterioridade", o que reconfigura a relação kantiana entre autonomia e heteronomia, mostrando que nem toda heteronomia é má, e que a "boa heteronomia" não enfraquece a autonomia, e sim, a reforça.

Percebe-se, por fim, que a noção de *pessoa*, ao incorporar a dimensão da *ipseidade,* pode trazer um modo mais adequado de situar a alteridade, proporcionando uma ampliação substancial da noção de respeito. Isto traz, por sua vez, uma perspectiva concreta, existencial e relacional da *pessoa humana* que promete trazer resultados proveitosos para um Direito Civil preocupado com sua *repersonalização*, especialmente se ela for situada no marco das relações contratuais conduzidas pelo primado ético da boa-fé. É o que se esboçará no próximo item.

---

[49] É o que sucintamente afirma TAYLOR: "Things take on importance against a background of intelligibility. Let us call this a horizon. It follows that one of the things we cant do, if we are to define ourselves significantly, is suppress or deny the horizons against which things take on significance for us." Tradução livre do autor: "As coisas adquirem importância a partir de um pano de fundo de inteligibilidade. Vamos chamá-lo de horizonte. Disto se segue que uma das coisas que não podemos fazer, se quisermos nos definir de modo significativo, é suprimir ou negar os horizontes a partir dos quais as coisas adquirem significado para nós". (TAYLOR, Charles. *The ethics of authenticity*. Cambridge: Harvard University, 2000, p. 37).

6. A boa-fé e o personalismo nas relações contratuais: por um enfoque centrado na *ipseidade*

No plano jurídico, a filosofia moral kantiana e a sua indicação de que a *pessoa* se identifica pela sua capacidade de se responsabilizar pelos próprios atos foi determinante para a construção moderna da categoria de *sujeito de direito*. No século XIX, contudo, dar-se-á cada vez menos atenção à *pessoa* a partir de sua fundamentação teórica e ética, assumindo maior destaque uma configuração funcional da *pessoa*. Deste modo, o sujeito de direito será definido como o nexo que une os direitos e as obrigações, estes sim considerados de modo mais central, sendo, pois, utilizadas de modo quase indistinto as palavras *pessoa, sujeito de direito e capacidade jurídica*.[50]

É desta maneira que a *relação jurídica* passa a ocupar o lugar da *pessoa*. Tal se deu principalmente por obra da pandectística alemã e seu principal representante: Savigny. No contexto da perspectiva historicista desenvolvida por esta escola jurídica alemã e seu mentor, a referência direta ao jusnaturalismo perde sua razão de ser. O Direito é tido como um fenômeno que surge na realidade histórica das instituições e dos povos, e não mais como algo que se funda na natureza racional humana (ainda que o método para se estudar o fenômeno jurídico seja extremamente racionalista e dedutivo). Neste deslocamento de foco, se de um lado percebe-se a emergência do *mundo da vida*, do qual Dilthey já dava notícia, de outro lado a vitalidade da idéia, apontada pela expressão *relação jurídica* é praticamente mumificada pela sistematização pandectística. É o que salienta Orlando de Carvalho:

> Não da vida, mas da vida em relação, nasce o Direito, pelo que só ao nível das relações inter-humanas pode o Direito corretamente compreender-se. Contudo, se a idéia era sadia, em SAVIGNY e sucessores foi pouco menos que inútil, na medida em que o método que consideravam científico – a redução a conceitos gerais-abstratos do material juridicamente relevante – forçou SAVIGNY a transpor para um conceito geral-abstrato a idéia de relação jurídica e, a partir desse conceito, onde esta idéia era irreconhecível (onde a riqueza concreta desta idéia já não deixava praticamente nenhum rasto), a empreender um sistema de direito civil só formalmente apoiado na vida mesma das relações.[51]

Estes percalços acabaram por afastar da seara jurídica a discussão sobre o conceito de *pessoa*, passando este a ser visto não mais como uma noção central e superior, mas tão-somente enquanto um conceito operacional.[52] É o que anota Hattenhauer:

---

[50] HATTENHAUER, *op.cit.*, p. 19.
[51] CARVALHO, Orlando de. *A teoria geral da relação jurídica* – seu sentido e limites. 2.ed. Coimbra: Centelha, 1981, p. 45-46.
[52] Tal procedimento, inclusive, permitiu, sem maiores constrangimentos, a elaboração do conceito de *pessoa jurídica*, desvinculando-se de maneira visível a noção de *pessoa* de seu substrato humano (o que traz mais um motivo para o uso da expressão *pessoa humana*). Resta dizer que a pá de cal em uma perspectiva mais densa da *pessoa* foi dada pelo sistema normativista de KELSEN e sua *Teoria Pura do Direito*, na medida em que consolidou a noção de um sistema jurídico auto-referente e distanciado das esferas sociais e axiológicas.

Savigny ya no se interrogaba acerca de la persona y de su definición; hablaba de personas en plural. Necesitaba como mínimo dos de ellas para construir una relación jurídica. Las personas se habían convertido en materiales de construcción, indispensables para propósitos de mayor envergadura. No eran el fundamento del Derecho, puesto que lo decisivo en ellas era exclusivamente la cualidad que garantizara su aplicabilidad en las relaciones jurídicas: la capacidad jurídica(...).[53]

Foi, de fato, após a Segunda Guerra Mundial e todos os horrores cometidos às claras contra a dignidade humana (em qualquer nível que se quiser considerá-la), que, no plano jurídico, se sentiu a necessidade de que a preocupação pela *pessoa* assumisse novamente lugar cimeiro. Esta retomada do assunto, especialmente no campo do Direito Civil (clássico nicho jurídico onde se aloja a *pessoa*), ocorre, porém, com sérias ressalvas às noções jusnaturalistas (que acabaram, como se viu, resvalando para um mero aspecto operacional e secundário), daí falar-se em uma *repersonalização*. Uma das estratégias mais marcantes nessa direção foi a vinculação estreita entre o Direito Civil e o Direito Constitucional, visto que o constitucionalismo passava igualmente por uma reformulação que visava a tornar a Constituição algo mais do que o Estatuto do Estado e colocar, enquanto sua pedra de toque, a promoção e a proteção da dignidade da *pessoa humana*.[54]

Voltando agora os olhos para o campo específico das relações contratuais, percebe-se um crescente apelo em que não se considere a *pessoa* simplesmente como um conceito operacional ou elemento da relação jurídica. De um lado, tem-se a ênfase constitucional na dignidade da *pessoa humana*; de outro, tem-se a análise da própria complexidade das relações contratuais, que tendem, cada vez mais, a se prolongar no tempo e a indicar a necessidade de uma maior interação entre as partes do contrato, circunstância que dá azo às teorias *relacionais do contrato*.[55] Pois bem, tanto em uma direção como na outra, a conexão entre o conceito de *pessoa* e o plano das relações contratuais se dá por intermédio do princípio da boa-fé.

---

53 HATTENHAUER, *op.cit.*, p. 20.
54 A este respeito, ver a análise sucinta e didática de DANIEL SARMENTO: SARMENTO, Daniel. *Direitos fundamentais e relações privadas*. Rio de Janeiro: Lúmen Júris, 2004, p. 69-131.
55 A respeito de uma análise constitucional deste princípio e de sua projeção para as relações contratuais, é bem conhecido o estudo de TERESA NEGREIROS: *Fundamentos para uma interpretação constitucional do princípio da boa-fé*. Rio de Janeiro: Renovar, 1998. Já quanto à sua conexão com as teorias relacionais do contrato, pode-se ter uma boa idéia a partir do profundo estudo feito por RONALDO PORTO MACEDO JR, de laços estreitos com a teoria relacional desenvolvida por IAN MACNEIL. Transcreve-se, a seguir, trecho significativo: "Há elementos que evidenciam a importância da boa-fé dentro da perspectiva relacional, notadamente o fato de que, em primeiro lugar, ela lembra a incompletude dos contratos, os limites da capacidade de previsão humana, os custos e ameaças à solidariedade, as barreiras insuperáveis para a comunicação perfeita e sem ruídos. Em segundo lugar, ela enfatiza, valoriza e torna juridicamente protegido o elemento de confiança ('trust'), sem o qual nenhum contrato pode operar. Em terceiro lugar, ela evidencia a natureza participatória do contrato, que envolve comunidades de significados e práticas sociais, linguagem, normas sociais e elementos de vinculação não-promissórios (não contratuais). Assim, a boa-fé realça o elemento moral das relações contratuais. Por fim, a boa-fé contratual envolve uma concepção moral de fazer algo corretamente e, neste sentido, reporta-se a uma concepção de Justiça Social (...)". (MACEDO JUNIOR, Ronaldo Porto. *Contratos relacionais e defesa do consumidor*. São Paulo: Max Limonad, 1998, p. 231).

A boa-fé, especialmente quando focada em sua dimensão objetiva, traz à tona, antes de mais nada, a necessidade social e institucional de que as pessoas que se relacionam no marco do contrato possam confiar umas nas outras, daí a importância de existirem certos parâmetros de comportamento nestas relações que transcendam a vontade das partes, que sejam verdadeiras balizas institucionais. Tais parâmetros, contudo, não podem simplesmente ser paralisados em alguma representação que seja totalmente objetiva, é preciso, cada vez mais, acercar-se dos elementos peculiares que cada relação e seus sujeitos trazem. O tempo que importa ao contrato, especialmente na forma que as relações econômicas hoje vêm assumindo, não é o tempo estagnado do *ato jurídico perfeito*, que se contenta com a formalização do pacto, mas é o tempo cotidiano das relações suscitadas pelo contrato, e até mesmo as que se dão antes e depois dele.[56]

Hoje em dia, a previsibilidade do contrato não se dá mais pela via da irredutível reafirmação das cláusulas inicialmente estipuladas, mas sim mediante uma constante negociação entre as partes, que exige, em muitos momentos, a sua revisão ou alteração, sob pena de o contrato se romper sem que haja o atendimento de sua finalidade. As circunstâncias que cercam as relações econômicas estão mais do que nunca expostas a uma grande velocidade e instabilidade, o que exige do contrato uma constante flexibilidade e capacidade de adaptação. Assim, por exemplo, o credor que estiver diante de um devedor que não pode pagar o que deve porque, no decorrer da relação contratual, foi demitido e não consegue emprego (situação praticamente estrutural na sociedade presente, ainda mais uma que seja periférica como é a brasileira), terá muito mais a ganhar se renegociar os termos do contrato do que se permanecer resolutamente apegado aos termos iniciais.

Isto revela que a cooperação, a interação e a confiança entre as partes não indicam, simplesmente, uma necessária nota solidária ou fraterna nas relações contratuais, podendo, inclusive, como observa Ost, ser sustentadas por uma concepção pessimista que não vê entre os contratantes mais do que dois inimigos que, em posições opostas, procuram obter o máximo de vantagens para si.

De todo o modo, a boa-fé objetiva descortina um plano solidário nas relações contratuais e que evidencia, segundo François Ost, um tempo diferente daquele indicado no *ato jurídico perfeito*, um tempo designado de *imperfeito* e que explicitamente conecta com a noção de *ipseidade*, tal qual Ricoeur a desenvolveu. Assim,

aspirando a encerrarse en el "perfecto" del acto jurídico, el contrato clásico creía beneficiarse de una "mismidad" intangible – sucediera lo que sucediera, tal contrato se "mantendría". Pero

---

[56] FRANÇOIS OST ironiza a noção tradicional do contrato, apoiada na autonomia da vontade, anotando que a realização de um contrato não se dá em um rompante (como um amor à primeira vista), e que este tempo perfeito e estaganado indica na verdade uma dimensão que certamente não é a da finitude e concretude humanas (OST, François. "Tiempo y contrato – crítica del pacto fáustico". In: *Doxa. Cuadernos de Filosofía del Derecho*. nº 25. Madrid: Universidad de Alicante, 2002. p. 607).

esto suponía despreciar la finitud de todos nuestros proyectos, negar la falta de completitud de nuestras previsiones y la indeterminación de nuestras intenciones, ocultar las inevitables contingencias de los acontecimientos por venir. Y así, aferrándose a la letra del acuerdo, corría el riesgo de ahogar el espíritu de colaboración sobre el que descansaba. Al restablecer el imperfecto de la duración concreta, la concepción moderna del contrato da la oportunidad a su ipseidad – esto es, a su capacidad de permanecer el mismo, al tiempo que se reinventa a sí mismo de otro modo, cada vez que las circunstancias lo exigen.[57]

Poder-se-ia acrescentar que esta *ipseidade* do contrato é, em verdade, a *ipseidade* das pessoas que se relacionam contratualmente, e que, por esta via, se pode trazer de modo mais fundamentado a noção de *pessoa* para o cerne do Direito Contratual. Importa não esquecer neste ponto que, ao ter clara a noção da *ipseidade*, abre-se um espaço efetivo para a alteridade nas relações jurídicas contratuais, espaço que não é permitido pelo enfoque clássico do contrato, que vê os sujeitos da relação como verdadeiras antípodas ou elementos que perfazem a soma do conceito pandectístico de relação jurídica.

É necessário resgatar no contrato a reciprocidade e a confiança que estão presentes na promessa. A promessa, em princípio, tem como garantia a *palavra dada*, e a razão moral do porquê ela deve ser cumprida se apóia na possibilidade de um *contar com*, de um certo *princípio de fidelidade*. Quando a *palavra* da promessa recebe a chancela jurídica, ela passa a ser um contrato. Neste momento, a expectativa que a promessa gera no outro se transforma em direito. É precisamente aqui que o foco no direito subjetivo tende a eclipsar o aspecto solidário e moral sobre o qual o contrato se sustenta.[58] Daí por que o sistema jurídico não pode fechar-se em si mesmo, como propunha a pandectística alemã e seus assemelhados analíticos, não pode perder a conexão com o sistema ético, nem tampouco com o político. Uma *autonomia solidária* assim o exige.

7. Considerações Finais

Com as análises precedentes, é possível concluir que será de grande valia para o Direito trilhar as veredas da *pessoa humana* procurando concretizar a *repersonalização*, mas sem que isto represente um simples descarte do importante legado da modernidade sobre o tema. Ao se questionar o *Cogito*, bem como a autonomia individual, não se está recomendando, no contexto da cultura ocidental (mesmo uma cultura como a brasileira, embebida em inúmeras referências não-ocidentais) o impossível retorno a um estágio civilizacional que assumia uma ordem externa e heterônoma enquanto norte do sentido da identidade de cada homem. A emancipação e a maioridade (no sentido kantiano) são um passo definitivo na compreensão

---

[57] *Ibidem*, p. 613.
[58] RICOEUR, *op.cit.*, p. 311-313.

que se tem do homem. Cabe, todavia, ir além, não na direção de uma auto-suficiência cada vez mais irreal, mas sim em direção a uma consciência efetivamente madura (*ipseidade*), que reconhece seus limites e sua condição, e que, precisamente, neste reconhecimento se transcende, percebendo sua existência, sua carne, seu semelhante.

Pretende-se, pois, apontar para um personalismo que resgate a bandeira tão corajosamente empunhada por Mounier, quando dizia que o homem é corpo e espírito e que nele não havia nada que não estivesse misturado com terra e sangue. Em importante trabalho, que busca resgatar o personalismo comunitário de Mounier para o Direito, o jurista mexicano Jesus Antonio de la Torre Rangel anota:

> La afirmación central del personalismo es la existencia de personas libres y creadoras. Considera difícil dar una definición de la persona, pues sólo los objetos exteriores al hombre y que se puedan poner ante su mirada son definibles. La persona no es un objeto, es, inclusive, lo que en cada hombre no puede ser tratado como un objeto. La persona no es, se hace. El hombre vive una paradoja central en su existencia personal. Porque ser persona es el modo específicamente humano de la existencia. Y, sin embargo, esa existencia personal debe ser incesantemente conquistada.[59]

Esta perspectiva revela-se, assim, o solo adequado para que o tema das relações contratuais, assim como o do próprio fenômeno jurídico em sua relação com os sistemas normativos da sociedade, possa tomar assento. Através da boa-fé objetiva, fica evidente o apelo a uma concretização do contrato no plano das efetivas e cambiantes relações entre pessoas de carne e osso, sujeitas à imprevisibilidade e desvios que sua condição histórico-temporal lhes traz, e que apresenta, na contrapartida, a possibilidade de que as relações sociais, mesmo entre pessoas de interesses opostos, possam crescentemente se apoiar na confiança mútua, na qual a *palavra dada* se mantém através de um entendimento que se firma *a cada vez*, no cenário real do *mundo da vida*, e não simplesmente no plano abstrato do *ato jurídico perfeito*. Tal se justifica tanto pelo lado das atuais configurações das relações econômicas em sociedades de mercado, e seus interesses inerentes, como pelo anseio de uma sociedade melhor, na qual, ao invés de se colocar a *pessoa* em função da técnica e do mercado, se coloque o mercado e a técnica a serviço da *pessoa humana*.

---

[59] RANGEL, Jesús Antonio de la Torre. *Iusnaturalismo, personalismo y filosofía de la liberación – una visión integradora*. Sevilha: Editorial Mad, 2005, p. 65.

— VIII —

Da Interpretação de Textos à Concretização de Direitos:
a incindibilidade entre interpretar e aplicar a partir da diferença ontológica (*ontologische differentz*) entre texto e norma

LENIO LUIZ STRECK[1]

Sumário: 1. As bases da discussão; 2. Da fundamentação positivista à compreensão hermenêutica do direito; 3. O problema da cisão entre discursos de fundamentação e discursos de aplicação ou "se nosso saber abrangesse todos os casos de aplicação": a busca infrutífera da "norma perfeita"; 4. A conteudística e o mundo prático ou "de como a hermenêutica supera a dupla dicotomia (identidade objetivista e cisão subjetivista) entre texto e norma"; 4.1. O *não-relativismo* da hermenêutica e de como os princípios não "abrem" a interpretação: a inadequada separação entre *easy cases* e *hard cases*; 4.2. A hermenêutica e as possibilidades de alcançar a resposta correta; 5. A análise de um caso concreto ou de como no positivismo o caso fica obnubilado pela regra (verbete/enunciado); 6. Reflexões finais: a hermenêutica (filosófica) e sua tarefa de intermediar a tensão entre texto e norma.

1. As bases da discussão

Em tempos de enfrentamento entre neoconstitucionalismo e positivismo (e os vários positivismos)[2] e tudo o que isto representa para uma sociedade díspar e carente de realização de direitos como a brasileira – mormente quando o *establischment* jurídico-político, para conter a arbitrariedade/discricionariedade dos juízes e a multiplicação de demandas, institui as súmulas com efeito vinculante –, é de fundamental importância discutir o

---
[1] Professor titular da Unisinos-RS; Coordenador das Linhas de Pesquisa do Programa de Pós-Graduação em Direito – Mestrado e Doutorado (Unisinos); Coordenador da parte brasileira do ACORDO INTERNACIONAL CAPES-GRICES entre Unisinos e Faculdade de Direito da Universidade de Coimbra-PT; Pós-Doutor em Direito; Procurador de Justiça-RS.
[2] No Brasil, essa questão fica agravada, em face da profunda crise de paradigmas que atravessa o direito, a partir de uma dogmática jurídica refém de um positivismo exegético-normativista, produto de uma mixagem de vários modelos jusfilosóficos, como as teorias voluntaristas, intencionalistas, axiológicas e semânticas, para citar apenas algumas, as quais guardam um traço comum: o arraigamento ao esquema sujeito-objeto.

problema metodológico representado pela tríplice questão: como se interpreta, como se aplica e se é possível alcançar condições interpretativas capazes de garantir uma resposta correta, diante da (inexorabilidade da) indeterminabilidade do direito. Por outro lado, tais questões devem ser refletidas a partir da questão que está umbilicalmente ligada ao Estado Democrático de Direito, isto é, *a concretização de direitos, o que implica superar a ficionalização provocada pelo positivismo jurídico no decorrer da história, afastando da discussão jurídica as questões concretas da sociedade.*

Esse relevante fenômeno advém do fato de que o novo paradigma de direito instituído pelo Estado Democrático de Direito proporciona a superação do direito enquanto sistema de regras, a partir dos princípios que resgatam o mundo prático até então negado pelo positivismo (veja-se, nesse sentido, por todos, o sistema de regras defendido por jusfilósofos como Kelsen e Hart).[3] Assim, é possível dizer que esse mundo prático – seqüestrado metafisicamente pelo positivismo – está centrado no "teatro do sujeito autocentrado e desdobrado sobre as palavras possíveis, coerentes, sensivelmente concebíveis", proporcionando um "grande exorcismo da realidade", mantendo-a distanciada, "nada querendo saber dela". Isto porque o positivismo "não deseja o mundo, senão uma versão do mundo; não aspira ao fato, ao assunto, senão ao esquema conceitual de decisionalidade racional,

---

[3] Em face da complexidade/dificuldade para definir as diversas posturas positivistas, não parece desarrazoada a opção por uma classificação que poderia ser denominada de "a contrario sensu", a partir das características das posturas consideradas e autodenominadas pós-positivistas, entendidas como as teorias contemporâneas que privilegiam o enfoque dos problemas da indeterminabilidade do direito e as relações entre o direito, a moral e a política (teorias da argumentação, a hermenêutica, as teorias discursivas, etc). Autores como Albert Casalmiglia (Postpositivismo. In: *Doxa – Cuadernos de Filosofia Del Derecho*, Biblioteca Virtual Miguel de Cervantes, nº 21, 1998, p. 209 e segs. – http://www.cervantesvirtual.com/portal/DOXA/cuadernos.shtml) consideram que a preocupação das teorias pós-positivistas é com a indeterminação do direito nos casos difíceis, ou seja, para os pós-positivistas, o centro de atuação se há deslocado em direção da solução dos casos indeterminados (mais ainda, os casos difíceis não mais são vistos como excepcionais). Afinal, os casos simples eram resolvidos pelo positivismo com recurso às decisões passadas e às regras vigentes. Já nos casos difíceis se estava em face de uma "terra inóspida". "No deja de ser curioso que cuando más necesitamos orientación, la teoria positivista enmudece". Daí a debilidade do positivismo (*lato sensu*), que sempre dependeu de uma teoria de adjudicação, que indique como devem se comportar os juízes (e os intérpretes em geral). Veja-se a pouca importância dada pelo positivismo à teoria da interpretação, sempre deixando aos juízes a "escolha" dos critérios a serem utilizados nos casos complexos. Para o pós-positivismo, uma teoria da interpretação não prescinde de valoração moral, o que está vedado pela separação entre direito e moral que sustenta o positivismo. O pós-positivismo aceita que as fontes do direito não oferecem resposta a muitos problemas e que se necessita conhecimento para resolver estes casos. Alguns são céticos sobre a possibilidade do conhecimento prático, porém, em linhas gerais, é possível afirmar que existe um esforço pela busca de instrumentos adequados para resolver estes problemas (Dworkin e Soper são bons exemplos disso). Em acréscimo às questões levantadas por Calsamiglia, vale referir o acirramento da crise das posturas positivistas diante do paradigma neoconstitucionalista, em face da sensível alteração no plano da teoria das fontes, da norma e da condições para a compreensão do fenômeno no interior do Estado Democrático de Direito, em que o direito e a jurisdição constitucional assumem um papel que vai muito além dos "planos" do positivismo jurídico e do modelo de direito com ele condizente.

destinado a reconhecer se algo pode ser definido como um fato e resultar concebível como fato".[4]

Em *terrae brasilis*, o novo texto constitucional representa uma ruptura de modelo de direito e de Estado, a partir de uma perspectiva claramente dirigente e compromissória (veja-se, nesse sentido, a determinação constitucional da construção de um Estado Social). Não havia espaço para o mundo prático no modelo de direito anterior; não havia espaço para a discussão de conflitos sociais. Isto não era assunto para o direito; definitivamente, isto não era pauta para a Constituição. Ou seja, se o modelo de direito sustentado por regras está superado, o discurso exegético-positivista, ainda dominante no plano da dogmática jurídica, representa um retrocesso, porque, de um lado, continua a sustentar discursos objetivistas, identificando texto e sentido do texto (norma), e, de outro, busca nas teorias subjetivistas uma axiologia que submete o texto à subjetividade assujeitadora do intérprete, *transformando o processo interpretativo em uma subsunção dualística do fato à norma, como se fato e direito fossem coisas cindíveis e que os textos fossem meros enunciados lingüísticos.*

A noção de constitucionalismo compromissório e dirigente teve a função de trazer para o âmbito da Constituição temáticas que antes eram reservadas à esfera privada. Daí que a nova Constituição – assim como o constitucionalismo do segundo pós-guerra – publiciza os espaços antes "reservados aos interesses privados". E essa publicização somente poderia ocorrer a partir da assunção de uma materialidade, espaço que vem a ser ocupado pelos princípios. Com efeito, se a própria Constituição altera (substancialmente) a teoria das fontes que sustentava o positivismo, e os princípios vêm a propiciar uma nova teoria da norma (atrás de cada regra agora tem um princípio que não a deixa se desentranhar do mundo prático), *é porque também o modelo de conhecimento subsuntivo, próprio do esquema sujeito-objeto, tinha que dar lugar a um novo paradigma interpretativo.* É nesse contexto que ocorre a invasão da filosofia pela linguagem, em uma pós-metafísica (re)inclusão da faticidade que, de forma inapelável, mormente a partir da década de 50 do século passado, atravessará o esquema sujeito-objeto (objetivista e subjetivista), *estabelecendo uma circularidade virtuosa na compreensão.* Destarte, esse *déficit* de realidade produzido pelas posturas epistemológicas vem a ser preenchido pelas posturas interpretativas – especialmente as hermenêutico-ontológicas – que deixam de hipostasiar o método e o procedimento, colocando no modo-de-ser e na faticidade o *locus* da compreensão. Assim, salta-se do fundamentar para o compreender, em que este – o compreender – não é mais um agir do sujeito, mas um modo-de-ser que se dá em uma intersubjetividade.

---
[4] Cfe. Haar, Michel. *Heidegger e a essência do homem*. Lisboa: Piaget, sd, p. 115 e segs.

Por tudo isto, a relevância da continuidade do debate e da construção das condições de possibilidade para a superação dessa verdadeira "resistência positivista" engendrada pelo "mundo vivido dos juristas" (senso comum teórico) a partir da operacionalidade do direito, da doutrina e das escolas de direito. Veja-se, nesse sentido, o quanto é contraditório o estabelecimento de súmulas vinculantes, que objetivam – e isto sempre ficou muito claro nos debates que atravessaram décadas – estancar a multiplicidade de processos judiciais, *gerada exatamente por essa mesma dogmática jurídica de cariz positivista-exegético que resiste aos influxos do novo constitucionalismo.* Lembremos, destarte, que as súmulas – agora institucionalizadas pela EC 45/03 – representam apenas a ponta do *iceberg.* Afinal, de há muito as súmulas já eram vinculantes, bastando, para tanto, examinar as conseqüências da aplicação dos artigos 38 da Lei 8.038 e 557 do CPC, para citar apenas estes. Mais do que isto, a prática institucionalizada pelos juízes e pelos tribunais em "fundamentar" julgamentos com base em verbetes jurisprudenciais nada mais era – e continua sendo – do que *uma busca de condensações semânticas, cujo corolário são as súmulas.* Dito de outro modo, os aludidos verbetes – que recheiam, sem qualquer cientificidade e sem maiores cuidados hermenêuticos parcela considerável dos manuais de direito – nada mais são do que quase-súmulas (sem esquecer os conhecidos enunciados elaborados pelos próprios juízes, buscando uma interpretação antecipada das várias situações de aplicação de cada texto jurídico!). Com súmulas, enunciados e verbetes, *há uma busca insana pela condensação em abstrato das diferentes situações concretas, como se essas diferentes hipóteses de aplicação tivessem uma substância-essência, aptas para servirem de categoria para a dedução/subsunção* (o que não deixa de ser uma demonstração de que a metafísica clássica, em que os sentidos "estavam" nas coisas, porque estas tinham uma essência, não morreu).

Em síntese, é preciso chamar a atenção para o fato de que vivemos, ainda, em um mundo jurídico que busca exorcizar os fatos e conflitos tratados pelo direito, isto é, em um mundo em que a metodologia jurídica continua com a função de promover a desvinculação do caráter historicamente individualizado do caso que esteja na sua base, para atingir o abstrato generalizável e comum, como bem alerta Castanheira Neves. Ultrapassa-se a decisão de origem, para atingir todas as "situações semelhantes futuras". Para isto, o positivismo – "renovado" ou não – considera imprescindível cindir o incindível: a interpretação e a aplicação. Mas é claro que isto não ocorre impunemente. Afinal, se fosse possível uma lei (um texto jurídico) prever todas as suas hipóteses de aplicação, estar-se-ia em face do fenômeno da entificação metafísica dos sentidos. Seria, pois, a invenção da "regra fundamental" ou "regra perfeita", uma vez que, entre texto e sentido do(s) texto(s), não haveria qualquer tipo de tensão. Acontece que nos movemos numa impossibilidade de fazer coincidir texto e sentido do texto (norma), isto é, *movemo-nos numa impossibilidade de fazer coincidir discursos de validade e discursos de adequação*. Objetivamente, não conseguimos atingir um saber que possa abranger todos os modos de aplicação dos textos jurídicos de uma vez. Em outras palavras, a objetividade conteria as hipóteses aplicativas, em que o texto conteria a norma, ou, melhor ainda, o texto (a regra) conteria todas as normas (hipóteses de aplicação) possíveis.

É nesse contexto que estão inseridas as presentes reflexões. Parece-me impossível discutir a problemática da interpretação/aplicação do direito desvinculada do debate entre neoconstitucionalismo e positivismo e dos diversos elementos que compõem esse cenário. Parece-me impossível discutir essa problemática sem levar em conta a superação do direito enquanto sistema de regras. Finalmente, parece-me impossível compreender e empreender uma crítica adequada à crise de paradigmas que assola o direito sem levar em conta o conflito entre epistemologia e hermenêutica, isto é, a discussão deve levar em conta a relevante circunstância tão bem denunciada por Dworkin em seu debate com Hart, *no sentido de que a tese positivista da discricionariedade judicial é conseqüência direta da adoção do paradigma epistemológico que vem sustentando as posturas positivistas no correr da história.*

Paradoxalmente, o mundo das regras, ao invés de proporcionar a previsibilidade que daria a segurança jurídica, dará azo a uma espécie de delegação hermenêutica em favor do poder da interpretação judicial, que desfrutará de ampla liberdade para resolver os "casos difíceis". *E é neste ponto que devemos centrar nossas baterias:* construir as condições para a concretização de direitos – afinal, a Constituição (ainda) constitui – e ao mesmo tempo evitar decicionismos e arbitrariedades interpretativas. Trata-se, pois, de entender que, se o primeiro problema metodológico tem uma resposta a partir da superação do paradigma representacional, em que não mais cindimos interpretação de aplicação, *o segundo parece bem mais difícil de resolver, isto é, como evitar decisionismos, ativismos, etc, e alcançar uma resposta correta em cada caso.*

Assim, se o positivismo está ligado à arbitrariedade interpretativa, possibilitando, desse modo, múltiplas respostas e se a dogmática jurídica continua refratária ao novo constitucionalismo e sua aderência paradigmática que alça a intersubejtiviadde ao lugar de condição de possibilidade, *parece razoável afirmar que essa arbitrariedade* (e as múltiplas respostas) *não será contida ou resolvida ediante o acirramento de regras e meta-regras que cada vez mais contenham a "solução-prévia-das-várias-hipóteses-de-aplicação", pela singela razão de que a arbitrariedade é exatamente produto daquilo que proporcionou a sua institucionalização*: o positivismo jurídico e suas diversas facetas, que sempre abstraíram a situação concreta no ato de aplicação.

Por isto, procuro abordar o fenômeno à luz da hermenêutica da faticidade, recolocando o problema metodológico no contexto não da simples dicotomia texto e norma, mas, sim, a partir da filosófica diferença – que é ontológica – entre texto e sentido do texto (norma), abrindo espaço para a construção de respostas adequadas hermeneuticamente a Constituição, resgatando a perspectiva de verdades conteudísticas, que possam resgatar o mundo prático sequestrado pelo ficcionismo positivista.

2. Da fundamentação positivista à compreensão hermenêutica do direito

Em um contexto em que os discursos positivistas ainda opõem barreiras ao direito exsurgente do novo constitucionalismo instituído pelo Estado Democrático de Direito – e em um contexto em que algumas teorias críticas (em especial, algumas teorias argumentativas) não conseguem superar os discursos de fundamentação –, entendo que as indagações fundamentais acerca do direito que emerge dessa revolução copernicana do direito público que atravessa o século XX estão assentadas em três pilares: *a interpretação, a aplicação e a existência (ou não) de critérios que possam conduzir a uma resposta adequada (correta) para cada problema jurídico*, afastando a arbitrariedade, incompatível com o paradigma do *ontological turn*. Afinal, conforme bem demonstra Müller, embora o positivismo, hoje, não seja mais defendido como posição programática, ele continua atuando inexpressamente com alguns erros fundamentais e numerosos fatores individuais na práxis em grande medida irrefletida, bem como nas aporias carregadas como peso morto pela teoria da norma e do método. A tarefa de uma crítica consistente ao positivismo deve superar a redução da norma ao texto, do ordenamento jurídico a uma ficção artificial, da solução do caso a um processo logicamente inferível por meio do silogismo.[5]

O novo paradigma do direito instituído pelo Estado Democrático de Direito é nitidamente incompatível com a velha teoria das fontes,[6] a plenipotenciariedade dos discursos de fundamentação, sustentada no predomínio da regra e no desprezo pelos discursos de aplicação, e, finalmente, com o modo de interpretação fundado (ainda) nos paradigmas aristotélico-tomista e da filosofia da consciência. Assim, a teoria positivista das fontes vem a

---

[5] Em sua crítica ao positivismo, Muller (Cfe. Müller, Friedrich. *Métodos de trabalho do direito constitucional*. 3ª ed. revista e ampliada. Rio de Janeiro, Renovar, 2005; tb. *Juristiche Methodik*. 6ª ed. 1995) propõe, a partir da estruturação de normas jurídicas, um modelo de teoria e práxis que abrange a Dogmática, a Metódica, a Teoria do Direito e a Teoria Constitucional. Essa crítica de Muller – embora inspiradora de parte considerável destas reflexões – não será, entretanto, o centro de análise do presente texto.

[6] Talvez o exemplo mais contundente acerca desse problema ocasionado pela (ainda) não superada teoria das fontes é a interpretação que o Supremo Tribunal Federal deu ao texto que estabelece a garantia fundamental ao mandado de injunção. Para a Suprema Corte brasileira, o dispositivo constitucional não é auto-aplicável, carecendo, pois, de *interpositio legislatoris*.

ser superada pela Constituição; a velha teoria da norma dará lugar à superação da regra pelo princípio, e o velho *modus* interpretativo subsuntivo-dedutivo – fundado na relação epistemológica sujeito-objeto – vem a dar lugar ao giro lingüístico-ontológico, fundado na intersubjetividade.

Trata-se, pois, de três barreiras à plena implementação do novo paradigma representado pelo Estado Democrático de Direito. Essas barreiras fincam raízes na concepção positivista de direito, que identifica *texto* e *norma* e *vigência* e *validade*, ignorando a parametricidade formal e material da Constituição, fonte de um novo constituir da sociedade. Se o positivismo está fundado em um mundo de regras que, metafisicamente, pretendem abarcar a realidade – circunstância que afasta toda perspectiva principiológica, torna-se necessário compreender a origem da diferença entre regra e princípio, porque nela – na diferença – está novamente a questão que é recorrente: pela regra fazemos uma justificação de subsunção (portanto, um problema hermenêutico-filosófico), que no fundo é uma relação de dependência, de subjugação e, portanto, *uma relação de objetivação* (portanto, um problema exsurgente da predominância do esquema sujeito-objeto); já por intermédio do princípio, não operamos mais a partir de dados ou quantidades objetiváveis, isto porque, ao trabalhar com os princípios, o que está em jogo não é mais a comparação no mesmo nível de elementos, em que um elemento é causa e o outro é efeito, mas sim, o que está em jogo *é o acontecer daquilo que resulta do princípio, que pressupõe uma espécie de ponto de partida, que é um processo compreensivo.*

Pode-se assim dizer que a regra – como tradicionalmente é entendida no campo jurídico – permanece no campo ôntico, objetivado, *causalista-explicativo*, enquanto o princípio se situa no campo do acontecer de caráter ontológico (não clássico). Daí a questão de fundo para a compreensão do fenômeno: antes de estarem cindidos, há um acontecer que aproxima regra e princípio em duas dimensões, a partir de uma anterioridade, isto é, a condição de possibilidade da interpretação da regra é a existência do princípio instituidor. Ou seja, a regra está subsumida no princípio. Nos "casos simples" (utilizando, aqui, a distinção que a teoria da argumentação faz), ela apenas encobre o princípio, porque consegue se dar no nível da pura objetivação. Havendo, entretanto, "insuficiência" (*sic*) da objetivação (relação causal-explicativa) proporcionada pela interpretação da regra, surge a necessidade do uso dos princípios. A percepção do princípio faz com que este seja o elemento que termina se desvelando, ocultando-se ao mesmo tempo na regra. Isto é, ele (sempre) está na regra. O princípio é elemento instituidor, o elemento que existencializa a regra que ele instituiu. Só que está encoberto. Por isto é necessário, neste ponto, discordar de Dworkin, quando diz que as regras são aplicáveis à maneira do tudo ou nada e que os princípios enunciam uma razão que conduz o argumento em uma certa direção, mas ainda assim necessitam de uma decisão particular (*Taking Rights Seriously*). Hermeneuticamente, pela impossibilidade de cindir interpretação e aplicação e pela antecipação de sentido que sempre é condição de possibilidade para que se compreenda, torna-se impossível "isolar" a regra do princípio, isto é, é impossível interpretar uma regra sem levar em conta o seu princípio instituidor. Isto porque *a regra não está despojada do princípio*. Ela encobre o princípio pela propositura de uma explicação dedutiva. Esse encobrimento ocorre em dois níveis: em um nível, ele se dá pela explicação causal; noutro, pela má compreensão de princípio, isto é, compreende-se mal o princípio porque se acredita que o princípio também se dá pela relação explicativa, quando ali já se deu, pela pré-compreensão, o processo compreensivo.

Em síntese: há uma essencial diferença – e não separação – entre regra e princípio. Podemos até fazer a distinção pela via da relação sujeito-objeto, pela teoria do conhecimento. Entretanto, essa distinção será apenas de grau, de intensidade; não será, entretanto, uma distinção de base entre regra e princípio. No fundo, o equívoco da(s) teoria(s) da argumentação está em trabalhar com os princípios apenas com uma diferença de grau (regrando os princípios), utilizando-os como se fossem regras de segundo nível (equívoco que se repete ao se pensar que, além dos princípios, existem metaprincípios, metacritérios ou postulados hermenêuticos).[7] Enfim, como se fosse possível transformar a regra em um princípio. Mas ela jamais será um princípio, porque no princípio está em jogo algo mais que a explicação causalista.

Para essa compreensão, torna-se necessário superar os dualismos próprios da metafísica. Trata-se, assim, não de fundamentar, mas de compreender. E compreender é aplicar. Isto significa dizer que estamos diante de um problema hermenêutico, no sentido de uma teoria da experiência real, que é o pensar. Já o compreender não é um dos modos do comportamento do sujeito, mas, sim, o modo de ser da própria existência, como ensina Gadamer.

3. O problema da cisão entre discursos de fundamentação e discursos de aplicação ou "se nosso saber abrangesse todos os casos de aplicação": a busca infrutífera da "norma perfeita"

Tenho sustentado que é equivocado cindir/separar discursos de fundamentação/justificação de discursos de aplicação, como fazem, por exemplo, Habermas e Klaus Günther. Conseqüentemente, entendo inadequado pensar que fundamentação é legislação, e que aplicação é jurisdição. Fazer essa

---

[7] Neste ponto, é necessário discordar de Dworkin, quando diz que as regras são aplicáveis à maneira do tudo ou nada e que os princípios enunciam uma razão que conduz o argumento em uma certa direção, mas ainda assim necessitam de uma decisão particular (*Taking Rights Seriously*).

cisão é cindir o incindível. Não há etapas distintas na compreensão. Compreender é aplicar. Não é possível separar interpretação e aplicação. O sentido não se descola do âmbito da compreensão. Aqui parece não ter sido bem compreendida a tese (central) gadameriana da *applicatio*, pela qual interpretar é aplicar, que sempre aplicamos, que não interpretamos por parte ou etapas e que, enfim, "em toda leitura tem lugar uma aplicação" (Gadamer). *Quando Gadamer diz isto, ele não está se referindo à aplicação da lei ou na aplicação judicial.*

Para ser mais claro: a aplicação (*applicatio*) não se dá apenas nos casos de "aplicação judicial". Essa leitura é errônea. Em face da incindibilidade entre interpretação e aplicação, em qualquer ato de nosso agir-no-mundo, *estaremos aplicando*. Se a aplicação somente ocorresse no ato de "aplicação judicial", de que modo ocorreriam os demais atos do nosso agir-no-mundo? Os discursos de justificação/fundamentação – que dizem respeito, segundo Günther e Habermas, à validade das normas – ocorreriam *sem situações concretas*? É possível, por exemplo, falar sobre a validade do princípio da dignidade da pessoa sem se referir a uma determinada situação de aplicação?

Portanto, quando falo da impossibilidade da cisão entre justificação e aplicação e que sempre aplicamos, não estou me referindo à "aplicação" de que falam os adeptos das teorias discursivas. Dito de outro modo, discursos de justificação que trata(ria)m da validade de normas nada mais são do que aplicação. Entender justificação e aplicação como *momentos* distintos é acreditar na possibilidade de elaborar conceitos universais (aliás, não estaria aí o maior problema da teoria do discurso, ao entender que o juízo sobre a validade é um juízo sobre a fundamentação/justificação da norma, que é "universal" e comandado pelo princípio *U*?).

Tudo isto é importante para que não se operem equívocos acerca da hermenêutica filosófica. Aplicação (*applicatio*) é a síntese hermenêutica da compreensão; a aplicação de que fala Gadamer não é uma fase posterior da interpretação ou compreensão – questão à qual voltarei mais adiante. Para entender isto, deve-se compreender as noções de pré-compreensão, de círculo hermenêutico e de diferença ontológica. Caso contrário, a hermenêutica será objetificadora e estará de retorno àquilo que ela superou: o paradigma representacional, causal-explicativo, a partir da introdução do ser-no-mundo.

Observa-se, assim, a adesão de vários juristas brasileiros à tese de Klaus Günther, que separa justificação/fundamentação de aplicação (tese que não discrepa de Habermas).[8] O "princípio da adequabilidade" *"resolveria" o*

---

[8] Registre-se a proximidade das teorias discursivas de Habermas e Günther. Habermas apóia-se em Günther (Uma concepção normativa de coerência para uma teoria discursiva da argumentação jurídica. *Cadernos de Filosofia Alemã*. São Paulo, Humanitas, Faculdade de Filosofia, Letras e Ciências Humanas da USP, n. 6, p. 86, ago:2000), na distinção entre discursos de justificação e discursos de aplicação

problema da impossibilidade de as normas não poderem prever todas as hipóteses de aplicação. Diz Günther:

> somente se o nosso saber abrangesse todas os casos de aplicação de uma norma é que faríamos coincidir o juízo sobre a validade da norma com o juízo sobre a adequação. Mas, obviamente, nunca disporemos de tal saber.[9]

Ora, vários problemas aqui se apresentam, que apontam para a insuficiência da tese de Günther, endossada por Habermas. O fato de as leis somente ganharem normatividade nas "situações concretas"[10] (se assim não fosse, diz Günther, teríamos uma "norma perfeita") *não decorre da impossibilidade de as leis não abarcarem todas as situações*. Segundo as teses dos dois jusfilósofos alemães, o juízo sobre a validade é juízo sobre a fundamentação da norma, que é universal e comandado pelo princípio *U*. Esse juízo sobre a fundamentação jamais coincidirá com o juízo sobre a adequação, mas *não* em face da impossibilidade de uma norma (que prefiro chamar de texto) abarcar todas as hipóteses de aplicação, como sustenta Günther, e, sim, *porque o juízo sobre a validade da norma sempre é um juízo antecipador, que se sabe limitado historicamente*. Afinal, é por estarmos limitados pela história efetual *que não temos o juízo completo sobre a norma*, e não pela impossibilidade de uma norma "abarcar todas as suas hipóteses de aplicação", como sustenta, equivocadamente, Günther.

Por isto, se fatiássemos todos os casos de aplicação de uma norma e se tivéssemos todos os casos de aplicação sempre presentes, de maneira igual, *seria totalmente desnecessário distinguir validade de adequação*. Mas, na medida em que isto é impossível, a pergunta que se coloca é: como é possível tirar conclusões de uma impossibilidade? Afinal, o próprio Günther reconhece que nós nunca disporíamos de tal saber (que abarcasse todas

---

do direito. Para Günther, uma justificação discursiva de normas válidas tem que assegurar que a observância geral de uma norma represente um interesse geral. E essa justificação vai pressupor determinadas condições ideais de argumentação a partir de regras de conversação, de coerência discursiva e procedimentos garantidores da participação dos envolvidos. Não discrepa, portanto, da concepção habermasiana de situação ideal de fala. A separação dos discursos e o papel a ser exercido pela situação ideal de fala (ou condição ideal de argumentação) são claros indicativos da não-superação – também por parte de Günther – do paradigma representacional, na medida em que aposta na formação prévia de procedimentos que venham a assegurar a validade de um discurso com perspectiva universal, para uma posterior aplicação a partir do princípio da adequabilidade (ou teoria da adequabilidade).

[9] Cf. Günther, *Teoria da Argumentação no Direito e na Moral*: justificação e aplicação. São Paulo: Landy, 2004, p. 65.

[10] Aparentemente, Günther resgataria o mundo prático não presente na teoria discursiva habermasiana (embora, à evidência, Habermas rejeite tal crítica). Aliás, a ausência da razão prática em Habermas é bem levantada por Luis Moreira, no prefácio à *Teoria da Argumentação de Günther* (op. cit., p. 10-11). Entretanto, só aparentemente Günther assume a razão prática. Com efeito, o lugar em que Günther coloca o mundo prático não o afasta tanto assim de Habermas. *Dizendo de outro modo: colocar a razão prática no discurso de aplicação não o imuniza dos efeitos do proceduralismo (de cunho epistemológico) que caracteriza as teorias discursivas (inclusive, pois, a de Habermas)*. O mundo prático de que falam Heidegger e Gadamer não tem nada a ver com o princípio da adequação de que fala Günther, porque este o coloca como parte ou etapa "subseqüente" ou "conclusiva" de um "procedimento interpretativo". E isto não pode ser ignorado na discussão.

as hipóteses de aplicação) e, conseqüentemente, nunca consegui(re)mos coincidir os juízos sobre a validade da norma com o juízo sobre a adequação! Dizendo de outro modo: para Günther, se nosso saber abrangesse todos os casos de aplicação, então a validade coincidiria com a adequação. Seria a norma perfeita, com a qual a objetividade conteria as hipóteses aplicativas. Em síntese, *o texto conteria a norma, ou melhor, conteria todas as normas (hipóteses de aplicação) possíveis*. Mas, convenhamos, isto nunca vai acontecer, circunstância da qual é impossível discordar. O problema é que, em face dessa impossibilidade – e disso não se dão conta nem Habermas e nem Günther – *torna-se inútil trabalhar com a própria impossibilidade da validade coincidir com a idéia de adequação*. Ou seja, já que o primeiro não se dá, o segundo também não pode acontecer. Daí a pergunta: por que então trabalhar hipoteticamente com uma abrangência que jamais pode acontecer?

Penso, portanto, que a "fórmula Günther" deve ser invertida: *não é porque não abrangemos todos os casos de aplicação de uma norma que se torna impossível fazer coincidir juízos de validade com os juízos de adequação, mas, sim, o fato de nunca podermos fazer coincidir os juízos sobre a validade com os juízos de adequação é que nos impede de abranger todos os casos de aplicação*. Günther contenta-se com o menos, isto é, porque não conseguimos abranger todos os atos de aplicação, então não consegui(re)mos fazer coincidir validade e adequação. Com isto, *ele faz depender "validade e adequação" de uma impossibilidade objetiva de somar todos os elementos de adequação em um único saber, que é o projeto de todo pensamento lógico-dedutivo, isto é, ter o esquema pronto sobre o qual se subsumem todos os elementos da aplicação constantemente*. Se isto fosse conseguido, poderia ser suprimida a diferença entre a validade da norma e a adequação da norma, desde que houvesse essa coincidência objetiva da aplicação.

Daí a necessária objeção à referida tese, uma vez que, primeiro, já funcionando de alguma maneira, *movemo-nos numa impossibilidade de fazer coincidir validade e adequação*; já nos movimentamos em uma situação desse tipo; é por isso que, objetivamente, não conseguimos atingir um saber que abranja todos os modos de aplicação de normas de uma vez. A validade não se sustenta por si, em face da historicidade. Ela não permanece no tempo. No "momento" da aplicação, o horizonte da norma previamente justificada/fundamentada já se dissolveu. *A não-coincidência entre a validade e a adequação ocorre nesse processo de dissolução de horizontes em que cada horizonte abre um espaço de aplicação; o horizonte vai se dissolvendo e, por isto, é possível ter vários casos de aplicação, que são resolvidos porque chegamos a eles por essa coincidência entre validade e aplicação* naquele dado horizonte; mas o próximo caso impõe uma outra aproximação entre validade e adequação, e, portanto, mais um saber sobre a aplicação da norma. Assim, *o saber sobre a aplicação da norma sempre é conseqüência da impossibilidade da coincidência, e não, como diz Günther, que a impossibilidade da coincidência entre validade e adequação é conseqüência de não sabermos a aplicação para todas as normas.*

O fato de estarmos para sempre em uma espécie de horizonte de sentido que vai se dissolvendo na medida em que aproximamos validade e adequação faz com que possamos ter um saber da aplicação da norma e, portanto, *isto nos impõe a necessidade de reconhecer que nunca teremos a coincidência do saber que abranja a todos os casos de aplicação.* Fazer coincidir validade e faticidade faria com que pudéssemos eliminar a idéia de historicidade, porque faríamos coincidir o elemento da validade da norma, que está submetido à *Wirkungsgeschichtliches Bewußtsein*. O juízo de adequação é um juízo singular que se dá discursivamente, enquanto o juízo de validade se dá num todo pré-compreensivo, antecipador. Por isto, a cisão é incompatível.

Portanto, o princípio da adequabilidade não resolve o problema da ausência (afastamento) da conteudística na teoria discursiva-procedural. O afastamento do mundo prático não consegue ser suprimido pelos assim denominados discursos de aplicação, que se dariam a partir da adequabilidade entre validade e caso concreto. É preciso ter claro que a *introdução do mundo prático, da faticidade, produz conseqüências:* é impossível, ao mesmo tempo, pretender trabalhar com verdades procedimentais (não conteudísticas) e verdades em que o modo prático de ser no mundo é o *locus* do acontecer do sentido. São opções que não se dão ao acaso; são posições que obedecem à inserção em um determinado paradigma.

4. A conteudística e o mundo prático ou "de como a hermenêutica supera a dupla dicotomia (identidade objetivista e cisão subjetivista) entre texto e norma"

Desde o nascimento da hermenêutica – nas suas duas vertentes (teológica e jurídica) – sempre houve uma tensão entre o texto proposto e o sentido que alcança a sua aplicação na situação concreta, seja em um processo judicial ou em uma pregação religiosa. Essa tensão entre o texto e o sentido a ser atribuído ao texto coloca a hermenêutica diante de vários caminhos, todos ligados, no entanto, às condições de acesso do homem ao conhecimento acerca das coisas. Assim, ou se demonstra que é possível colocar regras que possam guiar o hermeneuta no ato interpretativo, mediante a criação, v.g, de uma teoria geral da interpretação, ou se reconhece que a pretensa cisão entre o ato do conhecimento do sentido de um texto e a sua aplicação a um determinado caso concreto não são, de fato, atos separados, ou se reconhece, finalmente, que as tentativas de colocar o problema hermenêutico a partir do predomínio da subjetividade do intérprete ou da objetividade do texto não passaram de falsas contraposições fundadas no metafísico esquema sujeito-objeto.

A crise que atravessa a hermenêutica jurídica possui uma relação direta com a discussão acerca da crise do conhecimento e do problema da fundamentação, própria do início do século XX. Veja-se que *as várias tentativas de estabelecer regras ou cânones para o processo interpretativo a partir do predomínio da objetividade ou da subjetividade* ou, até mesmo, de conjugar a subjetividade do intérprete com a objetividade do texto, *não resistiram às teses da viragem lingüístico-ontológica*, superadoras do esquema sujeito-objeto, compreendidas a partir do caráter ontológico prévio do conceito de sujeito e da desobjetificação provocada pelo círculo hermenêutico e pela diferença ontológica.

Não se pode olvidar que – em pleno paradigma da intersubjetividade – ainda domina, na doutrina e na jurisprudência do direito, a idéia da indispensabilidade do método ou do procedimento para alcançar a "vontade da norma" (*sic*), o "espírito de legislador" (*sic*), o unívoco sentido do texto etc. Acredita-se, ademais, que o ato interpretativo é um ato cognitivo e que "interpretar a lei é retirar da norma tudo o que nela contém" (*sic*), circunstância que bem denuncia a problemática metafísica nesse campo de conhecimento.

A hermenêutica jurídica praticada no plano da cotidianidade do direito deita raízes na discussão que levou Gadamer a fazer a crítica ao processo interpretativo clássico, que entendia a interpretação como sendo produto de uma operação realizada em partes (*subtilitas intelligendi, subtilitas explicandi, subtilitas applicandi*, isto é, primeiro compreendo, depois interpreto, para só então aplicar). A impossibilidade dessa cisão implica a impossibilidade de o intérprete "retirar" do texto "algo que o texto possui-em-si-mesmo", numa espécie de *Auslegung*, como se fosse possível reproduzir sentidos; ao contrário, o intérprete sempre atribui sentido (*Sinngebung*). O acontecer da interpretação ocorre a partir de uma fusão de horizontes (*Horizontenverschmelzung*), porque compreender é sempre o processo de fusão dos supostos horizontes para si mesmos. Para interpretar, necessitamos compreender; para compreender, temos que ter uma pré-compreensão, constituída de estrutura prévia do sentido – que se funda essencialmente em uma posição prévia (*Vorhabe*), visão prévia (*Vorsicht*) e concepção prévia (*Vorgriff*) – que já une todas as partes do "sistema", como bem ressaltou Gadamer.

Temos uma estrutura do nosso modo de ser no mundo, que é a interpretação. Estamos, pois, condenados a interpretar. O horizonte do sentido nos é dado pela compreensão que temos de algo. Compreender é uma categoria pela qual o homem se constitui. A faticidade, a possibilidade e a compreensão são alguns desses existenciais. É no nosso modo da compreensão enquanto ser no mundo que exsurgirá a "norma" produto da "síntese hermenêutica", que se dá a partir da faticidade e da historicidade do intérprete.

Uma hermenêutica jurídica que se pretenda crítica, hoje, deve, fundamentada nessa revolução copernicana, procurar corrigir o equívoco freqüentemente cometido por diversas teorias críticas (teorias da argumentação, teorias analíticas, tópica jurídica, para citar apenas estas) que, embora reconheçam que o direito se caracteriza por um processo de aplicação a casos particulares (concretude), incorrem no paradigma metafísico, ao elaborarem um processo de subsunção a partir de conceitualizações (veja-se o paradigmático caso das súmulas vinculantes no Brasil), que se transformam em "significantes-primordiais-fundantes" ou "universais jurídicos", "acopláveis" a um determinado "caso jurídico". Isto ocorre nas mais variadas formas no *modus* interpretativo vigorante na doutrina e na jurisprudência, como o estabelecimento de *topoi* ou de metacritérios para a resolução de conflitos entre princípios, além das fórmulas para "regrar" a interpretação,[11] propostas pelas diversas teorias da argumentação jurídica.

Não basta dizer, pois, que o direito é concretude, e que "cada caso é um caso", como é comum na linguagem dos juristas. Afinal, é mais do que evidente que o direito é concretude e que é feito para resolver casos particulares. O que não é evidente é que o processo interpretativo é *applicatio*, e que o direito é parte integrante do próprio caso, e uma questão de fato é sempre uma questão de direito e vice-versa. Hermenêutica não é filologia.

[11] Anote-se que "apesar de também combater a perspectiva do positivismo normativista tradicional, *a teoria da argumentação tem em comum com essa corrente a tentativa de deduzir subsuntivamente a decisão a partir de regras prévias*" (Kaufmann, Arthur; Hassemer, Winfried (orgs.). *Introdução à filosofia do direito e à teoria do direito contemporâneas*, Lisboa: Fundação Calouste Gulbenkian, 2002, p. 176), problemática presente, aliás, em autores como Atienza (Argumentación jurídica. In: El derecho y la justicia. Madrid, Trotta, 2000) para quem "para ser considerada plenamente desenvolvida, uma teoria da argumentação jurídica tem de dispor (...) de um método que permita representar adequadamente o processo real da argumentação – pelo menos a fundamentação de uma decisão, tal como aparece plasmada nas sentenças e em outros documentos jurídicos – assim como de critérios, tão precisos quanto possível, para julgar a correção – ou a maior ou menor correção – dessas argumentações e de seus resultados, as decisões jurídicas." Como se pode perceber, Atienza *permanece nos quadros do paradigma epistemológico da filosofia da consciência, ao sustentar uma função instrumental para a interpretação, otimizada, para ele, a partir da teoria da argumentação jurídica, m*esmo problema – diga-se de passagem –, encontrável na maioria das teses caudatárias das teorias da argumentação no Brasil. Para Atienza, uma das funções da argumentação é oferecer uma orientação útil nas tarefas de produzir, interpretar e aplicar o direito (já neste ponto, é possível perceber a subdivisão do processo interpretativo em partes/etapas, questão tão bem denunciada por Gadamer!). Para corroborar a tese, o mesmo Atienza afirma que "um dos maiores defeitos da teoria padrão da argumentação jurídica é precisamente o fato de ela não ter elaborado um procedimento capaz de representar adequadamente como os juristas fundamentam, de fato, as suas decisões". É evidente que não se pode olvidar – e o registro insuspeito é feito por Kaufmann (op. cit., p. 194) – que especialmente Alexy desenvolveu de forma notável regras prescritivas de argumentação e de preferência. A única desvantagem, assinala, "reside no fato de estas regras se ajustarem ao discurso racional, mas já não ao procedimento judicial."

Lembremos a todo o momento a advertência de Muller: da interpretação de textos temos que saltar para a concretização de direitos.

Assim, embora os juristas – nas suas diferentes filiações teóricas – insistam em dizer que a interpretação deve ocorrer sempre em "cada caso", tais afirmações não encontram comprovação, nem de longe, na cotidianidade das práticas jurídicas. Na verdade, ao construírem "pautas gerais", "conceitos lexicográficos", "verbetes doutrinários e jurisprudenciais", ou súmulas aptas a "resolver" casos futuros, os juristas sacrificam a singularidade do caso concreto em favor dessas espécies de "pautas gerais", fenômeno, entretanto, que não é percebido no imaginário jurídico. Daí a indagação de Gadamer: *existirá uma realidade que permita buscar com segurança o conhecimento do universal, da lei, da regra, e que encontre ai a sua realização? Não é a própria realidade o resultado de sua interpretação?*

A rejeição de qualquer possibilidade de subsunções ou deduções aponta para o próprio cerne de uma hermenêutica jurídica inserida nos quadros do pensamento pós-metafísico. Trata-se de superar a problemática dos métodos, considerados pelo pensamento exegético-positivista como portos seguros para a atribuição dos sentidos. Compreender não é produto de um procedimento (método) e não é um modo de conhecer. Compreender é, sim, um modo de ser, *porque a epistemologia é substituída pela ontologia da compreensão*. Isto significa romper com as diversas concepções que se formaram à sombra da hermenêutica tradicional, de cunho objetivista-reprodutivo, cuja preocupação é de caráter epistemológico-metodológico-procedimental, cindindo conhecimento e ação, buscando garantir uma "objetividade" dos resultados da interpretação. A mesma crítica pode ser feita à tópica retórica,[12] cuja dinâmica não escapa das armadilhas da subsunção metafísica. Aliás, *o fato de ligar-se "ao problema" não retira da tópica sua dependência da dedução e da metodologia tradicional*, o que decorre fundamentalmente de seu caráter não-filosófico.

Apesar da revolução copernicana produzida pelo giro ontológico, é possível detectar nitidamente a sua não-recepção pela hermenêutica jurídica praticada nas escolas de direito e nos tribunais, onde ainda predomina o método, mesmo que geneticamente modificado pelas teorias discursivas. A existência de tantos métodos e procedimentos interpretativos postos à "disposição" dos juristas faz com que ocorra a *objetificação da interpretação*, porque possibilitam ao intérprete sentir-se desonerado de maiores responsabilidades na atribuição de sentido, colocando no fetichismo da lei e no legislador a responsabilidade das anomalias do direito. Esfumaça-se, pois, a ética no discurso jurídico. Afinal, como bem alerta Gadamer, o que cons-

---

[12] Para uma crítica à tópica jurídica, consultar Nedel, Antonio. *Uma tópica jurídica – clareira para a emergência do direito*. Porto Alegre, Livraria do Advogado, 2005.

titui a essência da metodologia é que seus enunciados sejam uma espécie de tesouraria de verdades garantidas pelo método. Entretanto, acrescenta, "como toda a tesouraria, também a da ciência tem uma previsão para uso discricionário", circunstância que denuncia o caráter arbitrário/discricionário do(s) método(s).[13] Por isso é razoável afirmar que, em face da inexistência de um "método fundamental, meta-método ou meta-critério" que sirva como "fundamento último" (espécie de repristinação do *fundamentum inconcussum absolutum veritatis*) de todo o processo hermenêutico-interpretativo, o uso dos métodos é sempre arbitrário, propiciando interpretações *ad-hoc*, discricionárias. A impossibilidade de um *Grundmethode* constitui, assim, o calcanhar de Aquiles da hermenêutica jurídica exegético-positivista. Neste ponto, aliás, reside o forte vínculo entre a hermenêutica metodológica e o positivismo jurídico, que assim se coloca refratário ao paradigma estabelecido pelo neoconstitucionalismo. Resistente ao giro hermenêutico-ontológico, o *modus* interpretativo prevalecente na dogmática jurídica vem possibilitando a sobrevivência das velhas teses positivistas-normativistas acerca da interpretação, como a *subsunção, o silogismo, a individualização do direito na "norma geral" a partir de "critérios puramente cognitivos e lógicos"*,[14] *a liberdade de conformação do legislador, a discricionariedade do poder executivo, assim como o papel da Constituição como estatuto meramente regulamentador do exercício do poder.*

Por tais razões, assume absoluta relevância o rompimento paradigmático proporcionado pela hermenêutica filosófica, exatamente pela circunstância de que a hermenêutica jurídica deixa de ser uma "questão de método" e passa a ser filosofia. Conseqüentemente, na medida em que a filosofia não é lógica, a hermenêutica jurídica não pode ser apenas uma ferramenta para a organização do pensamento. A hermenêutica possui uma temática específica, dirá Gadamer. Apesar de sua generalidade, não pode ser integrada legitimamente na lógica. Em certo sentido, partilha com a lógica a universalidade. Entretanto, em outro, supera-a. Portanto, na hermenêutica filosófica, a ferramenta não é decisiva, isto porque na linguagem existe algo muito além do enunciado, isto é, o enunciado não carrega em-si-mesmo o sentido, que viria a ser "desacoplado" pelo intérprete. Na interpretação, sempre fica algo de fora, o não-dito, o inacessível. É assim que "ser que pode ser compreendido é linguagem", dirá Gadamer.

Também não se pode confundir a hermenêutica jurídica com as teorias da argumentação jurídica ou qualquer teoria lógico-analítica, que possuem nítido caráter procedimental, tratando, pois, de outra racionalidade, que é

---

[13] Cfe. Gadamer, Hans-Georg. *Wahrheit und Methode. Ergänzungen Register.* Hermeneutik II. Tübingen:Mohr, 1990, p. 389.
[14] A expressão é de João Maurício Adeodato, Jurisdição constitucional à brasileira – situações e limites. In: *Neoconstitucionalismo. Ontem os Códigos, hoje as Constituições.* Revista do IHJ n. 2. Porto Alegre, IHJ, 2004, *op. cit.*, p. 177.

apenas discursiva. A teoria da argumentação jurídica – embora procure se colocar em oposição ao positivismo-normativista – não superou o esquema representacional sujeito-objeto, porque continua na busca de regras prévias (procedimentos) que possam conformar, de forma dedutiva, as decisões judiciais. E nisto não difere da metodologia positivista.

Daí a importância da pré-compreensão, que passa à condição de condição de possibilidade nesse novo modo de olhar a hermenêutica jurídica. Nossos pré-juízos que conformam a nossa pré-compreensão não são jamais arbitrários. Pré-juízos não são inventados; eles nos orientam no emaranhado da tradição, que pode ser autêntica ou inautêntica. Mas isto não depende da discricionariedade do intérprete e tampouco de um "controle metodológico". O intérprete não "domina" a tradição. Os sentidos que atribuirá ao texto não dependem de sua vontade, por mais que assim queiram os adeptos do (metafísico) esquema representacional sujeito-objeto. O processo unitário da compreensão, pelo qual interpretar é aplicar (*applicatio*) – que desmitifica a tese de que primeiro conheço, depois interpreto e só depois eu aplico, transforma-se em uma espécie de blindagem contra as opiniões arbitrárias. A interpretação jamais se dará em abstrato, como se a lei (o texto) fosse um objeto cultural. Há, sempre, um processo de concreção, que é a *applicatio*, momento do acontecer do sentido, que ocorre na diferença ontológica. Não há textos sem normas; não há normas sem fatos. Não há interpretação sem relação social. É no caso concreto que se dará o sentido, que é único; irrepetível.

É neste contexto – e aqui deixo clara minha preocupação com a crise do direito e de sua operacionalidade em *terrae brasilis* – que as velhas teses acerca da interpretação darão lugar a uma hermenêutica que não trata mais a interpretação jurídica como um problema (meramente) "lingüístico de determinação das significações apenas textuais dos textos jurídicos".[15] Trata-se, efetivamente, de aplicar o grande giro hermenêutico à Constituição. Ou seja, na feliz assertiva de Muller,[16] estamos a tratar da "concretização da norma ao invés de interpretação do texto da norma".

Não é difícil constatar que a análise das condições para uma adequada compreensão do significado da Constituição deve estar atravessada por essa perspectiva hermenêutica que desvela – e denuncia – a metafísica que sustenta o discurso fundacional próprio do positivismo. A inserção da justiça constitucional no contexto da concretização dos direitos fundamentais sociais – compreendida essa concretização de forma subsidiária, na omissão dos poderes encarregados para tal – deve levar em conta, necessariamente, o papel assumido pela Constituição no interior do novo paradigma instituí-

---

[15] Veja-se, a propósito, a contundente crítica de António Castanheira Neves, *O actual problema metodológico da interpretação jurídica – I*. Coimbra: Coimbra, 2003, p. 287 e segs.
[16] Cfe. Muller, op.cit., p. 47 e segs.

do pelo Estado Democrático de Direito. Não se deve esquecer, aqui, a perspectiva paradigmática representada pelo advento do (neo)constitucionalismo, que reúne, ao mesmo um forte conteúdo normativo (Constituições "embebedoras", no dizer de Guastini) e as possibilidades garantidoras de direitos a partir da jurisdição constitucional. Parece evidente que, como conseqüência disto, o grau de intervenção da justiça constitucional dependerá do nível de concretização dos direitos estabelecidos na Constituição. Ou seja, o nível das demandas inexoravelmente comandará a intensidade da tensão entre legislação e jurisdição. Mas o objetivo destas reflexões não permite ingressar na discussão acerca da tensão entre o constitucionalismo (e jurisdição constitucional) e a democracia.[17]

Por isto, a importância da interpretação. A revolução copernicana representada pelo neoconstitucionalismo tem em outra revolução a sua condição de possibilidade, isto é, a *ontologische Wendung* aponta para a superação do esquema sujeito-objeto, que sustenta(va) o paradigma representacional. Sendo mais claro: mais do que uma guinada lingüística, o que aconteceu foi um giro ontológico, *pela introdução do ser-no-mundo na compreensão*. Assim, se a filosofia passou a ser compreendida como hermenêutica, a hermenêutica passou a ser compreendida como filosofia. Do fundamentar passamos para o compreender. E a interpretação não se faz mais em etapas (*subtilitas intelligendi, subtilitas explicandi* e *subtilitas applicandi*).[18] Interpretar é compreender. E compreender é aplicar.

4.1. O não-relativismo da hermenêutica e de como os princípios não "abrem" a interpretação: a inadequada separação entre easy cases e hard cases

Efetivamente, a superação dos paradigmas metafísicos clássico e moderno – condição de possibilidade para a compreensão do fenômeno do neoconstitucionalismo e da conseqüente derrota do positivismo – *não pode representar o abandono das possibilidades de se alcançar verdades conteudísticas*. As teorias consensuais da verdade mostram-se insuficientes para as demandas paradigmáticas no campo jurídico. Ao contrário da hermenêutica filosófica, não há ser-no-mundo nas teorias consensuais-proce-

---

[17] Sobre o assunto, permito-me remeter o leitor ao meu *Jurisdição Constitucional e Hermenêutica – Uma Nova Crítica do Direito*. 2. ed. Rio de Janeiro: Forense, 2004.

[18] Efetivamente, a questão denunciada por Gadamer, no sentido de que a interpretação (compreensão) não se faz por partes ou por etapas, continua sem a necessária recepção no plano das concepções baseadas nas teorias discursivas. Nesse sentido, veja-se a proposta de ponderação em três etapas feita por Ana Paula Barcellos (*Ponderação, Racionalidade e Atividade Jurisdicional*. Rio de Janeiro: Renovar, 2005, p. 91 e segs) e Humberto Ávila (*Teoria dos princípios*: da definição à aplicação dos princípios jurídicos. 4. ed. São Paulo: Malheiros, 2004, p. 79 e segs). Também Günther (*Teoria da Argumentação*, op. cit., p. 400), ao dizer que "entre a fundamentação situacionalmente independente de uma regra e o seu descobrimento situacionalmente dependente, ainda, há, porém, o estágio particularmente autônomo da justificação da sua adequação situacional".

durais, pelas quais só é possível atribuir um sentido a alguma coisa quando qualquer outra pessoa que pudesse dialogar comigo também o pudesse aplicar. Nelas, a condição de verdade das sentenças (enunciados) é o acordo potencial de todos os outros. Ou seja, nelas não há espaço para a substancialidade (conteudística). Portanto, não há ontologia (no sentido de que fala a hermenêutica filosófica). Isto demonstra que a linguagem, que na hermenêutica é condição de possibilidade, nas teorias consensuais-procedurais é manipulável pelos partícipes. Continua sendo, pois, uma terceira coisa que se interpõe entre um sujeito e um objeto, embora os esforços feitos por sofisticadas construções no plano das teorias discursivas, como Habermas e Günther.

Não há como isolar a pré-compreensão, que desde sempre está conosco. Há um compreender que se antecipa e sobre o qual não há regramento. Afinal, o "como" hermenêutico nunca ocorre pela primeira vez na proposição. Isto é, sempre há algo que garante que não estamos em um mundo naturalista. Portanto, a pergunta pelo fundamento do compreender sempre chega tarde. A tarefa do intérprete (hermeneuta) é a de demonstrar aonde o intérprete se "choca" contra os limites da produção de sentido. Interpretar e aplicar são coisas incindíveis.

Mas, atenção: a afirmação de que o "intérprete sempre atribui sentido (*Sinngebung*) ao texto", nem de longe pode significar a possibilidade de este estar autorizado a "dizer qualquer coisa sobre qualquer coisa",[19] atribuindo sentidos de forma arbitrária aos textos, como se texto e norma estivessem separados (e, portanto, tivessem "existência" autônoma). Como bem diz Gadamer, *der Richter, welcher das überlieferte Gesetz den Bedürrnissen der Gegenwart anpasst, wil gewiss eine praktische Aufgabe lösen. Aber seine Auslegung des Gesetzes ist deshalb noch lange nicht eine willkürliche Umdeutung*. Portanto, todas as formas de decisionismo e discricionariedades devem ser afastadas. O fato de não existir um método que possa dar garantia à "correção" do processo interpretativo – denúncia presente, aliás, já em Kelsen, no oitavo capítulo de sua *Teoria Pura do Direito* – não pode dar azo a que o intérprete possa interpretar um texto (lembremos: texto é um evento) *de acordo com a sua vontade, enfim, de acordo com a sua subjetividade*, ignorando até mesmo o conteúdo mínimo-estrutural do texto jurídico (portanto, mesmo entendido, neste caso, como "enunciado lingüístico").

Correta, pois, a advertência de Dworkin, no sentido de que devemos evitar a armadilha em que têm caído tantos professores de direito: a opinião falaciosa de que, como não existe nenhuma fórmula mecânica para distin-

---

[19] Nesse sentido, meu *Hermenêutica Jurídica E(m) Crise*, op.cit., item 12.10, p. 310 e segs. Na mesma linha, as relevantes críticas de Jacinto Coutinho à discricionariedade no ato interpretativo, no texto Dogmática Crítica e Limites Lingüísticos da Lei, in *Dogmática e Crítica*, IHJ, op.cit., em especial, p. 41 e segs.

guir as boas decisões das más e como os juristas e juízes irão por certo divergir em um caso complexo ou difícil, *nenhum argumento é melhor do que o outro, e o raciocínio jurídico é uma perda de tempo*. Devemos insistir, em vez disso, em um princípio geral de genuíno poder: a idéia inerente ao conceito de direito em si de que, quaisquer que sejam seus pontos de vista sobre a justiça e a eqüidade, os juízes também devem aceitar uma restrição independente e superior, que decorre da integridade, nas decisões que tomam.[20]

À luz da hermenêutica de cariz filosófico, portanto, não-relativista, é necessário advertir, nesse contexto e em concordância com Dworkin, que a afirmação de que o "intérprete sempre atribui sentido (*Sinngebung*) ao texto", nem de longe pode significar a possibilidade de este estar autorizado a atribuir sentidos de forma arbitrária aos textos, como se texto e norma estivessem separados (e, portanto, tivessem "existência" autônoma). Como bem diz Gadamer, quando o juiz pretende adequar a lei às necessidades do presente, tem claramente a intenção de resolver uma tarefa prática (veja-se, aqui, a importância que Gadamer dá ao programa aristotélico de uma *praktische Wissenschaft*). Isto não quer dizer, de modo algum, que sua interpretação da lei seja uma tradução arbitrária.

Aliás, tenho deixado igualmente claro que não se pode – e não se deve – confundir a adequada/necessária intervenção da jurisdição constitucional com a possibilidade de decisionismos por parte de juízes e tribunais. Isto seria antidemocrático. Em síntese, defender um certo grau de dirigismo constitucional e um nível determinado de exigência de intervenção da justiça constitucional não pode significar que os tribunais se assenhorem da Constituição. E me permito acrescentar: não há implicação necessária entre jurisdição constitucional e discricionariedade judicial, pela simples razão de que uma coisa não implica a outra. Pelo contrário: a admissão da discricionariedade judicial e de decisionismos (o que dá no mesmo) *é próprio do paradigma positivista que o constitucionalismo do Estado Democrático de Direito procura superar, exatamente pela diferença "genética" entre regras e princípios* (além da nova teoria das fontes e do novo modelo hermenêutico que supera o modelo exegético-subsuntivo, refém do esquema sujeito-objeto).

Por mais paradoxal que possa parecer, os princípios têm a finalidade de impedir "múltiplas respostas"; portanto, "fecham" a interpretação (e não a "abrem"). A partir disso é possível dizer que a tese de que os princípios são mandatos de otimização e que as regras traduzem especificidades (donde, em caso de colisão, uma afastaria a outra, na base do "tudo ou nada" – sic) é equivocada, pois dá a idéia de que os "princípios" seriam "cláusulas

---

[20] Cf. Dworkin, Ronald. *Domínio da vida: aborto, eutanásia e liberdades individuais*. São Paulo: Martins Fontes, 2003, p. 203 e segs.

abertas", espaço reservado à "livre atuação da subjetividade do juiz" (na linha, aliás, da defesa que alguns civilistas fazem das cláusulas abertas do novo Código Civil, que, nesta parte, seria o "Código do juiz" – *sic*).

Numa palavra: a "abertura principiológica" – tratada nestes termos – somente faria sentido se "princípios" colidissem em abstrato. Mas, para isto, o positivismo, desde há muito, colocou à disposição da comunidade jurídica o "direito como um sistema de regras", com o que a "faticidade" (a razão prática) ficava de fora (afinal, foram anos de predominância do positivismo). E, a propósito, não devemos esquecer que os princípios vieram justamente para superar a abstração da regra, desterritorializando-a de seu *locus* privilegiado: o positivismo.

Dito de outro modo, a presença dos princípios na resolução dos assim denominados "casos difíceis" – embora a evidente inadequação da distinção entre *easy* e *hard cases* – tem o condão exatamente de evitar a discricionariedade judicial. É através dos princípios – compreendidos evidentemente a partir da superação dos *discursos fundacionais* acerca da interpretação jurídica – que se torna possível sustentar a existência de respostas adequadas (corretas para cada caso concreto). Portanto, a resposta dada através dos princípios é um problema hermenêutico (compreensão), e não analítico-procedimental (fundamentação).

Portanto, ficam afastadas todas as formas de decisionismo e discricionariedade. O fato de não existir um método que possa dar garantia à "correção" do processo interpretativo – denúncia presente, aliás, já no oitavo capítulo da Teoria Pura do Direito de Hans Kelsen. – não autoriza o intérprete a escolher o sentido que mais lhe convém, o que seria dar azo à discricionariedade típica do convencionalismo exegético-positivista. Sem textos, não há normas. A "vontade" e o "conhecimento" do intérprete não permitem a atribuição arbitrária de sentidos, e tampouco uma atribuição de sentidos arbitrária. Afinal, e a lição está expressa em *Wahreit und Methode, wer einen Text verstehen will, ist vielmehr bereit, sich von im etwas zu sagen lassen*. Sendo mais claro: a hermenêutica jamais permitiu qualquer forma de "decisionismo" ou "realismo". Gadamer rejeita peremptoriamente qualquer acusação de relativismo à hermenêutica jurídica. Falar de relativismo é admitir verdades absolutas, problemática, aliás, jamais demonstrada. A hermenêutica afasta o fantasma do relativismo, porque este nega a finitude e seqüestra a temporalidade. No fundo, trata-se de admitir que, à luz da hermenêutica (filosófica), é possível dizer que existem verdades hermenêuticas. A multiplicidade de respostas é característica não da hermenêutica, mas, sim, do positivismo.

Ou seja, é possível dizer, sim, que *uma interpretação é correta e a outra é incorreta*. Movemo-nos no mundo exatamente porque podemos fazer afirmações dessa ordem. E disso nem nos damos conta. Ou seja, na compreensão, os conceitos interpretativos não resultam temáticos enquanto tais, como bem lembra Gadamer; ao contrário, determinam-se pelo fato de que desaparecem atrás daquilo que eles fizeram falar/aparecer na e pela interpretação.[21] Aquilo que as teorias da argumentação ou qualquer outra concepção teorético-filosófica (ainda) chamam de "raciocínio subsuntivo" ou "raciocínio dedutivo", nada mais é do que esse "paradoxo hermenêutico", que se dá exatamente porque a compreensão é um existencial (ou seja, por ele eu não me pergunto porque compreendi, pela simples razão de que já compreendi, o que faz com que minha pergunta sempre chegue tarde). Uma interpretação será correta quando é suscetível dessa desaparição (*Paradoxerweise ist eine Auslegung dann richtig, wenn sie derart zum Verschwinden fähig isto*). É que se pode chamar de "existenciais positivos". Aquilo que algumas teorias chamam de casos fáceis, solucionáveis, portanto, por intermédio de "simples subsunções" ou "raciocínios dedutivos" (por todos, Manuel Atienza) são exatamente a comprovação disto. Explicando: na hermenêutica, essa distinção entre *easy e hard cases* desaparece em face do círculo hermenêutico e da diferença ontológica. Aqui se encaixa a discussão acerca da inadequada, porque metafísica, distinção entre casos simples (fáceis) e casos difíceis (complexos). Essa distinção não leva em conta a existência de um acontecer no pré-compreender no qual o caso simples e o caso difícil se enraízam. Existe, assim, uma unidade que os institui.

Uma vez feita a distinção, ainda assim operamos com o compreender, que é condição de possibilidade para a interpretação (portanto, da atribuição de sentido do que seja um caso simples ou um caso complexo). Para que se entenda tal problemática – e o socorro vem da percuciente análise de Stein –, *é preciso ter presente que em todo processo compreensivo o desafio é levar os fenômenos à representação ou à sua expressão na linguagem, chegando, assim, ao que chamamos de objetivação. Isso naturalmente tem um caráter ôntico, uma vez que é a diversidade dos fenômenos e dos entes que procuramos expressar referindo-nos a esse ou àquele fenômeno ou ente. Quando chegamos ao final de tais processos de objetivação, realizamos provavelmente aquilo que é o modo máximo de agir do ser humano. Entretanto, esse resultado da objetivação pressupõe um modo de compreender a si mesmo e seu ser-no-mundo que não é explicitado na objetivação, mas que podemos descrever como uma experiência fundamental que se dá no nível da existência e que propriamente sustenta a compreensão como um todo.*[22]

---

[21] Como bem diz Gadamer (*Warheit und Method, Ergänzung*, op.cit., p. 402), "das gilt der Sache nach auch dort, wo sich das Verständnis unmittelbar einstellt und gar keine ausdrückliche Auslegung vorgenommen wird. Denn auch in solchen Fällen von Verstehen gilt, dass die Auslegung möglich sein muss. Sie bringt das Verstehen nur zur ausdrücklichen Ausweisung. Die Auslegung ist also nicht ein Mittel, durch das da verstehen herbeigeführt wird, sondern ist in den Gehalt dessen, was da verstanden wird, eingegangen. Wir erinnern daran, dass das nicht nur heisst, dass die Sinnnmeinung des Textes einheitlich vollziehbar wird, sondern dass damit auch die Sache, von der Text spricht, sich zu Worte bringt. Die Auslegung legt die Sache gleichsam auf die Waage der Worte".

[22] Cf. Stein, Ernildo. *Nas proximidades da antropologia*. Ijuí: Unijuí, 2003, p. 113 e segs.

Por isso, a distinção entre *easy cases* (casos simples) e *hard cases* (casos difíceis) é metafísica,[23] porque, em um primeiro momento, antes da distinção – que tem o caráter causal-explicativo – já há um compreender antecipador, pré-compreensivo, de caráter existencial, em que se enraízam estes dois elementos de caráter epistemológico. *Na medida em que se chega a esse nível e se faz a concessão de que "é possível fazer a distinção", sobra uma questão essencial*: acredita-se que no *easy case* há uma espécie de naturalismo, enfim, que há apenas uma explicação, que emergiria de um raciocínio dedutivo. Já no *hard case* ocorreria – a partir desta distinção –, uma complexidade trazida pelo modo de ser-no-mundo e, por isto, por ser trazido desse modo (compreensivo), não seria possível reduzi-lo a uma simples explicação causal. Na verdade, o explicar – utilizado para o que se classifica de *easy case* – é da ordem da causalidade; já o compreender é da ordem do acontecer, não procedimental. Dito de outro modo, *a distinção entre casos simples e casos difíceis atende a uma exigência do esquema sujeito-objeto*. Essa distinção, entretanto, é apenas objetivista, metodológica, de teoria do conhecimento. Só que, quando a teoria da argumentação faz tal distinção, não se dá conta de que ali existem dois tipos de operar: no caso assim denominado simples, o operar explicativo, que é da ordem da causalidade; no caso complexo, não adianta trazer a causalidade, porque é necessário ampliar o processo. Ocorre, assim, uma "insuficiência" do processo de conhecimento, que não dá conta do caso – que já então não é mais um *easy case*. Ocorre que, ao contrário do que acredita a teoria da argumentação, isto não se define em uma relação meramente ôntico-explicativa. É preciso compreender que nessa relação ôntico-explicativa (causal), já ocorre – como condição de possibilidade – o acontecer da diferença ontológica.[24]

Assim, quando procuro demonstrar que a distinção entre casos simples e casos difíceis é metafísica, *não estou excluindo a dimensão da causalidade e tampouco a possibilidade de que os assim denominados casos sim-*

---

[23] Veja-se que, embora críticos do positivismo, autores como Alexy e MacCormick fazem equivocadamente essa divisão entre "procedimentos interpretativos próprios para resolução de casos simples" e "procedimentos interpretativos para resolução de casos difíceis", ao considerarem que os casos jurídicos fáceis (simples) são resolvidos pelo juiz a partir de inferência lógico-dedutiva. Essa justificação de índole lógico-dedutiva é sempre necessária, porém às vezes é necessário algo mais, aduzem. A Teoria da Argumentação Jurídica seria, assim, um *plus* em relação à mera justificação lógico-dedutiva – espécie de justificação interna (assim a denomina Alexy, enquanto MacCormick chama a esse procedimento de "justificação de primeiro nível"). Ou seja, quando o raciocínio lógico-dedutivo não consegue dar conta do problema, busca-se socorro na Teoria da Argumentação Jurídica. Na mesma linha, considero equivocada a tese de Atienza, para quem "quando as premissas contêm toda a informação necessária e suficiente para chegar à conclusão, argumentar é um processo dedutivo" (Ver, para tanto, Manuel Atienza. Argumentación jurídica. In: *El derecho y la justicia*. Madrid, Trotta, 2000, p. 231 e segs; Robert Alexy. *Teoría de la argumentación jurídica*. Madrid, CEC, 1989; Neil MacCormick. *Legal Resoning and Legal Theory*. Oxford, Oxfor University Press, 1978).

[24] Ver, nesse sentido, meu *Hermenêutica Jurídica E(m) Crise*, op. cit.

ples ocorram de forma objetivada. O que procuro questionar, com base no paradigma hermenêutico (fenomenologia hermenêutica), é que – em relação à distinção proposta pela teoria da argumentação em *easy e hard cases* – *a dimensão da causalidade não pode esconder a explicação de sua origem essencial*. Ao fazer a distinção entre as operações causais-explicativas (deducionismo) destinadas a resolver os casos simples e as "ponderações" calcadas em procedimentos que hierarquizam cânones e princípios (ou postulados hermenêuticos) para solver os casos complexos, a teoria da argumentação reduz o elemento essencial da interpretação a uma relação sujeito-objeto.

4.2. A hermenêutica e as possibilidades de alcançar a resposta correta

Definitivamente, o intérprete não escolhe o sentido que melhor lhe convier. O resultado da interpretação não é um resultado de escolhas majoritárias e/ou produto de convencionalismos. Não se trata, evidentemente, de verdades ontológicas no sentido clássico. Claro que não! Os sentidos não estão "nas coisas" e, tampouco, na "consciência de si do pensamento pensante". Os sentidos se dão intersubjetivamente. Conseqüentemente, na medida em que essa intersubjetividade ocorre *na* e *pela* linguagem, para além do esquema sujeito-objeto, *os sentidos arbitrários estão interditados*.[25] É por isto que é possível alcançar respostas hermeneuticamente adequadas (corretas). Em outras palavras, o intérprete não pode, por exemplo, atribuir sentidos despistadores da função social da propriedade, do direito dos trabalhadores à participação nos lucros da empresa etc.[26]

Daí minha insistência no sentido de que entre texto e sentido do texto (norma) não há uma cisão – o que abre espaço para o subjetivismo (teorias axiológicas da interpretação) – e tampouco existe uma identificação (colagem) – o que abre espaço para o formalismo de cunho objetivista. Entre texto e sentido do texto há, portanto, uma diferença. Por isto, negar essa diferença implica negar a temporalidade, porque os sentidos são temporais. A diferença (que é ontológica)[27] entre texto e norma ocorre na incidência

---

[25] Daí a aproximação das teses aqui expostas com Dworkin, quando este diz que é possível distinguir entre boas e más decisões e que quaisquer que sejam seus pontos de vista sobre a justiça e a eqüidade, os juízes também devem aceitar uma restrição independente e superior, que decorre da integridade, nas decisões que tomam. A integridade de que fala Dworkin se aproxima daquilo que podemos denominar de tradição autêntica, na medida em que é possível distinguir entre pré-juízos autênticos e pré-juízos inautênticos.

[26] Esclarecendo: freqüentemente, a hermenêutica – na matriz aqui trabalhada – tem sido acusada de relativismo. Definitivamente, é preciso dizer que a hermenêutica jamais permitiu qualquer forma de "decisionismo" ou "realismo", e essa convicção vem apoiada em Grondin (*Introdução à hermenêutica Filosófica*. São Leopoldo: Unisinos, 1999, p. 229 e segs) que, fundado em Gadamer, rejeita peremptoriamente qualquer acusação de relativismo (ou irracionalidade) à hermenêutica filosófica!

[27] Deixo claro – e isto tenho feito também em outros trabalhos – que a distinção entre texto e norma, embora deite raízes na tese de Friedrich Müller (retrabalhada principalmente por Eros Grau) e com ela tenha várias identificações, possui uma série de particularidades que tendem a afastar do original. A

do tempo. Negar essa diferença é acreditar no caráter fetichista da lei, que arrasta o direito em direção ao positivismo. Daí a impossibilidade de reprodução de sentidos, como se o sentido fosse algo que pudesse ser arrancado dos textos (da lei, etc.). Os sentidos são atribuíveis, a partir da faticidade em que está inserido o intérprete e respeitando os conteúdos de base do texto, que devem nos dizer algo. Levemos o texto a sério, pois.

Isto significa poder afirmar que o texto sempre já traz "em si" um compromisso – que é a pré-compreensão que antecipa esse "em si" – e que é o elemento regulador de qualquer enunciado que façamos a partir daquele texto. Esse elemento regulador é o *als* (como) hermenêutico que acompanha e precede o *als* (como) apofântico (estrutura do texto ou, se se quiser, enunciado manifestativo). A diferença ontológica só se compreende e somente faz sentido porque ela é o elemento fundamental do modo de ser no mundo. Esse modo de ser no mundo já é sempre uma dimensão de mundo que nos determina e que trazemos conosco. *Ser-no-mundo é uma dimensão que é ao mesmo tempo hermenêutica e apofântica.* Ou seja, a partir da diferença ontológica, é impossível cindir o elemento hermenêutico do elemento apofântico. É nessa diferença que se dá o sentido, donde é possível afirmar que a incindibilidade do "como hermenêutico" do "como apofântico" é a garantia contra a atribuição arbitrária de sentidos assim como a atribuição de sentidos arbitrários.

O texto diz (sempre) respeito a algo. O texto é um evento. O "fato" só será "fato jurídico" (se assim se quiser tratar do problema).[28] É nisto que reside a diferença entre questão de fato e questão de direito, para trazer a

---

distinção texto-norma por mim adotada está baseada na filosofia hermenêutica e nos seus teoremas fundamentais, mormente naquele que sustenta a revolução copernicana produzida pela fenomenologia hermenêutica ao introduzir o mundo prático para a compreensão: a diferença ontológica (*ontologische Differentz*). Portanto, quando trabalho a diferença entre texto e norma, não se trata de um texto (enunciado lingüístico) ao qual o intérprete atribui uma norma (baseada na "realidade"), ou um ato de subjetividade do intérprete dando sentido a um texto (texto de lei, etc). Texto e norma não são coisas separadas; texto e norma não podem ser vistos/compreendidos isoladamente um do outro; texto e norma igualmente não estão "colados" um ao outro, "sendo a tarefa do intérprete a de extrair um sentido oculto do texto", com querem algumas posturas axiológicas. Não! Texto e norma são diferentes em face da diferença ontológica – e esta é talvez a diferença fundamental entre o que sustento e a tese da metódica estruturante de Muller – , porque o texto só será na sua norma e a norma só será no texto. No caso, entendo que a norma é o sentido do ser do texto. A norma não pode ser vista; ela é o sentido do texto e por isto ele – o texto – *não existe e não subsiste* – na sua "textitude". O texto é, pois, um evento. Texto é fato; fato é texto. E este (texto, que é fato) somente é "algo" (*etwas als etwas*) no seu sentido, isto é, na sua norma. É essa inovação que procuro trazer para a discussão da "dicotomia" texto-norma, a partir da crítica hermenêutica do direito (que denomino de Nova Crítica do Direito), delineada em nota específica no presente texto.

[28] É a partir dessa concepção de texto que, por exemplo, Dworkin vai sustentar a sua tese da existência de uma (única) resposta correta para o caso concreto, problemática que é bem apanhada por Menelick de Carvalho Neto (A hermenêutica constitucional sob paradigma do Estado Democrático de Direito, in: *Jurisdição e Hermenêutica Constitucional*, op. cit., p. 40): "Dworkin, é claro, sabe tão bem quanto Kelsen que qualquer texto possibilita várias leituras, o problema da decisão judicial, no entanto, é que a mesma se dá como solução de um litígio concreto e envolve igualmente a interpretação dos fatos que configuram uma situação de aplicação única e irrepetível."

lume a ruptura com esse dualismo metafísico proporcionado por Castanheira Neves. Fatos não existem "ainda sem sentido", à espera da atribuição de sentido. Fato já é sempre fato como fato (*etwas als etwas*); fato é síntese hermenêutica. E a norma que dá sentido ao texto significa que o texto só existe – no sentido de sua existência – "normado" (significado). Mas, atenção: esse normado/significado jamais será um produto de uma conceitualização. Quando falamos em fatos ou coisas, falamos de fatos ou coisas porque estes somente são tais porque lhes foi atribuído um sentido. Afinal, diz Gadamer, "a experiência não se verifica primeiro sem palavras para se tornar depois, através de designação, em objeto de reflexão".[29] Mais ainda: *das Licht, das alles so hervortreten lässt, dass es in sich selbst einleuchted und in sich verständlich ist, ist das Licht des Wortes*.[30]

Portanto, há uma relação clara e insofismável entre *a incindibilidade da interpretação, da compreensão e da aplicação* e a *tese hermenêutica (filosófica)* de que texto e norma são apenas diferentes, uma vez que: *primeiro*, se fossem separados, estar-se-ia admitindo a tese metafísica de que os conceitos podem ser constituídos em abstrato (discursos de justificação acerca da validade a partir do princípio "U"?), independentemente das coisas às quais se referem, com o que os sentidos seriam acopláveis "às coisas-ainda-sem-sentido" (e que assim pudessem ser percebidas, para depois nelas se colar o sentido); *segundo*, se, ao contrário, fossem "colados" um ao outro, repristinando, assim, uma espécie de "naturalismo da linguagem", a (hercúlea) tarefa do intérprete seria a de "extrair" do texto o sentido que lhe está(ria) imanente, ou seja, *como se o texto carregasse, de forma reificada, o seu próprio sentido* (esta é, pois, a tese da reprodução de sentido, traduzida pela expressão *Auslegung*).

Assim, o texto da Constituição só pode ser entendido a partir de sua aplicação. Entender sem aplicação não é um entender. A *applicatio* é a norma(tização) do texto constitucional. A Constituição será, assim, o resultado de sua interpretação (portanto, de sua compreensão como Constituição), que tem o seu acontecimento (*Ereignis*) no ato aplicativo, concreto, produto da intersubjetividade dos juristas, que emerge da complexidade das relações sociais. Por isto, o texto não está à disposição do intérprete, porque ele é produto dessa correlação de forças que se dá não mais em um esquema sujeito-objeto, mas, sim, a partir do círculo hermenêutico, que atravessa o dualismo metafísico (objetivista e subjetivista). Há, pois, um sentido forjado nessa intersubjetividade que se antecipa ao intérprete. Em outras palavras, o intérprete estará jogado, desde sempre, nessa lingüisticidade. Por isto, a interpretação da Constituição, isto é, o sentido (norma) do texto constitucional é – parafraseando Radbruch – o resultado do seu resultado,

---

[29] Cf. Gadamer, *Wahrheit und Methode,* op. cit., p. 394.
[30] Idem, ibidem, p. 487.

que decorre, afinal, desse complexo jogo de relações intersubjetivas e das dimensões simbólicas do poder, que "cercam" desde sempre o intérprete. Como a hermenêutica é ontológica (não-clássica), e não procedimental, entendo ser possível encontrar (sempre) uma resposta condizente (conforme) a Constituição – entendida em seu todo principiológico. Essa resposta será a resposta hermeneuticamente correta para aquele caso, a partir da idéia de que hermenêutica é sempre *applicatio* (superada, portanto, a cisão – metafísica – do ato interpretativo em conhecimento, interpretação e aplicação). Tenho, assim, que a interpretação do direito é um ato de "integração", cuja base é o círculo hermenêutico (o todo deve ser entendido pela parte, e a parte só adquire sentido pelo todo), sendo que o sentido hermeneuticamente adequado (correto) se obtém das concretas decisões por essa integração coerente na prática jurídica, assumindo especial importância a autoridade da tradição (que não aprisiona, mas funciona como condição de possibilidade). E – registre-se – a tradição não depende da vontade ou da discricionariedade do intérprete. Exatamente por superar o modelo interpretativo baseado na determinação abstrata dos significados dos textos jurídicos e por superar os modelos procedimentais (em que apenas importa a relação de proposições) é que a hermenêutica trata da realização concreta do direito, isto é, não há mais só textos; há normas e, nelas, está contida a normatividade que abrange a realização concreta. É o caso concreto que será o *locus* desse acontecer do sentido.

Numa palavra, essa resposta constitucionalmente adequada é o ponto de estofo em que exsurge o sentido do caso concreto (da coisa mesma). Na coisa mesma (*Sache selbst*), enfim, nessa síntese hermenêutica, está o que se pode denominar de a *resposta hermeneuticamente correta* – porque mais adequada à Constituição, e que é dada sempre e somente na situação concreta. Isto porque uma resposta (que é um ato de aplicação) *não é construída para responder a outras perguntas.*[31] Afinal, uma interpretação (decisão) não é feita para resolver casos futuros, porque isto implicaria uma autonomização desse enunciado (como se o ser se separasse do ente), estabelecendo-se, assim, uma universalidade, com o escondimento da singularidade do caso. É por isso que a norma atribuída a um texto – que sempre diz respeito a um evento – não pode ser o sentido da norma de outro texto. Uma norma (sentido do texto) não se deduz de outra.

Isto não quer dizer que estou simplesmente aderindo à tese da única resposta certa proposta por Dworkin (*the one right answer*). Não devemos esquecer, já de início, a diferença entre o sistema jurídico da *common law* e da *civil law*, além do fato de que a tese aqui sustentada está baseada na

---

[31] Mas pode/deve ser utilizada no processo de integração do direito, para, enquanto pré-compreensão, servir de indicativo formal para a conformação da próxima resposta. Como muito bem assinala Heidegger, os indícios formais (*formale Anzeige*) não são palavras mágicas. Sua função é a de se opor aos conceitos metafísicos.

hermenêutica filosófica, que – embora, a toda evidência, seja possível fazer uma aproximação Gadamer-Dworkin[32] – não é a teoria de base adotada pelo jusfilósofo norte-americano. Também é discutível a "missão" do juiz Hércules – tipo ideal criado por Dworkin para alcançar a única resposta correta. Considero até mesmo sem sentido a discussão sobre se é possível uma única resposta correta. Além do mais, enquanto Dworkin sustenta que a indeterminação de regras jurídicas obriga a recorrer a direitos ou a argumentos principiológicos que se encontram fora da ordem jurídica positiva, não podendo, assim, ser identificados por meio de regra de reconhecimento, em sistemas jurídicos como o brasileiro, essa questão assume outra dimensão, isto é, a Constituição abarca em seu texto um conjunto principiológico que contém a co-originariedade entre direito e moral, isto é, aquilo que Dworkin necessita buscar "fora" do sistema, em Constituições fortemente compromissórias e sociais como a brasileira já está amplamente contemplado. Portanto, o discurso moral-principiológico não vem de fora, para atuar como corretivo para os "impasses" interpretativos, ou seja, parece evidente que o direito é aberto à moral, mas não é dela dependente, como se pode perceber, v.g., em Alexy.

Embora a proximidade das teses de Dworkin e Gadamer (em comum, o rechaço da distinção entre descrição e avaliação em Dworkin e o processo unitário da compreensão, em Gadamer), entendo que o diferencial em favor da hermenêutica filosófica reside na diferença ontológica, *que nada mais é do que um axioma que comanda a antecipação de sentido* (o texto só é no seu sentido e o sentido só é no seu texto, fenômeno que se dá sempre em um mundo prático, ou, se se quiser, na situação concreta do caso jurídico).

Na medida em que o caso concreto é irrepetível, a resposta é, simplesmente, uma (correta ou não), para aquele caso. A única resposta acarretaria uma totalidade, em que aquilo que sempre fica de fora de nossa compreensão seria eliminado. O que sobra, o não-dito, o ainda-não-compreendido, é o que pode gerar, na próxima resposta a um caso idêntico, uma resposta diferente da anterior. Portanto, não será a única resposta; será, sim, "a" resposta. A única resposta correta é, pois, um paradoxo: *trata-se de uma impossibilidade hermenêutica e ao mesmo tempo, uma redundância, pois a única resposta acarretaria o seqüestro da diferença e do tempo* (não esqueçamos que o tempo é a força do ser na hermenêutica). E é assim porque é conteudística, exsurgindo do mundo prático. Ou seja, *a resposta correta só pode ocorrer levando em conta a conteudística*. Não é procedural. Por isto, é *a* resposta: nem única, nem uma entre várias possíveis. Apenas "a resposta", que exsurge como síntese hermenêutica, ponto de estofo em que se manifesta a coisa mesma (*die Sache selbst*). É por isto que Gadamer vai

---

[32] Nesse sentido, a obra de Rodolfo Arango, *Hay respuestas correctas en el derecho?* Santafé de Bogotá: Ediciones Uniandes, 1999.

dizer, em seu repto contra a arbitrariedade interpretativa: para a hermenêutica, o relativismo não deve ser refutado; *deve ser destruído!*

É preciso deixar claro, pois, que a arbitrariedade (positivista) – que possibilita múltiplas respostas – é eliminada pelo processo unitário da compreensão, *ainda que ela seja a base de qualquer diferença.* Desde que o caso (razão prática) passou para o centro das preocupações dos juristas, abandona-se a multiplicidade de respostas, uma vez que somente em abstrato é possível encontrar respostas variadas. O caso (que é, e somente pode ser, concreto) demandará somente uma resposta. Há, pois, uma "unidade de solução" em cada caso, para usar as palavras de Garcia de Enterría.

O caso concreto de que tratam as posturas positivistas (exegético-normativistas, ainda dominantes no imaginário dos juristas, o que pode ser percebido facilmente pelo uso descontextualizado de verbetes jurisprudenciais) não é o "caso concreto" que emerge na era do pós-positivismo. No positivismo – nas suas mais variadas derivações – o assim denominado "caso" é uma ficção, apontável entre várias alternativas, a partir de um processo subsuntivo/dedutivo, que tem na regra a pretensão de abarcar as diversas hipóteses de aplicação desde conceitos abstratos-universalizantes. Já no paradigma pós-metafísico – e aqui me refiro à hermenêutica filosófica – o "caso" é produto de uma análise conteudística que se constrói no interior de uma intersubjetividade. Afinal, no positivismo, o caso "surge" de uma relação sujeito-objeto; na hermenêutica, não há essa objetificação; no positivismo, a regra se explica representacionalmente; na hermenêutica, a partir da faticidade (mundo prático).

Por outro lado, a resposta a um problema não é etapa subseqüente à interpretação (não esqueçamos, naturalmente, o valor/autoridade da tradição, o círculo hermenêutico, a diferença entre pré-juízos autênticos e inautênticos, a antecipação de sentido, categorias fundamentais na hermenêutica filosófica). Isto seria um retorno ao paradigma representacional. Não se interpreta por partes, em etapas.

Uma coisa, contudo, deve ficar clara: a hermenêutica não quer ter a última palavra. Mas o que está em jogo nesta frase? Quando Gadamer diz isso, quer dizer que a hermenêutica sempre supõe que a historicidade do compreender e a historicidade da linguagem têm diversos graus de explicitação ou de manifestação; vão além dos simples enunciados. Existe uma espécie de *continuum*, em que podemos cair na tentação de convertê-lo em uma classificação de diversas respostas e soluções e, em uma distinção de grau, afirmar que essa resposta é melhor que aquela, e que há varias respostas e cada um escolhe uma. Evitando essa tentação – que tem um fundo epistemológico –, temos que nos dar conta de que todas as respostas se movem em um único horizonte e de que a distinção entre as respostas é apenas uma espécie de artifício.

Essas "variadas/múltiplas respostas", em que cada um "escolhe" uma, implicam – e aqui reside o cerne da problemática – *uma exclusividade de cada uma das respostas*. E disto as teorias da argumentação não se deram conta. Isto é extremamente problemático, porque a possibilidade de múltiplas respostas está fundada na tese de que cada uma se julga, de alguma maneira, absoluta! Ora, em hermenêutica nada é absoluto. Cada resposta tem um enraizamento comum. *Ela se distingue somente no nível da objetivação*. As respostas não estão – de antemão – à disposição do intérprete, *como um catálogo em que este "escolhe" uma delas como sendo a melhor*. Se é possível afirmar que o positivismo está sustentado na possibilidade de que existam múltiplas respostas, delegando à discricionariedade judicial a resolução dos "casos complexos" (e esta foi a grande crítica feita por Dworkin a Hart), *também é possível dizer que não há garantias no sentido de que a tese da "melhor resposta possível" tenha o condão de afastar/evitar um (elevado) grau de discricionariedade, uma vez que a "melhor resposta" não exclui a existência de várias respostas, não superando, desse modo, o problema fulcral do positivismo, que é a escolha (discricionária) da resposta pelo intérprete*. Ou seja, de um certo modo, o problema continua a estar na subjetividade do intérprete. É neste ponto que reside o problema principal da tese das múltiplas respostas, e quiçá, da melhor resposta. O ato interpretativo – que depende de uma pré-compreensão antecipadora – não é uma acoplagem de um significado a um significante, ou, para usar a linguagem tipicamente hermenêutica, não é uma acoplagem de um sentido (ser) a um ente desnudo, que estaria à espera dessa operação.

Por isso, se formos a fundo, é possível dizer que a escolha de uma resposta a partir de uma multiplicidade de respostas é uma escolha superficial, *que objetifica, que separa, que traz elementos com os quais se pensa excluir outras respostas, mas ela se move no mesmo universo das outras*. Ora, não se pode excluir que se dêem várias respostas. Isto ocorre em face das contingências. *Entretanto, o fato de se possibilitar várias respostas pelas contingências não significa que em todas elas se pode encontrar o elemento de compreensão que se encontra em uma unidade*. Renunciar de antemão a essa unidade significa não levar até o fim as conseqüências do ato interpretativo, enfim, da resposta (mais adequada) ao problema.

A hermenêutica proporciona a possibilidade de se encontrar sempre uma resposta de acordo com a Constituição, que será, assim, a "resposta hermeneuticamente correta" para aquele caso, que exsurge na síntese hermenêutica da *applicatio*. Essa resposta propiciada pela hermenêutica deverá, a toda evidência, estar justificada (a fundamentação exigida pela Constituição implica a obrigação de justificar) no plano de uma argumentação racional, o que demonstra que, se a hermenêutica não pode ser confundida com teoria da argumentação,[33] não prescinde, entretanto, de uma argumentação adequada (vetor de racionalidade de segundo nível, que funciona no plano lógico-apofântico). Afinal, se interpretar é explicitar o compreendido (Gadamer), a tarefa de explicitar o que foi compreendido é reservado às teorias discursivas e, em especial, à teoria da argumentação jurídica. Assim, é possível dizer que hermenêutica não é teoria da argumentação ou qualquer outra teoria discursiva (tópico-retórica etc.). Mas a hermenêutica não prescinde de que se argumente, visando a explicitar o compreendido. Isto porque a tese da resposta constitucionalmente adequada (ou a resposta correta para o caso concreto) pressupõe uma sustentação argumentativa. A diferença entre hermenêutica e essa teoria argumentativo-discursiva é que aquela trabalha com uma justificação substantiva, ao contrário desta, que se contenta com uma legitimidade meramente procedimental.

Por isso o acerto de Dworkin, ao exigir uma "responsabilidade política" dos juízes. Os juízes têm a obrigação de justificar[34] suas decisões, porque com elas afetam os direitos fundamentais e sociais, além da relevante circunstância de que, no Estado Democrático de Direito, a adequada justificação da decisão constitui-se em um direito fundamental. Daí a necessidade de ultrapassar o "modo-positivista-de-fundamentar" as decisões (perceptível no cotidiano das práticas dos tribunais, do mais baixo ao mais alto); é necessário justificar – e isto ocorre no plano da aplicação – detalhadamente o que está sendo decidido. Portanto, jamais uma decisão pode ser do tipo "Defiro, com base na lei x ou da súmula y". A justificativa é condição de possibilidade da legitimidade da decisão.

A *applicatio* evita a arbitrariedade na atribuição de sentido, porque é decorrente da antecipação (de sentido) que é própria da hermenêutica filo-

---

[33] Há, assim, uma nítida diferença entre a tese da resposta correta a ser dada pela hermenêutica filosófica e o tipo de resposta proposta a partir das teorias do discurso e da argumentação. Assim, embora minha concordância em relação à inviabilidade da "única resposta correta", não é possível, porém, concordar com as críticas à referida tese feitas à luz da teoria da argumentação jurídica, exatamente pelo não-abandono, por parte destas, da subsunção e, portanto, do esquema sujeito-objeto (pelo menos, se assim se quiser, para os "easy cases"). Nessa linha, podem ser elencados autores como Manuel Atienza (*As razões do direito*: teorias da argumentação jurídica. 2. ed. São Paulo: Landy, 2002, op. cit. p. 40 e segs), Luis Pietro Sanchis (*Neoconstitucionalismo y ponderación*, in: Carbonell, Miguel – org. Neoconstitucionalismo(s), 2003,p. 145) e Luis Roberto Barroso e Ana Paula Barcellos (*O começo da história*: a nova interpretação constitucional e o papel dos princípios no direito brasileiro. Interesse Público, v. 5, n. n. 19, p. 51-80, 2003).

[34] Isto é assim porque o sentido da obrigação de fundamentar as decisões previsto no art. 93, IX, da Constituição do Brasil implica, necessariamente, a justificação dessas decisões. Veja-se que um dos indicadores da prevalência das posturas positivistas – e, portanto, da discricionariedade judicial que lhe é inerente – está no escandaloso número de embargos de declaração propostos diariamente no Brasil. Ora, uma decisão bem-fundamentada/justificada (nos termos de uma resposta correta-adequada-a-Constituição, a partir da exigência da máxima justificação) não poderia demandar "esclarecimentos" acerca do *holding* ou do *dictum* da decisão. Os embargos de declaração – e acrescente-se, aqui, o absurdo representado pelos "embargos de pré-questionamento" (*sic*) – demonstram a irracionalidade positivista do sistema jurídico.

sófica. *Aquilo que é condição de possibilidade não pode vir a se transformar em um "simples resultado" manipulável pelo intérprete.* Afinal, não podemos esquecer que mostrar a hermenêutica como produto de um raciocínio feito por etapas foi a forma pela qual a hermenêutica clássica encontrou para buscar o controle do "processo" de interpretação. Daí a importância conferida ao método, "supremo momento da subjetividade assujeitadora". Ora, a pré-compreensão antecipadora de sentido de algo ocorre à revelia de qualquer "regra epistemológica" ou método que fundamente esse sentido. Não há métodos e tampouco metamétodos ou metacritérios (ou um *Grundmethode*,[35] para imitar Kelsen e "escapar" do problema – insolúvel – do *fundamentum inconcussum*). A compreensão de algo *como* algo (*etwas als etwas*) simplesmente ocorre, porque o ato de compreender é existencial, fenomenológico, e não epistemológico. Qualquer sentido atribuído arbitrariamente será produto de um processo decorrente de um vetor (*standard*) de racionalidade de segundo nível, meramente argumentativo/procedimental,[36] isto porque filosofia não é lógica e, tampouco, um discurso ornamental.

Nesse sentido, cabe lembrar, forte no argumento de Kaufmann, que a maior parte dos teóricos das teorias argumentativas não se preocupa, ou se preocupam apenas marginalmente, com o problema do relativismo. Por isso, o mesmo Kaufmann dá razão à análise que Ulfrid Neumann faz da hermenêutica do ponto de vista da(s) teoria(s) da argumentação: "Evidentemente que consenso e intersubjetividade, argumentação e reflexão não são domínio exclusivo do pensamento hermenêutico. Mas, ao contrário da teoria analítica do direito, a hermenêutica jurídica logra conciliar tais momentos com o texto. Enquanto a teoria analítica tem de separar o significado do texto do entendimento intersubjetivo, porque apenas consegue determinar o significado do texto com base em regras gerais de semântica, o pensamento hermenêutico proporciona *a inclusão do texto no processo da constituição intersubjetiva de uma decisão 'correta'*".

A afirmação de que sempre existirá uma resposta constitucionalmente adequada – que, em face de um caso concreto – será a resposta correta, decorre do fato de que uma regra somente se mantém se estiver em conformidade com a Constituição, seja a partir de uma parametricidade *stricto sensu*, seja a partir de uma parametricidade decorrente da resolução de conflitos de princípios. Por isso, mesmo na mais "simples" resolução de um "caso simples" (*sic*). estará presente o exame da adequação constitucional, porque todo ato interpretativo é um ato de filtragem hermenêutico-constitucional. Por mais que o caso seja passível de ser "resolvido por intermédio

---

[35] Sobre a problemática do "método", ver o capítulo 5º do meu *Jurisdição Constitucional*, op. cit.
[36] Idem, ibidem, p. 246 e segs, em que trabalho a noção de vetores de racionalidade de Hilary Putnam e Ernildo Stein.

de uma operação dedutiva" (*sic*), o ato interpretativo já estará impregnado pelo sentido (antecipado, pré-compreendido) que o intérprete tem da Constituição, que não decorre, obviamente, de sua subjetividade. Isto porque a compreensão, condição de possibilidade para a interpretação, é um existencial (portanto, não procedimental), pois não decorre de uma relação sujeito-objeto.

5. A análise de um caso concreto ou de como no positivismo o caso fica obnubilado pela regra (verbete/enunciado)

Há que se fazer sempre um alerta, quando se diz – e isto já se tornou lugar comum – que *a norma se realiza no "caso concreto"* e que *o juiz realiza a aplicação*, etc. Na escola da exegese, toda a norma era geral, e o juiz – em face da cisão entre fato e direito – ficava restrito ao exame dos fatos, a partir de uma subsunção. Tratava-se do império objetivista do texto produzido pela vontade geral. Por isto, o juiz era a boca que pronunciava a lei. O contraponto histórico vem com as correntes subjetivistas. A norma, agora, é individual; o legislador faz o texto, e o intérprete "faz" a norma. Assim, quando hoje – em pleno paradigma principiológico, neoconstitucionalista e superador do positivismo sustentado pela regra e pela subsunção – parece vencedora a tese da realização do direito (norma) "somente na situação concreta", *não podemos cair na armadilha do axiologismo, proporcionando uma espécie de retorno à discricionariedade positivista, como se os princípios proporcionassem ainda mais abertura na interpretação dos juízes no "caso concreto"*.

Mas não é assim. A norma (sentido) a ser aplicada pelo juiz não é produto de sua vontade (ou de sua "discricionariedade"). A aplicação hermenêutica não é somente a aplicação pelo juiz. Sempre aplicamos. Quando obedecemos a um sinal de trânsito, estamos aplicando. Quando compreendemos um enunciado qualquer, aplicamos. Assim, a "era dos princípios" não é – de modo algum – um *plus* axiológico-interpretativo, que veio para transformar o juiz (ou qualquer intérprete) em superjuiz, que vai descobrir os "valores ocultos" no texto, agora "auxiliado/liberado" pelos princípios. Tampouco há deduções ou subsunções, mesmo que se esteja em face dos assim denominados "casos simples" (*easy cases*). Do mesmo modo, as teorias da argumentação ou outras teorias procedurais (teorias do discurso) não se constituem em uma espécie de reserva hermenêutica, que somente será chamada à colação na "insuficiência" da regra, isto é, quando se estiver em face de "casos difíceis" (*hard cases*). Casos simples e casos difíceis partem de um mesmo ponto e possuem em comum algo que lhes é condição de possibilidade: a pré-compreensão. Partir de uma pré-elaboração do que seja um caso simples ou complexo é incorrer no esquema sujeito-objeto, como se fosse possível ter um "grau zero de sentido", insulando a pré-compreensão e tudo o que ela representa como condição para a compreensão de um problema. A discricionariedade interpretativa é fruto do paradigma representacional, e se fortalece na cisão entre interpretar e aplicar, o que implica a prevalência do dualismo sujeito-objeto.

Essa discricionariedade/arbitrariedade positivista – sob as mais variadas vestes – ainda domina o modo-de-agir dos juristas. No fundo, em linguagem mais simples, significa aquilo que Kelsen "incentivou" no oitavo capítulo de sua TPD: o decisionismo que poderia ser praticado nos "limites" da moldura da norma jurídica, ou a delegação em favor dos juízes da tarefa de decidir sobre os *hard cases*, que pode ser vista no Conceito de Direito de Hart. Como ilustração do problema, veja-se o seguinte *case*, que indelevelmente deixa demonstrada a prática decisionista, mesmo que sob a roupagem de uma "decisão crítica", elaborada – pretensamente – à luz de um dos mais avançados princípios jurídicos produzidos no direito penal do Estado Democrático (e Social) de Direito. Com efeito, dois indivíduos invadiram uma casa e dali subtraíram alguns objetos, parte deles avaliados em cerca de R$ 100,00 (um dos objetos, um aspirador de pó, não foi avaliado). Foram presos em flagrante e denunciados por tentativa de furto qualificado (art. 155, § 4º, inc. II, c.c. o art. 14, inc. II, do Código Penal). Entretanto, a denúncia foi rejeitada pela juíza de direito, sob o "fundamento" de o fato ser insignificante. O Ministério Público interpôs recurso (Apelação n. 70.012.342.515 – TJRS), alegando que, ao contrário do alegado pela juíza, o fato constituía, sim, crime. Exarei parecer no recurso, *entendendo ser nula a decisão, por total falta de fundamentação*, que pura e simplesmente fez menção a um "precedente", arquitetado no princípio da insignificância. Eis o precedente, posto plenipotenciariamente como fundamentação do ato decisório:

FURTO. REJEIÇÃO DA DENÚNCIA. PRINCÍPIO DA INSIGNIFICÂNCIA. Hipótese que caracteriza o delito de bagatela, ensejando a aplicação do princípio da insignificância. Apelo improvido.

E nada mais foi dito na decisão.

Aparentemente – e só aparentemente – poder-se-ia afirmar que a magistrada estava diante de um caso singelo (se se quiser, um *easy case*).[37] Afinal, a ementa citada "justificava" a aplicação do princípio da insignificância. Mas, será que interpretar o direito é isto? Será que a fundamentação exigida pela Constituição acarreta um exame tão singelo de um "caso concreto"? É possível "enquadrar" casos absolutamente diferentes entre si em uma mesma "regra"? Não esqueçamos que a ementa utilizada pretendeu substituir, *in casu*, toda e qualquer menção à legislação e à Constituição, alçando-a a uma espécie de super-regra, que, como um universal, pudesse

---

[37] Chamo a atenção para a problemática decorrente da "separação" entre casos simples e casos difíceis, aqui criticada à luz da hermenêutica filosófica.

conter uma espécie de essência ou substância de "insignificância jurídica" (crime de bagatela)! Com efeito, a magistrada rejeitou a denúncia com base em um princípio que, consagrado pela tradição – possui guarida implícita em nosso ordenamento constitucional. Portanto – e isto é característica do novo constitucionalismo ex-surgido no segundo pós-guerra (neoconstitucionalismo) –, existem princípios que são aplicados diretamente, sem a necessidade de regras decorrentes de *interpositio legislatoris*. Assim, mesmo que fosse correta a alusão ao princípio, faltou a devida fundamentação/justificação. Afinal, como bem diz Marcelo Cattoni,

> o direito sob o Estado Democrático de Direito não é indiferente às razões pelas quais um juiz ou um tribunal toma suas decisões. O direito, sob o paradigma do Estado Democrático de Direito, cobra reflexão acerca dos paradigmas que informam e conformam a própria decisão jurisdicional.[38]

Dito de outro modo, a sociedade tem o direito de saber as razões para a tomada da decisão. A mera citação de um ementário equivale a nenhuma fundamentação. Com efeito, a decisão não justifica o princípio utilizado (insignificância), problemática que deveria começar pela explicitação das particularidades do caso que ensejariam a sua aplicação (o que se chamaria de reconstrução integrativa do direito, que possibilitaria a resposta adequada constitucionalmente) e nem mesmo cita jurisprudência – entendida na tradição como reiteração de decisões, que por uma questão de similitude criam um entendimento ou orientação (costume jurisprudencial). Como bem lembra Dworkin, ferrenho antipositivista e antimetafísico,

> qualquer juiz obrigado a decidir uma demanda descobrirá, se olhar nos livros adequados, registros de muitos casos plausivamente similares, decididos há décadas ou mesmo séculos por muitos outros juízes, de estilos e filosofias judiciais e políticas diferentes, em períodos nos quais o processo e as convenções judiciais eram diferentes. Ao decidir o novo caso, cada juiz deve considerar-se como um complexo empreendimento em cadeia, do qual essas inúmeras decisões, estruturas, convenções e práticas são a história; é seu trabalho continuar essa história no futuro por meio do que ele faz agora. Ele deve interpretar o que aconteceu antes porque tem a responsabilidade de levar adiante a incumbência que tem em mãos e não partir em alguma nova direção. Portanto, deve determinar, segundo seu próprio julgamento, o motivo das decisões anteriores, qual realmente é, tomando como um todo, o propósito ou o tema da prática até então.[39]

Mas nada disso ocorreu no caso em tela. A decisão se baseou apenas em uma decisão (isolada, eis que nem sequer fazia menção a outras), que, *in casu*, "funcionou", não como um princípio, e, sim, como uma regra para resolver casos seguintes (no caso, há uma agravante, como será demonstrado em seguida: a ementa citada está absolutamente descontextualizada do "caso" em questão). Ora, uma ementa (enunciado) não se transforma em

---

[38] Cfe. Cattoni de Oliveira, Marcelo Andrade. *Jurisdição e hermenêutica constitucional no Estado Democrático de Direito*: um ensaio de teoria da interpretação enquanto teoria discursiva da argumentação jurídica de aplicação. In: Jurisdição e Hermenêutica Constitucional. Marcelo Cattoni (org). Belo Horizonte: Mandamentos, 2005, p. 51.
[39] Dworkin, Ronald. *Uma Questão de Princípio*. São Paulo: Martins Fontes, 2001, p. 238.

regra (no caso, foi exatamente o que a juíza fez); e mesmo que pudesse ser considerada como "regra", ainda assim não "carregaria" consigo o seu próprio sentido. Como se sabe, o texto não carrega a norma; a regra não carrega o seu próprio sentido.

Daí a necessidade de insistir no ponto: a juíza, ao aplicar o "princípio", fê-lo como se fosse uma regra. E para esse desiderato, optou por uma fundamentação pretoriana, que poderia ser chamada de fundamentação jurisprudencial, mas que necessita de uma série de cuidados, sob pena de o assim denominado "caso concreto" – no caso, o furto tentado realizado em uma residência, de forma ousada, eivado de peculiaridades, como qualquer "caso concreto" – ficar obnubilizado por uma conceitualização, repristinando, para dizer o menos, a velha jurisprudência dos conceitos.

É importante registrar que, no sistema romano-germânico, para que haja a utilização de um precedente (e precedente não pode ser apenas decorrente de uma apreciação isolada, sem uma "integridade") como razão de decidir – e é de se relevar que tal utilização deve ocorrer de forma excepcional, já que tal sistema tem a lei como paradigma e núcleo central[40] – tal circunstância deve ocorrer de forma análoga ao modelo da *common law*: o precedente não vale por si só.

Mais: os precedentes não devem ser aplicados de forma dedutivista/subsuntiva, como se fossem uma premissa maior. Ora, fosse assim e os precedentes seriam regras ou princípios; logo, perderiam a sua razão de ser! Para o precedente ser aplicado, deve estar fundado em um contexto, sem a dispensa de profundo exame acerca das peculiaridades do caso que o gerou. Logo, a fundamentação de um princípio através do uso de jurisprudência, em nosso sistema, não dispensa o que é mais caro para a *common law* – a justificação acerca da similitude do caso que está servindo como *holding*.

Aliás, vale advertir que, mesmo na *common law,* as decisões não são proferidas para que possam servir de precedentes para casos futuros; são, antes, emanadas para solver as disputas no caso concreto e, também por isso, não basta a simples menção do precedente para solucionar a controvérsia. Este deve vir acompanhado da necessária justificação e contextualização no caso concreto.

Ementas não têm força de lei e não gozam dos "requisitos" da regra: abstração e generalidade. *E de qualquer modo não abarcariam todas as hipóteses de aplicação.* Mas, ao serem assim utilizados, transformam-se em regras, escondendo e impedindo o aparecimento do princípio que subjaz em cada regra (e o princípio é a razão prática da discussão jurídica; é a realidade que é trazida para dentro da discussão; enfim, é o caso – concreto –, que só

---

[40] Nesse sentido, a Constituição do Brasil – Art. 5º, II – institui que ninguém será obrigado a fazer ou deixar de fazer senão em virtude de lei. Tal disposição foi, de certa forma, excepcionada pela EC 45. Mas, de qualquer forma, o sistema segue alicerçado na lei, tendo as súmulas aplicação restrita.

existe na sua singularidade, irrepetível, pois!). Ementários não podem ser aplicados, portanto, de forma irrestrita e por "mera subsunção" (*sic*). Dito de outro modo: precedentes não são significantes primordiais-fundantes (de cariz aristotélico-tomista), nos quais estariam contidas as "universalidades" de cada caso jurídico, a partir das quais o intérprete teria a simplista tarefa de "subsumir" o particular ao geral/universal.

Interpretar (e aplicar) não é nunca uma subsunção do individual sob os conceitos do geral. E exemplos de pautas gerais são comuns e recorrentes em nossa jurisprudência.[41] Dito de outro modo, no "verbete jurisprudencial" não está contida a essencialidade (ou o *holding*) relativa ao que seja uma insignificância jurídica (como era o caso *sub judice*).[42] Como diz Heidegger, tomar aquilo que "é" por uma presença constante e consistente, considerado em sua generalidade, é resvalar em direção à metafísica.[43] Por isso, o saber representativo (metafísico), ao invés de mostrar o ente como ele é, acaba por escondê-lo e anulá-lo, ficando o "crime como o crime" afastado, obnubilado.

Com efeito, como venho denunciando de há muito, a partir do que denomino de uma crítica hermenêutica do direito (ou Nova Crítica do Direito), os verbetes jurisprudenciais (ou enunciados) não possuem uma essência (acompanhada de um sentido em-si-mesmo), que seja comum e que se adapte (ou abarque) a todos os "casos" jurídicos. Na verdade, aplicados de forma descontextualizada, levam ao obscurecimento da singularidade do caso. Daí a pergunta: como fica a assertiva mais festejada na contemporaneidade, de que "o direito é uma questão de caso concreto"?[44] O que estamos a fazer, efetivamente, é esconder, metafisicamente, o "caso concreto" atrás de um verbete (enunciado, súmula etc) que, além de tratar de matéria abso-

---

[41] Cumpre destacar, nesse sentido, que vem sendo prática recorrente, em *terrae brasilis* – a menção de acórdãos – utilizados como pautas gerais – nas decisões. Isto faz com que a doutrina perca força persuasiva, deixando-se às decisões dos tribunais a tarefa de atribuição do sentido das leis, fenômeno que é retro-alimentado por uma verdadeira indústria de manuais jurídicos, que colacionam ementários para servirem de "pautas gerais". Tal menção pode confortar uma orientação ou demonstrar a viabilidade jurídica de um entendimento, mas nunca fundamentar de per se a decisão, como é, aliás, o que ocorre no presente caso: a fundamentação da decisão recorrida restringiu-se ao acórdão mencionado, tão-somente!

[42] Ver, nesse sentido, Streck, Lenio Luiz, *Jurisdição Constitucional e Hermenêutica – uma nova crítica do Direito*, 2ª ed. Rio de Janeiro: Forense, 2004.

[43] Cfe. Heidegger, Martin. Vorträge über Aufsätze. Pfullingen, Günther Neske, 1954.

[44] A literatura jurídica coloca à disposição dos juristas todo tipo de conceitos (verbetes, ementários etc.), como se estes pudessem abarcar as diferentes especificidades dos casos (concretos!). *Verbi gratia*, é como se em um verbete – que assim é transformado em uma "pauta geral", porque de aplicação universal – do tipo "*legítima defesa não se mede milimetricamente*" estivessem contidas todas as *legítimas-defesas-que-não-podem–ser-medidas-com-um-esquadro*, ou ainda, no verbete "*a palavra da vítima assume especial relevância nos crimes de estupro*" estivesse contida a essencialidade (ou o *holding*) relativa à credibilidade-da-palavra-da-vítima nos crimes sexuais, ou ainda, a *contrario sensu*, o verbete "*a inidoneidade da vítima retira da palavra da vítima a presunção de veracidade*", contivesse, de forma fetichista, a universalidade do conceito de *inidoneidade-causadora-da-perda-da-credibilidade* da palavra da vítima no crime de estupro/atentado violento ao pudor.

lutamente diversa, não tem a possibilidade – por uma impossibilidade filosófica – de abarcar as diversas hipóteses de aplicação.

Finalmente: *o acórdão utilizado como precedente plenipotenciário dizia respeito a um furto qualificado pelo abuso de confiança: a empregada doméstica teria, em tese, furtado objetos da residência onde trabalhava. A res furtiva consistia em uma oração de Santo Expedito e dois porta-retratos, avaliados em R$ 56,00.* Cotejando o aludido "precedente" com o caso *sub* análise, tem-se a abissal incompatibilidade, sem considerar, ainda, que o furto foi praticado por duas pessoas, que invadiram uma residência. Repita-se: no caso concreto *sub* análise – e isto é o que importa discutir – o valor dos bens subtraídos ultrapassa R$ 100,00; os assaltantes estavam dentro da residência da vítima que é, manifestamente, pobre, representando, portanto, a subtração desfalque relevante em seu patrimônio. Isto para dizer o mínimo a partir de uma *reconstrução integrativa do direito aplicável ao caso*, que deve levar em conta *a interpretação coerente com as regras, princípios e decisões judiciais pré-existentes no cotidiano das práticas judiciárias* – mormente àquelas mais condizentes com o contexto da sociedade em que se realiza o julgamento – sendo vedado, portanto, que o juiz lance mão (exclusivamente) de seus princípios de conduta pessoal, sua visão própria de mundo, etc, para concretizar a decisão. Nesse sentido, a preciosa lição de Dworkin (*Laws Empire*), ao lembrar que quando mais de uma solução se apresentar a partir dessa "conduta interpretativa", o juiz deverá optar pela interpretação que, do ponto de vista da moral política, melhor reflita a estrutura das instituições e decisões da comunidade, ou seja, a que melhor represente o direito histórico e o direito vigente, sendo que esta seria, assim, a resposta correta para o caso concreto.

Por isto, a resposta correta do Tribunal para o caso é a anulação da decisão de primeiro grau, porque a sua fundamentação é nula, írrita, nenhuma. Violado, pois, o preceito constitucional que trata da fundamentação das decisões judiciais.

6. Reflexões finais: a hermenêutica (filosófica) e sua tarefa de intermediar a tensão entre texto e norma

O enfrentamento do positivismo não é simplesmente um confronto entre modelos de direito. O confronto é paradigmático. O novo constitucionalismo nascido da revolução copernicana do direito público traz para dentro do direito temáticas que antes se colocavam à margem da discussão pública: a política, representada pelos conflitos sociais, os direitos fundamentais-sociais historicamente sonegados e as possibilidades transformadoras da sociedade a serem feitas no e a partir do direito. Afinal, direito constitucional é direito político (H.P. Schneider). Tais perspectivas nos aparecem a partir de um constitucionalismo compromissório e (ainda) dirigente, mormente em países em que as promessas da modernidade nunca foram cumpridas. E a materialidade das Constituições se institucionaliza a partir da superação dos três pilares nos quais se assenta(va) o positivismo jurídico (nas suas variadas formas e facetas): o problema das fontes (a lei), a teoria da norma (direito é um sistema de regras em que não há espaço para os princípios) e as condições de possibilidade para a compreensão do fenômeno, isto é, a questão fulcral representada pela interpretação, ainda fortemente assentada no esquema sujeito-objeto, donde a permanência do modelo subsuntivo, como se a realidade fosse acessível a partir de raciocínios causais-explicativos.

O positivismo acredita que o mundo pode ser abarcado pela linguagem, e que a regra – no plano do direito – abarca essa "suficiência do mundo", isto é, a parte do mundo que deposita na regra as universalidades conceituais que pretendem esgotar a descrição da realidade. Na insuficiência daquela parte da linguagem para fornecer as respostas, chama-se à colação a subjetividade do intérprete, que, de forma solipsista, levanta o véu que "encobre" a resposta que a regra não pôde dar. A diferença entre a regra (positivista) e o princípio é que este está contido na regra, atravessando-a, resgatando o mundo prático.[45] Na medida em que o mundo prático não pode ser dito no todo – porque sempre sobra algo – *o princípio traz à tona o sentido que resulta desse ponto de encontro entre texto e realidade, em que um não subsiste sem o outro* (aqui, o antidualismo entra como condição de possibilidade para a compreensão do fenômeno). A regra não explica; a regra esconde. O princípio desnuda a capa de sentido imposta pela regra (pelo enunciado, que pretende impor um universo significativo auto-suficiente). No fundo, a dogmática positivista não conseguiu ainda superar a metafísica clássica, circunstância facilmente perceptível em setores importantes da doutrina que a sustentam, acreditando que a palavra da lei (regra) designa não a coisa individual, mas a comum a várias coisas individuais, ou seja, a essência captável pelo intérprete (as súmulas são um típico exemplo da tentativa de abarcar a "substância" dos diversos casos jurídicos); por outro lado, a dogmática jurídica também não superou a metafísica moderna, o que se pode perceber nas posturas de considerável parcela dos juristas que – a pretexto de "ultrapassar" a "literalidade" do texto, coloca no sujeito a tarefa hercúlea de descobrir os valores "escondidos" debaixo da regra, isto é, na "insuficiência" da regra – construída a partir da consciência de si do pensamento pensante – entra em cena o intérprete, para levantar o véu que "encobre o verdadeiro sentido da regra" (*sic*).

---

45 Afinal – e o alerta é de Navarro – o positivismo jamais se comprometeu a reconhecer relevância *prática* às normas jurídicas, o que significa dizer que podemos descrever o fato de que uma norma seja válida e informar acerca do *status* jurídico de certas ações ou estados de coisas sem aderir ao conteúdo de suas prescrições. Navarro, Pablo E. Tensiones conceptuales en el positivismo jurídico. In: *Doxa – Cuadernos de Filosofía del Derecho*, Biblioteca Digital Miguel de Cervantes, nº 24, 2001.

Parece não haver dúvida de que o positivismo – compreendido *lato sensu* – não conseguiu aceitar a viragem interpretativa ocorrida na filosofia do direito (invasão da filosofia pela linguagem) e suas conseqüências no plano da doutrina e da jurisprudência. "Todo jurista sabe que as decisões jurídicas dependem de uma multiplicidade de fatores que não estão dados nas regras do sistema", assinala Campbell.[46] Se isto é verdadeiro – e penso que é –, então como é possível continuar a sustentar o positivismo nesta quadra da história? Como resistir ou obstaculizar o constitucionalismo que revolucionou o direito no século XX? Entre tantas perplexidades, parece não restar dúvida de que uma resposta mínima pode e deve ser dada a essas indagações: o constitucionalismo – nesta sua versão social, compromissória e dirigente – não pode repetir equívocos positivistas, proporcionando decisionismos ou discricionariedades interpretativas.

Isto é, contra o objetivismo do texto (posturas normativistas-semânticas) e o subjetivismo (posturas axiológicas que desconsideram o texto) do intérprete, cresce o papel da hermenêutica de cariz filosófico. A hermenêutica aqui proposta como condição para superação do positivismo ultrapassa o problema dos discursos de justificação típicos das correntes positivistas, assim como o dualismo regra-princípio introduzido pelas teorias argumentativas (que repristinam a subsunção e a dedução para os assim denominados "casos simples"). A dedução sempre chega tarde. Subsunções e deduções dependem de um sujeito e de um objeto, contexto no qual a linguagem é apenas um instrumento, e o método (cânone jurídico) passa a ser o supremo momento da subjetividade. O problema é que, tanto a construção da categoria (enunciado) apta para a dedução, como o estabelecimento de qualquer procedimento para controlar o processo interpretativo, sempre tem como pressuposto um fundamento último. E tal circunstância não consegue descolar as teorias procedimentais (nas suas variadas formas) das *aporias da metafísica*. Afinal, não se conseguiu provar até hoje a existência de um método dos métodos, ou cânone dos cânones, ou um procedimento dos procedimentos, ou, ainda, uma espécie de método dos métodos que pudesse ser o fundamento último do processo interpretativo.

As posturas positivistas, ainda assentadas no paradigma representacional (no mínimo), constroem uma blindagem que impede a análise do direito a partir de sua conteudística. Daí a tarefa fundamental de qualquer teoria jurídica nesta quadra da história: concretizar direitos, resolvendo problemas concretos. Ou seja, passar da filologia para a sangria do cotidiano. Desse modo, se o dilema da teoria jurídica nestes tempos de resgate de direitos é "como se interpreta", "como se aplica" (Ian Schapp) e de como é possível superar o decisionismo positivista que permite múltiplas e varia-

---

[46] Cfe. Campbell, Tom. "El sentido del positivismo jurídico", In: *Doxa – Cuadernos de Filosofía del Derecho*. 2001, nº 24, p. 304.

das respostas, é necessário dar um salto em direção às perspectivas hermenêuticas que têm na linguagem não um instrumento ou uma terceira coisa que se coloca entre um sujeito e um objeto, e, sim, a sua própria condição de possibilidade.

É, pois, a incindibilidade entre interpretar e aplicar que irá representar a ruptura com o paradigma representacional-metodológico. E é o círculo hermenêutico que vai se constituir em condição de ruptura do esquema (metafísico) sujeito-objeto, *nele introduzindo o mundo prático* (faticidade), que serve para cimentar essa travessia, até então ficcionada na e pela epistemologia. Não há como isolar a pré-compreensão. Há, sim, um sentido que está com o intérprete desde sempre (antecipação do sentido), circunstância que transforma o ato de compreensão em uma espécie de vetor de racionalidade estruturante, e não meramente explicitativo.

Negar a possibilidade de que possa existir (sempre) – para cada caso – uma resposta conformada à Constituição[47] – portanto, uma resposta correta[48] sob o ponto de vista hermenêutico (porque é impossível cindir o ato interpretativo do ato aplicativo) –, pode significar uma profissão de fé no positivismo e, portanto, a admissão de discricionariedades interpretativas, o que se mostra antitético ao caráter não-relativista da hermenêutica filosófica e ao próprio paradigma do novo constitucionalismo principiológico introduzido pelo Estado Democrático de Direito, incompatível com a existência de múltiplas respostas.

Ou seja, as múltiplas respostas estão relacionadas ligadas – porque caudatárias – do conceitualismo da regra, que "abarca" (todas) as possíveis "situações de aplicação" de forma antecipada, independente do mundo prático. Nesse "mundo", o que conta é o enunciado, isto é, todas as outras formas de linguagem e todos os outros modos de dizer do objeto de análise se resumem ao enunciado. Para melhor explicar esse fenômeno, é possível dizer – fundado em Gadamer –, que a possibilidade de múltiplas respostas

---

[47] Toda interpretação é sempre uma interpretação constitucional, mesmo que o intérprete disso não se dê conta. É impossível ao jurista abstrair a pré-compreensão (adequada ou inadequada, autêntica ou inautêntica) que possui acerca do que significa a Constituição. A Constituição faz parte do mundo vivido do intérprete (com diferentes intensidades, é evidente; por isto, a pré-compreensão é condição de possibilidade da compreensão).

[48] Uma interpretação é correta quando desaparece, isto é, quando fica "objetivada" através dos "existenciais positivos", em que não mais nos perguntamos sobre como compreendemos algo ou por que interpretamos dessa maneira, e não de outra: simplesmente, o sentido se deu, do mesmo modo como nos movemos no mundo através de "nossos acertos cotidianos", conformados pelo nosso modo-prático-de-ser-no-mundo. Por isto, fica sem sentido separar/cindir a interpretação em *easy cases* e *hard cases*. Na medida em que o nosso desafio é levar os fenômenos à representação (pela linguagem), casos simples (*easy cases*) e casos complexos (*hard cases*) estão diferenciados pelo nível de possibilidade de objetivação, tarefa máxima de qualquer ser humano. Daí que, paradoxalmente, o caso difícil, quando compreendido corretamente, torna-se um "caso simples". Ou seja, reiterado a partir da existencialidade compreensiva, o caso (que não é simples e nem complexo, mas, sim, *um caso*) passará ao nível da objetivação. Por isto, torna-se inviável – como querem, v.g., os teóricos da teoria da argumentação – sustentar "raciocínios dedutivos" (causais-explicativos) para os "casos simples".

está calcada no *logos apofântico*, cuja função é significar o discurso, isto é, a proposição cujo único sentido é a de realizar o *apofainesthai*, o mostrar-se do que foi dito. *É uma proposição teórica no sentido de que ela abstrai de tudo que não diz expressamente.* O que constitui o objeto da análise e o fundamento da conclusão lógica é apenas o que ela própria revela pelo seu dizer.[49] Ora, na medida em que sempre há um déficit de previsões, as posturas positivistas "delegam" ao juiz uma excessiva discricionariedade (excesso de liberdade na atribuição dos sentidos), além de dar azo à tese de que o direito é (apenas) um conjunto de normas (regras). Isto significa transformar a interpretação jurídica em filologia, forma refinada de negação da diferença ontológica.

Nitidamente, há, ainda, uma resistência à viragem hermenêutico-ontológica, instrumentalizada em uma dogmática jurídica (que continua) refratária a uma reflexão mais aprofundada acerca do papel do direito nesta quadra da história. Sejamos claros: no campo da interpretação do direito, não houve ainda a invasão da filosofia pela linguagem. E não há como esconder essa evidência: inserido nessas crises, o jurista (ainda) opera com as conformações da hermenêutica clássica, vista como pura técnica (ou técnica pura) de interpretação (*Auslegung*), na qual a linguagem é entendida como uma terceira coisa que se interpõe entre um sujeito cognoscente (o jurista) e o objeto (o direito) a ser conhecido. *Sempre sobra, pois, a realidade!* Esse modo-de-ser encobre o acontecer propriamente dito do agir humano, *objetificando-o na linguagem e impedindo que se dê na sua originariedade, enfim, na sua concreta faticidade e historicidade.* Dito de outro modo, o jurista, filologicamente, acredita que o mais importante é interpretar textos, buscando "amarrar" o resultado da interpretação a partir de uma metodologia metafísica, de nítido perfil epistemológico-procedimental, que, mesmo na hipótese de levar em conta os princípios constitucionais, transformam estes em regras, a partir do estabelecimento de regras para a resolução dos conflitos entre os princípios. Ora, princípios não colidem no ar; princípios não podem ser interpretados – portanto, aplicados – abstratamente; a busca de critérios ou metacritérios para a resolução dos conflitos entre os princípios é uma contradição. Em síntese, princípios não prescindem do "caso concreto". Regrar a aplicação dos princípios é transformá-los em regras. E regras não são princípios.

Uma reflexão que aponte para a superação desse imaginário não prescinde dos pressupostos hermenêuticos, que apontam para a superação do esquema sujeito-objeto, assim como dos diversos dualismos próprios dos paradigmas metafísicos objetificantes (clássico e da filosofia da consciência). Consciência e mundo, linguagem e objeto, sentido e percepção, teoria e prática, texto e norma, vigência e validade, regra e princípio, casos sim-

---

[49] Cfe. Gadamer, *Wahrheit und Methode*, Ergänzung ..., op.cit., p. 193 e 194.

ples e casos difíceis, discursos de justificação e discursos de aplicação: *esses dualismos se instalaram no nosso imaginário sustentados pelo esquema sujeito-objeto.* E a tarefa de um discurso crítico é a de mostrar essa incindibilidade e que há sempre algo que nos antecede, que é a dimensão da linguagem, que é condição de possibilidade. Para que o ôntico nos apareça, há um algo (pré)-ontológico que nos antecipa o sentido. *Aí está a pré-compreensão, e esta é impossível de negar, mesmo que obedeçamos a todos os procedimentos necessários para a conformação de uma verdade consensual.* No ser-no-mundo, no mundo prático, está a superação do paradigma epistemológico. *Afinal, é exatamente por isso que interpretar e aplicar são coisas incindíveis.*

Nesta quadra da história, em pleno paradigma do Estado Democrático de Direito, de ruptura com o positivismo e da tomada da filosofia pela linguagem, parece que a preocupação primordial dos juristas e de qualquer teoria jurídica que se pretenda transformadora é a de realização do direito (as promessas da modernidade incumpridas).[50] Trata-se, efetivamente, de resolver problemas concretos. Mas, para tanto, sempre é necessário ficar atento para evitar sincretismos ou "mixagens teórico-metodológicas" nessa busca de solução de problemas concretos, principalmente entre explicações procedimentais-argumentativas e as perspectivas conteudísticas-ontológicas. Com efeito, há nítidas diferenças entre consenso e verdade, entre verdade e método, para citar apenas estas. Explicando melhor: é como se a hermenêutica filosófica – pela impossibilidade de um método para alcançar a verdade (tese que lhe é substancial) – assumisse, por isto, um caráter relativista e optasse por regras procedimentais para a interpretação, ou seja, aquilo que, antes, era obstáculo, passasse a representar o meio para solução. Ocorre que, com isto, a hermenêutica acabaria com sua própria razão de existir. Afinal, ela foi forjada a partir da crise e das insuficiências da filosofia e da metodologia tradicional, saltando da epistemologia para a ontologia, enfim, do fundamentar para o compreender! Aqui se encaixa o caso da "viravolta" habermasiana, pretendendo abandonar/superar o problema da falta de uma razão prática, como se pode verificar na obra *Verdade e Justificação:*[51] o mundo prático – cujo afastamento era condição para a construção de uma verdade consensual/procedural, a partir de uma razão comunicativa – é trazido de volta, em face do fracasso da razão meramente formal-instrumental. Ora, *isto é extremamente contraditório, uma vez que uma teoria consensual é epistemológica, porque trabalha no nível da teoria*

---

[50] A concretização da Constituição é, assim, (também) um problema hermenêutico, como bem assinala Konrad Hesse, para quem resulta de fundamental importância para a preservação e a consolidação da força normativa da Constituição a interpretação constitucional, a qual se encontra necessariamente submetida ao mandato de otimização do texto constitucional. Cfe. Hesse, Konrad. *A força normativa da constituição.* Porto Alegre: Sergio Antonio Fabris, 1991.

[51] Cfe. Habermas, Jürgen. *Verdade e justificação.* São Paulo: Loyola, 2004, p. 47 e segs.

do conhecimento. Nela não há espaço para a faticidade, para o mundo prático. Daí a contradição. *Não é possível servir a dois senhores da ciência ao mesmo tempo*. Trata-se de uma opção por determinados paradigmas, o que acarreta uma impossibilidade de misturar, por exemplo, posturas ainda assentadas no esquema sujeito-objeto (em menor ou maior grau) e posturas antiepistemológicas. Definitivamente, hermenêutica não é teoria da argumentação, do mesmo modo que verdade não é consenso.

Em suma, na era das Constituições compromissórias e sociais, uma hermenêutica jurídica capaz de intermediar a tensão inexorável entre o texto e o sentido do texto *não pode continuar a ser entendida como uma teoria ornamental do direito*, que sirva tão-somente para colocar "capas de sentido" aos textos jurídicos. No interior da virtuosidade do círculo hermenêutico, o compreender não ocorre por dedução ou subsunção. Conseqüentemente, o método (ou o "procedimento discursivo") sempre chega tarde, porque pressupõe saberes teóricos (discursos de justificação) separados da "realidade". *Antes de argumentar, o intérprete já compreendeu*. O uso da linguagem não é arbitrário, isto é, "a linguagem não depende de quem a usa" (Gadamer). A compreensão antecede qualquer argumentação, porque lhe é condição de possibilidade. Portanto, é equivocado afirmar, v.g., que o juiz primeiro decide e só depois fundamenta (justifica). Na verdade, ele só decide porque já encontrou, na antecipação de sentido, o fundamento.[52] Mas somente é possível compreender isto a partir da admissão da tese de que a linguagem *não é um mero instrumento* ou "terceira coisa" que se interpõe entre um sujeito (cognoscente) e um objeto (cognoscível). O "abismo gnosiológico" que "separa" o homem das coisas e da compreensão acerca de como elas são, não depende – no plano da hermenêutica jurídico-filosófica – de pontes que venham a ser construídas – paradoxalmente – depois que a travessia (antecipação de sentido) já tenha sido feita...!

---

[52] Este equívoco é cometido pela teoria da argumentação, em especial, por Atienza (Argumentación Jurídica, in: El derecho y la justicia, op. cit., p. 236), que, ao propor um modelo que permita reconstruir racionalmente o processo de argumentação em um "caso difícil", estabelece como um dos passos (mais especificamente, o quarto) a justificação das hipóteses de solução formuladas, isto é, "hay que presentar argumentos en favor de la interpretación propuesta", como se a solução pudesse ser encontrada antes da fundamentação, isto é, como se, para encontrar a solução, a compreensão – que depende sempre de uma pré-compreensão – não fosse, ela mesma, a condição de possibilidade do encontro da referida resposta.

— IX —
Sistema do Direito e Transdisciplinaridade:
de Pontes de Miranda a Autopoiese[1]

LEONEL SEVERO ROCHA[2]

1. O simpósio internacional sobre *Terra Habitável* aborda conforme se proclama um dos grandes temas transdisciplinares que envolvem a problemática do conhecimento no século XXI, e que a Unisinos tem privilegiado em suas orientações científicas. Toda a pesquisa séria deve ter esse caráter de transdisciplinaridade.

O tema *Terra Habitável* se enquadra assim exatamente nessa proposta. Trata-se de um desafio para a humanidade, e resolvi levar esse desafio, dentro do possível, também para o Direito. Ou seja, a partir da idéia de Sistema, analisarei, nessa perspectiva, o Direito desde um enfoque transdisciplinar.

Não é nada fácil analisar o Direito de um ponto de vista transdisciplinar. O Direito parece ser algo muito diferente da Física, da Biologia, estando distante destas questões mais voltadas à Terra, à natureza, da forma como são abordadas aqui.

De qualquer maneira, entendo que se pode fazer uma proposta para futuros trabalhos e, evidentemente, para aqueles que me conhecem, colocando a idéia de autopoiese, permitindo que o Direito tenha uma abertura mais transdisciplinar voltado à perspectiva de uma sociedade complexa.

Divide-se a exposição em três momentos principais, a partir de uma idéia geral de trabalhar a transdisciplinaridade e a noção de sistema do

---

[1] Palestra realizada no Simpósio Internacional Terra Habitável, em setembro de 2004, evento organizado pelo Instituto Humanitas da Unisinos. Decidi manter o tom coloquial da intervenção para facilitar a compreensão do tema. Agradeço aos estudantes pesquisadores que degravaram a primeira versão do texto. Bolsistas: Ricardo de Macedo Menna Barreto – Graduando do curso de Direito – Unisinos; membro do projeto de pesquisa *Comunicação Jurídica e Decisão*; bolsista pesquisador UNIBIC. E-mail: ricardomb@terra.com.br; Ana Paula de Almeida Lopes – Graduanda do curso de Direito – Unisinos; membro do projeto de pesquisa *Comunicação Jurídica e Decisão*; bolsista pesquisadora FAPERGS. E-mail: anapaula98@yahoo.com.
[2] Coordenador do PPGD-Unisinos. Doutor pela EHESS-Paris. Pesquisador I do CNPq.

Direito, desde as sua primeiras manifestações no Brasil, até a nova concepção de sistema surgida na Globalização. Em um primeiro momento, salientar-se-á a importância da obra de Pontes de Miranda; num segundo, ver-se-á rapidamente a perspectiva dominante de sistema na teoria do Direito; para num terceiro momento se introduzir a observação autopoiética.

Assim sendo, iniciarei mostrando a primeira proposta de análise *quasi transdisciplinar* de sistema do Direito no Brasil, que foi a efetuada por Pontes de Miranda. Se perguntarmos para qualquer estudante de Direito sobre a idéia de sistema, ele vai pensar, sem grandes dificuldades, que se trata de um conjunto de normas jurídicas – que o Direito é um sistema de normas jurídicas. Porém, no Brasil, o normativismo nunca foi a concepção jurídica mais forte; a teoria jurídica brasileira sempre foi mais – e já vou explicar agora – positivista. Sempre foi ligada ao chamado positivismo. E o que surpreende é que o primeiro erro teórico que geralmente se comete quando se fala em positivismo, esta confusão entre o positivismo legalista e o positivismo de Comte, em nosso país tem uma justificativa histórica.

Nesta linha de idéias, o que eu estou afirmando é que a primeira e principal grande obra sobre sistema do Direito no Brasil foi o livro *Sistema de Ciência Positiva do Direito*, de 1922, de um autor muito conhecido na dogmática chamado Pontes de Miranda, que segue de fato a linha do positivismo de Augusto Comte. Então é interessante esclarecer que normalmente quando se fala em positivismo de Pontes de Miranda, em sua fase doutrinária, esta não tem nada a ver com Comte. Porém, quando Pontes começou, em sua juventude, ele compartilhava a epistemologia de Comte. Deste modo, nesse livro de 1922, que não é um livro, são dois tomos, mais de duas mil páginas, que foi reeditado em 1972, para os interesses de nossa temática, Pontes de Miranda, propõe, no início do século passado, uma análise interdisciplinar do Direito, *quasi transdisciplinar*.

Comte foi um precursor de uma déia de sociedade como uma ciência ou física social (a Sociologia). Esta proposta de Comte é seguida por Pontes de Miranda que a partir dela propõe uma metodologia para se explicar o Direito. Outro autor que também influenciaria essa concepção foi Herbert Spencer, que era um evolucionista. Assim, Comte e Spencer, sendo somente Spencer evolucionista, que se relaciona com a linha Darwinista na biologia, são autores que vão influenciar a obra de Pontes de Miranda.

Pontes de Miranda de uma maneira surpreendente, para quem não teve a oportunidade de ler este livro, às vezes não entendido pelos juristas, introduz o Direito dentro do marco teórico das principais disciplinas científicas de sua época, vendo-o como um sistema social positivo. Ele igualmente relaciona, com ênfase, o Direito com a sociologia, na sugestiva linha de Gabriel Tarde, que valoriza a idéia de repetição, dizendo que a sociedade tem que ser analisada a partir da idéia de repetição. Sociedade é repetição, pressuposto interessante até hoje. Pontes de Miranda também se inspira na geometria, dizendo que é preciso que ela também seja aplicada para o conhecimento, ressaltando que se tratava de uma geometria não euclidiana, isto é, uma geometria baseada na idéia de imprevisão, que não há uma certeza absoluta. A famosa lei euclidiana de que duas retas paralelas não se encontram jamais, foi retificada e relativizada a partir do momento em que se provou que, dependendo do tempo e do espaço duas retas se encontram. Cito esta obviedade para informar a atualidade neste momento da geometria defendida por Pontes de Miranda. Ele também insiste na concepção de que é necessária uma linguagem matemática dentro da ciência. Na biologia, ele aprofunda, como eu já dei a entender, o evolucionismo do Darwin, e na física, ele é um dos primeiros a introduzir a física de Einstein[3] (um dos homenageados neste evento). Como se depreende, posso dizer que no Direito, o primeiro jurista a falar em Einstein de maneira voltada ao entendimento dessa área do conhecimento foi Pontes de Miranda, possuindo, por todos os motivos indicados supra, uma concepção quase transdisciplinar de Direito

Nesta linha de raciocínio, observa-se que a tentativa de se usar um pensamento mais avançado (transdisciplinar) para a construção do sistema do Direito, não é nenhuma novidade.

O grande problema que Pontes de Miranda enfrentou, e que continua importante até hoje, é de como, a partir dessa perspectiva que nós chamamos de dogmática jurídica, pode-se utilizar o Direito de maneira mais crítica pelos operadores do Direito em suas diversas práticas. Pontes de Miranda enfrenta esse problema e pretende solucioná-lo, de uma maneira, para mim, um tanto decepcionante: ele o resolve voltando atrás um pouco nos seus raciocínios. Em resumo, em 1922, Pontes de Miranda, jurista, propõe uma análise a partir da física, da geometria, da matemática, mais avançada, para o Direito, porém, tem certas dificuldades, como se pode imaginar, para que seja aplicada no Direito.

Para aprofundar a questão, é necessário voltar no tempo, um pouco antes de Pontes de Miranda, até nem tanto, uns quarenta, cinqüenta anos antes dele, quando tivemos no Brasil, em torno de 1870, não se pode datar isso, a chamada *Escola do Recife*. A Escola do Recife, nós temos a sorte de que hoje estão sendo publicados todos os livros desses autores, principalmente de Tobias Barreto (Silvio Romero também teve seus livros publicados novamente agora), foi a primeira corrente jurídica em nosso país com

---

[3] Pontes de Miranda chegaria a transcrever num dos capítulos do Sistema de Ciência Positiva do Direito, a famosa fórmula do Einstein, E, inclusive quando Einstein veio até o Rio de Janeiro, no início do século XX, Pontes de Miranda fez de tudo, e conseguiu, ser uma das pessoas que conversou com Einstein por um certo tempo, e até participou de um dos jantares no Rio de Janeiro na Presidência da República, visando estudar essa teoria e aplicá-la ao Direito.

pretensões, que eu diria, epistemológicas, procurando efetuar uma reflexão mais teórica sobre o que era o Direito.

A Escola de Direito de São Paulo, por sua parte, sempre influenciou a política, tendo formado muitos quadros políticos para o Brasil, assim como, membros do Judiciário e de tribunais superiores. Talvez, por isso, a Escola de Direito de Recife, afastada um pouco desse debate político, se dedicou à parte mais, vou chamar assim, científica do Direito. Assim surgiram grandes juristas nesta Escola. O Direito brasileiro, como se sabe, é originário de Portugal, deriva das chamada Ordenações, e mesmo com a Independência, esse Direito foi mantido, não se fazendo grandes alterações no sistema jurídico privado durante o Império. Porém, o Direito público teria algumas mudanças com a Constituição de 1824. Esta Constituição tem uma influência francesa muito grande, notadamente com a introdução da idéia de poder moderador.

Devido à influência francesa na Constituição, o que não ocorre inicialmente no Direito Privado, que continua inspirado pelo sistema português, foi que entrou no Brasil a idéia de codificação conforme o modelo napoleônico: o direito civil é entendido como um sistema codificado da legislação.

Deste modo, o Direito brasileiro do século XIX possui um estilo português, no Direito privado, baseado nas Ordenações, ao lado de um Direito público, com uma certa influência francesa – mas, na prática, isso não tem grandes modificações nos primeiros anos do Império.

Tudo isto iria se modificar, quase no final da Monarquia, com o surgimento da Escola do Recife. Tobias Barreto, principal expoente da Escola, começa a estudar o Direito a partir da influência francesa. A partir daí, segundo a nossa interpretação, surge a possibilidade de conciliar a Constituição com um Direito codificado, no sentido do Código Civil francês. Todavia, conforme Tobias Barreto, já estamos em 1870, há alguns pontos do Código Civil francês que estão superados, e é preciso levar em consideração os avanços dessa disciplina na Alemanha. E, por isso, Tobias Barreto vai realizar leituras de autores alemães como Ihering e Savigny. Assim sendo, o Direito Civil brasileiro moderno é, segundo a proposta de Barreto, um misto do Direito francês com o alemão.

Outrossim, nas suas leituras do Direito Alemão, Tobias Barreto termina sendo influenciado por Kant. Desde já, entende-se que se pode pensar o Direito a partir da idéia de dever-ser. Contudo, para Tobias Barreto, isto era insuficiente para que se pudesse aprofundar o que seria o Direito. Para tanto, inserindo-se num certo tipo de neokantismo, Tobias Barreto vai dizer que é preciso pensar o Direito dentro de uma tríplice possibilidade. Ou seja, pode-se pensar a sociedade como sendo um lugar – sendo neokantiano – do ser; que existem possibilidades de valores morais no dever, dever-ser; mas o Direito seria um terceiro elemento, que seria criação do homem, a cultura:*o Direito seria um um dado cultural*. Nesta Escola de Recife é que surgiu o chamado *Culturalismo Jurídico*.

Mais tarde, quando da proclamação da República, com a Constituição de 1891, e nessa constituição, há uma forte abertura para o direito americano, o debate jurídico adquire outras dimensões. Esta Constituição teria problemas de efetividade. Isto permitiria que os privatistas, inclusive pela influência da Escola de Recife, aprovassem o Código Civil de 1916. Ou seja, o Código Civil surge como uma resposta racional aos problemas do início da República, recuperando-se uma idéia da época da Monarquia.

Por tudo isso, retornando a 1922, é que Pontes de Miranda possui essa postura interdisciplinar, pois ele leva em consideração certamente a influência da Escola de Recife. E alguns dizem, outros não, essa é uma polêmica, já que em certos aspectos, Pontes de Miranda é um discípulo originário dessa Escola, influenciado por Tobias Barreto. Isto porque Pontes de Miranda, assim como Tobias Barreto, entende que o Direito Alemão é o Direito mais importante, embora a grande conquista do conhecimento continue sendo a idéia francesa de sistema, como codificação.

Assim, fechando essa janela, entendo que Pontes de Miranda tem essas dificuldades em aplicar esse Sistema de Ciência Positiva, que fala em Einstein, em Spencer, em Darwin, mas que, inspirado em Tobias Barreto, enfrenta a questão dizendo: *a aplicação ao Direito deve partir do pressuposto de que a sociedade nos dará um suporte fático, e esse suporte fático será um novo positivismo, que corresponderia a idéia de sistema como codificação*. Ou seja, Pontes de Miranda, de maneira decepcionante, conclui que o sistema de leis codificadas é a maneira de se realizar a ciência positiva do Direito.

Todo mundo que é da área do Direito conhece, geralmente a partir desse momento, os textos de Pontes de Miranda, entre tantas: *Comentários a Constituição*, *Tratado de Direito Privado* (uma obra de mais de sessenta volumes), uma obra imensa, sempre fiel à idéia de que fazer ciência é, do ponto de vista neokantiano, interpretado por Tobias Barreto e Clóvis Bevilácqua (autor do Código Civil de 1916), fazer com que a legislação se encontre com a sociedade dentro do Direito.

Ou seja, para a tradição brasileira, a noção de sistema não chega a ser propriamente normativa (Kelsen), sendo mais um sistema de leis, uma codificação, um sistema codificado. Não se pode negar, contudo, que o Direito teve um momento impar com Pontes de Miranda. Este panorama somente será modificado nos anos setenta com as chamadas teorias críticas do Direito. Mas ninguém tem inteligência suficiente para propor um sistema melhor do que o de Pontes de Miranda. Tanto que os comentários da Constituição de 1946 de Pontes de Miranda, por exemplo, ainda são usados até hoje como fundamentais. Não se pode negar que numa fase inicial, Pontes de Miranda foi extremamente ousado e inovador ao propor essa perspectiva interdisciplinar, que aos poucos iria encaminhando para uma idéia simplificada de sistema como codificação.

Vou agora falar do segundo momento, a partir do presente, no século XXI. Um ponto que eu gostaria de ressaltar é que a idéia de sistema no Brasil, para os juristas, é sinônimo de codificação, é a lei. Até hoje, quando nós temos algum problema grave, se consultamos algum jurista, ele proporá como solução a elaboração de uma lei. Temos problemas de bioética? Se temos, vamos propor uma lei sobre isso.Isto não é totalmente equivocado. Mas o fato é que não vejo nenhuma novidade nisso, em pelo menos duzentos anos. Assim, infelizmente, somos obrigados, como Tobias Barreto e outros autores, a buscar inspiração em outros países.

No século XX, muitos autores aprofundaram a idéia de sistema, notadamente, desde a teoria do direito. Um dos principais foi Hans Kelsen, que propõe uma diferença importantíssima em relação à idéia de codificação, que é a idéia de norma jurídica; o sistema não é um sistema de leis, não é um sistema de sentenças, não é um sistema prático, o sistema jurídico é um sistema normativo. É uma metalinguagem que procura construir um sistema nos moldes do chamado neopositivismo; ou seja, um sistema muito mais sofisticado que o de Pontes de Miranda.

Kelsen parte do lado oposto ao de Pontes de Miranda. Pontes se diz sociólogo, e Kelsen, normativista. Kelsen diz, no início do século XX, na mesma época de Pontes de Miranda, que a análise da sociedade é atravessada pela política, pela ideologia, enfim, várias ciências disputando qual é a mais importante. Para Kelsen, para se fazer ciência, é preciso uma postura diferente, é necessária uma redução de complexidade, com a criação de definições e categorias – a principal no Direito sendo a de norma jurídica – que possam ser sistematizadas. Esta concepção Kelseniana implica a construção de um sistema fechado para o Direito. Por quê? Porque a sociedade como objeto impediria uma observação mais racional do Direito. Os juristas preferem na linha kelseniana observações mais detalhadas, mais analíticas, do que está acontecendo, observações que possam observar com maior amplitude aquilo que se vê.

O conceito de sistema que se origina é a de um sistema fechado, a partir da idéia de norma jurídica. Depois, surgem posturas diferentes de sistema. Como exemplo, cito um autor que também é muito conhecido, que é Herbert Hart, que vai propor, ao contrário de Kelsen, uma idéia de sistema aberto.

Hart fala de sistema aberto por vários motivos, alguns até bem óbvios. Primeiro, é o fato de que existe no Direito uma diferença entre o sistema europeu-continental e o sistema chamado common law. O sistema common law dos Estados Unidos, Inglaterra e alguns países escandinavos, não coloca a legislação como uma fonte principal do Direito, privilegiando os chamados precedentes, decisões judiciais etc. Enquanto no sistema continental, sempre a fonte do Direito é considerada a lei, ainda hoje, no Brasil, é difícil um jurista que não diga que o Direito tenha que estar conforme a Constituição. Portanto, o sistema continental é tradicionalmente mais fechado, e o sistema do *common law* é naturalmente mais aberto, abrindo-se para as interpretações dos juízes, no momento em que analisam os casos. Tais interpretações geraram padrões de conduta obrigatórios para decisões de outros casos semelhantes, permitindo a criação de precedentes. Por isso, Hart, um inglês, postula a idéia de um sistema aberto do Direito, um sistema que obriga o Direito, ao contrário de Kelsen, a se comunicar com a moral, com a política e com a sociedade.

Hart enfrenta o problema que Kelsen tentou evitar, ou seja, de discutir moral e política juntamente com o Direito. Kelsen nunca confundiu a ciência do Direito com a moral e política, por vê-las constituídas por valores relativos. Ele queria uma ciência universal e absoluta, não acreditando numa moral absoluta. Se não há moral absoluta, seu estudo não pode ser científico. Hart aceita o desafio: para ele, o Direito tem contatos com a moral. E se não levarmos em consideração a moral, e a justiça, não conseguiremos reconhecer, identificar, o que é o Direito. O Direito precisa de regras de reconhecimento que atribuam sentido ao que é Direito.[4]

A teoria de Hart ajudou os juízes a perceberem que tinham uma grande autonomia hermenêutica. Porém, na Inglaterra, onde os ingleses sempre tiveram um apego maior à tradição, quando os juízes decidem conforme o poder discricionário, sempre se mantêm dentro de certos padrões, de uma certa moralidade pública. Os juízes americanos, ao contrário, utilizam mais o seu poder. Isto tem causado muitas discussões sobre questões de aborto, de homossexualismo, eutanásia etc.

Estas polêmicas nos Estados Unidos foram assumidas por Ronald Dworkin (opositor de Hart) – que chegou à conclusão de que o sistema não poderia ser tão aberto, devendo ter um relativo fechamento. Foi aí que surgiu a idéia de se recuperar uma antiga idéia da Revolução Francesa, também de Kant e Fichte, que as decisões devem se ligar a princípios, pois os princípios fundamentam sistemas morais e jurídicos.

Dworkin aponta que os princípios estão disponíveis, e que os juízes devem se inspirar neles para fazer sua interpretação, se quiserem encontrar

---

[4] É muito interessante ver que essa abertura do sistema do Direito por Hart, desde os anos sessenta, no seu livro *Conceito de Direito*, contendo a tese com a qual ele obteve a cátedra de jurisprudência da Universidade de Oxford, sendo um texto, com uma postura individualista e liberal, que acentua para o Direito a importância dos chamados *"hard cases"*, os casos difíceis, onde poder discricionário do juiz é que deve resolver, entraria no Brasil misturado com uma corrente chamada de direito alternativo que era marxista.

uma *resposta certa*. Neste ponto, esta concepção se aproxima do Direito do pós-guerra da Alemanha que entende que os princípios inscritos na Constituição são direitos fundamentais. Essa idéia pretende fechar novamente um pouco o sistema. Dentro desse ponto de vista há uma certa razão nisso: fechar-se o sistema para que as decisões dos juízes tenham um mínimo de coerência. Se for para decidir fora da dogmática dominante, que se decida conforme certos padrões jurídico-constitucionais.

    Neste sentido, o que esta acontecendo hoje no Direito brasileiro? Depois da Constituição de 1988 – agora passando para o terceiro momento de minha exposição. O segundo se resumiu então em apontar algumas concepções de Kelsen, Hart e Dworkin. Gostaria de salientar que no Brasil, depois da Constituição de 1988, houve uma maior democratização do país. A Constituição de 1988 formalizou a democracia e contribuiu para ampliá-la, mas o Brasil já era uma democracia, e por isso pôde se dar ao luxo de ter uma constituição democrática.

    Depois da Constituição de 1988, de qualquer maneira, nós temos o "registro de nascimento da democracia". Isto deu uma maior autonomia para os juristas e, portanto, uma grande responsabilidade. No que nos interessa, percebe-se que a Constituição permite que se relacione o Direito com novos temas, como a bioética, a ecologia, a educação, a saúde etc. Isto quer dizer, que a Constituição legitima esse debate e exige para o seu enfrentamento uma perspectiva epistemológica mais sofisticada. O fato de a Constituição assegurar Direitos não os concretiza sem uma observação jurídica baseada numa postura teórica apta a relacioná-los com a complexidade da sociedade atual. Uma saída depende de uma nova perspectiva teórica que pode ser dada por uma teoria dos sistemas revisitada por um outro olhar.

    Por quê? Os juristas – e eu falo para quem é da área do Direito – têm o grande defeito de achar que a partir do momento em que se tem uma boa idéia, ela se realiza, por si só. A diferença entre o jurista e, por exemplo, um físico, se baseia no fato de que quando este tem uma idéia, vai para o laboratório testar e examinar até que ponto isso funciona. Se funciona, em certo sentido, se diz que esta regularidade é uma lei. O jurista age ao contrário. Ele primeiro elabora, ou reconhece, a lei, que por exemplo pode dizer: "a partir de agora todo mundo tem direito a educação", e entende que está resolvido o problema da educação. Claro que eu gostaria muito que isso acontecesse, não sou contra, só que nós começamos pelo final no Direito. É evidente que se temos uma Constituição que reconhece o direito a saúde, educação, moradia, ecologia etc, que assim traz legitimidade para que os agentes sociais ajam nesse sentido, isso é altamente positivo. François Ost, que acaba de ser traduzido pela editora da Unisinos, chama esse tipo de questão de promessas: para ele o Direito constitucional é constituído por promessas: promete-se aquilo que não se vai cumprir no momento, talvez no futuro

Nesta linha de raciocínio, procurando ajudar na construção do futuro, a proposta que faço é tentar ver o Direito como um sistema autopoiético. A idéia de sistema dominante no Brasil, como se analisou supra, é a de codificação. No máximo, poder-se-ia chegar à concepção normativista, já mais sofisticada, ligada ao sistema fechado. A crítica propõe sistemas abertos; porém, com isso misturam Direito com política, com fatores de todo tipo, gerando um irracionalismo que somente tem renascido a dogmática.

A pergunta que refaço é a seguinte: É possível uma observação transdisciplinar do Direito e da sociedade? É muito difícil, mas esse é o desafio da epistemologia.

A autopoiese – chegando ao que me interessa – é apenas uma proposta entre muitas; também não há nenhuma pretensão de ter a resposta. Resposta não existe *a pirori* de nada, só quando eu tenho uma pergunta é que eu sei a resposta. Então a autopoiese é uma maneira de se tentar observar de uma maneira diferente o Direito, e nessa observação, necessariamente, observar também a sociedade, também a biologia, também a física e outras áreas do conhecimento.

Trata-se de uma observação que pretende, seguindo a famosa frase de Dworkin, *levar a sério o Direito*. Mas para se observar o Direito, não posso observá-lo somente como Direito, tenho que vê-lo imbricado, envelopado, com as outras áreas do conhecimento. Porém, é preciso observar-se isso, não como numa situação caótica, onde não sei bem os limites do que seja Direito, biologia ou política. Precisa-se realizar uma observação com certos critérios. Ou seja, é preciso observar-se o Direito dentro de uma sociedade complexa. Se não se observar o Direito dentro de uma sociedade complexa, não se observa nada. E digo mais, não há outra alternativa.

Um dos primeiros pontos que a autopoiese contribui, até para afastar dúvidas, é que ela não difere totalmente da idéia de sistemas fechados, nem da idéia de sistemas abertos. A autopoiese admite que os sistemas sejam fechados e abertos ao mesmo tempo. Não existe um sistema fechado puro. Só posso ter um sistema fechado que tenha um campo temático delimitado a partir do momento que ele se diferencia daquilo que não faz parte dele, e um sistema aberto é impossível. Um sistema aberto não é nada, então um sistema aberto é tudo aquilo que não é fechado, mas tudo o que é fechado é aquilo que se diferencia do que é aberto.

Então a autopoiese se preocupa com essa diferença, com esse traço que vai marcar a separação entre o fechado e o aberto, e o aberto e o fechado. Não é o fechado e não é o aberto, nem um dos dois, porque não existe o aberto e o fechado. Só existe a diferença, tem-se uma certa dialética aí. Só existe a diferença, nessa passagem. E essa passagem tem uma forma determinada, e essa forma é a unidade que vai surgir nessa passagem – a unidade da diferença.

Por isso eu sou obrigado a trabalhar (operacionalizar) não só a autopoiese, mas a complexidade, desde novas idéias como, por exemplo, a de paradoxo. Trata-se de paradoxo no sentido positivo, não no sentido negativo. Se eu disser para vocês que tudo o que eu disse até agora é mentira – era mentira, eu estou dizendo agora a verdade ou não? Isto quer dizer que quando alguém diz que ele mesmo mentiu, que ele é um mentiroso, é verdade isso? Se é verdade, não é mentira. Então nem tudo o que eu disse é mentira, mas se é mentira realmente, o que eu disse, então é mentira que eu menti a mentira. Esse tipo de paradoxo não interessa mais. Esse tipo de paradoxo só era possível numa lógica e numa física simplista, onde era possível colocar as coisas no mesmo tempo e no mesmo espaço. Eu só posso ter contradição quando as coisas estão no mesmo tempo e no mesmo espaço, porque se eu disser alguma coisa, nem que seja a mesma daqui a meia hora, já não é a mesma coisa que eu disse em outro lugar e outro momento. Então não existem mais paradoxos, só existiam paradoxos enquanto nós achamos que existia possibilidade de duas coisas estarem opostas no mesmo momento, no mesmo tempo e no mesmo espaço.

Por outro lado, posso pensar o paradoxo em sentido positivo, exatamente pensando aquilo que eu não poderia normalmente pensar. Isto é pensando uma informação, alguma coisa diferente. Posso dar como exemplo, já que tem muita gente aqui que se interessa por isso, da relação entre Direito e biologia, além daquela que todos comentam sempre, entre Direito e política.

A idéia de autopoiese, já que ela trabalha com sistemas fechados e abertos, vai construir uma nova série de formas e possibilidades de observação. Não se tem de aprofundar aqui, mas só para colocar uma das idéias, parte-se do pressuposto que o principal conceito é o de *sistema*. O sistema resulta da diferença entre sistema e ambiente: todo sistema tem um lado operacionalmente fechado e outro dotado de uma observação cognitiva, uma abertura. Toda forma pode ser observada como a unidade de uma diferença. Em outras palavras, como um paradoxo. Para observar a unidade do Direito, é necessário que se examine como ele operacionalmente se fecha, como Direito. Contudo, o Direito sempre atua sobre algo que não é Direito. Há exceções, às vezes, nos procedimentos, porém o Direito, nos casos concretos, atua sobre algo que não é inicialmente Direito. Por exemplo, um casal está com um problema de família. Este não é um problema jurídico, é um problema da sociedade. Transforma-se num caso jurídico quando lhe é atribuído um sentido do Direito. Assim, por exemplo, quando um juiz vai tomar uma decisão, como operador do Direito, tem que levar em consideração o que está acontecendo naquela família, quais são os problemas sociais que ali existem; para depois elaborar uma sentença que tem que ser operacionalmente fechada, para que seja uma sentença válida. Se o juiz desse uma sentença que não fosse considerada pelo sistema como válida, ela seria nula. Este processo caracteriza um paradoxo, um acoplamento entre a família e o Direito, e uma decisão válida.

Pode-se explicar isto também a partir da política. Hoje é unânime que o Direito se relaciona com a política. Todo mundo admite isso. Só que na prática é bem complicado, difícil, descrever este contato. Não se pode dizer (como fazem aqueles que não são juristas), pois aí seria um caso de corrupção, que o Presidente Lula mandou um juiz do Supremo Tribunal decidir de uma maneira x um caso jurídico. Por quê? Porque a política não se comunica com o Direito de maneira direta. Assim como o Direito não se comunica de maneira direta com a saúde, com a educação, com a ecologia e com a biologia (vou chegar lá daqui a pouco). Um outro exemplo dessa dificuldade pode ser visto no Código Civil brasileiro, onde a partir do momento em que contempla em seu texto como uma de suas obrigações a função social, os juristas acreditam que se resolve naturalmente um problema político. O relacionamento entre o sistema jurídico e o sistema político só pode existir de uma maneira complexa. Ou seja, sistemas como Direito, ou da política, não se comunicam de forma transparente. Os elementos jurídicos não podem se manifestar na política da mesma maneira como os juristas observam, e o que acontece, por sua vez, no direito, não acontece exatamente da forma como os políticos pensam. É preciso (uma palavra que eu gosto) uma tradução. O Direito não fala a mesma língua que fala a política e vice-versa. É preciso uma tradução.

Na autopoiese, diz-se em lugar de tradução que se trata de um *acoplamento estrutural*. Ou seja, que aqueles elementos que dão continuidade às durações temporais específicas de cada sistema se encontrem. E para que haja esse acoplamento é necessário que um sistema saia de seu aspecto operacional mais fechado e se abra para outro sistema, e o outro sistema também, por sua vez, abra-se para que esses dois sistemas mantenham contatos. Então o problema se encaminha para a procura dos elementos que permitam essa passagem. Se o sistema não encontrar esses elementos e forçar o contato, seria uma situação de corrupção ou perversão dos códigos. Contudo, para a realização do acoplamento, uma das possibilidades é a utilização dos mecanismos simbólicos disponíveis: nesse caso, realmente por meio da função social.

Historicamente, usou-se muito no Direito e na política a idéia de contrato. O contrato é mais um exemplo de uma aquisição evolutiva da sociedade que fornece condições de acoplamento. O contrato atravessa, transpassa, o Direito e a política. Existem contratos no Direito e contratos na política. É claro que o contrato jurídico não é exatamente o mesmo que o contrato na política. Porém, há certas características simbólicas que permitem a unidade da comunicação. Nesse sentido, diria que é impossível uma comunicação pura entre o Direito e a política, porque são duas coisas completamente diferentes. O Direito (os sistemas) se comunica graças à complexidade que é reduzida simbolicamente. O contato entre sistemas gera um novo tipo de paradoxos positivos se encontrarmos os elementos simbólicos para fazer essa tradução, a unidade. Nesta linha de reflexão, podem-se reler os direitos fundamentais, os direitos humanos, os princípios do Direito, como contendo aspectos simbólicos importantes, para a realização das passagens (acoplamentos) sistêmicos. O simbólico atravessa os sistemas. Observe-se que somente pode haver contato entre o Direito e a política porque são dois sistemas diferentes. Cada um tem suas linguagens específicas, seu próprio fechamento operacional, porque são duas coisas diferentes, não se comunicam. E exatamente por isso muitas vezes são obrigados a se comunicarem.

Mais difícil ainda é relação do Direito com a biologia, por isso deixei para o final. A biologia de fato não tem absolutamente nada em comum com o Direito e vice-versa. Um jurista, se for chamado aqui para falar sobre biologia, vai propor uma lei. "É proibido fazer tal coisa". O que se pode fazer para permitir a comunicação? Podem teoricamente fazer algumas propostas. Do ponto de vista autopoiético, existem três grandes macrossistemas: 1) um sistema da biologia, cujo elemento constitutivo é a vida; 2) um sistema do pensamento (consciência); e 3) o sistema social. Para nós, é necessariamente, o ponto de partida. O sistema social tem como elemento constitutivo mais importante a comunicação. A sociedade é produção e auto-reprodução da comunicação. Toda comunicação é paradoxal: sempre é impossível e por isso ela é possível. Isto quer dizer simplesmente que o entendimento puro não existe.

A comunicação é o elemento principal dos sistemas sociais, e o Direito, nesse sentido, é uma forma de comunicação com a sua especificidade, com os seus subsistemas, e com o seu próprio fechamento operacional, com as suas próprias categorias. Do mesmo modo, a política, a economia, etc. Por isso, a chave da questão do acoplamento dentro do sistema social é a comunicação. Na biologia, por sua parte, em lugar da comunicação, seus elementos são ligados à vida. Então, como é possível o acoplamento entre Direito e biologia? A vantagem é essa: é impossível, então se é impossível, pode ser que se consiga, desde que se a observe da sociedade.

Essa afirmação é muito importante, no meu ponto de vista, porque ela implica a aceitação da autopoiese. *O argumento parte da premissa de que é o sistema social que permite a comunicação, e que sem isso não existem os outros*. Embora as lógicas internas sejam diferentes, o sistema social é o mais importante. Um biólogo tem que comunicar dentro do seu próprio sistema. Portanto, o problema pode ser direcionado na procura de um novo tipo de comunicação: biológica e jurídica. Daí a proposta de um *biodireito*, por exemplo. O conceito de biodireito está em elaboração como uma ponte simbólica com esse objetivo. Do mesmo modo já se está inventando o conceito de *desparadoxização*. É relevante a invenção. Assim sendo, biodireito é uma palavra inteligente nesse sentido, porque abre para a construção simbólica de algo que seria impossível, por isso possível. O biodireito, desde uma interpretação tradicional, dogmática, não é possível, sendo impossível. Somente do ponto de vista autopoiético é possível o biodireito, também seria possível falar em bioética.

Enfim, observando e valorizando a comunicação a partir deste prisma, indeterminado, autopoiético, abre-se para paradoxos e discussões como vimos que permitem o encontro entre sistemas fechados e abertos, mostrando a transdisciplinaridade da sociedade.

Dentro dessa ótica, observar a complexidade como transdisciplinar é inevitável. Niklas Luhmann aponta o problema da redução da complexidade. Quando se salienta a redução é porque a redução é o contrário da complexidade, e a complexidade é o contrário da redução. A complexidade é a unidade da diferença entre complexidade e redução. Redução é a unidade da diferença entre complexidade e redução. Não existe redução e não existe complexidade isoladamente. Por isto, a riqueza da observação autopoiética, ou seja, a redução produtora de sentido. A Complexidade pura é o nada, ou o caos. E a redução pura é impossível. Uma decisão jurídica transdisciplinar reúne complexidade e redução autopoéticas.

Principais textos citados

BARRETO, Tobias. *Estudos de direito*. 2. ed. Rio de Janeiro: Laemmert, 1898.
DWORKIN, Ronald. *Levando os direitos a sério*. São Paulo: Martins Fontes, 2002.
──; Ronald M. *O império do direito*. São Paulo: Martins Fontes, 2003
HART, H. L. A. *O conceito de direito*. 2. ed. Lisboa: Fundação Calouste Gulbenkian, 1994.
LUHMANN, Niklas. *El derecho de la sociedad*. Trad. Javier Torres Nafarrate. México: Universidade Iberoamericana/Colección Teoria Social, 2005.
──; Niklas. *Sistemas Sociales. Lineamentos para una teoria general*. Trad. Silvia Pappe y B. Erker, bajo la coordinacíon de Javier T. Nafarrate. México: Alianza Editorial/ Universidade Iberoamericana, 1991.
KELSEN, Hans. *Teoria pura do direito*. 4. ed. São Paulo: Martins Fontes, 1994.
OST, François. *Contar a lei: as fontes do imaginário jurídico*. São Leopoldo: UNISINOS, 2005.
PONTES DE MIRANDA, Francisco Cavalcanti. *Sistema de ciência positiva do direito*. Campinas: Bookseller, 2000.
SPENCER, Herbert. *Lei e causa do progresso*. São Paulo: Cultura Moderna, 1930.

— X —
Os Seres Sujeitos de Direitos em Família

MARIA CRISTINA CERESER PEZZELLA[1]

FERNANDA PAPPEN DA SILVA[2]

Sumário: Introdução; 1. As idéias de famílias ao longo do período que se conheceu como Direito Romano; 1.1. As famílias romanas e os poderes do *pater familias*; 1.2. A imposição de limites aos poderes do *pater familias*; 1.3. A decadência dos poderes do *pater familias*; 2. Surgimento da pessoa como sujeito de direitos e a sua dignidade; 2.1. Dignidade da pessoa humana no ordenamento jurídico brasileiro; 3. Família como instrumento para a promoção da dignidade humana; 3.1. Abuso do direito de guarda e a Síndrome da Alienação Parental; Conclusão.

Introdução

A idéia de grupo familiar se altera ao longo do tempo e do espaço e em virtude de dados culturais que tornam os grupos singulares e merecedores de um estudo específico e atento às suas especificidades. Razão deste estudo que tem por objetivo demonstrar as mudanças de compreensões referentes aos grupos em si mesmos e em relação aos demais grupos aos quais se relacionam.

A família, reconhecida desde suas origens como a célula básica da sociedade, deixou de representar um núcleo meramente econômico e de reprodução para dar ênfase à afetividade existente entre seus membros, o que ensejou uma mudança fundamental com o reconhecimento pelo ordenamento jurídico de outras formas de sua constituição.

Todavia, a complexidade da vida contemporânea e as constantes e significativas mudanças que a família moderna vivencia não se encerram na previsão regulamentada pelo ordenamento jurídico, o que exige a adap-

---

[1] Doutora em Direito pela Universidade Federal do Paraná e Professora do Programa de Pós-Graduação em Direito da Universidade do Vale do Rio dos Sinos – São Leopoldo RS.
[2] Mestranda do Programa de Pós-Graduação em Direito da Universidade do Vale do Rio dos Sinos – São Leopoldo RS.

tação deste às novas perspectivas que se apresentam no âmbito social em que insere a família.

Neste contexto histórico, a criança despontou como sujeito de direitos, e, conseqüentemente, seus interesses passaram a ser priorizados, podendo inclusive contrapor-se aos interesses de seus genitores, uma vez que a primazia é pelo bem-estar da criança.

A escolha deste estudo circunscreve-se ao período romano e ao contemporâneo, declinando do estudo da família no período medieval. Ápice deste estudo, sem a pretensão de esgotá-lo, é a Síndrome da Alienação Parental, onde o guardião ou a guardiã exerce verdadeiro domínio sobre os filhos, em detrimento daquele que tem o direito de visitas.

1. As idéias de famílias ao longo do período que se conheceu como Direito Romano

Compreender a família como um dos pilares da civilização ocidental e seu reconhecimento pelos ordenamentos jurídicos contemporâneos se faz merecedor de um trabalho com investigação histórica.

Para visualizar qualquer instituto jurídico e suas funções desde o período do direito romano, faz-se indispensável uma pré-compreensão[3] do que foi o Direito romano[4] e em que contexto ele foi produzido.

---

[3] SAVIGNY destaca que da jurisprudência muito não se pode compreender sem certo conhecimento histórico prévio. Ressalta o autor, todavia, que isto não se deve compreender no sentido da investigação da história da produção da jurisprudência, e sim da sua inserção no contexto histórico. Ver SAVIGNY, Friedrich Karl von. *Metodología jurídica*. Tradução de J. J. Santa-Pinter. Buenos Aires: Ediciones Depalma, 1979. (Clásicos del Derecho y Ciencias Sociales). Tradução do original alemão: *Juristische Methodenlehre*, p. 30. Na obra *Verdad y método*, GADAMER tem a preocupação de sublinhar que: "También aquí se confirma que comprender significa primariamente entenderse en la cosa, y solo secundariamente destacar y comprender la opinión del otro como tal. Por eso la primera de todas las condiciones hermenéuticas es la pre-comprensión que surge del tener que ver con el mismo asunto". GADAMER, Hans-Georg. *Verdad y método I: fundamentos de una hermenéutica filosófica*. Tradução de Ana Agud Aparicio e Rafael de Agapito. 6.ed. Salamanca: Ediciones Sígueme (Colección Hermeneia), 1996. Tradução do original alemão: *Wahrheit und Methode*, p. 364 e ss.

[4] Os romanos não falavam de direito, e sim de *ius*. *Ius* vincula de uma maneira mais direta o jurídico com a *iustitia*. O vocábulo *directum* contém um sentido moralizante, um sentido que conduta reta é aquela que segue o caminho reto. A palavra *directum* começará a ser empregada por autores cristãos na época tardia do Baixo Império, não transcendendo o jurídico, que sempre se utiliza da expressão *ius*. Assim afirma CLAVERO, Bartolomé. *Instituicion historica del derecho*. Madrid: Marcial Pons Ediciones Jurídicas, 1992, p. 20-30. A respeito da controvérsia em torno do sentido da palavra *ius*, VILLEY afirma: "Los romanistas no nos han dado aún la historia semántica del término ius". Destaca, ainda, o autor: "El ius es uma instituición que puede importar tanto cargas como ventajas. Nosotros traducimos ius por derecho, pero sólo por facilidad". VILLEY, Michel. Los orígenes de la noción de derecho subjetivo. In: *Estudios en torno a la nocion de derecho subjetivo*. Tradução de Alejandro Guzmán Brito e outros. Valparaíso: Ediciones Universitarias de Valparaiso, 1976. (Colección Jurídica Serie Mayor) Coletânea de artigos publicados e palestras proferidas pelo autor, p. 32-36. Conforme Ulpiano (D. 1, 1): "Iuri operam daturum prius nosse oportet, unde nomen ius descendat. Est autem a iustitia appellatum; nam, ut eleganter Celsus definit, ius est ars boni et eaqui". (*Conviene que el que haya de estudiar el derecho, conozca primero de dónde proviene la a palabra ius, Llámase asi de iustitia, porque, según lo define elegantemente Celso, es el arte de lo bueno y equitativo.*) CUERPO DEL DERECHO CIVIL ROMANO: Instituta – Digesto 1ª 2ª y 3ª partes. Tradução de Ildefonso L.

Escreve Arangio-Ruiz:

> Por ello, cuando deseamos representarnos el sistema de las relaciones jurídicas entre los hombres en cualquiera de los momentos de la evolución histórica de Roma, deberemos renunciar previamente a aquella unidad conceptual que es una de las exigencias esenciales de nuestro espíritu y representarnos, en cambio, la superposición de distintos sistemas, de formación y estructura diversas, cada uno de los cuales gozó de igual vigor, aun cuando cada uno de ellos tuviese también su propia eficacia, dentro de los confines señalados por el sentimiento jurídico.[5]

Direito romano é uma expressão geral utilizada para se referir ao ordenamento jurídico produzido por Roma. Não se pode esquecer, entretanto, que este ordenamento foi produzido e vigorou ao longo de diversas épocas da história romana, onde a sociedade e a organização política modificaram-se, gerando, evidentemente, soluções jurídicas diferentes para situações que evoluíram proporcionalmente à complexidade da sociedade.[6]

É preciso ter em mente que se está tratando de um período de mais de dez séculos, durante o qual Roma cresceu desde um pequeno conjunto de tribos localizadas em uma região limitada e ampliou seu domínio até construir um império que incluiu praticamente todo o Mediterrâneo e mesmo além.

A estrutura social da população romana fundava-se em famílias, as quais estavam integradas em grupos mais amplos: as *gentes*, singular *gens*. A *gens* significava uma família ampla integrada pelas distintas famílias pertencentes à mesma linhagem, caracterizando todos os seus integrantes por utilizarem o mesmo nome comum (*nomen gentilicium*) derivado da ascendência reconhecida a um mesmo ancestral.

O vínculo de parentesco que unia a família romana[7] era baseado na submissão de todos os membros de cada família à autoridade do *pater*

García del Corral. Valladolid: Editorial Lex Nova, [1988]. Edição bilíngüe latim/espanhol, 6.t, T.1, p. 197. Complementa SCHULZ que esta é a única definição genuinamente romana que aparece em nossos livros e, na sua opinião, trata-se de uma frase retórica e vazia. Ver SCHULZ, Fritz. *History of roman legal science*. London: Oxford University Press, 1953, p. 136. Afirma GARCÍA: "El vocabulo ius tiene origen indoeuropeo, como atestiguan diversas formas del latín, antiguo irlandés, védico e indoiranio. Ius, en latín, deriva de ious, un viejo término jurídico y religioso, que aparece en fórmulas sagradas con fuerza de ley, como iura legesque ius orore, iusque fasque est. Pero desde muy pronto ius se especializó como término laico frente a fas". Complementa o autor que a expressão direito provém de *directum*, que deriva de *de rectum*, o que indica que o fiel da balança, o símbolo mítico da justiça, está reto, ou seja, expressa uma situação de equilíbrio. Ver GARCIA, César Rascón. *Manual de derecho romano*. 2.ed. Madrid: Editorial Tecnos, 1996, p. 22. estabelecida a distinção entre *ius* e direito, e, embora os romanos utilizassem a expressão *ius*, neste trabalho escolheu-se a expressão direito para facilitar a compreensão do texto, uma vez que é esta a expressão modernamente utilizada.

5 Ver ARANGIO-RUIZ, Vicenzo. *História del Derecho Romano*. Tradução de Francisco de Pelsmaeker e Ivañez. 5.ed. Madrid: Editorial Reus, 1994. Tradução da 2.ed. italiana, p. 13.

6 PEZZELLA, Maria Cristina Cereser. *Propriedade Privada no Direito Romano*. Porto Alegre: Sergio Antonio Fabris, 1998, p. 23.

7 A expressão 'família' tem em Roma significados diferentes de hoje. A relação com *fámulo* indica um sentido originário relacionado com os servidores do *pater*, e, nas fontes jurídicas, o significado mais freqüente de família consistia no conjunto de escravos e propriedade de um mesmo dono. O significado de família nas fontes mais antigas comportava o conjunto de coisas e pessoas submetidas ao *pater*

familias.[8] Este vínculo transmitia-se apenas pelo parentesco havido pela linha masculina, excluída a linha feminina.[9]

Roma, neste período, surgiu como uma entidade política autônoma que se autodenominava *civitas quiritaria*, onde *civitas* significava uma comunidade politicamente organizada,[10] e *quiritaria* era uma expressão derivada da denominação que os antigos romanos deram a si mesmos: *quirites*.[11]

---

familias. No sentido conhecido atualmente, refere-se a família como união de pessoas livres unidas por certo parentesco. Neste sentido, ver D'ORS, A. *Elementos de derecho privado romano*. Pamplona: Ediciones Universidade de Navarra, 1992, p. 49. IGLESIAS sublinha que a família se compõe pelo parentesco da linha reta e colateral. Este autor distingue o parentesco da linha reta colateral e a afinidade (ou seja, a relação entre um cônjuge e os *cognati* do outro cônjuge). IGLESIAS, Juan. *Derecho romano – historia e instituciones*. 11.ed. Barcelona: Editorial Ariel, 1994, p. 478-479. Expressa Gaio (D. 38, 10, 4, 3): "Sed quoniam quaedam iura inter affines quoque versantur, num alienum est hoc loco de affinibus quoque breviter disserere? Affines sunt viri et uxoris cognati, dicti ab eo, quod duae cognationes, quae diversae inter se sunt, per nuptias copulantur et altera ad alterius cognationis finem accedit; namque coniungendae affinitatis causa fit ex nuptiis". (Mas como também hay algunos derechos entre los afines, es acaso ajeno á este lugar tratar aunque brevemente de los afines? Afines son los cognados del marido e de la mujer, llamados así, porque por las nupcias se unen dos cognaciones que son entre si diversas, y la una de aproxima al fin de la otra cognación; porque la causa de unirse la afinidad proviene de las nupcias). CUERPO DEL DERECHO CIVIL ROMANO: Digesto 6ª y 7ª partes. Tradução de Ildefonso L. García del Corral. Valladolid: Editorial Lex Nova, [1988], Edição bilíngüe latim/espanhol. 6.t, T.3, p. 114.

[8] O *pater* tinha uma *potestas* juridicamente total, incluindo o direito de vida e de morte (*ius vitae necisque*) que foi limitado por normas religiosas e pelo controle da convivência pública que castigava os abusos. O *pater* foi o único titular de direitos patrimoniais. A submissão a *potestas* do *pater* permanecia independente da idade e durava até a morte do *pater* ou até que um ato solene como a adoção ou o matrimônio submetesse a pessoa a depender de outro *pater*. Neste sentido, ver CHURRUCA, Juan de. *Introduccion historica al derecho romano*. 4.ed. Bilbao: Universidad de Deusto, 1996, p. 31.

[9] *Adgnatio* corresponde ao vínculo jurídico que une os parentes por linha masculina, isto é, a todas as pessoas que se encontravam sob a *potestas* de um mesmo *pater familias*. *Cognatio* consiste no vínculo de sangue que une as pessoas descendentes de um tronco comum, e tanto pode ser da linha masculina ou feminina. A *cognatio* divide-se em *naturalis* e *civilis*, segundo os vínculos de sangue ou de adoção, respectivamente. Gaio (3, 10) nomina *cognatio legitima* o parentesco estabelecido pela linha do varão, ou seja, da *adgnatio*. Assim, a mulher *in manu* é *cognata* com relação à sua família originária, e *adgnata* em relação com a família do marido. A sucessão legítima e o chamamento da tutela são regulados pelo *ius civile* de acordo com a *adgnatio*. Neste sentido, ver IGLESIAS, Juan. *Derecho romano - historia e instituciones*. 11.ed. Barcelona: Editorial Ariel, 1994, p. 478.

[10] Confunde-se muitas vezes a expressão *civitas* com a moderna expressão cidade, mas o vocábulo usado pela língua latina correspondente ao espaço físico ocupado por uma cidade era *urbe*. Ver DI PIETRO, Alfredo. *Derecho privado romano*. Buenos Aires: Ediciones Depalma, 1996, p. 3.

[11] Em seu dicionário latim/português, TORRINHA diz que *quirites* era o cidadão romano, sendo expressão equivalente a *cives*. Observa, entretanto, o autor: "*Segundo os antigos romanos, provém de Cures, cid. dos Sabinos e designa o elemento Sabino que se fundiu com o elemento pròpriamente romano*". TORRINHA, Francisco. *Dicionário latino português*. 2.ed. Porto: Editora Gráficos Reunidos, 1942, p. 723. Neste mesmo sentido, ver COGLIOLO, Pietro. *Storia del diritto privato romano (dalle origini all'impero)*. Firenze: G. Barbèra Editore, 1889. (Manuali Barbèra) p. 114. Tito Lívio descreve a denominação *quirites* aos cidadãos romanos como uma espécie de compensação aos sabinos quando da sua unificação com os romanos, e identifica sua origem à cidade sabina de Curos. Ver TITO LÍVIO. *História de Roma: ab urbe condita libri*. Tradução de Paulo Matos Peixoto. São Paulo: Editora Paumape, 1989, v.1. Tradução do original em latim: *Ab urbe condita libri*, p. 38. Por sua vez, BRETONE diz que *quirites* "*são os indivíduos que formam o corpo cívico*", e aponta sua origem na expressão *co-virites*. Ver BRETONE, Mario. *História do direito romano*. Tradução de Isabel Teresa Santos e Hossein Seddighzadeh Shooja. Lisboa: Editorial Lisboa, 1990 (Coleção Imprensa Universitária, 73). Tradução do original italiano: *Storia del diritto romano*, p. 83.

A sociedade romana na época da Monarquia estava composta por patrícios, clientes, plebeus, escravos e libertos. Os patrícios eram aqueles que pertenciam às *gentes* originárias de Roma, e são, em princípio, os que tinham direitos políticos e privados reconhecidos pelo *ius civile*.[12] Os clientes eram pessoas admitidas nas famílias gentilícias, que participavam do culto familiar, e eram protegidos pelos patronos, porém não possuíam os mesmos direitos dos patrícios.[13] Os plebeus recebiam a sua definição por exclusão, ou seja, eram aqueles que não eram nem patrícios nem clientes. Os escravos faziam parte da família, também eram sujeitos ao poder do *pater familias*, e a sua origem era por nascimento de pais escravos ou cativeiro de guerra. Os escravos podiam ser convertidos em libertos e, quando isto ocorria, sua situação equiparava-se à dos clientes.[14]

1.1. As famílias romanas e os poderes do pater familias

Na origem da civilização romana, a célula básica da organização social era a família. A família, no Direito romano, possuía uma complexidade de significados que pode sugerir a idéia de comunidade de vida e de bens no interior de uma casa.

Originariamente o *pater familias*[15] era um indivíduo cujo poder, embora aparentemente individual, era exercido em benefício de um coletivo: a família romana. Existem várias interpretações relacionadas aos poderes do *pater familias* limitando os seus amplos poderes sobre todas as coisas e

---

[12] *Ius civile*, segundo BRETONE, remonta à época mais arcaica e diz respeito às relações entre os membros da civitas, ou seja, indica, no seu conjunto, a organização jurídica da cidade. Ver BRETONE, Mario. *História do direito romano*. Tradução de Isabel Teresa Santos e Hossein Seddighzadeh Shooja. Lisboa: Editorial Lisboa, 1990 (Coleção Imprensa Universitária, 73). Tradução do original italiano: *Storia del diritto romano*, p. 46. Para IGLESIAS, *ius civile* era o direito próprio privativo dos *cives*, ou seja, dos cidadãos romanos. Ver IGLESIAS, Juan. *Derecho romano – historia e instituciones*. 11.ed. Barcelona: Editorial Ariel, 1994, p. 18.

[13] KUNKEL grifa que os vassalos protegidos, os *clientes*, deviam seguir o senhor na guerra e na política e, em troca, o senhor patrício tinha que protegê-los quando eles se encontravam em situação difícil. Ver KUNKEL, Wolfgang. *Historia del derecho romano*. Tradução da quarta edição alemã de Joan Miquel. 9.ed. Barcelona: Editorial Ariel, 1994. Tradução do original alemão: *Römische Rechtsgeschichte: eine Einführung*, p. 13.

[14] Segundo KUNKEL, os escravos desempenharam na época primitiva romana um modesto papel, diferente com as circunstâncias da República tardia e do Império; o servo comia com seu dono na mesma mesa e o mesmo pão e estava protegido em caso de lesões corporais pela lei das XII Tábuas. Ver KUNKEL, Wolfgang. *Historia del derecho romano*. Tradução da quarta edição alemã de Joan Miquel. 9.ed. Barcelona: Editorial Ariel, 1994. Tradução do original alemão: *Römische Rechtsgeschichte: eine Einführung*, p. 15.

[15] Existem várias teorias muito controvertidas que têm em vista explicar a natureza jurídica do *pater familias*. A partir da obra de De Visscher que, após a segunda guerra mundial, enriquece a romanística italiana com uma pluralidade de formulações e hipóteses. Registre-se apenas que esta teoria tem por objetivo demonstrar que o caráter unitário dos poderes do *pater familias*, defendido pela teoria bonfantiana, é mais aparente do que real. Neste sentido, ver a natureza dos poderes do *pater familias*, como proposto por COLOGNESI. Ver COLOGNESI, Luigi Capogrossi. Proprietà: proprietà in generali (diritto romano). In: *Enciclopedia del diritto*. Milano: Giuffrè Editore, 1988, v.37, p. 164 e ss.

todas as pessoas que estavam e faziam parte da família. A partir da maneira que se visualiza a família e a figura do *pater familias* romano, visualizar-se-á também a propriedade.

O que nós atualmente chamamos de propriedade, o domínio sobre a coisa, não deveria ter no direito antiqüíssimo um caráter autônomo e de conteúdo patrimonial, mas deveria fazer parte daquele amplíssimo poder, que tinha o *pater familias* romano, revelado pelas expressões *potestas, manus, mancipium*, compreendendo o poder familiar sobre servos, coisas e inclusive podendo chegar, em função de algumas reflexões, à coisa dos outros.[16]

O poder do *pater familias* recaía sobre pessoas e bens gerando, para cada situação, relações específicas: quando era referente à casa (*domus*), dava origem ao *dominium*; quando recaía sobre os escravos, dava lugar ao *mancipium*; quando recaía sobre a mulher, o poder marital chamava-se *manus*; finalmente, quando recaía sobre os filhos, ocorria a *patria potestas* até que fosse feita a *mancipatio* (emancipação).[17]

Na família romana, só o *pater familias* tinha capacidade patrimonial. O *filius familias*, por estar no período arcaico submetido a *potestas* do *pater*, não tinha nenhuma capacidade patrimonial. Todas as aquisições que o *filius familias* realizava revertiam em benefício do *pater*, uma vez que o primeiro não podia ser proprietário, enquanto estivesse subordinado a *pátria potestas*. Entretanto, estes poderes conferidos ao *pater* sofreram atenuações com a instituição do *peculium*.[18]

Segundo Iglesias:

> La familia primitiva – precívica – es un organismo político. La disciplina más rigurosa, el mantenumiento del orden en el interior y la capacidad para la defensa en el exterior son fines políticos supremos de las agrupaciones familiares, a los que no se anteponen los de otra suerte, tales como los económicos.[19]

A família a que convêm tais caracteres é o grupo agnatício, que coincide, provavelmente, com a *gens*. A *familia comuni iuri*, como passaram a

---

[16] Ver BRASIELLO, Ugo. Proprietà (diritto romano). In: *Novissimo digesto italiano*. 3.ed. Torino: Unione Tipográfico-Editrice Torinese, 1957, v.14, p. 111.

[17] Os poderes que recaem sobre a mulher (*manus*) e sobre o filho (*patria potestas*) serão os germens do futuro Direito de família. A expressão *mancipium* é também o nome primitivo de propriedade. *Dominium* aparecerá apenas mais tarde. Ver, neste sentido, MIQUEL, Joan. *Derecho privado romano*. Madrid: Marcial Pons Ediciones Jurídicas, 1992, p. 169-170.

[18] *Peculium* era uma porção de bens ou dinheiro que o *pater* concedia ao *filius* com o inicial caráter livremente revogável. O *filius* não era proprietário do pecúlio, mas mero administrador. Ocorrendo a morte do *filius*, o pecúlio retornava ao *pater*. No período imperial, alterou-se o regime dos pecúlios, caracterizando-os por serem irrevogáveis e concedendo-se ao *filius* progressiva autonomia frente ao *pater*. O *peculium profectium* era o proveniente do *pater familias*, e o *peculium castrense* aquele recebido pelo próprio *filius* quando prestava serviço militar. Ver, para tanto, MIQUEL, Joan. *Derecho privado romano*. Madrid: Marcial Pons Ediciones Jurídicas, 1992, p. 376.

[19] Ver, neste sentido, IGLESIAS, Juan. *Estudios romanos de derecho e historia*. Barcelona: Ediciones Ariel, 1952. (Publicaciones del Seminario de Derecho Romano de la Universidad de Barcelona, II), p. 34.

se chamar as *gens*, abriga todo o grupo agnatício. Sua unidade política é mantida mesmo depois da morte do *pater*, uma vez que o substituto é previamente designado pelo predecessor.

O Estado romano, com o seu fortalecimento, assumiu as tarefas da ação política e as vastas e potentes comunidades familiares antigas perderam a sua razão de ser. Uma vez morto o *pater familias*, o grupo cindia-se em grupos menores, em número igual ao dos *filii familias*, a menos que eles optassem pela formação de um consórcio doméstico. É assim que Iglesias descreve a desagregação da antiga e ampla família e a gradual constituição de grupos menores.[20]

Gradualmente, o papel da família na sociedade romana foi transformando-se, com a ampliação das capacidades de todos os seus membros antes concentradas na pessoa do *pater familias*, no fortalecimento da soberania do Estado e nas transformações de relações econômicas praticadas na sociedade romana.

As novas exigências resultantes das transformações econômicas na sociedade exigiram uma especialização dos poderes do *pater familias* em função do objeto de seu exercício.

1.2. A imposição de limites aos poderes do pater familias

No período arcaico, o *pater familias* dispôs não apenas do patrimônio familiar, mas também de tudo que viesse a ser adquirido por aqueles que estivessem sob o seu mando. Se o *pater familias* concedia a um *filii familias* um patrimônio, para que ele o administrasse (*peculium*), o domínio sobre este patrimônio permanecia com o *pater familias*, mesmo que isso fosse contra a sua vontade. Por outro lado, o *pater familias* tinha a responsabilidade civil sobre dívidas contraídas por um *filius familias*. Para o Estado romano, portanto, não existia mais do que a família, sendo reconhecida a autoridade apenas do seu chefe.[21]

No período clássico, Otávio Augusto permitiu aos *filii familias* militares que eles pudessem dispor por testamento de todas as coisas adquiridas por meio do serviço militar, surgindo assim o denominado *peculium castrense*. Este foi um importante reconhecimento da capacidade econômica dos filhos, que em relação aos bens do *peculium castrense* agiam como um *pater familias*.[22] Todavia, se os *filii famílas* morressem sem deixar testa-

---

[20] Ver IGLESIAS, Juan. *Derecho romano – historia e instituciones*. 11.ed. Barcelona: Editorial Ariel, 1994, p. 34-35 e BETTI, Emilio. *Istituzioni di diritto romano*. 2.ed. Padova: CEDAM, 1947, v.1, p. 374.

[21] Ver BONFANTE, Pietro. *Istituciones del derecho romano*. Tradução de Luis Bacci Andrés Larrosa e revisão de Fernando Campuzano Larrosa. Madrid: Editorial Reus, 1929. (Biblioteca Jurídica de Autores Españoles u Estranjeros, 133) Tradução da oitava edicao italiana, p. 165.

[22] Ulpiano (D. 14, 6, 2): "usque ad quantitatem castrensis peculii, quum filiifamilias in castrensi peculiuo vice patrumfamiliarum fungantur". (*hasta la cantidad del peculio castrense, porque los hijos de familia hacen veces de padre de familia en el peculio castrense*). CUERPO DEL DERECHO CIVIL

mento, o *peculium castrense* passava a integrar o patrimônio do *pater familias*, não por direito de herança, mas como se a propriedade já lhe pertencesse.[23]

1.3. A decadência dos poderes do pater familias

Uma mudança importante do período foi a gradual redução dos poderes do *pater familias*. Na época de Constantino, em 326 d.C., foram reorganizadas as funções civis e militares do Império e estendido o *peculium castrense* aos funcionários do palácio imperial, criando-se o *peculium quase castrense*, constituído de tudo que os *filii familias* pudessem obter da realização das suas funções servindo à corte imperial como advogados, como eclesiásticos, etc. Mais tarde, outros imperadores estenderam o *peculium quase castrense* aos demais funcionários assalariados do Estado.[24]

Constantino, por influências helenísticas, em 319 d.C., restringiu ainda mais os poderes do *pater familias*, que não pode mais alienar à sua vontade os bens do filho adquiridos por herança materna, embora mantivesse a administração e o usufruto destes bens. Imperadores posteriores ampliaram esta disposição também para as doações, os lucros nupciais, os legados, entre outros, não mais se restringindo aos bens adquiridos da mãe, mas por qualquer aquisição por linha materna.[25] Substancial alteração foi proposta por Justiniano, que considerou o *peculium castrense* ou *quase castrense* como autêntico patrimônio do *filius familias* ao colocá-lo em sucessão legítima mesmo quando não existia testamento, reconhecendo, desta forma, sua capacidade patrimonial.[26] Somente a partir deste momento surgiu a possibilidade de uma pessoa ter patrimônio individual e não para a família e em função da família.

Iniciou-se então, um processo de construção do que hoje se intitula a figura do sujeito de direitos, o qual é dotado de dignidade, que preponderá sobre qualquer outro interesse, notadamente aqueles de cunho patrimonialista.

ROMANO: Digesto 6ª y 7ª partes. Tradução de Ildefonso L. García del Corral. Valladolid: Editorial Lex Nova, [1988], Edição bilíngüe latim/espanhol, 6. t, T.3, p. 780.

[23] Ver DI PIETRO, Alfredo. *Derecho privado romano*. Buenos Aires: Ediciones Depalma, 1996, p. 305.

[24] Ver BONFANTE, Pietro. *Istituciones del derecho romano*. Tradução de Luis Bacci Andrés Larrosa e revisão de Fernando Campuzano Larrosa. Madrid: Editorial Reus, 1929. (Biblioteca Jurídica de Autores Españoles u Estranjeros, 133) Tradução da oitava edição italiana, p. 166-167, e, também DI PIETRO, Alfredo. *Derecho privado romano*. Buenos Aires: Ediciones Depalma, 1996, p. 305.

[25] Ver BONFANTE, Pietro. *Istituciones del derecho romano*. Tradução de Luis Bacci Andrés Larrosa e revisão de Fernando Campuzano Larrosa. Madrid: Editorial Reus, 1929. (Biblioteca Jurídica de Autores Españoles u Estranjeros, 133) Tradução da oitava edição italiana, p. 168. Ver, também, DI PIETRO, Alfredo. *Derecho privado romano*. Buenos Aires: Ediciones Depalma, 1996, p. 305-306 e MIQUEL, Joan. *Derecho privado romano*. Madrid: Marcial Pons Ediciones Jurídicas, 1992, p. 376.

[26] Ver MIQUEL, Joan. *Derecho privado romano*. Madrid: Marcial Pons Ediciones Jurídicas, 1992, p. 376.

2. Surgimento da pessoa como sujeito de direitos e a sua dignidade

Para compreendermos o significado atual da noção de dignidade da pessoa humana, faz-se necessário circunscrever o momento histórico em que a pessoa humana nasce como sujeito de direitos, devendo ser valorizada e protegida em sua dignidade, independente da condição social que detenha.

Na antiguidade clássica, a idéia de dignidade da pessoa humana relacionava-se com a posição social ocupada pelo indivíduo e o seu grau de reconhecimento pelos demais membros da comunidade; por esta razão, naquele momento histórico foi possível falar em quantificação e modulação da dignidade, compreendendo-se inclusive admitir a existência de pessoas mais dignas do que outras.[27]

O surgimento da discussão a respeito do direito subjetivo só tem razão de existir quando se tem o reconhecimento político, social e jurídico da pessoa humana como sujeitos de direitos a serem protegidos e tutelados nas relações com o Estado e entre os particulares. Anteriormente ao reconhecimento de todas as pessoas como seres de direitos e obrigações sequer poderia ser conferida a expressão "dignidade da pessoa humana" uma compreensão que pudesse abranger a todos, pois algumas pessoas ainda estavam na seara de serem consideradas objetos de direitos de outros. Não se restringe esta compreensão a um passado muito distante quando nem todos eram considerados cidadãos, mas existem momentos ainda próximos no tempo como no caso dos índios e das mulheres que tinham sua capacidade restringida, e ainda em algumas sociedades contemporâneas são gravadas de uma série de injustificáveis e inadmissíveis restrições.

A importância do pensamento de Michel Villey a respeito dos direitos subjetivos e sua crítica aos direitos humanos não são de todos conhecidas e, em certo modo de ser, são muito propícias para que se tenha em mente a realização dos direitos fundamentais e da dignidade da pessoa humana. Compreender esta discussão, que se travou na história, implica compreender melhor a alteração do que inicialmente se chamou de direitos humanos e quais as razões jurídicas que levaram a uma transmutação não apenas na esfera semântica, como também na esfera política, social e jurídica da efetividade da proteção dos direitos lesados ou ameaçados de lesão.[28] Sujeitos de direitos e deveres são, na compreensão de Michel Villey, conforme descreve Alejandro Guzmán Brito:

---

[27] Ver, nesse sentido, Podlech, in Alternativ Kommentar, v.1, p. 275. Citado por SARLET, Ingo Wolfgang. *Dignidade da pessoa humana e direitos fundamentais na Constituição brasileira de 1988.* Porto Alegre: Livraria do Advogado, 2001, p. 30.

[28] PEZZELLA, Maria Cristina Cereser. Código Civil em perspectiva histórica. In: SARLET, Ingo Wolfgang (org.). *O novo Código Civil e a Constituição.* Porto Alegre: 2ª ed. Livraria do Advogado, 2006, p. 60.

> En efecto, según Villey, la noción de derecho subjetivo tenía que nacer como tal, entre aquellos fióosofos que a fines de la Edad Media y en la Epoca Moderna han emprendido una lucha contra la filosofía aristotélico-tomista; contra esa filosofía objetivista y realista, la escuela nominalista y la moderna oponen un mundo de individuos aislados entre sí, que sólo se interconexionan por el nombre común pero no por esencias o naturalezas comunes. Al orden del derecho natural clásico, al carácter natural de la Sociedad de que aquél partía, los modernos oponen el estado presocial, también natural, pero en donde lo natural deja de ser precisamente la Sociedad y pasa a ser el individuo con sus plenas libertades y poderes. Porque hay que hacer notar que la doctrina del derecho subjetivo nace y se desarrolla también como una doctrina del derecho natural; sólo que si en la concepción antigua del derecho natural era lo justo objetivo, de modo que misión del derecho positivo era la determinación de la parte justa de cada cual, en la doutrina del derecho subjetivo lo natural son precisamente los derechos subjetivos: el hombre, y sus derechos aislado y en contra de todos los demás hombres, constituirá un estado natural; y aunque a dicho estado se ha superpuesto un pacto social, las exigencias del individuo siguen siendo la fuente de los derechos subjetivos, que deben ser analizadas por el jurista y el legislador con el fin de determinar los derechos de cada cual. De acuerdo con este modo de pensar, el dominio, p. ej., ya no será más la parte justa de cosas repartidas entre todos, sino que el poder mismo que se ejerce sobre las cosas en propio provecho.[29]

A essência do pensamento de Michel Villey consiste em advogar a tese de que o direito antigo não conheceu a idéia de direito subjetivo e que esta tem origem moderna.[30] Na busca da origem dos direitos subjetivos, Michel Villey realiza toda uma investigação histórica e filosófica, perpassando o pensamento romano e o ambiente espiritual e individualista cristão, para dizer que as pessoas com necessidade de defender-se e salvaguardar-se diante da catástrofe do poder público apenas na desordem da Alta Idade Média podem encontrar o conjunto de elementos que teriam sido propícios para o nascimento da noção de direito subjetivo.[31]

Defende Michel Villey que, pelo fato de o direito romano não conter a acepção subjetiva de Direito, não se deve concluir sua total inexistência, mas sim de supor que esta acepção teria um lugar, muito secundário, e que ela não se afirma com suficiente nitidez. Comenta a exposição teórica do *Corpus juris* que o leitor pode extrair os sentidos sempre na esteira do direito objetivo.[32]

O mundo que se faz nascer dos direitos subjetivos cria faculdades, possibilidades antes ainda desconhecidas ou garimpadas apenas por exce-

---

[29] Nesse sentido, ver BRITO, apresentação da obra VILLEY, Michel. *Estúdios en torno a la noción de derecho subjetivo*. Tradução de Alejandro Guzmán Brito e outros. Chile: Ediciones Universitarias de Valparaíso, 1976, p. 17-18.

[30] Conforme afirma Alejandro Guzmán BRITO resume o pensamento de Michel VILLEY. *Estúdios en torno a la noción de derecho subjetivo*. Tradução de Alejandro Guzmán Brito e outros. Chile: Ediciones Universitarias de Valparaíso, 1976, p. 18. Ver PEZZELLA, Maria Cristina Cereser. *A Eficácia Jurídica na Defesa do Consumidor: o poder do jogo na publicidade*. Porto Alegre: Livraria do Advogado, 2004, p. 105.

[31] BRITO in VILLEY, Michel. *Estúdios en torno a la noción de derecho subjetivo*. Tradução de Alejandro Guzmán Brito e outros. Chile: Ediciones Universitarias de Valparaíso, 1976, p. 19.

[32] VILLEY, Michel. *Estúdios en torno a la noción de derecho subjetivo*. Tradução de Alejandro Guzmán Brito e outros. Chile: Ediciones Universitarias de Valparaíso, 1976, p. 35.

ção, e não como regra formal de considerar todos iguais, mesmo que esta igualdade compreenda uma afirmação meramente retórica.

A compreensão e a delimitação do conceito de *direitos fundamentais* foram sendo construídas na realidade social com o surgimento do mundo moderno nos séculos XV e XVI; trata-se de conceito histórico, por isso foi sendo costurado em conjunto com a realidade e submetido a esses elementos que concorrem para a sua percepção pelo Direito Positivo.

Adverte Ingo Wolfgang Sarlet que:

> Mesmo durante o medioevo – de acordo com a lição de Klaus Stern – a concepção de inspiração cristã e estólica seguiu sendo sustentada, destacando-se Tomás de Aquino, o qual chegou a referir expressamente o termo 'dignitas humana', secundando, já em plena Renascença e no limiar da Idade Moderna, pelo humanista italiano Pico della Mirandola, que, partindo da racionalidade como qualidade que lhe possibilita construir de forma livre e independente sua própria existência e seu próprio destino.[33]

O reconhecimento dos *direitos fundamentais*[34] clássicos tem como referência histórica a Declaração de Direitos do Povo de Virgínia, de 20.06.1776, a Declaração de Independência dos Treze Estados Unidos da América, de 04.07.1776, e a Declaração dos Direitos do Homem e do Cidadão, francesa, de 1789; compuseram também esse momento, as Declarações inglesas (*Petition of Rights*, de 1628, *Act of Habeas Corpus*, de 1679, e *Bill of Rights*, de 1689). Conforme José Felipe Ledur, o reconhecimento destes direitos já havia sido anteriormente praticados. Mas refere o autor:

> (...) muito antes de os direitos fundamentais terem sido reconhecidos nas mencionadas Declarações, estavam eles presentes na cultura de sociedades ocidentais e não-ocidentais, desde a antiguidade, embora sem o caráter de generalidade que passaram a ter, ao serem positivados nas Declarações de direitos citadas.[35]

A edificação e consolidação dos direitos civis, a afirmação da autonomia individual e de um espaço livre da interferência do Estado, assim como no aspecto político que se determinou o surgimento concomitante ao do Estado moderno,[36] no século XVIII, e dos direitos fundamentais clássicos.

---

[33] SARLET, Ingo Wolfgang. *Dignidade da pessoa humana e direitos fundamentais na Constituição brasileira de 1988*. Porto Alegre: Livraria do Advogado, 2001, p. 31.

[34] É usual encontrar a terminologia que emprega a expressão *direitos humanos* vinculada à proteção dos direitos das pessoas; a opção pela designação *direitos fundamentais* se deve ao fato de serem direitos positivados. Embora não integre as preocupações específicas do presente texto, a tese recolhe e apreende as diversas possibilidades teóricas e práticas ligadas aos direitos humanos, neles reconhecendo, quer à luz da teoria crítica, quer sob o influxo da 'praxis' de militância em favor de sua proteção, uma premissa fundamental no desenho social, histórico e jurídico da sociedade brasileira da América Latina, abertura, plural e multicultural.

[35] Ver, nesse sentido, a obra de José Felipe LEDUR. *A realização do direito ao trabalho*. Porto Alegre: Sergio Antonio Fabris, 1988, p. 27-28.

[36] Historiadores contemporâneos referem que o aparecimento do Estado seria a passagem da fase selvagem para a civilidade. Esta compreensão se funda na doutrina jusnaturalista, em especial na obra de Hobbes, que considerava o estado de natureza como antecedente do estado civil. Existem outras teorias que têm por objetivo explicar o surgimento do Estado, entre elas a marxista, que compreende que o Estado nasce a partir da dominação exercida pela classe que é proprietária sobre os que dela são excluídos.

Como surgimento do Estado, mesmo que da perspectiva meramente formal, a substancial alteração que se faz é compreender que surge o indivíduo como senhor de direitos, pois o indivíduo deixa de ser súdito para ser cidadão e objetiva-se a relação entre o cidadão e o Estado, construindo-se um vínculo político-jurídico entre ambos, o qual determina que aquele assuma a soberania. Como sintetiza Ledur: *"No estabelecimento de direitos e deveres entre o indivíduo e o Estado está a origem do Estado moderno".*[37]

Construído e imposto, por força das pressões de variadas ordens, ao soberano absolutista o respeito ao direito à vida, à liberdade e à garantia da propriedade. Circunscrevem-se aos direitos fundamentais clássicos os identificados como sendo os "direitos de liberdade", por expressarem a idéia de um espaço privado vital não sujeito à violação pelo Estado. Sublinha Ledur que:

> (...) esse espaço é expressão da idéia de autonomia do indivíduo diante do Estado. A autonomia tem uma contrapartida, ou seja, a pessoa passa a ter responsabilidade pela preservação e aprimoramento da sua esfera existencial. Assim, além de estar vedada a violação estatal do espaço vital da pessoa, a possibilidade da subsistência do paternalismo nas relações entre o indivíduo e o Estado é eliminada.[38]

Compreendendo-se a relevância de se construir no plano concreto das relações interpessoais, sociais e jurídicas, pode-se perceber que a nova forma de legislar inclui princípios de matriz ética significativos. Comporta, atualmente, na ordem jurídica brasileira, perceber a amplitude da dignidade da pessoa humana vista como norma, princípio e valor.

2.1. Dignidade da pessoa humana no ordenamento jurídico brasileiro

A importância que a sociedade confere à dignidade da pessoa humana nas relações pessoais, privadas e de maneira mais ampla com o polissistema da cultura social e jurídica, enfrentando a sua repercussão concreta e efetiva, está imbricada com a potencialidade que se atribui à capacitação de quem compõe, em última análise, a sociedade. Desta forma, quanto mais protegida a dignidade da pessoa humana, mais desenvolvida, culturalmente, a sociedade e mais próxima de uma realização efetiva as possibilidades de seus formadores. Uma sociedade que não perquire, não discute e não confere possibilidades para uma ampliada discussão social e jurídica da importância da pessoa em sua plenitude, e, por assim dizer, integral na perspectiva física e psíquica, deixa de cumprir o seu principal papel: o desenvolvimento integral da pessoa.

---

[37] LEDUR, José Felipe. *A realização do direito ao trabalho*. Porto Alegre: Sergio Antonio Fabris, 1988, p. 30.
[38] Idem, p. 30-31.

Deve-se ao filósofo alemão Immanuel Kant, por meio das suas críticas e análises sobre as possibilidades do conhecimento, uma das contribuições mais coerentes para um conceito de dignidade humana:

> No reino dos fins, tudo tem um preço ou uma dignidade. Quando uma coisa tem um preço, pode pôr-se, em vez dela, qualquer outra coisa como equivalente; mas quando uma coisa está acima de todo o preço, e portanto não permite equivalente, então ela tem dignidade.
>
> O que se relaciona com as inclinações e necessidades gerais do ser humano tem um preço venal; aquilo que, mesmo sem pressupor uma necessidade, é conforme a um certo gosto, isto é, a uma satisfação no jogo livre e sem finalidade das nossas faculdades anímicas, tem um preço de afeição; mas aquilo que constitui a única condição graças à qual qualquer coisa pode ser um fim em si mesma, não tem somente um valor relativo, isto é, um preço, mas um valor interno, isto é, dignidade.
>
> Ora, a moralidade é a única condição que pode fazer de um ser racional um fim em si mesmo, pois só por ela lhe é possível ser membro legislador no reino dos fins. Portanto, a moralidade e a humanidade, enquanto capaz de moralidade, são as únicas coisas que têm dignidade.[39]

Partindo da leitura da obra de Kant, José Roque Junges destaca três características da dignidade próprias da moralidade, sendo elas:

> (...) incondicionalidade (absoluta prioridade), superioridade absoluta (acima de qualquer preço) e incomensurabilidade (nenhum equivalente). Segundo essa primeira definição, a dignidade humana é uma categoria essencial da humanidade, através da moralidade. A dignidade identifica-se com a moralidade.[40]

A noção de dignidade humana, que varia consoante as épocas e os locais, então, é a base dos textos fundamentais sobre Direitos Humanos. Diz-se nomeadamente no preâmbulo da Declaração Universal dos Direitos Humanos, de 1948: *"Os direitos humanos são a expressão direta da dignidade da pessoa humana, a obrigação dos Estados de assegurarem o respeito que decorre do próprio reconhecimento dessa dignidade"*. Esta definição tem as suas implicações ao nível dos direitos econômicos, sociais, e culturais, indispensáveis à concretização dessa dignidade.

Compreendendo o direito, a pessoa e a família, temas de incessante reflexão, não há uma definição plena do significado da dignidade humana, sendo possível, contudo, tentar balizá-la no cenário jusfilosófico atual.

O significado de dignidade está repleto do elemento cultural e seus contornos estão em constante expansão. Há uma dificuldade de se determinar um conceito satisfatório e exaustivo sobre a dignidade da pessoa humana. Assim, diferentemente do que ocorre com os outros princípios constitucionais, a dignidade significa uma qualidade tida como inerente a todo e qualquer ser humano.[41]

---

[39] KANT, Immanuel. *Fundamentos da Metafísica dos Costumes*. Traduzido por Lourival de Queiroz Henkel. Rio de Janeiro: Tecnoprint, 1990, p. 67-68.

[40] JUNGES, José Roque. O respeito à dignidade humana como fundamento de todo humanismo. In: OSOWSKI, Cecília Irene (org.). *Teologia e Humanismo Social Cristão:* traçando rotas. São Leopoldo: UNISINOS, [s.d.], p. 149.

[41] SARLET, Ingo Wolfgang. *A eficácia dos direitos fundamentais*. 2.ed. Porto Alegre: Livraria do Advogado, 2001, p. 38.

A legitimação de atuação de cada Estado democrático tem como pilar de sustentação o respeito à dignidade da pessoa humana, de modo que almejam proibir qualquer idéia que procure restringi-la de alguma forma.[42]

Assim, a Constituição da República Federativa do Brasil, promulgada em 5 de outubro de 1988, procurou assegurar os direitos e deveres fundamentais a todos os seres humanos, destacando o princípio da dignidade humana, em seu artigo 1º, inciso III, como valor fundamental, que serve de base para a consolidação de um Estado Democrático de Direito, proporcionando uma unidade e coerência ao conjunto de todos os outros princípios de direito ali indicados.

O professor Pietro Alarcón teve a oportunidade de afirmar:

> De outro lado, a Carta Magna de 1988 abriga a dignidade, e nesse sentido, a dignidade é bem jurídico a ser guarnecido pelo sistema. Por outra parte, é eixo de interpretação, atravessando o sentido de constitucionalidade que deve constar em qualquer sentença de juízes e tribunais pátrios. Não exageramos se dizemos, por esses motivos, que a dignidade da pessoa humana foi erigida a padrão de referência de todo o arcabouço jurídico brasileiro.[43]

Díaz Revorio afirma que os valores que fundamentam a ordem social e jurídica podem deduzir-se implicitamente de dita ordem, ou vir expressos precisamente em uma norma jurídica, inclusive constitucional. O que já não é tão usual é que um texto constitucional recolha de forma expressa a palavra "valor", qualificando-o como "superior".[44]

Sobre a dignidade humana, Vicente de Paulo Barretto refere que:

> A dignidade humana, entretanto, como idéia-valor, necessita para a sua compreensão e aplicação racional nos sistemas jurídicos, que se recuperem os seus fundamentos ético-filosóficos para que possa exercer a função que dela se espera no estado democrático de direito. Não é, assim, uma idéia originariamente jurídica, fruto da doutrina ou da legislação, mas resultante de uma compreensão específica da natureza da pessoa humana e da sociedade. Falar da dignidade humana sem que se situe esta idéia no quadro de uma ética e antropologia filosófica determinada resulta lançar o valor que ela representa no vazio dos discursos políticos e jurídicos. Isto porque a idéia de dignidade humana é um conceito ético, que, de acordo com alguns autores (Vaz, 1988), expressa-se politicamente no conceito político moderno da "Democracia".[45]

Compreender a dignidade da pessoa humana envolve uma séria discussão no campo das idéias na esfera jurídica constitucional e no campo de todas as relações na esfera do direito infraconstitucional inclusive, além de outras repercussões do pleno desenvolvimento da pessoa na perspectiva

---

[42] FAGUNDES JÚNIOR, José Cabral Pereira. Limites da ciência e o respeito à dignidade humana. In: SANTOS, Maria Celeste Cordeiro Leite (org.). *Biodireito:* ciência da vida, os novos desafios. São Paulo: Revista dos Tribunais, 2001, p. 273.

[43] ALARCÓN, Pietro. *Patrimônio Genético Humano e sua Proteção na Constituição Federal de 1988.* São Paulo: Método, 2004, p. 254.

[44] DÍAZ REVORIO, Francisco Javier. *Valores superiores e interpretación constitucional.* Madrid: Centro de Estúdios Politicos y Constitucionales, 1997, p. 32.

[45] BARRETTO, Vicente de Paulo. A idéia de pessoa humana e os limites da bioética. In: BARBOZA, Heloísa Helena (org.); —— (org.). *Novos temas de biodireito e bioética.* Rio de Janeiro: Renovar, 2003, p. 220.

física, emocional, intelectual e psíquica, porém este estudo não tem esta dimensão.

Cabe ponderar que a Lei n. 10.406, fruto do projeto coordenado por Miguel Reale, poderia ter avançado nesta matéria; provavelmente a melhor opção seria o emprego de uma cláusula geral do direito de personalidade, como procedeu relativamente a um dos seus aspectos, qual seja, o direito ao resguardo da vida privada. Conforme Judith Martins-Costa descreve:

> Poderia assim criar uma ponte com o princípio constitucional da dignidade da pessoa humana e com os direitos constitucionais sociais, também atinentes às dimensões da personalidade, sendo indiscutível que a atual ênfase numa esfera de valores existenciais da pessoa deve-se, entre outros fatores, à compreensão do papel desempenhado pelos princípios constitucionais no Direito Civil. estes, para além de constituírem normas jurídicas atuantes nas relações de Direito Público, têm incidência especial em todo o ordenamento e, nesta perspectiva, também no Direito Civil, disciplina das relações jurídicas travadas entre os particulares entre si.[46]

Conforme Miguel Reale denominou de "valor-fonte" do ordenamento, a pessoa humana, considerada em sua dignidade, mas projetando para a fácil construção e o desenvolvimento jurisprudencial de novas hipóteses que não se restringem ao reconhecimento dos tradicionais atributos, como a honra, o nome, a imagem, a intimidade e a vida privada, mas tem alargada possibilidade de contínua expansão.[47]

Na elaboração da Lei n. 10.406, de 10.01.2002, percebe-se uma inédita proteção à tutela da vida da pessoa natural e uma ampliação via cláusula geral das atribuições do juiz que adotará as medidas e providências que julgar necessárias para impedir ou fazer cessar ato contrário à inviolabilidade dos direitos da pessoa natural, compreendendo a família como instrumento para a promoção da dignidade da pessoa humana.

3. Família como instrumento para a promoção da dignidade humana[48]

A família, até hoje considerada por muitos como a célula fundamental da sociedade, é o refúgio onde o indivíduo recebe seu primeiro sustento e assistência, podendo expressar-se de maneira mais autêntica. Nela, harmo-

---

[46] MARTINS-COSTA, Judith. *O projeto do Código Civil Brasileiro: em busca da 'ética da situação'*, estudo originalmente elaborado para integrar volume acerca da codificação nas Américas, a ser publicado na Revista Jurídica de la Universidad Interamericana de Puerto Rico, inédito, p. 15.

[47] Judith Martins-Costa comenta que, para Miguel Reale, "O valor da pessoa humana como 'valor fonte de todos os valores' ou 'valor fonte do ordenamento' tem sido objeto de atenção de REALE desde os seus primeiros escritos filosóficos, ainda na década de 1940, do século passado, sendo versado já em *Fundamentos do Direito*. (1.ed., 1940, 3.ed., São Paulo: Revista dos Tribunais, 1998). Porém é em *Pluralismo e liberdade*. (Rio de Janeiro: Expressão e Cultura, 1998. 2.ed., 1.ed., 1963) que assentará com todas as letras que o 'problema central da axiologia jurídica, vista em função da experiência histórica, é o relativo ao valor da pessoa humana', ali produzido, notadamente no Capítulo V, notáveis ensaios" (MARTINS-COSTA, Judith. *O projeto do Código Civil Brasileiro: em busca da 'ética da situação'*, estudo originalmente elaborado para integrar volume acerca da codificação nas Américas, a ser publicado na Revista Jurídica de la Universidad Interamericana de Puerto Rico, inédito, p. 15).

[48] Título utilizado por Gustavo Tepedino na obra *Temas de Direito Civil*, p. 371.

nizam-se a independência e a liberdade do indivíduo com a união estrita e solidariedade familiar, de onde se produz o equilíbrio entre os sentimentos e a racionalidade do indivíduo, entre o inconsciente e o seu consciente. É na família que o indivíduo ensaia os primeiros passos para viver em sociedade com os seus semelhantes, refreando o seu egoísmo e os seus caprichos, conciliando os seus propósitos e interesses com os dos outros, experimentando sentimentos de altruísmo e de singularidade. Nela se realiza o princípio fundamental do grupo, que é a continuidade social.[49]

Evidente que, com o passar do tempo, o objetivo primordial da família deixou de ser a gestação de descendentes ou a sua afirmação como grupo de pressão para transformações sociais, pois estas, na realidade, passaram a ser conseqüências lógicas da organização familiar. O motivo pelo qual se busca viver em família, por outro lado, relaciona-se intimamente com a necessidade de afeto, que é da substância do ser humano.

Dissertando sobre a concepção de família, Luiz Edson Fachin afirma que:

> A família, como fato cultural, está "antes do Direito e nas entrelinhas do sistema jurídico". Mais que fotos nas paredes, quadros de sentido, possibilidades de convivência. Na cultura, na história, prévia a códigos e posteriores a emoldurações. No universo jurídico, trata-se mais de um modelo de família e de seus direitos. Vê-la tão-só na percepção jurídica do Direito de Família é olhar menos que a ponta de um "iceberg". Antecede, sucede e transcende o jurídico, a família como fato e fenômeno.[50]

No direito positivo brasileiro, é atribuída proteção especial à família, na medida em que o artigo 226 da Constituição Federal de 1988 entrevê o seu importante papel na promoção da dignidade da pessoa humana, quando assegura que: *"A família, bese da sociedade, tem especial proteção do Estado"*.

Neste sentido, cumpre transcrever trecho da obra de Gustavo Tepedino, quando este afirma que:

> (...) a dignidade da pessoa humana, alçada pelo art. 1º, III, da Constituição Federal, a fundamento da República, dá conteúdo à proteção da família atribuída ao Estado pelo art. 226 do mesmo texto maior: é a pessoa humana, o desenvolvimento de sua personalidade, o elemento finalístico da proteção estatal, para cuja realização devem convergir todas as normas do direito positivo, em particular aquelas que disciplinam o direito de família, regulando as relações mais íntimas e intensas do indivíduo no social. De se abandonar, portanto, todas as posições doutrinárias que, no passado, vislumbraram em institutos do direito de família uma proteção supra-individual, seja em favor de objetivos políticos, atendendo a ideologias autoritárias, seja por inspiração religiosa.[51]

A família contemporânea caracteriza-se pela comunicação entre os seus membros, pela consciência de pertencer ao grupo e ter objetivos co-

---
[49] SANTOS, Eduardo dos. *Direito de Família*. Coimbra: Almendina, 1999, p. 24.
[50] FACHIN, Luiz Edson. *Elementos Críticos do Direito de Família: curso de Direito Civil*. Rio de Janeiro, 1999, p. 14.
[51] TEPEDINO, Gustavo. *Temas de Direito Civil*. 3.ed. Rio de Janeiro: Renovar, 2004, p. 372.

muns. O indivíduo adquire a segurança de pertencer a um grupo familiar, a partir do qual irá formar a sua própria identidade. Assim, cada família cria seu próprio modelo de relação, estabelecendo o que é permitido e o que é proibido e influenciando, de forma decisiva, nas características do ser em desenvolvimento, seja na formação do caráter, seja na formação da geral personalidade deste. Por isso, é fundamental que o vínculo familiar se estabeleça a partir do afeto, da solidariedade e da troca desinteressada.

Frente a tais considerações, é importante destacar que o ser humano, compreendido na sua família, só poderá usufruir plenamente das suas potencialidades se durante o seu crescimento lhe for propiciada a construção de valores afetivos e materiais que permitam o seu desenvolvimento dentro de limites identificados na cultura ao qual está inserido, permitindo que estes limites possam ser ampliados em virtude de o universo estar em constante expansão.

Objetiva este trabalho identificar situações onde há abusos da posição jurídica materna e paterna, quais sejam: abuso do direito de guarda, abandono afetivo e material, e a escolha individual da maternidade ou da paternidade em virtude das novas tecnologias permitirem a chamada *produção independente*, que, de alguma forma, influenciam o saudável desenvolvimento do indivíduo até então despreparado para reagir frente a tais situações.

O pleno desenvolvimento do ser exige que sua recepção ocorra dentro de paradigmas culturais que estão sofrendo alterações constantes, pois não existe uma única família, mas várias. Todavia, há sentimentos de alegria, felicidade, medo e decepção que são experimentados já no útero, os quais poderiam ser evitados, permitindo uma formação mais saudável ao ser.

3.1. Abuso do direito de guarda e a Síndrome da Alienação Parental

Nesta hipótese, estamos diante de uma situação em que os pais não mais vivem em conjunto e, em razão disso, teria um deles se responsabilizado mais do que o outro, em virtude do fato de lhe ter sido conferida a guarda dos filhos. Contudo, por vezes, este guardião ou guardiã cria impedimentos, em sua maior parte, desnecessários para que os filhos fiquem privados ou desinteressados de manter contato com aquele genitor ou genitora que não detém a guarda.

Como o direito de visitas se exerce em favor do filho, e não no interesse dos pais, cabe ao Poder Judiciário, usando de seu arbítrio, regulamentar a visitação de forma a proteger o interesse da criança naquilo que lhe for mais conveniente, bem como determinar tratamento psíquico que vise a afastar o desenvolvimento de seqüelas decorrentes da *Síndrome* que se verá a seguir.

Entre as dificuldades que são impostas, um ponto comum nas argumentações fantasiosas é a falta de cumprimento das decisões judiciais numa interpretação sempre em benefício do que detém a "posse da criança" como se esta fosse um objeto, tal qual uma marionete, que responde aos seus comandos, conscientes e inconscientes, causando nas crianças, muitas vezes, doenças psicossomáticas. Muitas são as razões alegadas para simplesmente não permitir as visitas, com intuito único de alienar a convivência daquele que não detém a guarda com os seus filhos.

No decorrer deste estudo, diversas situações foram comentadas a título de exemplos de abuso do poder de guarda de determinados pais, como por exemplo uma demanda intentada na Comarca de São Leopoldo, no Estado do Rio Grande do Sul, onde o pai postulava a regulamentação de visitas, especificamente para o dia do aniversário da filha, pois almejava comemorar a data com esta e outros convidados. Intentada a ação, foi autorizado ao pai o direito de visitar a filha em um turno do dia do aniversário da criança, o que permitiu que este convidasse diversos amigos e parentes para festejarem a data.

Por ocasião do cumprimento da determinação judicial, a mãe da criança, detentora da guarda, esquivou-se com esta, com o único objetivo de impedir que o pai pudesse concretizar seu desejo de propiciar à filha uma festa no dia de seu aniversário, e certamente desmoralizá-lo perante os convidados. Nem mesmo com a expedição de mandado de busca e apreensão da criança, permitiu que o pai conseguisse festejar a data com sua filha, uma vez que não obtiveram êxito nas tentativas de localização da criança.

Ressalte-se que este descumprimento pode ser reconhecido como crime de desobediência de ordem judicial, o que também é matéria de ampla discussão, conforme a visão do Professor Doutor Fabio Roberto D'Ávila:

> Dependendo da compreensão que lhe é atribuído, coloca dúvidas acerca da sua constitucionalidade. A compreensão do crime como mera violação de um dever, comum à Alemanha Nacional Socialista, é hoje tida como inconstitucional, de modo que, para aceitar-se o artigo 330 do Código Penal deve-se admitir uma hermenêutica que busque a ocorrência de um dano ou ao menos perigo ao bem jurídico tutelado. Todavia, diante das dificuldades que uma hermenêutica de recuperação do conteúdo material do ilícito enfrentaria neste caso, melhor seria impor restrições no âmbito do próprio Direito de Família ou do Direito Administrativo sancionatório.[52]

No âmbito da tutela do Direito da Criança, a melhor solução é a ampliação do direito de visitas, propiciando ao filho um maior contato com a família daquele que não dispõe da guarda, pois este é o bem jurídico que merece preocupação; uma pena pecuniária não atende aos desejos e aos anseios de uma criança, que pretende conviver com sua família de uma forma harmoniosa. Todavia, algumas pessoas parecem só compreender que descumprem o exercício do seu direito se a ela é imposta uma pena. Dentre

---

[52] Ver, para maiores esclarecimentos, a tese de doutorado do Professor Doutor Fabio Roberto D'Avila, que está no prelo pela Editora Coimbra, em breve lançada ao público sob o título *Ofensividade de crimes omissivos próprios. Contributo a compreensão do crime como ofensa ao bem jurídico*.

as possibilidades de sanção, ao nosso juízo, parece ser melhor a possibilidade de se discutir e rever o direito de guarda, e não endereçar esta discussão na esfera do Direito pecuniário.

Compreendemos que a primeira hipótese de sanção poderia ser considerada a ampliação do direito de visitas, na mesma proporção da restrição ao poder de guarda. Havendo reincidência e novos abusos, surge uma outra hipótese de sanção possível: a imposição da modificação de guarda para aquele que até então estava sendo privado do convívio com a criança. Por último, pode-se imaginar a possibilidade de sanção pecuniária com vistas ao raciocínio desenvolvido na recente decisão proferida pelo Tribunal de Alçada de Minas Gerais.[53]

Em seu voto, o ilustre relator Unias Silva, reconhecendo o dano moral e psíquico causado pelo abandono do pai, destacou que:

> No que respeita à dignidade da pessoa da criança, o artigo 227 da Constituição expressa essa concepção, ao estabelecer que é dever da família assegurar-lhe "com absoluta prioridade, o direito à vida, à saúde, à alimentação, à educação, ao lazer, à profissionalização, à cultura, à *dignidade*, ao respeito, à liberdade e à convivência familiar e comunitária", além de colocá-la "à salvo de toda forma de negligência, discriminação, exploração, violência, crueldade e opressão". Não é um direito oponível apenas ao Estado, à sociedade ou a estranhos, mas a cada membro da própria família.

Em muitas situações, entendemos que há um evidente abuso da posição jurídica de guardião ou guardiã, o qual, sem motivo justificável, impõe restrições, dificultando o contato do filho com a outra parcela da família. Assinala-se que, em outras oportunidades, visualizamos não a imposição de restrições, mas um evidente abuso do genitor guardião na formação da opinião e dos sentimentos da criança, que no cotidiano é fulminada por opiniões e informações que tem por objetivo diminuir o papel familiar e social daquele que não está presente e, por isso, não pode defender-se.

Não tem o guardião ou a guardiã consciência de que diminuir a imagem moral do genitor perante os filhos é uma forma de abuso psicológico – sutil, subjetivo e difícil de mensurar objetivamente –, mas que poderá trazer sérias conseqüências psicológicas e provocar problemas psiquiátricos pelo resto da vida.

Em julgado recente,[54] a Sétima Câmara Cível do Tribunal de Justiça do Estado do Rio Grande do Sul, atuou como Presidente a Desa. Maria Berenice Dias, como Relator o Des. Sérgio Fernando de Vasconcellos Chaves, e como Vogal o Des. Luiz Felipe Brasil Santos, oportunidade em que

---

[53] INDENIZAÇÃO DANOS MORAIS – RELAÇÃO PATERNO-FILIAL – PRINCÍPIO DA DIGNIDADE DA PESSOA HUMANA – PRINCÍPIO DA AFETIVIDADE. A dor sofrida pelo filho, em virtude do abandono paterno, que o privou do direito à convivência, ao amparo afetivo, moral e psíquico, deve ser indenizável, com fulcro no princípio da dignidade da pessoa humana. (BRASIL. TAMG. Apelação Cível n. 408.550-5. Sétima Câmara Cível. Relator: Juiz Unias Silva. Julgado em 1º de abril de 2004)

[54] BRASIL. TJRS. Agravo de Instrumento n. 70011157609. Sétima Câmara Cível. Relator: Des. Sérgio Fernando de Vasconcellos Chaves. Julgado em 4 de maio de 2005.

foi discutido o ambiente em que os pais devem observar para que as visitas ocorram, ressaltando-se o bem-estar e o respeito pela vontade expressada livremente pela criança.

Faz-se conveniente transcrever parte do voto proferido pelo relator:

(...) o exercício da visitação deve se dar num ambiente de harmonia e confiança, cercado de carinho e amizade, sob pena de não ser proveitosa a convivência entre o pai e a filha, na busca da consolidação de um vínculo parental saudável e de transcendental importância para o desenvolvimento emocional da infante.

No caso em exame, porém, como o relacionamento entre os genitores deteriorou-se, sobrevindo ameaça de retirada da guarda materna, e a filha, que conta três anos, recusou-se a acompanhar o pai na visitação, não poderia este retirar a filha à força da casa materna, fato que motivou reação de medo e choro, chamando a atenção de vizinhos.

(...)

O que não se admite é, obviamente, a transformação da filha em troféu para as disputas emocionais entre os genitores, que talvez não tenham superado adequadamente os conflitos pessoais decorrentes da ruptura da vida conjugal.

A filha deve ser tratada por ambos os genitores não apenas com carinho e atenções, mas, sobretudo, com respeito. Ou seja, os pais, ora litigantes, devem respeitar o sentimento que a filha nutre por ambos, respeita a vontade dela de sair com um deles ou não e respeitar, também, a sua saúde mental, evitando que ela seja exposta a situações dramáticas como a que certou o episódio da visitação e o da busca e apreensão (...) Exemplos como este não são raros de serem encontrados em nosso país, o que já vem sendo reconhecido pela psicanálise como Síndrome da Alienação Parental, a qual foi descrita pela primeira vez em 1985, nos Estados Unidos, por Richard A. Gardner,[55] mas ainda pouco divulgado, tanto por psicólogos e terapeutas quanto pelos juízes e advogados que resolvem os litígios na Justiça.

A Síndrome da Alienação Parental é uma forma de abuso da criança, e quase sempre é praticada por aquele pai ou aquela mãe que, detendo a guarda dos filhos, sentindo-se lesado ou lesada com o rompimento da relação amorosa, busca compensar os seus sentimentos utilizando-se destes como objeto.

Para superar isto, é importante que os pais tenham consciência de que as crianças não devem ser exigidas para que façam escolhas em relação a seus afetos, no que toca aos pais, pois elas podem conviver e desfrutar afetivamente das virtudes e dos defeitos inseridos em todo ser humano.

Conclusão

Vimos anteriormente que a instituição familiar está presente em todas as culturas e religiões, embora com peculiaridades distintas. A importância

---

[55] Segundo o psiquiatra norte-americano Richard A. Gardner, a alienação parental é um processo que consiste em programar uma criança para que odeie um de seus genitores (o genitor não-guardião) sem justificativa, por influência do outro genitor (o genitor guardião), com quem a criança mantém um vínculo de dependência afetiva e estabelece um pacto de lealdade inconsciente. Quando essa síndrome se instala, o vínculo da criança com o genitor alienado (não-guardião) torna-se irremediavelmente destruído. Porém, para que se configure efetivamente esse quadro, é preciso estar seguro de que o genitor alienado não mereça, de forma alguma, ser rejeitado e odiado pela criança, por meio de comportamentos tão depreciáveis.

da família acompanha o homem por toda a sua vida, como elemento de conservação das tradições, meio de desenvolvimento do progresso e fator de crescimento da personalidade do indivíduo.

Cabe à família permitir o crescimento individual, facilitando os processos de individualização e diferenciação em seu seio, proporcionando com isso a adequação de seus membros às exigências da realidade vivencial e o preenchimento das condições mínimas requeridas para um convívio social satisfatório. Este seria o objetivo primordial do núcleo familiar como célula *mater* da sociedade.

Todavia, na sociedade atual, a importância de as pessoas proverem em conjunto o sustento dos filhos faz com que os pais tenham pouco tempo disponível para dedicar-se ao lar, aos filhos, às conversas necessárias durante as novas etapas de vida do ser em constante desenvolvimento.

A paternidade, e a maternidade, deve ser um ato responsável, correspondendo a todas as necessidades do filho, isto é, independente da maneira surgiu a criança no mundo, seja pelo casamento, pela união estável ou até mesmo por um relacionamento sem um vínculo afetivo muito forte, deve ser priorizado o bem-estar da criança.

— XI —
Direito Material e Normativismo Jurídico

OVÍDIO A. BAPTISTA DA SILVA[1]

1. O propósito deste estudo é mostrar que os juristas fiéis ao normativismo têm uma compreensão do direito material muito diferente da compreensão aceita por aqueles juristas que se recusam a limitar o fenômeno jurídico apenas às normas, em última análise, aqueles que vêem direito também nos "fatos". Procuraremos mostrar a dificuldade natural em que se encontram os normativistas de conceber um direito além da norma. Veremos que, para eles e afinal para a doutrina, identificando-se o direito com a norma, editada pelo soberano, o direito fora do processo será sempre "abstrato" como toda norma, somente adquirindo "concreção" através da sentença. O direito da vida real será, para eles, um fenômeno apenas sociológico.

Irá guiar-nos nesta breve pesquisa a doutrina de um processualista italiano, autor de uma monografia sobre este tema. Referimo-nos a Elio Fazzalari e a seu estudo sobre a relação entre direito e processo.

Além de sua importância, nosso interesse em discuti-la decorre, também, da circunstância de a obra ser escrita para combater a "teoria unitária" do ordenamento jurídico. Fazzalari contrapõe à teoria monista o argumento de que a "operatività *inter privatos*" é também um momento jurídico da norma, uma forma de a norma operar prescindindo do processo.[2] O principal interesse no exame desse ensaio está em que o processualista, mesmo reconhecendo o caráter jurídico dessa "operatividade" anterior ao processo, recusa-se a admitir a existência das pretensões e ações de direito material.

Logo no início da exposição, tratando do que ele entende ser um "pseudoconcetto di pretesa", diz o processualista que Windscheid, com "notevole arbitrio", sustenta que o sistema jurídico romano seria um sistema de ações (*actiones*), inserindo, porém, a *actio* (no direito romano clássico), como

---
[1] Doutor em Direito pela Universidade Federal do Rio Grande do Sul.
[2] Elio Fazzalari. *Tema di diritto e processo*, Milão: Giuffrè, 1957, p. 21.

uma categoria pertencente ao direito material.[3] É conveniente transcrever as palavras de Fazzalari: "Vero è che il Windscheid segnò puntualmente i confini della concezione propugnata in quel saggio, riferendola al diritto romano, ed escludendo che essa trovasse rispondenza nellordinamento contemporaneo; vero è inoltre che, nel proclamare che lordinamento romano era un sistema di azioni, egli utilizava un concetto di azione invischiato col diritto sostanziale e, come vedremo, invischiato di notevole arbitrio".[4]

Embora não seja objeto deste trabalho a discussão de temas de direito romano, não devemos perder a oportunidade de observar que Fazzalari critica Windscheid por haver, segundo ele equivocadamente, posto a *actio* romana no campo do direito material, enquanto nosso processualista sugere que a *actio* romana fosse uma categoria processual.

Entretanto, para mostrar a correção do ponto de vista de Windscheid, ao colocar a *actio* no direito material, se não bastasse a célebre definição dada por Celso, que conceituava a *actio* como o "direito de perseguir em juízo o que nos é devido" (*Actio autem nihil aliud est, quam ius persequendi iudicio quod sibi debetur*), poderíamos percorrer a lição dos romanistas modernos, para certificarmo-nos de que, efetivamente, a *actio* era concedida pelo *Praetor* romano ao autor que demostrasse, no processo, a existência do direito (*actio*, pretensão) que alegava ter. No direito romano clássico, o pretor dizia que, se a parte demonstrasse perante o juiz serem verdadeiras as alegações feitas em sua presença, então ele lhe reconheceria uma *actio*. Este conceito nada tinha a ver com ação processual.

2. Certamente, como observa Vittorio Scialoja, em seu clássico manual de procedimento romano, originariamente a palavra *actio* significou "ato", ou a atividade processual desenvolvida pelo litigante. Daí, as conhecidas *legis actiones*, ação enquanto forma procedimental. Encontram-se também referências à *actio* designando um "momento processual do direito". Entretanto, mesmo nos textos antigos, o termo *actio* aparece significando o próprio direito, ou seja, "el derecho que el actor hace valer contra el demandado (...) 'Ticio tiene acción contra Caio' es sinónimo de decir que 'Ticio tiene un derecho perseguible en juicio'".[5]

Scialoja reproduz literalmente, nessa proposição, o sentido dado por Windscheid ao vocábulo *pretensão*. Quando se diz que Tício tem ação, está-se a significar que Tício tem um direito capaz de ser judicialmente perseguido, ou seja, Tício tem uma pretensão. A distinção entre "direito subjetivo" e "pretensão" decorre da importante circunstância de que nem todo direito subjetivo autoriza a que o titular exija sua satisfação.

---
[3] *Tema di diritto e processo*, op. cit., p. 9-10.
[4] Op. cit., p. 9.
[5] Vittorio Scialoja.*El procedimiento civil romano – Ejercicio y defensa de los derechos*, edição italiana de 1936, tradução de 1954, EJEA, Buenos Aires, p. 96-97.

O direito, antes de sofrer agressão ou ameaça de agressão, mantém-se em estado de inatividade. O que legitima a tutela processual serão as eventuais agressões, ou ameaças de agressões, a que o direito poderá estar exposto. Referimo-nos ao direito subjetivo em estado de inatividade. É necessário, porém, compreender bem o sentido que se deve dar a essa "inatividade". O proprietário poderá, sem dúvida, usar e gozar e até mesmo alienar a propriedade, sem penetrar naquele "campo del diritto" que Carnelutti pressupunha constituir a autêntica juridicidade.[6] Aqui, no entanto, o direito conserva-se dentro de si mesmo, sem se ver na contingência de reagir a agressões externas de outrem. Essa "atividade", porém, ainda não seria o exercício de uma "pretensão" (dirigida contra terceiros); seria, como disse Santi Romano, simples "faculdades" ou "poderes", inerentes ao direito subjetivo.[7]

Quando Scialoja fala em "derecho perseguible" está falando no momento dinâmico do direito subjetivo, que é a *pretensão*, ou seja, ao direito que, abandonando seu estado de inércia, toma uma posição ativa, reagindo contra a agressão ou, eventualmente, contra uma ameaça de agressão.

3. O que é relevante, para a distinção, é ter presente que o direito, no momento em que reage contra as agressões partidas de outrem, pressupõe, como uma condição lógica elementar, que se pense o direito como uma categoria jurídica anterior ao momento em que ele, sendo ameaçado (posto que existe), possa reagir.

O direito somente poderá reagir porque antes existia, em estado de passividade. Daí, a distinção entre direito subjetivo, que poderá não ter ainda (ou já não mais ter) a virtude de reagir contra a agressão e o direito subjetivo dotado desse poder de reação. Pense-se nos direitos e termo, nos direitos chamados "formativos geradores" e nos direitos que tenham prescrita a respectiva ação. Estes direitos, embora existentes, carecem de acionabilidade, porque lhes falta a "exigibilidade", categoria cunhada por Windscheid como "pretensão".

Dada a importância da lição de Scialoja, é necessário continuar transcrevendo suas considerações sobre o conceito romano de ação (*actio*). Em continuação, escreve o grande romanista: "pero este momento del derecho, el poder perseguir el derecho en juicio, lo que se acentúa en la frase 'Ticio tiene acción', como se acentúa el poder ser perseguido en juicio cuando se dice que Caio está obligado con la acción, *actione tenetur*. Por tanto, esta frase y esta aplicación del significado de *actio*, que es acaso la aplicación

---

[6] Francesco Carnelutti. Studi de diritto processuale, vol. II, *Diritto e processo nella teoria delle obbligazioni*, CEDAM, 1925, p. 252.
[7] Santi Romano.*Fragmentos de un diccionário jurídico*, original italiano de 1947 (Giuffrè), Buenos Aires, 1964, E.J.E.A., p. 300 e sgts.

más amplia de la palabra, tiene una especial relación con las obligaciones, con los vínculos personales, puesto que no se persigue sino aquella persona determinada a quien se puede demandar en juicio . . . por tanto, se llega a esta última aplicación: que decir 'yo tengo una acción', o decir 'yo tengo una obligación', en el sentido de decir tengo un crédito terminan por ser sinónimos; y, en este aspecto, la palavra *actio* deja casi de ser una palabra perteneciente al procedimiento, para convertirse en palabra que corresponde al derecho civil sustancial".[8]

Prossegue Scialoja: "puedo decir en cambio: 'tengo una acción', fijándome tan sólo en el punto de vista meramente procesal: y tanto puede ocurrir que este concepto resulte meramente procesal y se separe del derecho sustancial, que incluso cabe llegar a decir que se tiene acción aunque no se tenga derecho; y que todos pueden accionar, aun los que no tienen derecho, sólo que perderán necessariamente la litis y tendrán que pagar las costas y los daños; *Mas en este concepto meramente procesal, no se fijan nunca los romanos*, ni nos fijamos nosotros; cuando se dice que Ticio tiene acción, queremos decir que tiene *acción fundada* (todos os itálicos foram postos por nós), esto es, que tiene derecho".[9]

4. Temos, portanto, que nem para os romanos e nem para os juristas modernos, pelo menos até Oskar Bullow e Wach, o conceito de ação pertencia ao direito processual. Ainda em Chiovenda e nos demais "concretistas", o conceito de ação referia-se à "ação procedente", ação de quem, no plano substancial, tinha realmente direito.

No conhecido manual de direito privado romano, escrevem P. Jörs – W. Kunkel: "la expresión *actio competit* valía tanto como decir que al demandante competía, por concesión del derecho civil, una fórmula judicial para la persecución de su derecho; y la de *actio tenetur* significaba que el demandado quedaba sometido a tal fórmula. De aquí a que el derecho mismo que el demandante hacía valer en tal suerte contra el demandado se llamaba *actio*, es decir a que por ella se entendiera lo que conocemos hoy con el nombre de pretensión".[10]

A lição de Giovanni Pugliese não é diferente: "Del resto, solo perchè la spettanza dellactio era dai Romani subordinata alla fondatezza della pretesa, ossia alla sussistenza della situazione giuridica affermata dallattore, fu possibile ad essi prospettare i problemi di diritto sostanziale sotto il profilo processuale, parlando di appartenenza, acquisto, perdita, estinzione limitazione di una data actio, anzichè di appartenenza, acquisto, ecc. di un

---

[8] Op. cit., p. 97-98.
[9] Op. cit., p. 101.
[10] P. Jörs – W. Kunkel. *Derecho privado romano*, tradução da 2ª edição alemã, Barcelona, Editorial Laboro, 1965, p. 116.

credito o di un diritto en genere ... Ma lactio romana non era il diritto alla pronunzia del magistrato o del giudice, nè il potere di provocare tale pronunzia, nè la mera possibilità materiale di compiere atti processuale, bensì il potere di far valere attraverso il processo ciò che spettava in base al diritto sostanziale".[11]

5. O ponto de divergência entre o teoria de Windscheid e a leitura que dela faz Fazzalari está em que o processualista supõe, contra o que dissera o romanista, e contra a natureza substancial da *actio* romana, que Windscheid tivesse, como diz Fazzalari, rompido "arbitrarimanete in due il concetto di azione", para colocar a metade do conceito no direito material "col nome de pretesa".[12]

A crítica é infundada, porque Windscheid não confundiu a ação de direito material com a pretensão de direito material, que são duas categorias jurídicias distintas, como veremos melhor mais adiante; nem, muito menos, confundiu-a com a ação processual. É verdade que Windscheid refere-se a "exercer" a *actio*, na locução "*actio* é a persecussão judicial, podendo conceber-se tanto pelo lado de sua existência efetiva, como pelo lado de sua realização potencial".[13] Seria mais fiel a seu conceito dizendo que a *actio* não se "exerce", "alega-se" em juízo, como se diz da titularidade do direito material, que se alega existir, quando se promove a ação. Exerce-se a ação processual, não se exerce o direito material e nem a pretensão, assim como não se exerce o dano, a culpa ou a responsabilidade, nem o inadimplemento, atribuídos pelo autor ao demandado. Alega-se a existência do direito e da pretensão; alega-se o inadimplemento ou a culpa ou a responsabilidade. Todavia, é necessário ter presente que Windscheid tratava de expor as inúmeras variações do conceito de *actio* em que os romanos o empregavam, não o conceito por ele proposto para o direito moderno.

6. Iniciemos pela constatação de que Fazzalari considera "em si" exata a concepção de ação dada por Savigny, portanto ação "derivante della violazione" do direito. Partindo desta concepção de "ação", como direito à tutela processual "de quem tem direito material" – esta era a concepção de Savigny –, Fazzalari passa a reprovar a teoria de Windscheid no ponto em que este sustenta "che lazione fosse largita anche prima e a prescindere della lesione del diritto".[14]

---

[11] Giovanni Pugliese. *Il processo civile romano*, II – *Il processo formulare*, Tomo I, Giuffrè, 1963, p. 263.
[12] Op. cit., p. 13.
[13] Windscheid. *La "actio" del derecho romano, desde el punto de vista del derecho actual*, 1857, tradução de 1974, Buenos Aires, EJEA, p. 13-14.
[14] Op. cit., p. 10.

Estamos, portanto, ante duas asserções no mínimo ambíguas, uma delas, ao permutar o jurista o conceito romano de *actio* pela faculdade de sua defesa processual. A pretensão identificada por Windscheid com a *actio* romana nada tem a ver com a ação processual. Na verdade, a compreensão da ação como sendo, necessariamente, uma categoria processual, faz parte da tradição jurídica moderna, especialmente de origem italiana.

A outra asserção igualmente denunciadora de seu compromisso com Savigny é o fato de eliminar Fazzalari as "ações de direito material" preventivas; na verdade, uma tentativa, que se mostra frustrada, de eliminar as ações de direito material. Tantativa inútil, porque ele próprio, ao sustentar que a ação nasce da violação do direito, (ação "derivante della violazione"), está irremediavelmente comprometido com a teoria civilista da ação, que identifica o conceito de ação com as "ações procedentes" (!), portanto, com as ações de direito material.

Mesmo assim, embora conceitue a ação, referindo-se às ações procedentes, Fazzalari não consegue superar o mito de processualidade do conceito de ação. Para ele, a tentativa de Winscheid de construir o conceito de pretensão como uma categoria de direito material apenas repropôs, com outro nome, a antiga e "inaccetabile" faculdade conexa com o direito material. Mas ele não percebe que seu conceito de ação está umbilicalmente ligado ao direito material. A ação "nascente da lesão" do direito não será, jamais, a ação (abstrata) processual. O conceito pressupõe a existência de um "direito lesado", não a mera alegação de um pretenso direito afirmado pelo autor, na relação processual.

Depois de dizer que Windscheid se manteve preso às doutrinas de seu tempo, mesmo tendo o mérito de separar a esfera processual do campo do direito material, afirma Fazzalari que sua teoria da pretensão "ripropone, con altro nome, quella stessa inaccettabile posizione sostanziale, cioè quella facoltà conessa al diritto e non nascente della lesione, presentata, prima del nostro, col nome di *actio* (*non iam nata*) e sotto le mentite spoglie di retaggio del diritto classico".[15]

Sugerindo que a concepção de Windscheid nascera comprometida com o conceito de ação dado por Savigny, "secondo il quale lazione è il diritto alla tutela giudiziaria, derivante della violazione di un altro diritto", diz Fazzalari que o conceito de ação derivado do civilista alemão e dos juristas que o sucederam não era "altrettanto accetabili: da un canto, sullerroneo assunto che lazione fosse largita anche prima e a prescindere della lesione del diritto, si giungeva a distinguire *actio* e *actio iam nata* (a seguito della lesione); dallaltro (e proprio perchè si perdeva la cesura, il punto di passagio fra diritto sostanziale e *actio*, costituito della lesione) lazione veniva con-

---

[15] Op. cit., p. 12.

figurata come parte, aspetto del diritto sostanziale".[16] Porém, Windscheid – este ponto é decisivo – absolutamente não afirmou que a "ação processual" devesse ser compreendida "come parte, aspetto del diritto sostanziale".

O que propunha Windscheid era compreender a *actio* romana como a expressão da "exigibilidade" própria do direito material. O que fazia parte do direito material era a *actio* romana (pretensão), jamais a "ação processual", que é uma categoria tematizada somente pelo direito moderno. Os romanos, como advertiu Scialoja, não se preocuparam jamais em estudar o direito à jurisdição, ou a pretensão de tutela jurídica processual.

Fazzalari continua a conceber a pretensão, enquanto *actio*, comprometido com o *paradigma* dominante, identificando-a com a ação processual. Além disso, ele censura Windscheid por haver "transferido" para o direito material a *actio* "moderna" (a ação processual), não a *actio* do direito romano clássico, quando Windscheid sequer sugeriu a identidade entre "pretensão" e "ação processual".

A prova de que Fazzalari transformou a *actio* em "ação" processual, para daí desferir o ataque a Windscheid, está em que ele afirma que seu dissenso decorre de haver o jurista alemão, equivocamente, ligado à ação ao direito material. A ação a que alude Fazzalari é sempre, sem a menor dúvida, a ação processual. Windscheid, segundo ele, teria transferido para o direito material um "pedaço" da ação processual.

Prosseguindo, diz o processualista que Windscheid fizera com que a "ação" viesse configurada "como parte", como um "aspecto do direito substancial". É claríssimo que ele se refere à ação processual, mesmo porque, seguindo a antiga e indestrutível doutrina italiana, somente existe – somente poderá existir – uma categoria jurídica com esse nome.

A identificação, feita por Fazzalari, entre *actio* e ação processual (não, como propusera Windscheid, a identidade entre *actio* e pretensão material) vem demonstrada nesta passagem: "È agevole constatare, oggi, come la pretesa distinzione fra *actio* e *actio iam nata* fosse priva di fondamento. Già essa si rivela intimamente contraddittoria nella sua proposizione: assumendo che la *facoltà di agire in giudizio* (estes itálicos não estão no original) insorga ('nasca') dopo la violazione del diritto, che solo allora l*actio* si possa considerare 'nata', si toglie, in una con ogni importanza pratica, qualsiasi validità logica allaltro termine della distinzione all*actio* (*non iam nata*). Ma, anche fuori da questo dilemma, non si riesce a trovare il fondamento logico dell*actio* (*non iam nata*) di questa facoltà che si avrebbe prima della violazione, ma che avrebbe pur sempre bisogno, per tradursi in atto, del tramite della lesione".[17] Como se vê, para ele a *actio* confunde-se com

---
16 Op. cit., p. 10.
17 Op. cit., p. 10.

a "faculdade de agir em juizo". Isto, naturalmente, nada tem a ver com Windscheid.

7. Ficam patentes os dois pressupostos de sua teoria: a) não tem qualquer "importância prática" conceber uma ação (qual "facoltà di agire in giudizio") ainda não nascida (*"actio non iam nata"*), se as ações nascem, segundo ele necessarianmente, da violação do direito. A ação (naturalmente de direito material) somente ganharia expressão "dopo la violazione del diritto"; b) fica também revelado o segundo pressuposto: para Fazallari, a *actio* romana corresponde à "ação" processual, queira ou não Windscheid.

Depois disso, Fazzalari acusa Windscheid de ler o direito romano através de uma concepção de seu tempo: "Anche Windscheid, mentre, assumeva di ragionare in termine di diritto romano, non sfuggì al pericolo, contro cui pretendeva di mettere in guardia, di introdurre nel diritto romano una concezione del suo tempo".[18]

Surpreende que ele não tenha a mínima percepção de que sua crítica está comprometida, a mais não poder, com "una concessione del suo tempo", que é a construção moderna do conceito de "ação processual". "Ação" processual que a doutrina construiu à custa do direito material, vítima da apropriação (indébita) de uma categoria jurídica que a história sempre julgou pertencer-lhe.

Daí sua referência à antiga controvérsia sobre uma ação que existiria antes da violação do direito, que seria, para a doutrina, a *"actio non iam nata"*, ou seja, o que para Fazzalari seria uma estranha ação (processual?) nascida antes da violação do direito. Isto, para ele, seria impossível. O processualista não consegue separar os conceitos de ação (de direito material) e pretensão. E nem separa o direito material do processo, que é o tema de sua monografia. Pressupõe a violação do direito, conseqüentemente a existência do direito material, como premissa para o surgimento do que ele diz ser a "ação processual". A ação, vista desta perspectiva, seria apta a produzir "sentença de procedência". Entretanto, ele supõe que esteja a tratar da ação processual, considerando, porém, que a "violação do direito" seja um elemento, uma condição, para o nascimento da ação processual. "Teoria civilista" pura!

Para Fazzalari, teria Winscheid simplesmente retornado à teoria da ação (processual?) como o instrumento de defesa do direito subjetivo material. Ao contrário, no entanto, o conceito de pretensão dado por Windscheid, equivalente ao conceito romano da *actio*, jamais teve, desde o direito romano, qualquer relação com a ação processual.

É a partir destes pressupostos que Fazzalari chega à conclusão de que a "facoltà di pretendere" não passaria de uma *"flatus vocis"*, quando se queira construí-la sobre o plano do direito substancial. Por que seria a *pre-*

---
[18] Op. cit., p. 11.

tensão um entidade vazia de sentido? O processualista explica: "... fuori del processo non si reperisce la condotta attiva in cui tale facoltà possa farsi consistere (e, difatti, come vedremo, gli ulteriori e più recenti svolgimenti della teoria della pretesa finiranno col presentarla come una mera posizione inattiva, dirimpettaia dellobbligo altrui); è un inutile e inammissibile dopione dellazione quando, nel tantativo di fornirla di un quasiasi pratico contenuto, la si presenti, come Windscheid fece, come facoltà dimporsi *in via giudiziaria*".[19]

Opinião análoga fora insinuada por Luigi Monacciani, ao referir-se ao conceito de pretensão. Depois de registrar as opiniões sustentadas por diversos juristas e mostrar que, para os direitos reais, o conceito de pretensão não seria adequado, enquanto para os direitos de crédito, "la facoltà di pretendere" formaria parte integrante do conteúdo do próprio direito, diz Monacciani: "Quello che veniva a vanificarsi, in questo modo, era il contenuto specifico della nuova entità soggettiva che si andava cercando, e la fondamentale esigenza della cui la ricarca era mossa". Daí sua conclusão de que "lindagine attorno al concetto di pretesa" deveria ser "conclusa in senso negativo".[20]

Claro, pressupondo que o direito, como afirmara Carnelutti, somente nasça quando "il creditore veramente si mouve", ao dirigir-se ao juiz pedindo tutela,[21] certamente o conceito de pretensão terá de "vanificarsi". É compreensível que o conceito de pretensão se tenha tornado, para esses juristas, uma *flaltus vocis*.

Todos eles definem como direito o que nós definimos como pretensão! Eles não admitem, enquanto *normativistas*, o direito subjetivo, enquanto "estado" de quem tem direito. Entretanto, não teriam como explicar o caso do titular da nota promisória ainda não vencida, conservada no cofre. Aqui, o portador do título não poderia sequer "veramente muoversi" para dar nascimento, como exigia Carnelutti, ao direito de crédito!

8. Devemos rejeitar a alusão à pretensão, como sendo uma "faculdade de pretender". Qual o sentido dessa asserção? Estamos tratando do conceito de pretensão proposto por Windscheid para significar a qualidade, ou a potencialidade que alguns direitos, não todos, possuem de serem, ou tornarem-se exigíveis. Na verdade, na concepção do pandectista alemão, ter direito exigível é ter pretensão. Seria uma tolice referirmo-nos a nosso direito como a uma "faculdade de ter direito". Por que, então, "faculdade de pretender"? Tenho direito e pretensão. Teria "faculdade de ter direito" e "fa-

---

[19] Op. cit., p. 13.
[20] Monacciani. *Azione e legittimazione*, 1951, Milão, Giuffrè, p. 17.
[21] *Diritto e processo nella teoria delle obbligazioni*, cit. p. 252.

culdade de pretender"? Apesar do absurdo dessas proposições, é nelas que a doutrina se enreda.

Devemos comparar a hipótese do credor, a favor de quem fora emitida uma nota promissória, ainda não vencida, com a do exemplo do tomador de uma nota promissória já vencida, objeto de insistente cobrança, dirigida contra o devedor cambiário. Enquanto o credor do título não vencido, embora tenha direito subjetivo, não poderá exercê-lo para exigir o pagamento, o credor da nota promissória, já vencida, terá seu direito potencializado com uma nova virtude: a qualidade de ser exigível o pagamento. Numa dessas situações, o direito subjetivo ainda não tem pretensão (como exigibilidade), ao passo que na outra o direito adquiriu uma potência nova, permitindo que o titular exija a respectiva satisfação.

Para nós, devemos confessá-lo, parece impossível sustentar que a categoria, concebida por Windscheid como a virtude de ser "exigível", inerente ao direito subjetivo, possa tornar-se uma *flatus vocis*, quando inserida no direito material. Até porque o conceito se harnoniza mais com o direito material do que com o processo. Temos, certamente pretensão à tutela processual, mas, para a doutrina, o conceito de pretensão processual ainda lhe aparece mais estranho. Raros são os processualistas – para não dizer nenhum – que o aceitam, ou sequer o mencionam.

Segundo Fazzalari, a pretensão seria um conceito vazio, quando pensado fora do processo, porque "non si reperisce la condotta attiva in cui tale facoltà possa farsi consistere"; e a doutrina mais recente compreendia, então, o conceito de pretensão "come una mera posizione inattiva". Daí ser uma *flatus vocis*.

9. Temos dificuldade em compreender o sentido dessa proposição. O embaraço está em saber o que o processualista quis dizer ao afirmar que a pretensão, quando se lhe atribua uma "condotta attiva" (no plano do direito material), seria, nada mais nada menos, do que a ação processual ("un doppione dellazione"). Seria porventura uma ação processual, no campo do direito substancial?

Se esta for a compreensão dada por ele do conceito de pretensão, então, além dos motivos já apontados para a rejeição de sua teoria, ainda vemos aumentada a confusão entre os dois planos, com o domínio do direito material, deste modo, invadido pela ação processual; e explicitamente admitida pelo jurista sua adesão à chamada "teoria civilista" da ação, teoria que via a ação como expressão de um direito subjetivo material. Somente deste modo, somente inserindo a ação processual no direito material, será possível afirmar que a pretensão de direito material seja um "doppione" da ação processual.

Esta, aliás, foi a injusta acusação feita por ele a Windscheid. O equívoco de Fazzalari é imaginar que Windscheid haja, como ele diz, separado "arbitrariamente in due il concetto di azione e collocando uno dei tronconi, col nome de 'pretesa' sul piano sostanziale".[22] Ele está convencido de ter o jurista alemão identificado (como ele) o conceito de ação (processual) e o conceito de pretensão.

Depois de afirmar que a pretensão, enquanto "facoltà di pretendere", não encontra, fora do processo, uma "conduta ativa" em que possa consistir ("fuori del processo, non si reperisce la condotta attiva in cui tale facoltà possa farsi consistere"), discute Fazzalari a situação inversa, não mais de uma "condotta attiva", e sim, a pretensão como "mera posizione inattiva", tal como a conceituava, segundo ele, a doutrina então em voga. Neste caso, a pretensão, enquanto inatividade, seria uma *flatus vocis*. Ou a pretensão de direito material teria conteúdo e, neste caso, seria um "dopione della azione" (processual!); ou não o teria e seria, então, uma "*flatus vocis*".

Como o leitor provavelmente já percebeu, é indispensável investigar o que Fazzalari entende por direito subjetivo material. Sua brilhante monografia foi escrita para discutir as relações entre "direito e processo". Teremos, portanto, de prosseguir para descobrir o seu conceito de direito material, onde somente existiria o direito subjetivo, não a pretensão e nem a ação.

Vimos que, para ele, o direito material não comporta a categoria indicada por Windscheid como pretensão; com mais poderosas razões, recusa-se Fazzalari a aceitar o "malinteso concetto di '*actio*' sostanziale".[23] O direito subjetivo seria então uma "creatura solitaria", como, segundo ele diz, o concebia o jusnaturalismo (p. 58).

Teríamos, então, como o têm em geral os corifeus dessas correntes, no plano do direito material, exclusivamente a categoria conhecida como direito subjetivo. Urge, portanto, descobrir como se constitui e como se expressa, na vida do direito, segundo ele, essa solitária categoria jurídica. Veremos que, pouco adiante, Fazzalari dá-nos uma boa pista do que seria o direito subjetivo material. Sabemos, de antemão, que o jurista não se utilizará de exemplos. Seu *paradigma* teórico não admite a investigação de hipóteses individuais. O direito, para ele, como, de resto, para a doutrina processual, é o direito das regras universalmente válidas, nunca do caso concreto.

Observação importante: não reprovamos Fazzalari, quando criticamos seu ponto de vista, ao recusar a existência, no direito material, de uma categoria equivalente à *actio* do direito romano privado. Pelo contrário, registramos sua fidelidade ao *paradigma* dominante, limitando-nos a descrever seu compromisso com a doutrina que universalizou o conceito de *actio* como "ação processual". Se tivéssemos de atribuir-lhe um juízo va-

---
[22] Op. cit., p. 13.
[23] Op. cit., p. 13.

lorativo, este seria, certamente, favorável, em homenagem a sua fidelidade à doutrina dominante. A coerência, especialmente, em ciências humanas, é um valor significativo. E Fazzalari mostra-se coerente com o paradigma a que se submete a "ciência" processual.

De resto, a divergência de Fazzalari, relativamente à teoria de Windscheid, limita-se basicamente àquela ambigüidade existente na exposição do jurista alemão, de ter sugerido que a *actio* do direito material, poderia também ser "exercida" em juízo, quando a pretensão e o direito subjetivo não se "exercem" em juízo, simplesmente "alegam-se", como fundamento para a "ação" processual. Toda a contribuição de Windscheid, para Fazzalari, ficou reduzida a essa imprecisão, de resto devida às próprias fontes, não ao conceito de pretensão proposto por ele. Diz Fazzalari: "In definitiva, lerrore fondamentale della teoria windscheidiana consiste nellaver inserito, nella sfera del diritto sostaziale una realtà (cioè, come si è visto, la facoltà di chiedere la tutela giurisdizionale) appartenente, invece, alla sfera del processo. Tale inserzione è realizzata, *in termine di diritto moderno*, rompendo arbitrariamente in due il concetto di azione e collocando uno dei tronconi, col nome di 'pretesa', sul piano sostanziale; *in termine di diritto romano*, identificando lactio con la 'pretesa' e imperniando su questultima tutto lordinamento".[24]

Observemos, mais uma vez: Windscheid não transferiu para o direito material a "facoltà di chiedere la tutela giurisdizionale". Limitou-se a afirmar que a *actio*, nalguns textos de direito romano, era concebida, também, como a faculdade de requerer a tutela processual, observação, aliás, repetida por Scialoja, como já vimos, e reconhecida pelos romanistas.

10. Referindo-se a Windscheid, afirma Fazzalari, pouco mais adiante, que a proposta de ver o direito romano clássico baseado "sulle facoltà di pretendere la tutela giurisdizionale" acabou exercendo "un forte impulso verso una *redutio* del diritto allazione", e, "più in generale, del fenomeno giuridico al momento della tutela, del ordinamento al processo".[25]

Teria então Windscheid visto o direito material pelo prisma da "faculdade de pretender a tutela jurisdicional"? Sem contar o que seria um equivocado conceito de pretensão, concebido pelo jurista alemão como *exigibilidade* do direito, que Fazzalari transforma em "faculdade de pretender", ainda põe na obra de Windscheid uma concepção do direito material que lá não se encontra, qual seja, o direito material como reflexo da "faculdade de pretender a tutela jurisdicional". A teoria de Windscheid é clara ao mostrar que a *actio* correspondia à qualidade de que é dotado o direito

---

[24] Op. cit., p. 13-14.
[25] Op. cit., p. 15.

subjetivo material ao tornar-se exigível. A *exigibilidade* do direito material era, para ele, a *pretensão*.

O pretor concedia a fórmula pressupondo (sob a condição) de que o autor pudesse demonstrar, perante o *iudex*, a veracidade de suas "afirmações". Sob esta condição, reconhecia-lhe uma *actio*. É claro que se estava em presença de um litígio, mas a *actio* nada tinha a ver com o pedido de tutela processual (com a "ação" moderna, que jamais foi pensada, sequer, pelos romanos). Esta ação pressupunha a existência de um direito exigível (*actio*). Quando os juristas romanos falavam em *actio*, estavam pressupondo uma "ação procedente", conseqüentemente uma ação de direito material, tal como a pressupunham Savigny e todos os demais juristas posteriores, até que se construísse o conceito de ação (abstrata) processual, já na segunda metade do século XIX.

Como explicar que Fazzalari atribua a Windscheid essa "*redutio*" do direito material à ação processual? Não parece difícil explicá-lo. A inserção da *actio* no direito material significou, para Fazzalari, a certeza de que Windscheid havia introduzido a ação (processual) no campo do direito material.

Fazzalari parte do pressuposto de que a ação de direito material seria um "malinteso concetto", porque, para ele, falar em ação será, necessariamente, falar em "ação processual". O processualista critica Windscheid por haver construído o conceito de pretensão, segundo "una concezione del suo tempo".[26] Entretanto, ele, como um autêntico representante do pensamento moderno, imagina-se fora de seu tempo, pensando seus conceitos como eternos.

É a soberba que assola a doutrina processual. Agrada-nos mostrar como as gerações que nos precederam estiveram presas às concepções de seu tempo. Nós, porém, teríamos concedido a nossas instituições a graça de eternidade. Fazzalari está convencido de que seus conceitos de direito subjetivo e ação não são de "seu tempo", mas eternos, como se autoproclama a ciência moderna; a doutrina de Fazzalari, por isso que "científica", nada teria a ver com o século XIX.

Quando Windscheid escreve: "a *actio* estava (então) no direito material", Fazzalari lê: "a ação (processual) foi parar (agora) no direito material". A compreensão do conceito de pretensão (de direito material), como Windscheid o concebeu, nada tinha a ver com a ação processual. Mesmo tendo presente aquela imprecisão das fontes que Windscheid reproduz, de que Fazzalari se vale, para criticá-lo, ao sugerirem as fontes, não o jurista alemão, que a pretensão que se "exerce" em juízo, e não, ao contrário, pressupor que a "pretensão alega-se em juízo"; apesar disto, fica claro, em sua exposição, que Windscheid não identificava a *actio* com o pedido de

---

[26] Op. cit., p.11.

tutela processual de alguém em quem o pretor não presumisse a existência de uma pretensão, enquanto *actio* (direito exigível).

Windscheid pretendeu significar que a pretensão "também" poderia adquirir esse sentido que, naturalmente, não era o único. Tanto podemos exigir em juízo a tutela processual (exercer "pretensão processual" e, conseqüentemente, "ação"), compreendida como o direito de ser ouvido num tribunal, quanto podemos exigir que o obrigado satisfaça nossa pretensão, cumprindo a obrigação. Em ambas as situações, exigimos. Exigimos do Estado que nos preste jurisdição, assim como exigimos do destinatário do dever jurídico que satisfaça nosso direito, quando exigível (ou seja, quando dotado da respectiva pretensão).

11. Vimos há pouco que Fazzalari se recusa a admitir a pretensão no direito material, em virtude de ser essa categoria um "inutile e inammissibile doppione dellazione".[27] Agora, incomoda-lhe o conceito por causar o "scolorimento" da noção de direito subjetivo; ou a pretensão esvazia o conceito de "ação" (processual), ou "descolore" o conceito de direito subjetivo. A seguinte afirmação é definitiva, para a compreensão de seu pensamento: "la identificazione fra *actio* e 'pretesa' e quindi la collocazione, assai appariscente, della pretesa sul piano sostanziale, doveva inevitabilmente portare allo scolorimento della nozione di diritto soggettivo e alla sua identificazione con la pretesa e, quindi, con l*actio*".[28]

Observe-se: Fazzalari separou, arbitrariamente, na obra de Windscheid, as duas entidades – *actio* e pretensão –, que o jurista alemão dissera serem a mesma coisa, para afirmar que a introdução, no direito material (!), dessa nova categoria, faria com que o direito subjetivo perdesse nitidez (tivesse *scolorimento*); e, além disso, acabasse identificado com a *actio* ("e quindi con l*actio*"). Identificado com a *actio*? Porventura, não fora esta a premissa de Windscheid? Ele não pretendera mostrar que a *actio* "era a pretensão"? Como então Fazzalari afirma que o conceito de pretensão acabasse identificado com a *actio*?

A resposta é que ele identifica a *actio* com a ação processual! Fica claro, portanto, que a *redutio* se deve a Fazzalari, não a Windscheid. Para ele, no direito material, somente existe o direito subjetivo, nada de pretensão, nem de ação. O direito subjetivo sozinho preenche todo o espaço. Estaria no direito material como uma "creatura solitaria".[29]

A pretensão, uma vez introduzida no direito material, produziria o *scolorimento* do direito subjetivo, além de tornar-se, ao mesmo tempo, segundo ele sugere, idêntica à *actio*, que ele equipara à ação processual. Não

---
[27] Op. cit., p. 13.
[28] Op. cit., p. 16.
[29] Op. cit., p. 58.

mais a pretensão como *actio*, mas a pretensão que acabava, resultava, identificada com a *actio* que, para ele, como já sabemos, é a ação processual.

Fazzalari, em virtude de seu compromisso com o *normativismo*, pressupõe que a *actio* seja, necessariamente, um conceito processual. Parte, portanto, da premissa de que, se a *actio* romana for posta no direito material, estaremos levando para lá a "ação processual"; ou, como ele diz, um "tronconi" da ação processual, "con il nome de pretesa".[30]

Sua fidelidade ao *normativismo*, de resto inegável, aparece quando ele diz que a doutrina moderna (século XIX!), ao superar o direito natural, preferiu "come objeto dindagine la norma statuale".[31] É isto. Somos ledores de texto legais, fazemos exegese, como se fazia no século XIX. Apenas estudamos a norma. Separamos o "direito" do "fato". Somos fiéis executores do sistema. É isto que a Universidade nos ensina.

O pano de fundo de sua compreensão dos conceitos de direito subjetivo e de pretensão sugere seu compromisso com Thon, e, mais próximo do processo, com Pekelis, para quem o titular do direito não exerce ação, jamais "age", seja no processo, seja fora dele,[32] não obstante recuse Fazzalari esta descendência.[33]

12. Seria de grande interesse que Fazzalari explicasse, por exemplo, se o filho que ignore a morte do pai se torna, sem o saber, proprietário dos bens deixados como herança. Depois, explicasse se essa propriedade constituiria, nesse momento, um direito subjetivo.

O art. 1.784 do Código Civil declara que, uma vez aberta sucessão, a herança transmite-se, desde logo, aos herdeiros legítimos e testamentários. Para deslindar a confusão entre o *scolorimento* do direito subjetivo e a *actio*, concebido como um "duplicado" da ação processual, seria de grande interesse que Fazzalari confirmasse se a transmissão, em virtude da morte do autor da herança, gera a propriedade na pessoa do herdeiro. E, sendo afirmativa a resposta, então que ele explicasse como a condição jurídica desse proprietário poderia ser "*scolorita*" pela *actio*, enquanto ação processual; ou como o "malinteso concetto" de ação de direito material (concebido, naturalmente, como "atividade", por isso que ação) poderia interferir na condição jurídica do titular do direito subjetivo, pressupondo-se que o herdeiro, ignorante de que o seja, mesmo assim, adquirira a herança.

Também perante o direito italiano, que exige a aceitação da herança como condição para sua aquisição (art. 459 do C. C.), o herdeiro não "age", quando manifesta a aceitação. Como, então "*scolorire*" o direito subjetivo

---

[30] Op. cit., p. 13.
[31] Op. cit., p. 58.
[32] Conferir o que dissemos na obra *Processo e ideologia*, Forense, 2004, p. 184 e sgts.
[33] Op. cit., p. 61, *nota* 14.

em virtude da inserção, no direito material, do conceito de pretensão? Não se daria o contrário? Se ao direito, ainda impotente, nas hipóteses de ele ser ainda inexigível, acrescentarmos uma nova virtude, qual seja, a condição de ser exigível, esse aumento de potência será capaz de *"scolorire"* o direito subjetivo? Não compreenderemos essa sutil e elaborada construção teórica do processualista italiano. É provável que nossa dificuldade se deva à extrema densidade da obra de Fazzalari, que demandaria a elaboração de um extenso tratado, que ele, no entanto, condensou num ensaio com menos de duzentas páginas.

Além disso, como poderíamos, depois de vencido o título cambiário, no exemplo antes figurado, dizer que a *exigibilidade* (pretensão) seria uma "inutile e inammissibile doppione" da ação processual?[34] Como dizê-lo, se o título, embora exigível, continuasse no cofre? Porventura, pretenderá Fazzalari cometer o equívoco, que ele atribui a Windscheid, de haver separado a ação (sempre processual) em duas porções, levando uma parcela para o direito material, com o nome de *actio*? Estaria ele a supor que nosso herdeiro exerceria uma ação (substantivo do verbo *agir*) mantendo-se inerte, enquanto a outra metade da ação conservar-se-ia "ativa" (ação verdadeira) no processo?

Porventura será um agir "sonambúlico", cometido em estado hipnótico, de alguém que "veramente" não se "muove" (Carnelutti) e, não obstante "age", exercendo ação processual? Mantendo-se imóvel, porque nem mesmo sabe da aquisição dos bens que lhe foram transmitidos, mesmo assim exerceria *actio*? Não seria melhor confessar que, nesse momento, ainda não há direito material algum, porque a propriedade não seria um conceito jurídico?[35] Se Fazzalari admitir que Thon tivera razão, então a sua crítica a Windscheid torna-se compreensível. Do contrário, não.

Observe-se que não estamos falando da "exigência", que se daria quando o credor, podendo exigir, mantenha-se inerte. Nascera a faculdade de exigir, mas o credor nada fez. Nem mesmo reclama privadamente. Nem mesmo "attende". Segundo Fazzalari, esta nova virtude, adquirida pelo direito, seria uma *flatus vocis*. Se, no entanto, o credor reclama, fora do processo, porque apenas "attende" e não "pretende" (Carnelutti), sua exigência seria um "doppione" da ação. Ação processual exercida privadamente? Sim, porque, para ele, só poderá existir uma categoria jurídica com esse nome, identificada com a "ação processual".

Fazzalari confunde o direito subjetivo com aquele momento em que o titular "veramente si muove", exercendo a ação processual, não obstante

---

[34] Op. cit., p. 13.
[35] August Thon. *Norma giuridica e diritto soggettivo*, original alemão de 1878, versão italiana de 1951, CEDAM, p. 206.

ele repudie a doutrina sustentada de Binder, para quem o direito consistiria na "tutela giurisdizionale".[36]

13. Além desta firme tomada de posição contra a teoria unitária do ordenamento jurídico, Fazzalari critica os que atribuem ao juiz o encargo de especificar na sentença, ou seja, pôr "concretamente" na sentença, o que seria um imperativo "abstrato", constante da lei. Segundo ele, o intento de explicar a relação entre a norma e o ato jurisdicional acaba relegando a norma a um limbo abstrato, em virtude de não lhe reconhecer "una specifica e concreta operatività *inter privatos*".[37]

Neste ponto, sua crítica é inteiramente procedente. Realmente, aqueles que supõem que o direito nasça no momento de sua aplicação jurisdicional, como Carnelutti e Calamandrei, que ele menciona, eliminam do mundo jurídico a "operatività" do direito material, como diz Fazzalari, a "operatividade" do ordenamento jurídico no mundo social.

Todavia, pensando o direito material como "operatividade", ainda não seríamos capazes de explicar a condição do herdeiro de nosso exemplo, porque não se pode vislumbrar, aí, a mais mínima "operatividade", dado que o herdeiro nem mesmo sabe que possui direito.

14. Entretanto, depois de dizer que a norma se tornará o objeto da investigação dos juristas, indica Fazzalari a divergência, segundo ele às vezes inconsciente, entre os que supõem que o direito subjetivo seja a posição ou o conjunto de posições subjetivas "ativas", traduzidas na possibilidade, de que gozaria o titular, de realizar algo juridicamente relevante, seja uma atividade material ou negocial e os que pensam que o direito se expresse, ao contrário, através de uma posição "inativa".

Na primeira categoria, estariam os que vêem o direito como um "poder". Adverte, porém, Fazzalari que não se refere a esse poder como sendo a faculdade de promover a defesa da "posição" substancial.[38] A dificuldade decorrente deste modo de conceituar o direito estaria em deixar fora ("lasciar fuori delluscio") o direito de crédito, por ser "evidente" que a "posição" do credor não é uma "posizione attiva".[39]

Para superar esta "non lieve difficoltà", é que a doutrina, como haviam admitido os clássicos, passara a considerar o "crédito" um reflexo da obrigação e não do direito, para, conseqüentemente, admitir que o direito subjetivo se configure, basicamente, como uma "posizione inattiva", de quem seja, relativamente à obrigação, o destinatário do comportamento devido de outrem.

---

[36] Op. cit., p. 17.
[37] Op. cit., p. 21.
[38] Op. cit., p. 58-59.
[39] Op. cit., p. 59.

Entretanto, também esta solução contrasta com as condições do ordenamento jurídico positivo, porque existem figuras contempladas pelo direito italiano que não se conciliam com esta definição. Fazzalari recorda "a parte ativa do direito de propriedade", ou seja, a faculdade de o proprietário desfrutar do domínio; e, para muitos juristas, o próprio poder de disposição que ele, porém, entende que não integra o conceito de direito.[40]

Para superar de outro modo o obstáculo criado pelo direito de crédito, procurou-se ou negar que o crédito seja um direito, ou então sustentar que o crédito assumiria uma posição ativa, colocando-o ao lado do direito real, sob a conhecida e por certo "non felice insegna della pretesa sostanziale": o direito consistiria na pretensão; e esta, na "faculdade de pretender", própria do direito de crédito, ou na "faculdade de excluir", própria do direito real.[41]

Prossegue Fazzalari, observando que a proscrição do "crédito" como direito seria uma solução manifestamente contrastante com o sistema positivo, enquanto o retorno ao pseudoconceito de pretensão não seria igualmente aceitável, pelas razões expostas em sua crítica anterior a Windscheid, que, segundo ele, relacionava a pretensão ao processo e à defesa do direito, portanto tornava-a um "doppione" da ação processual; ou, então, quando inserida no direito substancial, apresentava-a como o direito subjetivo.

Em tais circunstâncias, dizer Fazzalari que o credor tem a "facoltà di pretendere" somente faria sentido se compreendêssemos essa faculdade como uma exigência formulada no processo, porque para ele: "prima e a prescindere del processo, il pretendere non è una facoltà, non è una posizione attiva, ma coincide con la mera aspettativa delladempimento dellobbligo".[42]

15. Retornamos, portanto, a Carnelutti: a condição jurídica do credor, enquanto "attende", é uma posição "inattiva", que coincide com a mera expectativa do adimplemento. Certamente, é inativa, no sentido dado por Carnelutti, se considerarmos que o credor não "age"; limita-se a "exigir". O exigir que, para nós, define o "exercício da pretensão", para esses juristas seria uma conduta irrelevante para o direito, uma mera expectativa do cumprimento da obrigação; ou, ao contrário, seria o próprio direito subjetivo.

Seguindo-se, no entanto, este caminho, não teríamos como estabelecer a distinção, juridicamente decisiva, entre as posições do credor da cambial ainda não vencida e do credor que, uma vez vencido o título, insistentemente "exige" o pagamento, ameaçando o devedor cambiário com o protesto, de modo a colocá-lo em mora.

---

[40] Op. cit., p. 91, *nota* 107.
[41] Op. cit., p. 60.
[42] Op. cit., p. 60.

Não será necessário destacar a importância jurídica da mora e suas conseqüências relativamente à inexecução da obrigação, para compreender a relevância da distinção entre direito a termo, e as demais formas de "direitos inexigíveis", de um lado; e os direitos dotados de pretensão, de outro.

A distinção entre a "exigibilidade" que o direito de crédito adquirira, e a impotência de que se ressentia o título ainda não vencido, não tem, para Fazzalari, como não tinha para Carnelutti, relevância jurídica.

Chegamos, portanto, no ponto em que esperávamos que as premissas de Fazzalari nos levassem. A doutrina, ao não ceder espaço à pretensão no direito material, anula a distinção entre o comportamento do credor da cambial não vencida e do credor que, depois do vencimento do título, "exige" o pagamento, porque, segundo ela, a condição do credor, também aqui, é uma posição inativa, como o fora enquanto o título não vencera: "Il pretendere non è una facoltà, non è una posizione attiva", coincidindo, ao contrário, "con la mera aspettativa dell adempimento dell obbligo".[43]

A posição ativa, no campo do direito substancial, limitar-se-ia, para Fazzalari, à "facoltà di godimento e il potere di disposizione", que "não são redutíveis à ação judiciária".[44] E, como ele rejeita a doutrina que exclui o poder de disposição do direito subjetivo,[45] assume a doutrina de que o direito do credor, ou o crédito, como ele diz, seria uma "posição inativa". O credor não teria, como nos direitos reais, a faculdade de usá-lo, ou desfrutar-lhe as vantagens, derivadas daquele "insieme di posizione giuridiche semplici". O credor, ao contrário do proprietário, ou exerce judicialmente a ação contra o obrigado, ou limita-se a "aspettare", passivamente, o pagamento.

16. Depois dessa sumária exposição do pensamento de Fazzalari, estamos finalmente em condições de investigar o seu conceito de direito subjetivo, a que ele se dedica a partir da página 84, dirigindo a atenção, inicialmente, ao direito real, a fim de estabelecer "che cosa effettivamente sia il diritto soggettivo (reale)" que, segundo ele, não poderia ser identificado com a soma das faculdades ("insieme di posizione giuridiche semplici").

Conceituar o direito subjetivo, como um "aggregato delle posizione semplici", acabaria criando um hiato entre os deveres dos terceiros, integrantes desse "aggregato" e o titular do direito.[46] Para superar este obstáculo, cria-se, frente aos deveres de abstenção, relativos aos terceiros, as correspondentes posições ("inativas") atribuídas ao titular do direito, refe-

---

[43] Op. cit., p. 60.
[44] Op. cit., p. 61.
[45] Op. cit., p. 92.
[46] Op. cit., p. 85.

ridas com o "impróprio nome de pretensão". Mas, todos podem ver, como uma tal construção seja trabalhosa (faticosa) e "come in questa pluralità di 'pretese' si finisca col diluire e col perdere lessenza del diritto soggettivo".[47]

Essa asserção completa o círculo e permite confirmar que, para Fazzalari, essa "faticosa" multiplicidade de pretensões acabaria por "diluir" o direito subjetivo, fazendo com que ele perdesse sua essência. Era dispensável que ele o dissesse. Sabíamos, desde o início, que seu conceito de direito subjetivo se assemelhava ao nosso conceito de pretensão. Todavia, para evitar essa "faticosa costruzione", de "altrettante posizioni (inattiva) del titulare del diritto", será mais cômodo preencher o espaço do direito material exclusivamente com essa "creatura solitaria", denominada direito subjetivo.

Mais cômodo e mais apropriado para construir um conceito de direito subjetivo tão abstrato e universal, como exige o moderno processo civil "científico", que é uma das glórias do direito processual civil moderno. Claro, se formos ao foro, debater-nos com a complexidade da vida real e com as infinitas expressões com que o direito subjetivo (pretensões) comparece na lide, então ficaremos assombrados com a distância entre as belas concepções dos juristas e o direito vivo da experiência jurisdicional.

17. Já que Fazzalari, se dedica ao exame do direito real, seria de indagar se, porventura, será a propriedade que se torna litigiosa, nas mais variadas controvérsias tratadas pela jurisdição? Ou, ao contrário, essas demandas, que têm a propriedade como pressuposto, nascem das respectivas "pretensões resistidas" ou insatisfeitas, para utilizarmos as palavras (não os conceitos) de Carnelutti? Como proprietário, posso ter o objeto de meu imóvel danificado por alguém; ou, tendo-o cedido em locação, posso ter pretensão a receber os aluguéis; ou a pedir a restituição do prédio, uma vez terminado o prazo do contrato, ou nos casos em que o inquilino o infrinja; posso também ingressar com uma ação declaratória, para que o juiz declare-me proprietário, se o demandado não reconhecer meu domínio, assim como posso pedir a anulação do contrato de comodato ou de locação, bem como a respectiva rescisão deles. Mas até para a ação declaratória, para sair da simples "aspettativa", não posso prescindir de alguma conduta que implique resistência a alguma "exigência" emergente da propriedade. Não poderei simplesmente, sem demonstrar interesse – nascido da resistência de alguém à minha exigência –, pedir que o juiz me declare proprietário. O direito subjetivo, isoladamente, jamais me dará ação! De resto, o próprio Fazzalari o reconhece quando diz que somente "dopo la violazione del diritto", nascerá a ação; "lazione possa considerare nata",[48] jamais, segundo ele, antes da violação.

---

[47] Op. cit., p. 85.
[48] Op. cit., p. 10.

A ação, como ele diz, não nasceria do direito subjetivo, mas do *"direito subjetivo violado"*, inadimplido ou resistido, pelo futuro demandado. Também para Fazzalari, se o titular do direito subjetivo, além da titularidade do direito, não alegar a ofensa (resistência) a uma pretensão, afirmando que seu direito fora "violado", ou encontra-se sob ameaça de violação, sua ação será abortada no nascedouro, por falta de interesse processual. É indispensável que o futuro demandado haja resistido a alguma expressão concreta ("posizione simplici") emanada do direito subjetivo.

Confirmando essa compreensão do que seja o direito subjetivo, escreve Fazzalari: "Il diritto soggetivo viene dedotto in giudizio per ciò che esso è: quale punto di riferimento dellobbligo di cui si lamenta la violazione".[49] Portanto, não haveria o direito subjetivo enquanto "estado". Para ele, o direito subjetivo ("ciò che esso è") corresponde ao "direito violado", não ao direito em estado de repouso, como estaria a cambial, mesmo vencida, conservada no cofre.

Mais adiante, ao investigar o que seria "objeto" do processo, Fazzalari não se utiliza da categoria indicada por ele próprio como direito subjetivo. O "objeto" do processo seria a "situazione sostanziale preesistente" ao processo; ela é que seria "dedotta in giudizio".[50] Certamente não será o simples direito subjetivo, mas essa "situação substancial" que pressupõe o direito subjetivo, mais a violação do direito. Tanto que o juiz não acertará apenas o direito, porquanto "la sentenza di accoglimento" produzirá "laccertamento del diritto soggetivo e dellobbligo".[51] Fica, portanto, subentendida que, além do "diritto soggettivo", houvera "resistência a alguma pretensão". O juiz acertará a existência do direito e acertará também a sua violação (enquanto inadimplemento da respectiva pretensão e o respectivo dever [obbligo] de respeito).

Em última análise, a posição de Fazzalari diverge da que temod sustentado apenas porque ele conceitua o direito subjetivo como o feixe de "posizione simplici" muitas delas (não todas) correspondentes, para nós, às pretensões. Embora ele negue que o faça, sua principal objeção ao conceito de pretensão deixa claro que ele identifica o direito subjetivo a essa pluralidade de "pretese", que acaba "col diluire" o direito subjetivo, fazendo-o "perdere lessenza",[52] ou seja, a totalidade das pretensões seria o próprio direito subjetivo. No fundo, a divergência não vai além disso. Seu confuso conceito de direito subjetivo é o responsável pela divergência.

Embora Fazzalari afirme que "il diritto soggettivo si ponga quale presupposto dellattività giurisdizionale",[53] a verdade é que, em todas as hipó-

---

[49] Op. cit., p. 124.
[50] Op. cit., p. 138 e 140.
[51] Op. cit., p. 139-140.
[52] Op. cit., p. 85.
[53] Op. cit., p. 55.

teses antes figuradas, não será o direito subjetivo de propriedade que dará causa às respectivas ações. Nem mesmo, como vimos, para Fazzalari. Somente o direito de propriedade não dará jamais lugar a uma lide. As ações nascem porque o direito subjetivo gera "pretensões" (exigibilidades), autorizando a que o titular do direito subjetivo "exija" que o obrigado a satisfaça. O locador pode exigir (exercendo pretensão) o pagamento do aluguel; pode igualmente exigir (exercendo pretensão) que o inquilino lhe restitua a posse do imóvel locado; assim como pode exigir (exercendo pretensão) que o inquilino reconheça a nulidade de uma determinada cláusula contratual. Não se cuida de direito subjetivo do locador, mas de uma exigência nascida de seu direito subjetivo violado (exigência violada) pelo inquilino. Somente quando alguma destas exigências não for satisfeitas estará o locador legitimado a "agir" (exercer ação), não mais simplesmente "exigir" o cumprimento voluntário da obrigação (exercendo pretensão).

Antes que surja objeção contra a última hipótese, antecipamo-nos, dizendo que as pretensões constitutivas não podem ser realizadas privadamente, como igualmente não o podem as declaratórias. Mas a circunstância de necessitarem do processo para realizarem-se prova que elas existiam antes e fora dele. Tanto existiam que necessitaram do processo para realizarem-se! Fica, portanto, respondida a objeção que a doutrina opõe à existência, no direito material, das pretensões declaratórias e constitutivas.[54]

18. Essa concepção do que seria direito material, sem pretensões nem ações, é o caminho percorrido pelo *normativismo* que acaba negando o próprio direito material, às vezes atribuindo-lhe a condição de simples "interesses protegidos", depois transformados em autênticos direitos através da sentença; outras vezes admitindo abertamente não existir direito senão quando produzidos pelo processo. É o caso de J. Calmon de Passos: "O que cumpre evidenciar – não há um direito fora do processo de sua produção; só há direito que o processo produz";[55] e também de Alessandro Pekelis, quando, ao recusar a doutrina que sustentava a prioridade do direito material sobre o processo, ou a respectiva autonomia dos dois ordenamentos, afirmou: "Noi crediamo di lavorare nella direzione tracciata dellopera dei processualisti moderni, affermando che non solo il processo non sia unaccessione del diritto sostanziale, ma che questo e quello non formino neanche due ordinamenti parimenti autonomi; e che occorre superare questa teoria di autonomia e di adoppiamento rovesciando addirittura quella primitiva posizione; affermando, cioè, la reale primarietà del processo e dellazione, dal funzionamento dei quali traggano vita i concetti accessori di diritto in

---

[54] Sobre isto, consultar que o dissemos na obra *Processo e ideologia*, Forense, 2004, p. 171.
[55] J. J. Calmon de Passos. *É possível pensar o direito processual* – Informativo Incijur, n. 63, Joinville, Santa Catarina, outubro de 2004, p. 2.

senso materiale. Con questo si ritornerà alla concezione unitaria dellordinamento giuridico, superando così la concezione dualistica, frutto e sintomo, come ogni dualismo, di una profonda crisi nel campo ove domina".[56]

Exemplo da primeira alternativa, que igualmente nega a juridicidade do direito material, consta da oposição feita por Calamandrei ao conceito de lide proposto por Carnelutti, ao mostrar que as expressões concretas do que, para nós, seria o direito material, não passavam de comportamentos apenas sociológicos, não ainda jurídicos: "Finchè si presenta come individuata nei soli tre elementi differenziale che il Carnelutti enumera, *essa appartiene al mondo sociologico, non al mondo giuridico*: essa potrà essere composta da un paciere che si interponga tra le parti senza bisogno che queste invochino una precisa tutela giuridica dei respettivi loro *interessi*, ma non entra in quellordine di fenomeni al quale si limita il campo visivo del guidice". "Affinchè la lite possa entrare nel processo occorre dunque che essa sia presentata al giudice, anzichè nel suo *aspetto sociologico*, nel suo *aspetto giuridico*; occore in altre parole, che essa sia sottoposta al giudice non nei soli tre elementi primordiali, ma in relazione ad altri elementi che permettano al giudice di vedere, nel *conflitto di meri interessi economici* (todos os itálicos são nossos), 'un disaccordo' (adopro una frase di Carnelutti) intorno alla esistenza *di un rapporto giuridico*".[57]

Somente ao juiz seria dado qualificar como jurídico aquele "conflito sociológico de interesses". O direito surgiria apenas do "disaccordo" sobre a existência de uma relação jurídica, quando o "conflito sociológico de interesse" viesse a ser submetido ao juiz.

No fundo, é a doutrina que, no século XIX, defendera Jhering. O direito da vida real não entra nesse modo de conceber o fenômeno jurídico, como, aliás, também não entrava no modelo preconizado por Savigny, que recomendava aos advogados forenses que renunciassem à tentativa infrutífera de enquadrar no código, "a diversidade além do imaginável dos casos reais".[58] Os práticos deveriam, ao contrário, solucionar os casos práticos valendo-se das figuras geométricas.

Jhering, partindo de outra perspectiva, chega a uma conclusão análoga. A oposição entre direito material e processo estava em que o direito material consistiria numa "réalisabilité *materielle*" (não ainda jurídica) do direito, sujeito às contingências, vicissitudes e incertezas da vida social, enquanto a "técnica" de sua aplicação jurisdicional consideraria o direito em seu aspecto puramente formal.[59] Seria o processo a transformar os sim-

---

[56] Alessandro Pekelis. *Il diritto come volontà costante*, Milão, CEDAM, 1931, p. 173.

[57] Calamandrei. *Il concetto di 'lite' nel pensiero di Francesco Carnelutti*, Rivista di diritto processuale civile, 1928, 1ª parte, p. 93.

[58] Savigny. *De la vocación de nuestra época para la legislación y la ciencia del derecho*, tradução de 1970, Aguilar, Madrid, p. 64.

[59] Jhering. *Lesprit du droit romain*, vol. I, reimpressão da edição de 1886-1888, p. 51.

ples "interesses" em direito, tal como sugeriam, como vimos Carnelutti e Calamandrei.

Jhering esclarece que a "réalisabilité formelle" do direito será objeto de sua atenção, justamente no volume III da obra, em que ele exporá "la théorie de la téchnique sous le nom de *applicabilité* du droit".[60]

Somente o juiz, não os particulares, poderia aplicar o direito. Os particulares, em suas variadas relações sociais, comportavam-se como agentes econômicos, defendendo seus interesses, depois tornados direito (com a segurança da coisa julgada) pelo juiz. Quando as pessoas assinam um contrato, ou quando alguém se torna proprietário, porque registrara no cartório imobiliário a escritura de compra do imóvel, ainda não "aplicariam" o ordenamento jurídico.

É igualmente a concepção de Salvatore Satta, um dos mais conhecidos defensores da doutrina da unidade do ordenamento jurídico. Satta identificava o ordenamento com a jurisdição: "Lordinamento si identifica dunque col giudizio, con la giurisdizione nei due indissociabili elementi della postulazione (azione) e del giudizio propiamente detto. La risoluzione dellordinamento nella giurisdizione è comprovabile in molti modi: storicamente in quanto è noto che la primitiva formazione dellordinamento è giudiziale (il giudice precede il legislatore), e del resto lordinamento è in ogni tempo in perpetuo divenire attraverso la giurisdizione; logicamente perchè la norma si pone nel concreto, cioè esiste in quanto è applicata, non avendo algum valore la norma che rimane, come le famose gride manzoniane, pura enunciazione astratta, cui nessuno 'pon mano' come dice Dante; senza considerare, ed è anzi preliminare constatazione, che la realtà è ordinata proprio perchè cè il giudizio che la riconosce".[61]

A norma, para Satta, concretiza-se na sentença. Carnelutti dissera que a sentença é a norma legal concreta, a lei das partes. A atividade dos particulares, quando se relacionam através das incontáveis condutas previstas nos códigos, não realizam a "concreção" da norma. Esta é uma função exclusiva à jurisdição. É a conseqüência inevitável do normativismo, da concepção que vê o direito como uma simples norma coercitiva editada pelo soberano.

---

[60] Nota 20 da página citada.
[61] Salvatore Satta. *Commentario al Codice di Procedura Civile*, vol. I, edição de 1966, Milão, Casa Editrice Dr. Francesco Villardi, p. 17-18.

— XII —
A participação da sociedade na implementação de um novo paradigma de direitos da infância:
a experiência brasileira 1985-2005

RODRIGO STUMPF GONZÁLEZ[1]

Sumário: 1. Direitos Humanos e Direitos da Infância; 2. O velho paradigma: o menor em situação irregular; 3. A luta por um novo paradigma: a proteção integral; 4. A implementação do novo paradigma; 5. O desmonte da PNBEM; 6. A criação de conselhos; 7. O trabalho infantil e juvenil; 8. Exploração Sexual Infanto-Juvenil; 9. Evolução das relações Estado-Sociedade; 10. Mobilização social e efetivação de direitos.

1. Direitos Humanos e Direitos da Infância

A evolução da proteção aos direitos humanos na esfera internacional tem como marco a aprovação pela Assembléia das Nações Unidas da Declaração Universal dos Direitos Humanos, em 1948. A partir da declaração, foi construído um complexo sistema de promoção e monitoramento da aplicação dos direitos humanos, composto por pactos gerais, como os de Direitos Civis e Políticos e o de Direitos Econômicos, Sociais e Culturais, de 1966, e por convenções específicas, como a Convenção das Nações Unidas contra a Tortura, além de comissões e comitês de acompanhamento.

Este sistema internacional é complementado pela existência de sistemas regionais de proteção e promoção aos Direitos Humanos, como o Americano, composto pela Declaração Americana de Direitos e Deveres do Cidadão, de 1947, pela Convenção Americana de Direitos Humanos, o Pacto de San José, de 1969, pela comissão Interamericana de Direitos Humanos, como organismo de monitoramento, e pela Corte Interamericana de Direitos Humanos, como instrumento judicial de solução de conflitos e intervenção nas violações. A Europa possui sistema semelhante, com uma atuante Corte Européia de Direitos Humanos.

---

[1] Professor do Programa de Pós-Graduação em Direito da Unisinos. Doutor em Ciência Política pela UFRGS. stumpf@netu.unisinos.br

No entanto, a área da Infância teve seu próprio processo de construção que, em alguns momentos, foi incorporado também aos instrumentos gerais, mas é anterior ao sistema internacional construído pela ONU e acabou se constituindo em uma estrutura com algumas concepções próprias, cujo desenvolvimento não está vinculado ao sistema geral.

Cabe lembrar que já na década de 20 surgiram as primeiras convenções, no âmbito da OIT – Organização Internacional do Trabalho –, dispondo sobre a proteção da criança no trabalho em segmentos como pesca e mineração. Também nos anos 20, a Sociedade das Nações propôs a primeira Declaração de Direitos da Criança. Praticamente 30 anos após, a ONU retornará ao tema, com a Declaração Universal dos Direitos da Criança, de 1959.

A nova declaração, junto com a atuação do UNICEF – Fundo das Nações Unidas para a Infância –, vão ser o ponto de inflexão para a construção de um sistema de regras e um paradigma teórico de proteção aos direitos da Infância que será completado com a aprovação da Convenção das Nações Unidas sobre os Direitos da Criança, em 1989.

A nova visão de direitos da infância penetrou no Brasil de uma forma um pouco tardia, devido aos isolamento que o país manteve em relação aos sistemas internacionais de direitos humanos durante a ditadura militar. Porém, durante a transição para a democracia, esta nova concepção foi rapidamente incorporada por movimentos sociais na área, levando a um processo de transformação que será discutido a seguir.

2. O velho paradigma: o menor em situação irregular

Dos anos 20 ao final dos anos 80, a legislação brasileira aplicável às crianças e aos adolescentes (ou menores, conforme a denominação da época) foi regida pelo binômio abandonado/infrator. Destacam-se dois códigos de menores – de 1927 e de 1979 respectivamente –, além de inúmeras leis esparsas, das quais pode ser destacada a que criou a Política Nacional do Bem-Estar do Menor, em 1964, nas esteira da qual foram criadas, nos anos 70, as FEBEMs.

A ação do Estado, sob o conceito de "situação irregular", se dava pela intervenção judicial, com a internação em estabelecimentos ditos "educacionais", tanto das crianças abandonadas com pouca idade quanto dos adolescentes cujos pais careciam dos recursos necessários à sua manutenção, fenômeno ampliado de forma exponencial a partir dos anos 60, pelo crescimento dos grandes centros urbanos, provocado pelo êxodo rural. Nestes mesmos estabelecimentos, ocorriam as medidas de privação de liberdade para os jovens condenados pela prática de infrações penais.

Como a perspectiva de atuação do poder judicial era a de "ação protetora", a situação jurídica de uns e de outros pouco diferia, uma vez que, mesmo no procedimento para imposição de sanção à infração penal, não havia contraditório, atuando o Ministério Público tanto como acusador como curador dos interesses do jovem.

Se a situação destes jovens e as precárias condições oferecidas pelas instituições estatais provocaram a indignação da sociedade, a resposta dada em geral não atacava o cerne do sistema, mas seus resultados externos. As alternativas dadas geralmente se davam no campo da filantropia ou da ação religiosa. Em muitos casos, os próprios estabelecimentos das FEBEMs, como no caso do Rio Grande do Sul, tiveram origens em instituições religiosas que mantinham "orfanatos" ou instituições semelhantes.

O modelo subjacente de atenção à criança pobre era o de torná-la um cidadão útil e trabalhador, sem, no entanto, qualquer perspectiva de alteração de seu *status* social. As instituições incluíam, entre suas atividades, a prática de trabalhos manuais, sendo os homens preparados para a agricultura ou profissões manuais, como marcenaria, e as mulheres, para os afazeres domésticos.

Embora grande parte das instituições mantivesse laços com a Igreja Católica, sendo mantidas por ordens religiosas ou paróquias, a articulação e integração entre elas era mínima.

Nos anos 70, começam a ficar claros os sinais de falência do sistema. A tentativa de reorganização do sistema, feita através da Política Nacional do Bem-Estar do Menor, tentando dar um caráter mais técnico (ou tecnocrático) à intervenção, aparentemente não surtiu o efeito desejado.

Conforme Costa:[2]

Nossa experiência de trabalho direto com adolescentes consideradas difíceis ocorreu na Escola Barão de Camargos , uma unidade da Febem-MG em que se misturavam meninas ditas de conduta anti-social leve e grave com adolescentes infratoras e outras simplesmente carentes ou portadoras de problemas mentais. Em resumo: tratava-se de um destes depósito de crianças e jovens que, na esteira da execução da política de bem-estar do menor, foram criados em todo o País, sob o rótulo pomposo de "programas sócio-terapeuticos".

Do ponto de vista legislativo, já em 1974, começa a discussão da necessidade de substituição do Código de Menores de 1927. Em 1975, a Câmara dos Deputados realiza a CPI do Menor (Brasil, 1976), buscando analisar as condições de atendimento e sua crise em todo o país. A Diocese de São Paulo da Igreja Católica, dirigida por Dom Paulo Evaristo Arns, cria em 1978, a "Pastoral do Menor", como organismo de ação nesta área.[3]

A resposta vem inicialmente com a aprovação de um novo Código de Menores em 1979 (Ano Internacional da Criança, segundo a ONU). Obra de um grupo de juízes de menores das capitais, buscava, ao lado de manter

---

[2] COSTA, Antônio Carlos Gomes da. *Aventura pedagógica.* Caminhos e descaminhos de uma ação educativa. São Paulo, Columbus, 1990, p. 19 Antonio Carlos Gomes da Costa iniciou sua experiência em 1977 nesta unidade da Febem-MG. Posteriormente, foi presidente da Fundação no Governo Tancredo Neves r um dos líderes do movimento que levou propostas sobre a infância na Constituinte.
[3] GRACIANI, Maria Stela S. Graciani. *Pedagogia Social de rua.* São Paulo, Cortez, 1997.

a perspectiva de "situação irregular", substituir termos e visões retrógradas e em desuso do Código anterior, como "vagabundos" e "transviados", por uma visão mais técnica.

Paralelamente à aprovação do novo Código, começam a ocorrer processos de mudança tanto no campo jurídico como no social. No âmbito da ONU, é criada a comissão responsável por produzir o texto de uma "Convenção sobre os Direitos da Criança", que dê formato legal aos princípios previstos na Declaração Universal dos direitos da Criança, de 1959. De outro lado, a sociedade brasileira ingressa em uma nova fase de sua transição política para a democracia, a "Abertura", marcada pela anistia política, pela reforma partidária e pela emergência de mobilizações sociais, como as greves do ABC.

3. A luta por um novo paradigma: a proteção integral

As dificuldades de enfrentamento das situações de pobreza e abandono de crianças e dos adolescentes nas cidades levam o escritório do Unicef no Brasil, junto com o Governo Federal, através da Secretaria de Ação Social (SAS) do Ministério da Previdência e Assistência e da FUNABEM, a propor o projeto "Alternativas de Atendimento a Meninos e Meninas de Rua".[4]

O termo *meninos de rua* começou a ser usado a partir de textos como o de Ferreira,[5] para se referir aos jovens que vivem nos grandes centros urbanos com vínculos familiares rompidos ou muito tênues, passando a maior parte de seu tempo nas ruas, onde dormem e buscam sua sobrevivência através do trabalho ou da pequena criminalidade.

Este projeto leva grupos de educadores de várias partes do país, vinculados a grupos comunitários ou a diversas confissões religiosas, a reunirem-se para discutirem suas experiências de trabalho em meio aberto. Entre os seminários, formam grupos locais de discussão. Em uma reunião nacional destes grupos locais, em junho de 1985, os participantes decidem manter a ligação, fundando o Movimento Nacional de Meninos e Meninas de Rua.

No período da Assembléia Nacional Constituinte, surgiram duas articulações políticas: A Comissão Criança e Constituinte foi criada em 1986 pelo Presidente José Sarney, por sugestão do UNICEF, reunindo diversos Ministérios e entidades não-governamentais como OAB, CNBB, Sociedade Brasileira de Pediatria, Organização Mundial de Educação Pré-Escolar (OMEP) e Federação Nacional dos Jornalistas (FENAJ). Realizou seu primeiro seminário em outubro de 1986. Organizou uma emenda popular (Emenda n. 64), apresentada à Assembléia Nacional Constituinte,[6] a Emenda

---

[4] MNMMR. Trajetória da luta em defesa da criança e do adolescente. Brasília, MNMMR, 1994.
[5] FERREIRA, Rosa Maria Fischer. *Meninos de rua*. Valores e expectativas de menores marginalizados em São Paulo. São Paulo, CEDEC/ CJP-SP, 1979.
[6] CADERNOS DO TERCEIRO MUNDO. *Infância:* o futuro comprometido. fevereiro de 1987.

Criança Prioridade Nacional, organizada pelo Movimento Nacional de Meninos e Meninas de Rua e Pastoral do Menor, entre outros, que propôs a emenda popular 096, coletando assinaturas. Estas emendas foram posteriormente fundidas, levando à proposta de redação do Art. 227 da Constituição Federal.

Em março de 1988, foi realizada uma reunião das entidades que participavam da Campanha Criança Prioridade Nacional, que tinha como tema a criação do Fórum Nacional Permanente de Entidades Não-Governamentais de Defesa dos Direitos da Criança e do Adolescente – Fórum DCA. Durante alguns anos, o Fórum funcionou como uma articulação política, instalado na sede do MNMMR em Brasília, que funcionava como sua secretaria. Após 1993, ele passou a ter uma personalidade jurídica para dar suporte às suas ações.[7]

Passada a Constituinte, uma das ações do Fórum DCA foi organizar uma proposta de lei de regulamentação aos novos dispositivos da constituição que substituísse o Código de Menores.

Este projeto dá entrada no Congresso Nacional em junho de 1989, através do Senador Ronan Tito, como Pl 193/89, dispondo sobre o Estatuto da Criança e do Adolescente. Aprovado pelo Senado, foi remetido à Câmara, onde foi aprovado em junho de 1990. Sancionado em 13 de julho, entrou em vigor em 13 de outubro de 1990. Foram revogados expressamente o Código de Menores e a lei que criava a FUNABEM e a Política Nacional do Bem-Estar do Menor (PNBEM).

Paralelamente, foi concluída e aprovada, em 1989, a Convenção das Nações Unidas sobre os Direitos da Criança, subscrita pelo Brasil em 1990. A Convenção é resultado de um processo que começa com a Declaração Universal dos Direitos da Criança em 1959, sustentando uma nova visão sobre o atendimento às necessidades da infância, que ficou conhecida como "doutrina da proteção integral" e, mesmo antes da aprovação da Convenção, serviu de base para a mudança legislativa brasileira.

Segundo a doutrina da proteção integral, todas as crianças e os adolescentes[8] devem ser considerados pessoas em desenvolvimento e sujeitos de direitos, que merecem proteção da sociedade e do estado, sem distinções sociais, ao contrário da doutrina da situação irregular, que só prevê a intervenção estatal em caso de o jovem ser vítima ou autor de violência.

4. A implementação do novo paradigma

Entre 1988 e 1990, conforme relatado, ocorreu uma mudança radical do paradigma legal que regia a vida de crianças e adolescentes. Não apenas

---
[7] FÓRUM DCA. *Políticas e prioridades políticas*. Revista Fórum DCA, Brasília n, 1 primeiro semestre de 1993.
[8] A distinção entre crianças e adolescentes é feita pelo Estatuto da Criança e do Adolescente. A Convenção considera criança qualquer pessoa abaixo de 18 anos de idade.

com a substituição do termo "menor", mas com a proposição de uma série de estruturas jurídicas novas.

Da mesma forma que a Constituição Federal, o Estatuto da Criança e do Adolescente (ECA) tem em sua primeira parte uma "declaração de direitos", com um enunciado de dispositivos sobre direitos de crianças e adolescentes em campos como saúde, educação, trabalho, convivência familiar e comunitária e liberdade. Não é uma declaração, no entanto, no sentido de propor apenas normas programáticas, que apontam para um ideal de sociedade. Seus dispositivos constituem direito cogente, com validade imediata, independente de outras regulamentações.

A aplicação dos dispositivos do ECA enseja no texto da lei a criação ou atribuição de competências a diversas instituições e mecanismos, entre estas, podem ser citadas os Conselhos de Direitos da Criança, os Conselhos Tutelares, os Fundos de Direitos da Criança e a Ação Civil Pública.[9] Ao lado das novas instituições, são dispostas funções para estruturas já existentes, como os Juizados da Infância e Juventude, o Ministério Público e a Defensoria Pública.

No período inicial de implementação do ECA, diversos autores[10] ressaltaram os aspectos participativos da lei e a responsabilidade de entidades não-governamentais e dos conselhos a serem criados na partilha do poder e da responsabilidade na formulação de políticas que tornassem prática os dispositivos legais.

Conforme Cardoso,[11] ocorre no período de democratização uma institucionalização dos movimentos sociais, que passam a ocupar espaços públicos, partilhando algumas responsabilidades com o Estado, ainda que alguns destes espaços, como os conselhos, não tenham obtido todo o resultado esperado.

Dentro deste processo, a década de 90 é marcada pela mobilização de diversos segmentos da sociedade, no sentido de cumprimento do disposto no ECA, tanto na colocação em funcionamento das instituições previstas no texto da lei, como conselhos de direitos da criança e do adolescente e conselhos tutelares como na defesa de pautas para criação de políticas públicas destinadas a implementar determinados direitos. O desafio dos últimos 15 anos passou a se tornar efetiva esta nova perspectiva, tanto em termos institucionais como culturais. A criação de uma nova lei não é elemento suficiente para garantir sua eficácia.

---

[9] GONZÁLEZ, Rodrigo Stumpf. A violência contra a Criança e o Adolescente no Brasil. In: *Estudos Jurídicos*. São Leopoldo vol 29 n. 75 janeiro/abril 1996.

[10] MENDEZ, Emilio Garcia e COSTA, Antônio Carlos. *Das necessidades aos direitos*. São Paulo, Malheiros, 1994. SANTOS, Benedito Rodrigues dos. Breve olhar sobre as políticas públicas para a infância. in: *Revista do Fórum DCA* n. 1. primeiro semestre de 1993.

[11] CARDOSO, Ruth Correa Leite. *A trajetória dos movimentos sociais:* In: DANIGNO, Evelina.(Org.) Anos 90 – Política e Sociedade no Brasil. São Paulo, Brasiliense, 1994.

5. O desmonte da PNBEM

Em primeiro lugar, a estrutura criada pela PNBEM tem ainda uma sobrevida relativamente longa. Por um lado, a FUNABEM subsiste como estrutura, sendo renomeada Fundação Centro Brasileiro para a Infância e Adolescência (FCBIA), tendo como nova função a implantação das políticas propostas no Estatuto da Criança e do Adolescente. A Fundação foi extinta, juntamente com a LBA, como um dos primeiros atos do Governo Fernando Henrique Cardoso, sob o argumento de cumprir as diretrizes de municipalização da Assistência Social, contidas na Constituição e reguladas pela Lei Orgânica de Assistência Social (LOAS) aprovada em 1993.[12] (González, 2000)

As FEBEMs, principal órgão executor da PNBEM nos estados, vão sofrer modificações em diferentes graus. Em muitos estados, houve uma mudança de nome, acompanhada de mudanças em seu funcionamento em maior ou menor medida. Dois casos opostos e emblemáticos são os do Rio Grande do Sul e de São Paulo. No primeiro, foi desmembrada a estrutura destinada ao atendimento de crianças sem vínculos familiares, através da criação da FPE – Fundação de Proteção Especial –, que mantém a estrutura de abrigos estaduais, da estrutura da FASE – Fundação de Apoio Sócio-Educativo –, que ficou responsável pelo atendimento ao adolescente autor de ato infracional que tenha recebido medida socioeducativa privativa de liberdade. Além disso, graças à pressão social e à intervenção do Ministério Público, o atendimento foi descentralizado, com a criação de estabelecimentos de menor porte em diversos municípios do interior. Se não são atendidos integralmente todos os dispositivos do Estatuto, no entanto houve melhora significativa em relação à FEBEM.

O caso de São Paulo é exatamente o oposto. Foi mantida a estrutura da FEBEM, não apenas no nome, mas nas práticas, com a utilização de grandes centros de internação, nos quais são freqüentes as denúncias de violência dos monitores e as rebeliões e fugas. Em alguns casos, foram aproveitadas pelo estado estruturas destinadas a presídios para o atendimento aos adolescentes.

6. A criação de conselhos

O uso de conselhos, com a participação da sociedade, como controladores de serviços públicos, no Brasil, tem uma relação direta com o debate da Reforma Sanitária e da experiência da área da Saúde.[13]

---

12 GONZÁLEZ, Rodrigo Stumpf. *Democracia e conselhos de controle de políticas públicas – uma análise comparativa*. Porto Alegre, Programa de Pós-Graduação em Ciência Política UFRGS, 2000. Tese de Doutorado.

13 GONZÁLEZ, Rodrigo Stumpf. *Direito, democracia e nova institucionalidade:* uma análise da criação de conselhos municipais de controle de políticas públicas. In: ROCHA, Leonel; STRECK, Lenio (Orgs.). Constituição, sistemas e hermenêutica. Porto Alegre, Livraria do Advogado, 2005.

O modelo discutido na saúde serviu de base também para outras áreas. Desta forma, no princípio dos anos 90, o ECA, a Lei Orgânica da Saúde e, posteriormente, a LOAS, propuseram formatos semelhantes de conselhos nas três esferas administrativas, com poderes deliberativos das políticas em suas áreas, com o controle de fundos destinados a gerenciar recursos. O ECA dispõe:

Art. 88 – São diretrizes da política de atendimento:
I – municipalização do atendimento;
II – criação de conselhos municipais, estaduais e nacional dos direitos da criança e do adolescente, órgãos deliberativos e controladores das ações em todos os níveis, assegurada a participação popular paritária por meio de organizações representativas, segundo leis federal, estaduais e municipais;
III – criação e manutenção de programas específicos, observada a descentralização político administrativa;
IV – manutenção de fundos nacional, estaduais e municipais vinculados aos respectivos conselhos dos direitos da criança e do adolescente;
(...)

Na área da infância, o processo começou antes das outras duas, com a aprovação do ECA em julho de 1990, entrando em vigor em outubro de 1990. Com o apoio da Fundação Centro para a Infância e Adolescência (CBIA), órgão sucessor da FUNABEM, houve um estímulo inicial para a criação de conselhos de direitos da criança e tutelares, inclusive com recursos financeiros. Com a extinção deste órgão em 1994, no Governo Fernando Henrique, este estímulo desapareceu, e as funções da Fundação foram distribuídas entre o Ministério da Justiça e o Ministério da Previdência e Assistência Social.[14]

Sem a existência de um estímulo financeiro ou mesmo sanção pelo descumprimento da lei federal, muitos municípios no país deixaram de criar os conselhos de direitos da criança e do adolescente, ou o conselho tutelar. Segundo dados do CONANDA, em 2001, para 5507 municípios, havia 3949 Conselhos Municipais dos Direitos da Criança e do Adolescente e 3011 Conselhos Tutelares.

Mas há ainda outro elemento a ser levado em conta. Mesmo criado e instalado, em muitos casos, os municípios não seguiram as diretrizes legais previstas nas leis federais para a organização dos conselhos. Se o comando de criação do conselho é seguido, por outro lado, mantém-se a resistência à transmissão de poderes, ainda que apenas no dispositivo legal. Conforme discutido em outra obra,[15] as condições de implantação dos conselhos variam bastante. Dos 3949 conselhos criados, somente 3162 haviam sido instalados, 3046 tinham competências deliberativas conforme previsto e 1344 administravam fundos da infância.

---

[14] González, op. cit., 2000
[15] González, op. cit., 2005

Portanto, mesmo o cumprimento formal da diretriz legal fica prejudicado. O resultado obtido pela mobilização em favor da criação dos conselhos não é acompanhado pela capacidade de atribuir poder real aos mesmos.

A limitação encontrada nos conselhos municipais não é diferente da esfera nacional, segundo análise feita no ano de 2000.[16] O CONANDA, embora tenha funcionamento regular, dificilmente cumpre uma função de formulador de política para a área da infância, tendo papel preponderante de mobilizador e órgão consultivo.

7. O trabalho infantil e juvenil

A discussão sobre a erradicação do trabalho infantil, em um primeiro momento, é um tema que toma força na agenda da área por influência da OIT, com a introdução do IPEC – *International Program for Erradication of Child Labour* –, no Brasil em 1993.

A Constituição de 1988 havia proibido o trabalho formal antes dos 14 anos (previsto o limite de 12 anos na Constituição de 1967 e emenda nº1 de 1969, permitindo a condição de aprendiz (Art. 7º, XXXIII). O Estatuto previu a possibilidade do aprendizado ou de trabalho educativo a partir dos 12 anos, repetindo a disposição constitucional sobre a idade mínima. Até aquele momento, o tema vinha sendo tratado por outras abordagens.

Em 1993 é criado o Fórum Nacional pela Erradicação do Trabalho Infantil, constituído por organizações não-governamentais, representantes de Ministérios, como o do Trabalho, sindicatos e Ministério Público. O Fórum começa a discutir alternativas para o enfrentamento do problema, resultando no surgimento do PETI – Programa para Erradicação do Trabalho Infantil –, na Secretaria de Estado da Assistência Social, do MPAS, durante o Governo Fernando Henrique Cardoso. O foco do programa são os casos de exploração mais grave do trabalho infantil, como os que ocorriam no corte de cana-de-açúcar ou sisal, em carvoarias, pedreiras ou olarias, o que é ilustrado por Huzak e Azevedo.[17]

Durante os anos seguintes, a mobilização sobre a temática do trabalho infantil levou à ampliação do PETI, à criação de fóruns estaduais pela erradicação do trabalho infantil em quase todo o país e em alguns municípios, e a subscrição pelo Brasil das convenções 138, de 1973, sobre idade mínima para ingresso no trabalho, e 182, de 1999, sobre combate às piores formas de exploração do trabalho infantil, ambas da OIT. A emenda constitucional 20 elevou a idade mínima para o trabalho de 14 para 16 anos.

O PETI, como estratégia de combate ao trabalho infantil, acaba sendo suplantado em alcance pelo Bolsa-Escola, embora continue a existir.

---

[16] Segundo González, op. cit., 2000
[17] HUZAK, Iolanda; AZEVEDO, Jô. *Crianças de Fibra*. Rio de Janeiro, Paz e Terra, 1994.

Além da redução do número de crianças trabalhando, outro resultado que pode ser vislumbrado no período recente é a mudança do discurso sobre o trabalho infantil, diminuindo a presença da defesa do trabalho precoce como forma de socialização adequada às crianças pobres.

8. Exploração Sexual Infanto-Juvenil

A partir de denúncias de representantes de algumas entidades governamentais sobre a prostituição infantil, a Câmara dos Deputados realizou em 1993 a CPI da Prostituição Infanto-Juvenil. Como um dos desdobramentos, foi realizado um encontro de entidades em outubro de 1994, em Brasília, para discutir a realização de uma "Campanha Nacional de Combate à Prostituição Infanto-Juvenil e ao Sexo Turismo".[18]

Após diversas reuniões e mudanças de nome, no ano seguinte, teve início a Campanha Nacional pelo Fim da Exploração, Violência e do Turismo Sexual contra Crianças e Adolescentes. O foco da campanha mudou ligeiramente, pois constatou-se que em muitas partes do país a violência sexual intrafamiliar constituía-se em problema conexo ou mais comum que o próprio turismo sexual.

A Campanha levou à criação de comitês em diversas partes do país. Posteriormente, as entidades brasileiras articulam-se internacionalmente com outros movimentos, como o ECPAT (*End Child Prostitution in Asian Tourism*), surgido em Bangkok, Tailândia, em 1991. O nome dado ao movimento asiático é incorporado à articulação internacional, passando a existir um ECPAT-Brasil, como seção brasileira do movimento global.

Após a realização de conferências nacionais e regionais, foi realizado, em 1996, na Suécia, um Congresso Mundial, que aprovou uma declaração e uma agenda de ação.

O desenvolvimento desta agenda levou à formulação, em 2000, de um Programa de Combate ao Abuso e à Exploração Sexual de Crianças e Adolescentes, no âmbito da Secretaria de Estado da Assistência Social.

Entre 2003 e 2004, o Congresso Nacional realizou uma CPI mista, da Câmara e do Senado, sobre a exploração sexual de crianças e adolescentes, que acabou resultando, em 2005, na alteração do ECA, criando penas mais severas para crimes sexuais cometidos contra a infância.

9. Evolução das relações Estado-Sociedade

A perspectiva de grande parte das organizações da sociedade civil que participaram dos processos, políticos de mudança de paradigma na área da infância nos anos 80 e princípio dos anos 90 era de responsabilizar o Estado

---

[18] INESC. Campanha nacional pelo fim da exploração, violência e do turismo sexual contra crianças e adolescentes. Texto para reflexão e estudo. Brasília, INESC, 1995.

pela implementação de políticas públicas que garantissem os direitos dispostos na Constituição Federal.

No entanto, ao mesmo tempo que a Constituição de 1988 foi modelada na perspectiva de um Estado de Bem-Estar Social, com a universalização de direitos à saúde, à educação e à seguridade social, começa, a partir de 1990, um desmonte do Estado brasileiro, através de políticas de redução do gasto público com privatizações e transferência de responsabilidades.

Iniciado este período no Governo Fernando Collor, esta política foi aprofundada nos oito anos de Governo Fernando Henrique e muitos de seus aspectos mantidos no Governo Lula.

Apesar do paradigma legal, a proposta de Reforma do Estado que passa a ser implementada aponta para uma transferência para a sociedade das responsabilidades pelas políticas sociais não-lucrativas, no que foi chamado por Yazbek[19] de refilantropização do social e cujo maior símbolo foi a criação do "Programa da Comunidade Solidária", liderado pela Primeira-Dama Ruth Cardoso.

As políticas assistenciais passam a ser focalizadas e executadas por instituições privadas sem fins lucrativos, que são denominadas de "terceiro setor", com uma atuação basicamente na execução de serviços e apenas secundariamente de participação política. O financiamento de suas ações é compartilhado entre o Estado e o setor privado lucrativo, no que seria a "responsabilidade social das empresas". As áreas que podem ser mercantilizadas, como atendimento de saúde e educação, são assumidas cada vez mais por empresas, com o sucateamento do setor público.

Outra característica presente neste período é uma progressiva monetarização da política social mantida pelo setor público. Ao contrário de manter serviços públicos, são distribuídos recursos financeiros diretamente aos beneficiários das políticas, sob a forma de "bolsas". São mantidos diversos programas como bolsa-escola, PETI, vale-gás, entre outros. Mais recentemente, alguns deste programas foram fundidos, dando origem ao bolsa-família.

Ainda que haja diversos aspectos positivos nestes programas de transferência de renda, ainda que com valores limitados, o seu efeito perverso é a manutenção de disparidades regionais profundas. Como as formas de atendimento direto não cobertas por estes programas ficam a cargo de municípios ou organizações não-governamentais, desta forma há grande diferença da qualidade da cobertura do atendimento, que varia de experiências inovadoras e de sucesso, geralmente em municípios de maior porte, até a completa ausência de suporte, nas regiões mais pobres do país.

---

[19] YAZBEK, Maria Carmelita. A política social brasileira nos anos 90: a refilantropização da questão social. In: *Cadernos de textos da I Conferência Nacional de Assistência Social*. Brasília, CNAS, outubro de 1995.

10. Mobilização social e efetivação de direitos

Conforme o já exposto, na última década e meia, ocorreram diversas mudanças positivas no sentido de implantação do novo paradigma de direitos da infância que, no entanto, não são uniformes em sua distribuição no território nacional nem estão isentas do perigo de descontinuidade.

Conforme a reflexão de Maria das Graças Rua, há uma cultura que enfatiza a formulação/decisão de uma política, dando a implementação como dada. A autora cita Eli Diniz:

> em lugar da suposta paralisia decisória, o que se tem observado é a incapacidade do governo no sentido de implementar as decisões que toma. Dessa forma, à hiperatividade decisória da cúpula governamental contrapõe-se a falência executiva do Estado, que não se mostra capaz de tornar efetivas as medidas que adota e de assegurar a continuidade das políticas formuladas.[20]

Esta constatação também se aplica ao campo do direito. A aprovação de leis não garante sua execução. Para tal, identificam-se três condições que devem ser combinadas:

a) **condições sociais**. A norma ou política proposta deve ter um embasamento na sociedade, não apenas contando com legitimidade perante os indivíduos, mas preferencialmente sendo capaz de mobilizar coletivos pelo seu cumprimento ou implementação;

b) **condições políticas**. O poder público, através dos diversos organismos estatais deve demonstrar interesse, através do planejamento e da execução de ações para este cumprimento.

c) **condições institucionais**. A existência de legitimidade e pressão social acompanhada de compromisso das autoridades políticas é insuficiente se as instituições e os recursos existentes forem incapazes de dar conta da tarefa. A criação de um novo paradigma legal não é aplicável automaticamente se é necessário um alto investimento em formação de quadros ou construção de instalações.

O ideal seria que as três condições ocorressem ao mesmo tempo. Não sendo o caso, a existência concomitante de duas das três poderia ser capaz de prover a terceira.

Caso existam condições sociais e institucionais, é possível pressionar o poder executivo a implementar uma política ou diretriz legal, provendo as condições políticas. Caso estejam dadas as condições sociais e políticas, sociedade e poder público podem resolver os entraves legais e administrativos, alterando, se necessário, a legislação ou provendo o orçamento público com os recursos necessários. Já se existirem condições políticas e institucionais, o poder público pode tentar mobilizar a sociedade para ocu-

---

[20] Eli Diniz *apud* RUA, Maria das Graças. *As políticas públicas e a juventude dos anos 90*; In: BRASIL. CNPD. Jovens acontecendo na trilha das políticas públicas vol 2 . Brasília, 1998. p. 741.

par o espaço que lhe cabe ou mudar a mentalidade sobre determinado tema, como no caso do trabalho infantil ou da violência sexual.

Cada uma destas condições é dinâmica, sendo constantemente alterada e sofrendo influência direta das formas de rompimento da inércia institucional, apresentadas anteriormente.

Esta combinação de elementos, associada ao funcionamento efetivo de novas instituições como os conselhos pode diminuir o peso dos elementos tradicionais, como o patrimonialismo[21] na política local brasileira.[22]

O problema não está só nas instituições jurídicas. A sociedade no Brasil, particularmente nos pequenos municípios, é pouco organizada. Falta tradição de organização e participação. Por isso, novas instituições democráticas nem sempre funcionam, pois são criadas geralmente de cima para baixo.

Neste contexto, o conceito de capital social, conforme desenvolvido por Putnam,[23] analisando o caso da Itália, pode, além de ter grande capacidade explicativa do caso brasileiro, ser um meio de intervenção.

Por um lado, pode-se explicar, por exemplo, que se encontre um percentual maior de conselhos criados e em funcionamento com plenas competências em municípios mais antigos e de maior população como sinal da existência de capital social, baseado em uma maior capacidade de organização da sociedade em grandes centros urbanos.

No entanto, não é de se descartar que a legislação possa ter também um papel indutor da transformação, conforme já discutido por Faria.[24] A criação de conselhos ou implementação de políticas públicas, ainda que por determinação externa e pressão de outras esferas administrativas ou do Ministério Público, pode fomentar um novo processo de participação e o surgimento de organizações sociais onde anteriormente inexistiam.

Nos casos em análise, como os conselhos, o trabalho infantil e a exploração sexual e o atendimento do adolescente autor de ato infracional, quando houve aplicação efetiva dos dispositivos do ECA, foi graças à existência de um conjunto de entidades mobilizadas, que geraram articulações locais ou nacionais, pressionando o Estado ou outros segmentos da sociedade contrários à aplicação da lei. Mas este é um processo em curso que ainda tem um longo caminho a ser percorrido.

---

21 WEBER, Max. *Economia y Sociedad*. México, Fondo de Cultura, 1984.

22 FAORO, Raymundo. *Os donos do poder*. Porto Alegre, Ed. Globo, 1976.

23 PUTNAM, Robert. D. *Comunidade e Democracia*. A experiência da Itália Moderna. Rio de Janeiro. FGV. 1996.

24 FARIA, José Eduardo. *Eficácia jurídica e violência simbólica* – o direito como instrumento de transformação social. São Paulo, Edusp, 1988.

— XIII —

Bioética:
dimensões biopolíticas e perspectivas normativas

VICENTE DE PAULO BARRETTO[1]

TAYSA SCHIOCCHET[2]

Sumário: Considerações iniciais; 1. Racionalidade científica e desenvolvimento tecno-econocrático: do positivismo à complexidade; 2. Biopolítica e reducionismo biológico frente às descobertas genéticas; 3. Impacto da tecnociência sobre a ética clássica; 4. Perspectivas jurídicas da bioética; Considerações finais.

Considerações iniciais

O presente artigo pretende investigar a bioética como um campo no qual se encontram diferentes disciplinas, discursos e questões levantadas pelo avanço do conhecimento e de suas aplicações tecnológicas nas ciências da vida e na medicina. Por outro lado, pretende, também, situar a pretensão normativa da bioética em face dessas novas realidades e quais os seus limites, como sistema normativo, muitas vezes confundido com o biodireito. A bioética, portanto, é considerada como um ramo da filosofia prática, que trabalha com instrumental teórico propriamente filosófico, aplicado à realidade de uma sociedade biopolítica.

No primeiro momento, serão analisados os processos de racionalização tecnocientífica e a ideologia desenvolvimentista presentes na produção do conhecimento e nas descobertas biotecnológicas para, no segundo momento, refletir sobre o reducionismo epistemológico, os mecanismos de disciplina e regulação social dos corpos no espaço público (biopolítica) e a medicalização da vida. Na seqüência, serão identificados os principais impactos e conseqüências do desenvolvimento biotecnológico sobre a ética

---
[1] Livre-Docente em Filosofia (PUC-RJ) e professor titular nos Programas de Pós-Graduação em Direito da UERJ e UNISINOS.
[2] Mestranda em Direito Público no Programa de Pós-Graduação em Direito – UNISINOS.

clássica, que impõem a consideração de novas categorias, como risco e incerteza, para a reflexão ética na contemporaneidade. Por fim, e a partir das considerações anteriormente desenvolvidas, serão enfatizados os principais desafios jurídicos que surgem no processo de satisfação das necessidades individuais ou coletivas, com ênfase nas questões das responsabilidades individual e social.

1. Racionalidade científica e desenvolvimento tecno-econocrático: do positivismo à complexidade

O crescente desafio ético provocado pelo desenvolvimento das ciências da vida e suas aplicações tecnológicas atribuem à bioética um papel relevante no estabelecimento de critérios e normas, que permitam a formulação de respostas a esses desafios. O primeiro momento em que a bioética serviu como modo de contenção dos avanços científicos ocorreu no alvorecer da era da engenharia genética, na década de 70 do século XX, quando surgiram as primeiras exigências por um controle propriamente ético das pesquisas biogenéticas. A bioética nasceu, assim, como o mais novo braço da filosofia moral e refletiu o surgimento de uma conscientização moral por parte da comunidade científica e da própria sociedade, face aos avanços e ameaças que a ciência e a tecnologia traziam para o equilíbrio da natureza e a sobrevivência da pessoa.

O entendimento da natureza da bioética e de como esse tipo de normatização diferencia-se do sistema jurídico-legal exige uma avaliação crítica da racionalidade científica e de suas relações com o desenvolvimento tecnológico. Os positivistas acreditavam que os "lógicos da ciência" (assim chamados os filósofos) conseguiriam descrever exaustivamente o método científico, o qual esgotava a própria racionalidade.[3] Constata-se que as formas de verificação, como fontes do conhecimento científico consagradas pelos positivistas lógicos, foram institucionalizadas e internalizadas pela sociedade moderna, que se caracteriza como uma sociedade tecnocientífica (Putnam, 1988:111-113). Esse modelo de investigação tornou-se quase hegemônico nas últimas décadas, fazendo com que se tornasse o critério privilegiado de avaliação dos projetos de pesquisas e de aplicação tecnológica do conhecimento adquirido.

Segundo Kuhn (2003), encontramos no interior da comunidade científica a explicação paradigmática das descobertas científicas, as quais pro-

---

[3] "Para os gregos, havia uma clara diferença entre ciência e técnica. O saber científico consistia na contemplação da ordenação racional do universo, compreendido justamente como cosmo, como ordem. A ciência era o conhecimento do equilíbrio e da harmonia do mundo. A ética e a política deviam ser uma expressão humana dessa ordenação. A técnica era um saber instrumental e empírico sobre questões de aplicação pragmática; ocupava o lugar mais baixo na hierarquia do conhecimento. O saber científico era o mais elevado, com vistas apenas a satisfazer o interesse intelectual, sem objetivar interesses concretos" (JUNGUES, 2001:11).

movem transformações técnicas, mas encontram-se dependentes da tradição existente na comunidade científica, reagindo retrospectivamente sobre o que já é conhecido. Tal processo, todavia, pode revelar-se mais importante que o conhecimento fornecido pela própria descoberta.

A definição ou o critério de demarcação daquilo que é ciência (ou não) reside na (in)existência de uma tradição de resolução de enigmas. A comunidade científica somente adotará uma nova teoria se ela for capaz de, no mínimo, resolver quase todos os enigmas que foram tratados pela teoria antecessora. Nesse sentido, Kuhn (2003:60) afirma que:

> (...) uma comunidade científica, ao adquirir um paradigma,[4] adquire igualmente um critério para a escolha de problemas que, enquanto o paradigma for aceito, podem ser considerados como dotados de uma solução possível. Numa larga medida, esses são os únicos problemas que a comunidade admitirá como científicos ou encorajará seus membros a resolver. Outros problemas, mesmo muitos dos que eram anteriormente aceitos, passam a ser rejeitados como metafísicos ou como sendo parte de outra disciplina.

O paradigma científico dominante – que se deslocou do campo das ciências físicas e naturais para as ciências sociais – justifica-se, assim, pela concepção ideológica[5] do progresso contínuo, sustentado por uma ciência legitimada por modelos matemáticos e moldada por uma correspondente técnica construída sob modelos mecanicistas. O processo de conhecimento, nessa perspectiva, reduz-se à informação empírica e pontual, e deixa de lado estruturas teóricas, herdadas da tradição filosófica, que poderiam dar sentido às mesmas (Morin, 2000:98). A natureza torna-se compreendida e explicada por processos mecânicos, que somente terão validade se puderem ser expressos matematicamente; termina a natureza por ser domada e manipulada segundo interesses humanos e tratada como um objeto (Jungues, 2001:10).

A questão nuclear que surge na avaliação das relações entre a ciência e as técnicas de controle da natureza, através desse tipo de racionalidade empírico-matemática, encobre diferentes níveis de dominação. Ocorre mesmo uma institucionalização do controle e domínio da natureza, num primeiro momento, e do próprio homem num segundo tempo. A ciência moderna acaba por projetar um universo em que a dominação da natureza se encontra umbilicalmente ligada à submissão da pessoa humana a valores e critérios,

---

[4] Kuhn utiliza o termo "paradigma" com conotações diversas em suas obras. No entanto, segundo o próprio autor (KUHN, 1977), o termo "paradigma" é utilizado no lugar de teoria com o intuito de denotar o que é rejeitado e substituído durante as revoluções científicas, bem como para sublinhar a dependência da investigação científica de exemplos concretos. Assim, paradigma e teoria científica não podem ser equiparados.

[5] Adota-se, para o presente ensaio, a seguinte concepção de ideologia: "(...) conjunto mais ou menos coerente de crenças que o grupo social invoca para justificar seus atos e respaldar suas opiniões, isto é, as crenças que funcionam como motivadoras ou racionalizadoras de determinados comportamentos sociais. Por tal razão a ideologia constitui-se de representações estritamente vinculadas ao exercício do poder social. Advirta-se que essa relação entre crenças e poder é que comanda a produção das significações legitimáveis" (CHAUI, 1994:113).

que se encontram estabelecidos no paradigma científico dominante. A natureza, compreendida e dominada pela ciência, mantém e melhora a vida dos indivíduos, mas, ao mesmo tempo, submete-os à dominação (Habermas, 1968:50).

O mito do progresso humano encontra-se na atualidade contestado por diferentes aspectos da ciência e da tecnologia. Todas as ameaças à humanidade têm pelo menos uma de suas causas no desenvolvimento das ciências e técnicas (ameaça das armas de aniquilamento, ameaça ecológica à biosfera, ameaça de explosão demográfica etc.). Isso ocorre em virtude do pensamento mecanicista parcelar que, na forma tecnocrática e econocrática, percebe apenas a causalidade mecânica, enclausurando e fragmentando o saber, quando tudo obedece cada vez mais à causalidade complexa. O desafio da contemporaneidade reside, assim, na tentativa de recuperar-se a racionalidade em face da racionalização mecanicista e determinista, que exclui qualquer contradição, considerando-a absurda. Todavia, uma racionalidade não racionalizadora está aberta a dialogar com o real, considerando, de modo racional, o amor, o afeto, a mágoa ou o mito (Morin, 2000; Morin e Kern, 2003: 90,158). Nesse contexto é que se situa a bioética, como o mais novo ramo da ética-filosófica, que tem como núcleo de investigação as indagações suscitadas na sociedade contemporânea pelos avanços da biologia e da engenharia genética.

Os questionamentos levantados pela consciência moral face ao progresso científico e, principalmente, aos seus avatares tecnológicos, constituiu-se no caldo de cultura no qual vicejou a crítica à concepção de ciência paradigmática. A primeira afirmação da modernidade consistiu na emergência do sujeito autônomo, diante das determinações da natureza e da sociedade. Atualmente, há um profundo questionamento da concepção moderna de ciência, de sua maneira de se posicionar diante da natureza como puro objeto a ser analisado e manipulado e, conseqüentemente, de sua tendência a fragmentar a realidade em compartimentos, com o sacrifício de uma visão de conjunto dessa realidade. Nesse sentido é que se aponta, cada vez mais, para um novo modelo científico, para uma ciência mais holística (Jungues, 2001:7-12).

A ideologia desenvolvimentista caracterizou-se por uma concepção pobre e redutora, que erigiu o crescimento econômico como referência necessária e suficiente para todos os desenvolvimentos sociais, psíquicos e morais. Em conseqüência, ignorou a cultura, a solidariedade, a comunidade e a identidade humanas (Morin e Kern, 2003:78). Esse esvaziamento de valores na cultura da sociedade tecnocientífica despertou, por sua vez, uma consciência moral diante dos impasses a que levou uma concepção tecnocrática do conhecimento, de suas aplicações tecnológicas e da vida humana.

O desenvolvimento tecnocientífico representou um mito global de bem-estar, de redução das desigualdades e de felicidade que seriam assegurados nas sociedades industrializadas. Para Habermas (1968:46-83), ele estimulou processos de racionalização mediante o incremento das forças produtivas. Mas a dependência das forças produtivas ao progresso técnico-científico fez com que as mesmas exercessem "funções legitimadoras da dominação". Não mais uma dominação opressora, mas uma dominação racional, sustentada pela ideologia desenvolvimentista que, ao mesmo tempo em que proporciona maior conforto a todos, reduz a liberdade e a autonomia ante a impossibilidade técnica de a pessoa determinar sua própria vida.

O capitalismo tardio caracterizou-se, a partir do século XIX, pela forte tendência à cientificização da técnica, com vistas à intensificação da produtividade mediante a inserção de novas técnicas, cujo valor econômico residia no caráter científico agregado à tal produtividade. A ideologia do rendimento tornou-se, assim, o fundamento legitimador do capitalismo. Ela sustenta-se principalmente pela "despolitização" da vida social. Esse fenômeno é ocasionado pela substituição de ações racionais teleológicas no âmbito da atividade política por questões meramente técnicas (*"imperativos de evitação"* e ações preventivas). Essa supressão da diferença entre práxis e técnica na esfera política foi denominada por Habermas de "consciência tecnocrática". O inédito nesse fenômeno é que ele deixou de atingir apenas conflitos de classes, refletindo-se sobre todo o gênero humano em sua possibilidade de emancipação (Habermas, 1968:71-92).

Ao mesmo tempo em que a conexão ciência-técnica-capitalismo impulsionava o desenvolvimento e o progresso futuros, e a consciência ocidental debatia-se na ambivalência dos processos modernos, emergiu na cultura contemporânea um pós-modernismo que consagra a incapacidade de conceber um futuro. Esse impasse cultural fez com que alguns de seus analistas sustentem que não existe realidade, mas somente uma idéia que fazemos da realidade, que pode, e muitas vezes tem demonstrado, ser errônea (Morin, 2004; Morin e Kern, 2003:75-78).

A ciência, nesse sentido, deve ter a capacidade auto-reflexiva, de se auto-avaliar ou, ao menos, permitir essa reflexão de forma plural, mediante um diálogo com a filosofia, com a cultura e com a sociedade para poder perceber os limites do conhecimento humano. Na medida em que a ciência aumenta a circunferência do conhecimento humano, o poder também aumenta, e aumenta, também, o contato do conhecido com o desconhecido e, portanto, a impossibilidade de tudo prever: o risco. Nesse quadro é que se pode fazer referência a um necessário processo de conhecimento das relações complexas, características da contemporaneidade, que exige um novo paradigma epistemológico.

O paradigma da complexidade, aqui entendido como aquele que ajuda a reconhecer a complexidade das realidades, parte do pressuposto de que não irá produzir certezas últimas e eternas. Ao contrário, auxilia a revelar as incertezas inerentes às próprias estruturas de conhecimento humano, bem como as incertezas encontradas na realidade social. Na tentativa de proteger o futuro – aberto, incerto e inseguro – e permitir a continuidade da vida em toda a sua diversidade, a tarefa que se impõe é administrar o desenvolvimento tecnológico, de um lado, e a intervenção e manipulação humanas, de outro, levando-se em conta a ampla gama de situações caracterizadas pela incerteza, insegurança e precariedade de informações.

2. Biopolítica e reducionismo biológico frente às descobertas genéticas

As pesquisas genéticas, como ciência empírica de descoberta do mundo biológico, tiveram início no século XIX. Em meados do século XX, adquiriram maior amplitude. Mas é a partir da década de 90, que se estabelecem as repercussões do avanço do conhecimento científico e de suas aplicações tecnológicas no campo da economia, do direito e da cultura. Essa parafernália tecnocientífica, à medida que expandia os limites, tanto do conhecimento quanto das tecnologias, interferia nos modos de produção, nas relações sociais e na própria natureza humana. Junto com o chamado progresso, vieram as incertezas, os riscos, o medo e a perplexidade diante de um conhecimento e uma técnica que escapavam do controle humano. Nesse sentido é que se pode afirmar que a nova sociedade tecnocientífica trouxe consigo novos desafios para o direito e, principalmente, para a reflexão ética.

A chamada "ciência pós-genômica" (Simpson e Caballero, 2000:90), cujas investigações e descobertas afetam diretamente a vida do indivíduo e da coletividade, tornou-se um referencial teórico e epistemológico para o conhecimento da natureza da vida humana. Ocorre mesmo um fenômeno que perpassa todas as sociedades e que se caracteriza pela incorporação de uma concepção, a genômica reducionista,[6] para explicar a natureza do ser humano. Citelli (2001:131) destaca que, desde o século XIX, quando Darwin erigiu a teoria evolucionista como paradigma para explicar a evolução das espécies, duas perspectivas intelectuais tornaram-se comuns face ao desenvolvimento do conhecimento e de suas aplicações técnicas. A primeira perspectiva procurou negar o potencial das ciências biológicas para explicar arranjos sociais. A segunda perspectiva reinterpretou os estudos da Biologia admitindo que esses poderiam, através de metodologias precisas, inspiradas nas ciências físico-matemáticas, entender e prever os comportamentos humanos e as desigualdades sociais.

---

[6] No âmbito do presente trabalho, adotaremos a concepção básica de determinismo biológico-genético (falácia naturalista, reducionismo biológico, naturalização, biologização) como sendo o "conjunto de teorias segundo as quais as posições ocupadas por diferentes grupos na sociedade – ou comportamentos e variações das habilidades, capacidades, padrões cognitivos e sexualidade humanas – derivam de limites ou privilégios inscritos na constituição biológica" (CITELLI, 2001:134).

A ciência, entretanto, faz parte da cultura, que é uma construção humana, historicamente condicionada e inseparável das outras atividades humanas. Não há, portanto, uma ciência ideal, totalmente objetiva, neutra, sem pressupostos e inteiramente isenta de paixões e interesses (Morin, 2000; Hottois, 1999). As repercussões dos novos modelos da ciência na cultura da sociedade tecnocientífica podem ser avaliadas quando verificamos que os novos dados da pesquisa não fazem com que, necessariamente, se substituam os paradigmas até então vigentes. Os modelos explicativos da natureza, elaborados pelos cientistas, acabam incorporando-se ao nível das células, o que faz com que esses modelos passem a ser quase naturais, fisicamente corpóreos (Citelli, 2001:137).

A dimensão que o gene vem adquirindo transformou-o numa "unidade de vida", que torna o ser humano mero ser biológico, ao relegar outras esferas humanas – social, ambiental, espiritual – ao esquecimento, sem considerar que o gene não diz nada sobre a maneira de definir o homem (Lenoir, 2000:54). Essa ignorância das características metabiológicas do ser humano consagra, em última análise, uma forma de exclusão. Termina-se por sustentar que, somente a partir do conhecimento de todos os nossos genes e de suas mutações, seríamos capazes de administrar nossos corpos (Gould, 1999:13). Esses corpos, definidos pelas tecnologias do DNA, modificam aquele corpo – construído socioculturalmente e determinado pelas relações sociais – que estamos acostumados a pensar (Cardoso e Castiel, 2003:654).

No entanto, o que se observa hoje é a entronização da vida concebida, informada e significada pelos genes, os quais, por sinal, "nem sequer são parte da vida, porque é ela própria" (Cardoso e Castiel, 2003:654). Os genes passaram a ser responsáveis, também, pelos nossos comportamentos, a ponto de se afirmar que são eles que fazem com que não tenhamos limites em nossos desejos, havendo inclusive explicações naturalistas ou biologizadas para infidelidade, criminalidade, perversão, violência, homossexualidade etc. (Citelli, 2001).

Schramm (2000:2) concorda com o reducionismo biológico que o mapeamento do genoma humano implica, mas alerta também para o fato de que este pressuposto reducionista é igualmente usado por aqueles que pretendem criticá-lo, referindo a própria Declaração Universal sobre o Genoma Humano e os Direitos Humanos (UNESCO, 1997) como exemplo. Apesar da importância dos genes na determinação da identidade dos indivíduos, eles representam apenas um dos aspectos: o biológico. A referida Declaração profere que o DNA é o elemento ou fundamento comum entre todos os indivíduos (artigo 1º) para, baseada numa característica natural, legitimar um direito da pessoa.

Trata-se da hegemonia do paradigma da Genética Evolucionista de linhagem sociobiológica, a qual explica os comportamentos sociais humanos a partir de bases biológicas. Isso quer dizer que, por meio da afirmação de que existe uma "natureza/condição humana" via genoma, tentam-se estabelecer leis biocientíficas regentes do funcionamento humano. A identidade humana interioriza-se em uma molécula, e o genoma passa a servir como fonte de "concepções de normalidade, indivíduo e sociedade, de modo a estabelecer critérios para uma gestão biopolítica" de espaços sociais e controles regulatórios das populações (Cardoso e Castiel, 2003:656).

Essa crítica ao reducionismo biológico ou ênfase genômica reducionista traz conseqüências importantes também no campo da saúde coletiva já que, segundo Cardoso e Castiel (2003:655), o foco principal das intervenções em saúde coletiva acaba por voltar-se à abordagem genômica de "indivíduos" e de suas "famílias" em detrimento das "populações" – objeto consagrado da saúde coletiva – deslocando, dessa forma, os esforços e recursos sanitários. Em outras palavras, pode-se dizer que, com as descobertas em torno do genoma humano e com a crescente individualização das características biológicas – pensadas cada vez menos sem a influência do meioambiente –, a medicina abandona os aspectos socioeconômicos e, portanto, populacionais de saúde coletiva, focalizando sobremaneira o aspecto biológico, como, por exemplo, as doenças genéticas diagnosticadas[7] num indivíduo, as quais possuem o risco de transmissão familiar. Isso traz graves implicações no que se refere à prioridade dada às questões ditas de ponta ou de fronteira, em detrimento das questões sociais, notadamente à efetividade do direito fundamental à saúde enquanto dever do Estado, sobretudo, no que tange à universalidade do acesso.

A introdução da dimensão da vida como categoria biopolítica, independente do seu significado social, teve profundas repercussões na sociedade e no Estado, assumindo importância significativa no espaço público com os processos de medicalização da vida. Arendt (1971:294) analisa o processo que levou o *Homo Laborans* e, com este, a vida biológica como tal, a ocupar progressivamente o centro da vida política. O predomínio da vida natural sobre a ação política, com a vitória do *Hommo Faber* sobre a vida contemplativa, representou um dos fatores originais da transformação e da decadência do espaço público na sociedade moderna. Consagrou-se, assim, a dependência do homem às suas capacidades produtivas e, em conseqüência, a vida política, na qual se realizava mais plenamente a natureza humana, foi sendo progressivamente substituída pela vida biológica. Essa vida biológica – e a pretensão de torná-la mais saudável e adiar dessa forma

---

[7] Há dois aspectos importantes a serem destacados no que tange ao diagnóstico de doenças genéticas. Primeiro: a grande maioria das doenças diagnosticadas não tem cura. Significa dizer que a medicina preditiva tem ampla capacidade diagnóstica, mas não terapêutica. Segundo: muitas doenças diagnosticadas não são reais, efetivas e atuais, mas têm apenas alguma probabilidade de serem desenvolvidas, acarretando na pessoa ou na família uma antecipação da doença que ainda não existe.

a própria morte – é que, no entendimento pioneiro de Arendt, se constituirá no epicentro cultural e político da sociedade contemporânea.

A biotecnologia, neste sentido, representa a manipulação da vida, mediante técnicas altamente sofisticadas, no âmbito global. As novas descobertas biotecnológicas são permeadas e movidas por interesses econômicos e, principalmente, pelo que Agamben (2004:125) chama de "politização da vida". Esse processo consiste em considerar a vida natural como fator determinante nos mecanismos e cálculos do poder. O conhecimento e o poder gerados pelas descobertas biotecnológicas não se restringem mais à apropriação e manipulação de corpos ou de cérebros (consciência). Eles ultrapassam esses limites e passam a exercer um biopoder em nível celular e molecular.

A medicina irá representar, no argumento de Foucault, o instrumento de ponta, que fará com que o poder se torne cada vez menos representante do direito de matar e passe a intervir para fazer viver, estabelecer o modo de viver e como viver. Foucault (1997:221) assinala que o poder biopolítico, mais do que consagrar uma proeza científica, possibilitou a melhoria da vida a tal ponto que faz com que vivam nesse momento indivíduos que deveriam estar mortos há bastante tempo.

Tanto em Arendt quanto em Foucault deixa-se implícita a idéia da biopolítica, essencial para o entendimento da nova realidade político-institucional da sociedade e do Estado contemporâneo. Não ocorre, em ambos os autores, um aprofundamento da idéia, devido talvez ao caráter ainda embrionário das tecnologias biogenéticas e suas implicações para as relações sociais e políticas.

O desafio enfrentado no terreno da biopolítica por autores como Agamben (2004) consiste em analisar o oculto ponto de intersecção entre o modelo jurídico-institucional e o modelo biopolítico do poder. Para Agamben (2004:140), as duas análises não podem ser separadas, pois a implicação da vida nua – entendida como sendo a vida sacrificável e insacrificável do *homo sacer* – na esfera política constitui o núcleo originário – ainda que encoberto – do poder soberano.

A análise de Foucault (1997) aponta para o necessário abandono de metodologias, dedicadas ao estudo exclusivo do problema do poder, tradicionalmente desenvolvida através de estudos sobre modelos jurídico-institucionais (onde as categorias fundamentais eram o problema da soberania, a teoria do Estado, a definição dos laços de cidadania, a representação política e a separação dos Poderes) na direção de uma análise dos modos com que o poder penetra no próprio corpo de seus súditos/cidadãos e em suas formas de vida. A questão refere-se ao surgimento de uma nova tecnologia de poder, que se caracteriza por compreender um conjunto de processos, como a proporção de nascimentos e mortes, as taxas de reprodução, a fecundidade da população e a transformação da velhice.

Discorrendo sobre o trânsito do poder de soberania para o poder sobre a vida (biopoder), Foucault (1997:221) demonstrou como o poder de vida e morte do soberano sobre os seus súditos constituía-se, na realidade, apenas no direito de matar, ou seja, "fazer" morrer, ou, *a contrario sensu*, "deixar" viver. No século XIX, há uma inversão. Esse direito passa a caracterizar-se pela possibilidade de "fazer" viver ou "deixar" morrer e é atravessado por uma tecnologia de poder não-disciplinar, que incide sobre as vidas e os corpos humanos. Trata-se daquilo que o autor denominou de "biopolítica", a qual redundará, posteriormente, na medicalização da população e na regulação da espécie humana, mediante um biopoder superior a toda as formas de soberania até então encontradas nas sociedades humanas.

Agamben procura determinar até que ponto a idéia de vida encontra-se identificada com a idéia de política. A tese foucaultiana deverá, então, no entendimento de Agamben, ser corrigida ou, pelo menos, integrada, no sentido de que a característica da política moderna não se encontra tanto na inclusão da vida na cidade, idéia sustentada por Aristóteles, mas, sobretudo, no fato de que o espaço da vida nua, que se achava situado, originariamente, à margem do ordenamento jurídico, vem progressivamente coincidir com o espaço político (Agamben, 2004:16).

O fato incontornável é que os avanços biotecnológicos ocasionaram um forte impacto sobre a ética. Segundo Jonas (1997:11 *et seq;* 33), a nova feição das modernas tecnologias impõe a necessidade de uma reflexão ética diferenciada, renovada e, portanto, atenta às mudanças ocorridas no agir humano. Isso porque a técnica, enquanto ação humana, ou seja, enquanto exercício permanente de poder humano extremamente sofisticado, pode trazer conseqüências tanto negativas como positivas para a sociedade e, por essa razão, deve submeter-se à prova da moral, mediante a reflexão ética.

O desafio nuclear para a ética na sociedade tecnocientífica consiste em analisar e situar a relação da tecnociência com a pessoa e, principalmente, por meio da bioética, examinar a natureza e os limites da intervenção tecnológica na identidade e integridade corporal (Andorno, 1997:20 *et seq.*). Em outras palavras, a reflexão ética terá lugar quando a técnica tiver por objeto o homem. A ética, por ser um modo de conhecimento, ao contrário da moral, tem certa pretensão de universalidade, ainda que aplicada. Atualmente, essa preocupação revela-se de forma crescente no âmbito da biologia humana, medicina e engenharia genética, que organizam espaços próprios de análise ética através dos comitês de bioética dos hospitais, universidades e institutos de pesquisa.

3. Impacto da tecnociência sobre a ética clássica

Essa nova realidade sociocultural fez com que a intervenção filosófica, especificamente a ética filosófica, fosse convocada para refletir sobre os impasses morais em conseqüência do avanço tecnocientífico. Nesse contexto é que se torna necessário estabelecer os limites próprios dessa intervenção filosófica. O filósofo, ao tratar das questões que são objeto da análise bioética, deve considerar que, apesar de a filosofia perpassar todas as áreas do conhecimento humano, ela não pode intervir no conhecimento científico, ou, em palavras mais precisas, "a filosofia não pode saber mais do que a Ciência sabe" (Stein, 2004:171). Não pode pretender exercer um tipo de saber superior e desconectado dos métodos e dos conhecimentos das ciências. A reflexão filosófica, precisamente em virtude da variedade e complexidade do conhecimento científico contemporâneo, deve ser uma forma de estabelecer relações, canais de comunicação entre os diversos modelos através dos quais as ciências se aproximam dos problemas. Para tanto, a própria natureza da investigação científica na atualidade aponta para um diálogo plural (Thomas, 2000: 43).

Diferentes autores, como Rohden (2004), chamam a atenção para um outro aspecto do *status* da filosofia e que reside na constatação de que a reflexão ética é uma experiência que se situa para além dos dados evidenciados pelas pesquisas. Em outras palavras, considera a experimentação, mas situa-se além dela e nesse espaço "metafísico", pois se encontra além da física. A experiência já não é concebida como experimentação, nem como etapa para se chegar à certeza absoluta, mas como um saber aberto, auto-explicativo e dialógico.

Há um "acontecer da verdade" (Stein, 1996:71) junto da idéia de experiência, enquanto diálogo. Além disso, o diálogo constitui um dos valores fundamentais para a construção de uma cidadania cosmopolita na sociedade contemporânea. Isso significa que a "disposição para resolver os problemas comuns pelo diálogo" é um valor moral universal quando converte espectadores em protagonistas de uma tarefa compartilhada (Cortina, 2005:180 *et seq.*). No entanto, falar de uma verdade que "acontece" parece sem sentido quando, no fundo, a verdade, segundo a tradição analítica, sempre foi e continua sendo uma propriedade de proposições que podemos estabelecer através de determinados critérios (semânticos, sintáticos etc.). O que se deve observar, entretanto, é que na expressão "acontecer da verdade" estão os elementos faticidade, historicidade e finitude, como escreve Stein. Daí a idéia de inesgotabilidade da tarefa hermenêutica e da reflexão ética.

Ética significa refletir, deliberar. Numa perspectiva dialética, significa debruçar-se sobre a conflituosidade e sobre a contradição não-antagônica. A necessidade da reflexão ética origina-se do fato de que o ser humano é mais do que um organismo biológico, sendo que as regularidades que caracterizam o funcionamento dos seres vivos acontecem no âmbito da ação humana, que substitui o curso natural das coisas (Ladrière, 1985:29). É necessária, portanto, uma reflexão ética, porém diferenciada. Para comprovar essa tese,[8] Jonas (1997:15-31) demonstra como as novas características da "técnica moderna", em relação à "técnica pré-moderna", tiveram radicais repercussões na ética clássica. A técnica pré-moderna constituía um estado, uma posse, enquanto que a técnica moderna é um empreendimento, um processo. A técnica pré-moderna costumava alcançar um equilíbrio estático entre meios e fins, um ponto de saturação tecnológica, enquanto a técnica moderna encontra-se em permanente mudança, tornando-se cada vez mais complexa, alterando todos os recantos da vida humana.

Atualmente, portanto, a cada nova descoberta a própria natureza da tecnologia contemporânea impulsiona o sistema tecnológico, reforçando-se no imaginário social a idéia de um progresso contínuo, necessariamente benéfico para a criatura humana, ilusão esta que não existia anteriormente. A relação entre meios e fins já não é linear, mas circular e dialética. Os objetivos conhecidos podem ser mais bem satisfeitos mediante novas técnicas. Da mesma forma, ainda com Jonas, as novas técnicas podem inspirar, produzir e inclusive forçar novos objetivos, por meio da oferta de novas possibilidades, convertendo-os em necessidades vitais e impondo à técnica a tarefa de aperfeiçoar os meios para a realização dessas necessidades.

Os pensamentos ético, social e político são submetidos aos princípios epistemológicos da "ciência da natureza" na sua concepção moderna. A natureza deixa de ser uma ordem cósmica imutável e sujeita à contemplação. Sua relação com o homem passa a ser meramente técnica e voltada à satisfação de necessidades, o que é absorvido como problema fundamental da organização sociopolítica. O resultado disso é uma relação Estado-indivíduo meramente técnica e uma relação indivíduo-Estado de submissão ou resistência (Lima Vaz, 2002:227 *et seq.*).

Tal situação é, muitas vezes, aparente na utilização e aplicação das técnicas de reprodução medicamente assistida (diagnóstico pré-implantatório), ou mesmo nas pesquisas com células-tronco e clonagem. Percebe-se uma dominação racional da sociedade, representada pelo consumismo individualista em torno da vida, em que tudo gira em torno da satisfação de *"necessidades privatizadas"* (Habermas,1968:81).

Ainda que, cada vez mais, debata-se sobre uma ética da coletividade, sobre saúde social e sobre direitos transindividuais, convém questionar, inclusive, a possibilidade de um neo-eugenismo, praticado num regime democrático – já que a democracia não nos protege do eugenismo (Testart e Reich, 1997:35) – e com o aparente consentimento dos envolvidos, sobretudo no contexto médico-sanitário.

O progresso, portanto, não é uma opção oferecida pela moderna tecnologia, mas um impulso que independe da vontade, ainda que, muitas vezes, aliado a ela. A técnica moderna é um impulso dinâmico, não um

---
[8] Em sentido contrário, ver, entre outros: Andorno (1997:58 *et seq.*).

conjunto de ferramentas e habilidades à espera de utilização. Isso remete à outra característica da técnica moderna: a *compulsoriedade da sua utilização*. A tentativa de separar teoria e prática somente era possível quando existia o conhecimento puramente contemplativo. Na situação atual do conhecimento e da técnica, a mera aquisição de conhecimento já traz consigo um fardo ético devido à fusão da teoria e da prática, já no procedimento de investigação (Jonas, 1997:19, 24, 34). A dialética interna do poder tecnológico abarca, de um lado, o domínio sobre a natureza e, de outro, a compulsão à sua utilização. Dessa forma, o poder compulsivo revela-se não mais como um poder, mas como sujeição.

Isso traz implicações para a liberdade de investigação, que na cultura atual se distancia do modelo até então prevalente, quando a ciência estabelecia as suas próprias normas de conduta. Segundo Jonas (1997:55-75), do ponto de vista ético, a situação de sujeição modificou-se e faz com que mesmo "o bom cientista" não possa se eximir de responsabilidade por suas pesquisas e conseqüentes tecnologias, delas advindas, para com o mundo exterior. Isso poderia ser aceito quando as esferas contemplativa e ativa da ciência estavam claramente separadas, quando a pura teoria não invadia os assuntos práticos e quando compreender, sem intervir no estado dos objetos, era próprio da ciência pura. O saber poderia ser classificado como um bem privado que não causava danos ao bem comum.

A liberdade de investigação deixou, assim, de ser um direito incondicionado ou "absoluto" (Casado, 1998:58), uma vez que toda a investigação implica uma ação, e esta repercute imediatamente na sociedade e no indivíduo. A responsabilidade ultrapassou a esfera do cientista individual ou mesmo coletivo (institutos de pesquisa), na medida em que suas ações podem afetar, mesmo no estágio da pura investigação, toda a sociedade. O momento da especulação teórica e o da prática tornaram-se concomitantes na ciência contemporânea.

A principal dificuldade ética dessa questão surge diante do caso de uma técnica que, em princípio, é considerada boa e será bem empregada, mas possui uma faceta negativa que, em grande escala e ao final de um longo prazo, pode prevalecer. Em conseqüência, a técnica contemporânea passou também a ser *ambivalente em seus efeitos* (Jonas, 1997:33; Andorno, 1997: 7 *et seq.*). A *ampliação sem precedentes da extensão espaço-temporal* dos efeitos oriundos da técnica moderna provocou a reprodução de seus efeitos em diferentes e variadas culturas e épocas. Uma ação praticada por determinada pessoa, no presente, tem efeitos futuros e repercute em pessoas que nem mesmo viviam na época da decisão (ação). Enquanto ocorria esse processo de potencialização do local em direção ao global e do presente para as futuras gerações, tornava-se real a possibilidade de o conhecimento e da técnica humana colocarem em risco a *sobrevivência do gênero humano*.

Somente o fato de existir a possibilidade de ameaça real à humanidade, em virtude do arsenal nuclear, fruto da ciência e da técnica, mostra como a questão da responsabilidade tornou-se central no pensamento social contemporâneo. Uma responsabilidade que não poderá mais ser lida nos termos estritos da responsabilidade do Estado liberal, e nem mesmo satisfazer-se com as formas da responsabilidade objetiva, pois a responsabilidade da sociedade tecnocientífica tornou-se mais abrangente, sendo determinada em função não somente da manifestação da vontade do agente, mas sobretudo pelo exercício do poder. Quanto mais poder, maior será a responsabilidade. Poder e responsabilidade apresentam na modernidade uma relação direta e proporcional. O excesso de poder impõe ao homem novas formas de responsabilidade, o que se encontra em relação direta com a extensão sem precedentes do alcance de nossas ações (Hottois, 1999:161).

Diante da percepção da amplitude dos efeitos das ações humanas, a técnica moderna provocou uma ruptura no modelo ético antropocêntrico com o surgimento de uma nova categoria na reflexão ética, vale dizer, a natureza que passou a ser considerada objeto do dever humano (Jonas, 1997:33-39). O tema da natureza deixou de ficar restrito ao campo das ciências físicas e naturais e passou a ser considerado como objeto da reflexão ética. A questão ética central, encontrada na sociedade tecnocientífica, explicita-se no paradoxo da técnica moderna, quando não é o fracasso, mas o seu sucesso, que pode levar a uma catástrofe global. No campo dos avanços biotecnológicos, por exemplo, subverteram-se as relações entre o que é dado, natural, por um lado, e o que é possível desejar e manipular, por outro.

A grande diferença é que na contemporaneidade o homem pode transformar não apenas o mundo exterior, mas a sua própria natureza, tendo, assim, em suas mãos, o futuro da humanidade (Andorno, 1997:14). A busca incessante de melhoria das condições humanas ou do homem perfeito trouxe sérios riscos para a pessoa. A dignidade tornou-se relativizada, pois não se encontram valores e parâmetros éticos que possam defini-la, substituídos por referências estritamente genéticas e economicistas. Instituíram-se padrões de normalidade e, ao mesmo tempo, estimularam-se discriminações, excluindo-se aqueles que não se inserem nos padrões, sendo, portanto, considerados inferiores pelo rígido "controle de qualidade" social.

A ética, e esta talvez seja uma das mais importantes lições que um jurista deva internalizar, não pretende prever e resolver todos os problemas de antemão, nem controlar o futuro. O mais novo ramo da ética-filosófica, a bioética, é um convite a mudar a perspectiva tradicional e dogmática por uma perspectiva questionadora, em que haja o reconhecimento do outro e a possibilidade de acordo provisório, ao menos no que concerne ao estabelecimento de uma ética pública comum (Hottois, 1999:160, 180). Para tanto, a bioética deverá trabalhar com a natureza biopolítica da sociedade e do poder contemporâneos, pois a ciência e a tecnologia transmitiram para o imaginário social utopias, realizáveis ou não, que se constituem em fonte de políticas públicas e legislações, reivindicadas pelos cidadãos das democracias contemporâneas.

O problema da liberdade da vontade do agente moral é inseparável da responsabilidade. A ética questiona justamente os limites que devem ser colocados ao poder humano, seja ele aparente ou não, seja ele exercido na esfera individual ou coletiva. A esperança, para Jonas (1997:39; 54), em face das possibilidades destrutivas da técnica, é que possamos impor, voluntariamente, barreiras de responsabilidade que impeçam que esse poder acabe por dominar a nós mesmos ou àqueles que venham depois de nós. A lição de Jonas, e que serve como referencial para o processo de normatização da vida social, é a de que o homem, em virtude da sua autonomia e dignidade, deve ter a posse de si próprio e não deve se deixar possuir pelas próprias conquistas.

A liberdade humana torna possível a autonomia, em oposição à heteronomia, e, conseqüentemente, a autogovernabilidade do homem. A partir do momento em que o homem impõe a si próprio limites, ele se torna um ser menos dependente de um poder externo que controle sua vontade e, ao mesmo tempo, mais livre. A responsabilização, segundo Jonas (1997:182), traz uma margem de poder e liberdade para o indivíduo, a qual deve ser respeitada. O problema é que hoje o poder não se encontra nas mãos de pessoas concretas, mas de instituições. As pessoas já não se encontram isoladas, num contexto privado. Normalmente, têm vínculos com determinadas instituições. Estão no mundo enquanto membros de pessoas coletivas institucionalizadas.

A autolimitação implica também o respeito à autonomia do outro. Mais que isso, o respeito à alteridade significa inação em relação ao outro e aceitação dele enquanto tal (Thomas, 2000: 49-51). No âmbito das possibilidades tecnológicas de intervir nos corpos e vidas humanos, muitos desejos devem curvar-se diante da alteridade e passividade em relação ao outro. Nesse contexto, ganha relevo a noção fundamental de solidariedade, enquanto valor moral universal, para a construção de uma cidadania cosmopolita. Conforme esclarece Cortina (2005:190), a solidariedade, entretanto, pode ser realizada apenas grupalmente, isto é, quando for indispensável para a própria sobrevivência ou a de determinado grupo. Por outro lado, enquanto valor universal propriamente, a solidariedade é aquela realizada com vistas aos interesses de todos os afetados por determinada ação individual ou de um grupo. É essa última que contribui efetivamente para a construção de uma cidadania sem fronteiras, com a inclusão das gerações futuras, perseverante na busca da paz, do desenvolvimento dos povos menos favorecidos e do respeito ao meio ambiente.

A crítica a essa possibilidade de uma harmonia universal baseia-se na constatação, extremamente discutível e contestável, de que não existem valores universais que possam responder aos problemas suscitados pela engenharia genética. Em sentido contrário, correntes do pensamento contemporâneo contestam essa afirmativa. Lipovetsky (2004:99), por exemplo, assinala que, mesmo diante dos interesses econômicos globais, conserva-se um patrimônio ético-político, o qual é representado pelos compromissos éticos em diversos domínios e pela construção dos direitos humanos em âmbito internacional. A ética, entretanto, não possui eficácia suficiente para garantir o devido respeito à pessoa. Visto que, como Morin e Kern (2003:36) afirmam: o indivíduo passou a trazer em si o planeta inteiro, mesmo sem saber. A ação individual pode ter um efeito coletivo imenso. Diante dessa profunda modificação do agir humano, não basta despertar a consciência individual.

Aliás, não se pode deixar apenas ao indivíduo a responsabilidade de estabelecer limites. É justamente o sistema jurídico que tem a função de instituir os limites ao exercício de liberdades individuais, adequando-se às características das sociedades plurais e democráticas contemporâneas (Barretto, 2005:252-253). De todo modo, ainda que o sistema jurídico não consiga oferecer soluções plenamente satisfatórias a todas essas questões, sua contribuição reside na instituição de marcos jurídicos e instrumentos de responsabilização, capazes de tornar factível o acordo entre as distintas posturas.

4. Perspectivas jurídicas da bioética

O contínuo progresso da tecnociência e, mais concretamente, da biotecnologia,[9] abrem um leque de novas possibilidades não isentas de riscos. Muitos avanços podem atingir a dignidade humana e, ao mesmo tempo, incrementar a criação de "novos" direitos humanos. A quantidade de legislação específica que está sendo preparada ou discutida para regular as aplicações da nova genética é imensa. São direcionadas aos temas mais diversos, como discriminação por razões genéticas, acesso e uso das informações genéticas, problemas derivados da investigação genômica, patenteamento de material genético humano, possibilidade de pesquisas em células-tronco, o perigo de uma nova eugenia, diagnóstico de doenças genéticas ainda incuráveis, terapias gênicas, entre outros.

---

[9] Biotecnologia é "o conjunto de técnicas e processos biológicos que possibilitam a utilização da matéria viva para degradar, sintetizar e produzir outros materiais. Engloba a elaboração das próprias técnicas, processos e ferramentas, assim como o melhoramento e a transformação das espécies, via seleção natural". A engenharia genética ou bioengenharia abrange as técnicas e os processos que viabilizam a manipulação do código genético (molécula de DNA), constituindo-se num ramo da "biotecnologia que trabalha diretamente com o DNA" (PESSINI e BARCHIFONTAINE, 2002:212). Segundo Varga (1998:123), engenharia genética é a "intervenção direta na criação de um ser vivo, na substituição de genes ou na adição de novos genes ao código genético".

A regulação jurídica da prática científica nesse contexto traz como conseqüências, simultaneamente, a limitação e a legitimação da mesma. Não se trata de negar os avanços tecnocientíficos, mas de colocá-los em suas reais dimensões. Não são os avanços biotecnológicos que irão conduzir o Direito, mas o contrário. O Direito não pode se curvar diante das técnicas para satisfazer desejos individuais ou mesmo de determinada coletividade, pois a dignidade humana do sujeito autônomo e livre implica a responsabilidade pelo respeito à humanidade e à pessoa individualmente considerada. E esse fiel dimensionamento há que ser exigido do jurista.

Ost (1995:309) defende a necessidade – impossível e, portanto, paradoxal – de uma "responsabilidade solidária", virtualmente universal. Não uma responsabilidade voltada para o passado, regressiva, que busque procurar os culpados pelas ações passadas, num sentido de imputação, mas uma responsabilidade voltada para o futuro, que sirva para "definir o círculo das pessoas solidariamente investidas de novas missões".

A concepção formal-jurídica de responsabilidade refere que cada um é responsável pelo que faz. No entanto, esse não é um princípio da ação moral, somente da responsabilização moral posterior pelo fato. Já a concepção material-ética da responsabilidade implica uma obrigação de agir, pelo fato de ser responsável por algo que está no âmbito do próprio poder, ou seja, dependente da própria ação. Ost (1995:318-350) propõe o chamado "modelo de transmissão de um patrimônio comum",[10] a partir do conceito kantiano de "humanidade". As futuras gerações (humanidade) devem ser pensadas numa linha temporal infinita, não restrita, portanto, a algumas gerações apenas. Já o patrimônio deve ser considerado no âmbito universal, na medida em que o "braço de nossas ações coloca toda a Terra sob nosso domínio".

Todavia, o modelo jurídico de responsabilização (responsabilidades civil e penal) é sustentado, salvo exceções, no binômio fato-dano, portanto, no passado. Ao passo em que as situações concretas exigem cada vez mais a consideração dos fatores risco e futuro. Ocorre que, diante da superação das explicações míticas, naturais ou religiosas, emergiu o pluralismo axiológico e a ausência de um consenso em torno de diversas questões, como aquelas apresentadas no campo da bioética. Uma das conseqüências disso é o abuso de um modelo de "Ciência Jurídica", estritamente dogmático e positivista, para dirimir conflitos complexos e delicados em torno da vida. Nesse aspecto, a equivalência lei-direito e a conseqüente subserviência às prescrições legais mostram-se adequadas para alcançar a "segurança jurídica" e uma possível pacificação social (muitas vezes restrita ao âmbito

---

10 Esse modelo foi elaborado a partir da análise de três outros modelos – ou posicionamentos – que são: Modelo Doméstico (John Rawls, John Passmore), Modelo Hercúleo (Hans Jonas) e Modelo Igualitarista (Brian Barry) (OST, 1995:318 *et seq.*).

processual), mesmo que para isso seja necessário sacrificar a justiça do caso concreto, mediante a uniformização predeterminada da solução dos conflitos e do projeto jurídico-social, esquecendo-se que comumente o Direito vem a reboque das ciências naturais e das transformações sociais.

Ost (1999:367), ao criticar a volatilidade dos textos jurídicos, assevera que os efeitos da urgência irradiam-se em todo o campo jurídico. Na elaboração de textos normativos, o Estado esforça-se em satisfazer interesses opostos dos grupos de pressão em conflito; busca prever todas as hipóteses, descendo aos mais ínfimos detalhes, procurando um perfeccionismo normativo, muitas vezes inútil; ou ainda, desconhece os recursos do sistema jurídico, subestimando os meios normativos já disponíveis e legislando em domínios já amplamente regulamentados.

No mesmo sentido, Andorno (1997:29) entende que os legisladores se encontram no meio de uma batalha, forçados a satisfazer interesses por vezes contraditórios. Entretanto, as leis devem ser regidas pelo princípio da proteção da pessoa em sua identidade e integridade corporal, de forma a evitar que a sociedade seja gerida pela lei do mais forte, comprometendo a paz e o equilíbrio sociais. Muitos juristas mascaram a divergência de interesses entre os envolvidos no afã de estabelecer a harmonia – ainda que aparente – em certos setores sociais, mediante a imposição de uma norma legal.

O que os juristas parecem não ter notado é que a insegurança jurídica é algo inerente e produzida pelo próprio sistema. O Direito precisa prognosticar e projetar o futuro hoje. Mas sem a pretensão de ser exaustivo. Para isso o direito terá que lidar com o paradoxo temporal, definido por Ost (1998:7-8) como "(...) a lógica do projeto implica ruptura em relação ao passado, na capacidade de transformar o presente. Mas, se pretende, também, modelar o futuro, o projeto supõe um mínimo de institucionalização e, portanto, de permanência". Nesse sentido, o Direito deve ter a constante capacidade de se desinstitucionalizar e se re-institucionalizar.

Não há um fundamento absoluto, universal e atemporal, sobretudo em questões relacionadas com os avanços e mudanças decorrentes da biotecnologia. Mudanças que se fazem reais e produtoras de novos sentidos, os quais serão assimilados, rechaçados, refletidos, negados, escolhidos, referendados ou ocultados, dependendo da maneira como se irá dotá-los de sentido.

Por outro lado, é importante assinalar a necessidade de romper a lógica individualista, privatista, patrimonialista e racionalista do direito e construir outra, pluralista, transindividual, personalista, flexível e transdisciplinar, capaz de harmonizar os novos dilemas jurídicos oriundos das novas biotecnologias com os velhos desafios socioeconômicos presentes na sociedade brasileira. O diálogo da biomedicina e das biotecnologias com a reflexão ética e com a gramática inclusiva dos direitos humanos é imprescindível, sob pena de se construírem, a partir dos avanços tecnocientíficos nessas áreas, verdades definitivas e imutáveis.

A dimensão normativa da bioética deve atentar para a necessidade de todo questionamento jurídico ser antecedido, ainda que implicitamente, por um questionamento ético, da mesma forma que a responsabilidade política é antecedida pela responsabilidade moral. Para explicitar as relações entre Ética e Direito, Lima Vaz (2002:205-242) analisa o "motivo antropológico fundamental", isso é, a concepção de homem que, numa perspectiva histórica, esteve presente na construção da cidade antiga e do Estado Moderno. Para isso, o autor situa a análise no campo político a partir de uma estrutura conceptual básica da idéia de político, qual seja: a de um movimento dialético de passagem da condição particular (empírica) do ser humano à universalidade concreta (singularidade racional), que ocorre não pela particularidade biológica, mas pela submissão do homem ao *logos* ou razão. Na sociedade política, essa razão é expressa pelo Direito, enquanto lei justa. É nesse movimento dialético, portanto, que ocorre a articulação do *logos* individual (enquanto razão singular ou ética) com o *logos* universal (enquanto universalidade objetiva de valores ou direito), ainda que não se possa pensar numa articulação perfeita devido ao permanente desejo não satisfeito do homem, pois é ele próprio, enquanto homem político, que mediará a relação entre essa individualidade natural e a universalidade jurídica.

As questões de consciência suscitadas pela biotecnologia fizeram com que se retomasse na contemporaneidade o itinerário que nos leva da Ética à Política. Ocorre que, conforme Lima Vaz (2002:218), enquanto no pensamento clássico as ordens cósmica (*physis*) e social (*pólis*) eram submetidas à mesma lei universal (*nómos*), na modernidade prevalece a oposição sofística entre *physis* e *nómos*, entre natureza e sociedade e, conseqüentemente, entre Ética e Política. Nesse contexto, uma das transformações mais importantes que o autor destaca reside justamente na concepção de homem, presente na sociedade civil, e na sua relação com a natureza.

A tradição bíblico-cristã, o Direito Romano e a Filosofia Moderna tiveram um forte impacto sobre a concepção de ser humano a partir da imagem de indivíduo, gerando uma ruptura com o *bíos politikós* da antiguidade grega. Por outro lado, emerge a noção de sociedade civil, tendo como elemento principal o indivíduo particular e uma organização estabelecida com vistas à liberdade de arbítrio e à satisfação de necessidades naturais desse indivíduo. O indivíduo universalizado busca, no estado de sociedade, direitos que radicam em seu hipotético estado de natureza, onde, ao contrário, a prioridade residia exclusivamente na particularidade biológica do indivíduo independente.

Nesse sentido, a sociedade civil é percebida como um lugar privilegiado ao conflito de interesses privados, em oposição, portanto, à sociedade política, enquanto sociedade justa. O pensamento político moderno assume a incumbência de assegurar ao indivíduo a satisfação de suas necessidades vitais *"privatizadas"* (Habermas, 1968), colocando a liberdade a serviço da necessidade. Isso tudo torna difícil a adequação da liberdade e das convicções individuais aos valores universalmente reconhecidos. Conseqüentemente, a liberdade individual opõe-se à lei, e a ética cinde-se da política e do Direito (Lima Vaz, 2002:225 *et seq.*).

Nesse contexto, ganham importância os direitos humanos e a sua gramática inclusiva, os quais, conforme Ladrière (1985:118), intermedeiam a ética e o direito positivo. A urgência desse diálogo reside na tentativa de reverter o modelo biomédico reducionista estimulado pela profunda influência cartesiana da ciência, cuja conseqüência é o esquecimento de uma concepção mais ampla de dignidade, liberdade, autonomia e responsabilidade humanas.

Nessa esteira, convém citar a Declaração Universal do Genoma Humano e dos Direitos Humanos, elaborada em 1997, pelo Comitê Internacional de Bioética (UNESCO), assim como a Declaração Internacional dos Dados Genéticos Humanos (2003) e o Projeto de Declaração Universal de Bioética e Direitos Humanos (24/06/2005).[11] Tais documentos[12] representam marcos importantes no âmbito internacional, na medida em que estabelecem um consenso mínimo entre os países signatários e princípios universais, que sirvam de fundamento às controvérsias sobre pesquisas genômicas, os direitos e liberdades das pessoas envolvidas, a necessidade de cooperação internacional, bem como sobre a solidariedade e a responsabilidade sociais.

Uma sociedade de natureza biopolítica tem como um de seus fundamentos a consideração da vida humana com peculiaridades que a diferenciam da concepção encontrada na sociedade liberal. Isso porque a vida política e, portanto, o sistema jurídico, passa a privilegiar dimensões existenciais não contempladas na ordem jurídica liberal. A idéia de vida nua, sugerida por Agamben, necessita de uma objetivação que permita a produ-

---

[11] A revitalização da ética é percebida inclusive nesses documentos internacionais. Neles, há uma recorrente referência à necessidade da reflexão ética. A título de exemplo, citam-se os artigos 1.a e 2.iv, do Projeto de Declaração Universal de Bioética e Direitos Humanos, na sua última versão (24/06/20005), encaminhada para aprovação pela UNESCO.

[12] É importante observar, no que se refere às inúmeras "Declarações" já elaboradas no âmbito internacional, "(...) que esses documentos, básicos na história das liberdades e dos direitos humanos, chamaram-se "Declarações", e não "leis", não tendo sido, portanto, "instituídas" pelos estados; isso significa que as declarações não são estabelecidas ou instituídas como as leis, mas sim que declaram e proclamam direitos (chamados naturais) da pessoa humana enquanto tal, que serão reconhecidos ou não pelo estado, mas nunca por ele criados". Nesse sentido, tais documentos constituem um patamar crítico do direito positivo (BARRETTO, 2005:253).

ção de um sistema de normas jurídicas que corresponda às características biopolíticas da sociedade contemporânea.

Torna-se assim necessária a superação do reducionismo (Stein, 2004:184), que torna o progresso da bioquímica e da genética como um valor perene. O que Stein sustenta é que esse reducionismo faz com que o conhecimento e a liberdade sejam considerados como tendo sido causados geneticamente, quando, na verdade, não se pode falar da natureza genética sem que seja precedida de algo que se encontra na ordem da pré-compreensão. Por essa razão, podemos romper com o reducionismo genético com a constatação de que a vida humana não se reduz à dimensão bioquímica, mas que essa dimensão pressupõe uma compreensão prévia pelo ser humano.

Esse modelo de compreensão é que irá permitir a Stein fazer a sua melhor contribuição ao pensamento jusfilosófico, quando explicita o que se entende por dimensão normativa: aquilo que constitui condição de possibilidade de a vida poder ser pensada como vida humana. O projeto do filósofo, e que atende à demanda da reflexão jurídica, consiste em considerar a fenomenologia da vida como "uma dimensão organizadora, estruturante, porque enfoca as manifestações profundas da vida humana, a partir das quais toda explicação genética como base da deliberação, portanto, do pensamento e da ação, encontra a sua emergência" (2004:184).

Esse projeto de entender a vida humana como constituída por componentes bioquímicos e antropológicos permite que se estabeleçam bases conceitualmente mais sólidas para a normatização bioética e a legislação do biodireito. Propõe-se a superação do antropocentrismo e do geneticismo reducionistas por um entendimento da vida na perspectiva fenomenológica, sugerida por Stein, como condição de possibilidade para a construção de uma ordem jurídica, que atenda à natureza biopolítica da sociedade contemporânea. Trata-se, portanto, de estabelecer estruturas jurídicas que não se encontrem vazias de sentido, mas contemplem as dimensões do ser humano como um ser moral existente.

Considerações Finais

O presente artigo examinou o valor do progresso tecnocientífico na sociedade contemporânea, destacando os processos de racionalização e dominação, bem como a crescente medicalização da vida no espaço político, a partir de uma concepção de vida extremamente biologizada e, portanto, reducionista. Identificou, ainda, os principais impactos causados pela técnica moderna sobre a reflexão ética no pensamento clássico. Diante disso, percebeu-se a emergência de inúmeros desafios jurídicos desde a formulação legislativa, passando pelo questionamento das bases teóricas do Direito, até a necessidade de um diálogo interdisciplinar e da recuperação dos sentidos ético e político nesse contexto.

A questão dos limites da ciência frente à ética e ao direito não é recente e continua sendo de difícil determinação, sobretudo diante da necessidade de articular interesses tidos como divergentes, como, por exemplo, o respeito à liberdade individual e aos interesses da humanidade. Um aspecto, entretanto, parece ser inquestionável: a ciência não opera num vazio valorativo nem econômico. Na sociedade contemporânea, o conceito de risco deverá assumir maior importância, assim como o de responsabilidade deverá adquirir novas dimensões. Um dos desafios é permitir a continuidade da vida e, ao mesmo tempo, de uma vida digna a todos, especialmente àqueles em condição de vulnerabilidade.

Apesar das inquietações apresentadas pelos avanços tecnológicos, houve uma revitalização da reflexão ética no Direito, no sentido de pensar os valores que informam o Direito, como a autonomia, a liberdade e a dignidade humana. É percebida a necessidade de recuperar o sentido de dever moral, anterior à própria lei e de sua dimensão crítica. Justamente por essa razão, a idéia de autolimitação voluntária continua sendo um tema de reflexão importante, no sentido moral, de assumir a autonomia, legada pela modernidade, de maneira responsável, seja individual ou coletivamente.

— XIV —

O direito, a moral e os limites da justiça:
algumas dificuldades legadas pelos modernos

WLADIMIR BARRETO LISBOA[1]

Sumário: I – Apresentação Geral; II – Contexto do Problema; III – Thomas Hobbes e a crítica ao modelo jurídico do common law; IV – Perdas e ganhos.

I – Apresentação Geral

Para fins de exposição, a apresentação do problema a ser investigado será dividida em três partes. Na primeira, exibiremos, de maneira sucinta, o contexto no qual se estabelece o confronto entre duas racionalidades distintas na justificação da origem do Direito contemporâneo. Na segunda, apresentaremos um conjunto de noções cuja tentativa de compatibilização marcou profundamente o debate jurídico no século XVII. Nosso objetivo consistirá em mostrar que a questão acerca da relação entre a tradição jurídica e a afirmação da *summa potestas* do Soberano, em Thomas Hobbes, é um caso de um problema mais geral envolvendo as relações entre filosofia, ética e política. Na terceira parte, discutem-se duas concepções antagônicas de igualdade fundadas em diferentes concepções de justiça.

II – Contexto do Problema

O debate contemporâneo acerca do conceito de Direito toma como ponto de partida a idéia de que uma teoria geral acerca do Direito é eminentemente uma teoria filosófica que deve tomar em consideração tanto o aspecto normativo quanto conceitual do sistema jurídico.[2]

---

[1] Doutor em Filosofia Política pela Université de Paris – I, Panthéon/Sorbonne Professor da disciplina "Ética e Fundamentos do Direito" no PPG em Direito – Unisinos. Advogado.

[2] Segundo Alexy, qualquer problema filosófico pode também ocorrer na filosofia do direito. A especificidade do domínio jurídico repousa em seu caráter necessariamente autoritativo ou institucional e em sua dimensão crítica fundada na exigência de corretude ou justeza (*correctness or righness*). É uma questão fundamental para a filosofia do direito justificar de que modo corretude e coerção ou força

Em seu âmbito normativo, esta teoria deve dar conta, em primeiro lugar, da legitimidade e dos limites do caráter vinculativo dos enunciados jurídicos. Em segundo, deve procurar determinar os limites da autoridade dos juízes e os padrões que esses podem fazer valer para enunciar veredictos à sociedade. Em terceiro, deve apresentar uma explicação da natureza e dos limites da obrigação do cidadão de obedecer à lei.

Em seu âmbito conceitual, a teoria deve poder explicar, dentre outras coisas, o fundamento e o limite do poder discricionário do Judiciário.[3] É uma questão de fato que os juízes tomam decisões influenciadas por motivações políticas. Todavia, é uma questão teórica determinar quais são as concepções políticas racionalmente aceitáveis, se as há.[4] Ora, sendo os princípios constitucionais notadamente princípios políticos, tal teoria deve ter claramente diante de si a questão do papel desempenhado por estes princípios na interpretação das normas jurídicas. Além disso, deve-se perguntar se os representantes eleitos pela maioria estariam autorizados a aprovar uma lei ineficiente ou mesmo injusta.

A complexidade dos elementos envolvidos na caracterização contemporânea do direito é apresentada por Ronald Dworkin da seguinte maneira:

> (...) as interdependências entre as diversas partes de uma teoria geral do direito são complexas. Além disso, nesse mesmo sentido, uma teoria geral do direto terá muitas ligações com outras áreas da filosofia. A teoria normativa irá assentar-se em uma teoria moral e política mais geral, que poderá, por sua vez, depender de teorias filosóficas sobre a natureza humana ou a objetividade da moralidade. A parte conceitual fará uso da filosofia da linguagem e, portanto, também da lógica e da metafísica (...). Por essa razão, uma teoria geral do direito deve constantemente adotar uma ou outra das posições em disputa a respeito de problemas de filosofia que não são especificamente jurídicos.[5]

Dentre alguns dos problemas acima mencionados, encontra-se a discussão acerca da justificação de princípios normativos que organizam uma sociedade justa. A Filosofia do Direito e a Filosofia Política contemporâneas situam-se, de modo genérico, sob duas rubricas igualmente amplas, mas que localizam com clareza o centro do debate. Trata-se, por um lado, da corrente de pensamento denominada de *Utilitarismo* e, por outro, do *Contratualismo*. A influência do *background* utilitarista na construção de uma determinada teoria e prática jurídico-políticas é incontestável. Jeremy

---

relacionam-se com o conceito de direito. Cf. ALEXY, R. "The nature of legal philosophy". In *Ratio Juris*, v. 17, nº 2, junho de 2004, p. 160-163.

[3] Sobre este tema, ver, sobretudo: HART, Herbert. *The concept of law*. 2. ed. Oxford : Oxford Claredon Press, 1994, cap. VII e DWORKIN, R. "É o direito um sistema de regras?" In *Estudos Jurídicos*, São Leopoldo, Unisinos, 2001.

[4] Sobre esta discussão, ver DWORKIN, R. *Uma questão de princípios*. São Paulo, Martins Fontes, 2000, p. 3-39.

[5] DWORKIN, R. *Levando os direitos a sério*. Tradução e notas Nelson Boeira. São Paulo, Martins Fontes, 2002, p. X-XI.

Bentham, J. S. Mill e Henry Sidgwick construíram, sem dúvida, suas fundações.[6]

Em seu livro intitulado *A Fragment on Government*,[7] Bentham introduz, através de suas críticas ao que denomina de "fraca concepção de contrato social" do grande jurista, juiz e parlamentar inglês, Sir. William Blackstone,[8] aquilo que ele acredita ser o fundamento último de todo governo e, portanto, do próprio direito, a saber, a felicidade. Bentham, todavia, define este termo mais na via de um hedonismo elevado ao limite do que propriamente em termos de uma teoria da *eudaimonia*:

> A natureza colocou o gênero humano sob o governo de dois senhores soberanos, a dor e prazer (...). O princípio da utilidade reconhece esta sujeição e a assume como fundamento deste sistema cujo objeto é erigir a obra da felicidade por intermédio da razão e do direito. Sistemas que objetivam questioná-lo comerciam com sons ao invés de sentidos, com caprichos ao invés da razão, com obscuridade no lugar de luz. Basta, todavia, de metafísica e declamação: não é através destes meios que a ciência moral será melhorada.[9]

A idéia de que as instituições jurídicas compõem um sistema cujo objetivo último é a promoção do maior número de vantagens entre os indivíduos, isto é, onde o arranjo social mais desejável seja aquele que melhor maximize a soma das vantagens dos cidadãos, está na base não apenas do utilitarismo econômico, mas também do jurídico. Assim, é plenamente justificável a suposição de que uma minoria encontre-se ameaçada por uma determinada lei, desde que, por intermédio desta medida, uma soma maior de satisfação seja alcançada pela sociedade. Portanto, a perda de determinados direitos por alguns pode sempre ser justificada pelo aumento da satisfação de um número maior de pessoas.[10]

Esta concepção de justiça e de direito foi amplamente debatida nos Estados Unidos da América por ocasião das grandes polêmicas constitucio-

---

[6] O utilitarismo pode, genericamente, ser apresentado como uma teoria segundo a qual o Bem buscado por toda ação moralmente boa é constituído pelo bem-estar de todos aqueles concernidos pela ação, tomados isoladamente ou em sociedade. Em segundo lugar, são as conseqüências da ação, e não o caráter ou motivações do agente que devem ser tomadas em consideração para avaliar a moralidade de tal ação. Tais conseqüências serão calculadas de modo agregativo, e não distributivo. A maximização do bem-estar, portanto, é o objetivo buscado pela ação individual ou coletiva. Finalmente, no cálculo das conseqüências, a felicidade de cada um deve ser igualmente levada em consideração, conforme a exigência de imparcialidade e universalidade que caracterizam a moral utilitarista. Cf. VINER, Jacob. "Bentham and J. S. Mill: the utilitarian background", The American Economic Review, v. XXXIX, nº 2, 1949.
[7] BENTHAM, J. *A Fragment on Government*, Cambridge University Press, 1988.
[8] BLACKSTONE, William. *Commentaries on the laws of England*. London, The University of Chicago, 1979 Livro I, cap. I.
[9] BENTHAM, J. *An Introduction to the Principles of Morals and legislation*, Londres, The Athlone Press, cap. I, 1970. Editado por J. H. Burns e H. L. A. Hart.
[10] Esta apresentação do cálculo utilitarista é feita em DWORKIN, R. "Rights as Trumps". In WALDRON, J. (ed.). *Theories of Rights*, Oxford, Oxford University Press, 1984, p. 153-167. É preciso observar, entretanto, que muitos utilitaristas não concordam com este modo de apresentação do problema. Para uma posição contrária, ver HART, H. "Between utility and rights", in Alan Ryan (ed.), *The idea of Freedom*, Oxford, Oxford University Press, 1979, p. 88-94.

nais envolvendo direitos civis como a legalidade da segregação racial ou a permissão do aborto pela Suprema Corte. A *Corte Warren*,[11] por exemplo, foi intensamente hostilizada por Richard Nixon quando de sua campanha à Presidência da República. Ronald Reagan, igualmente, dirigiu ataques à Suprema Corte sustentando que os juízes estariam avançando concepções de justiça diferentes daquelas defendidas pelos primeiros constituintes. O que estava em jogo, então, era uma disputa acerca de diferentes teorias da Justiça.[12]

Desde a década de 70, a principal concepção de direito que veio proporcionar uma alternativa à via utilitarista é aquela ancorada em uma teoria contratualista do Estado. John Rawls, com seu livro *A Theory of Justice*,[13] inaugura um novo patamar nas discussões jurídicas e de filosofia política. Segundo Rawls, uma teoria da justiça sustentável não pode, em nenhuma circunstância, aceitar como razoável que a perda da liberdade por alguns seja admitida desde que um bem maior seja alcançado pela maioria:

> Cada membro da sociedade é pensado como tendo uma inviolabilidade fundada na justiça ou, como dizem alguns, no direito natural, que nem mesmo o bem estar de todos os demais não pode sobrepujar. A Justiça nega que a perda da liberdade por alguns é tornada correta desde que um bem maior seja compartilhado por outros. O raciocínio que equilibra os ganhos e perdas de diferentes pessoas como se fossem uma só pessoa está excluído. Assim, em uma sociedade justa as liberdades básicas são tidas como asseguradas e os direitos garantidos pela justiça não estão sujeitos à barganha política ou ao cálculo do interesse social.[14]

A tarefa que permanece, então, consiste, primeiramente, em apresentar os argumentos que justificam tal concepção de justiça e, em seguida, exibir as condições sob as quais pode razoavelmente ser interpretada. De fato, estas duas questões estão reciprocamente vinculadas e, sem dúvida, o modelo contratualista tem sido, contemporaneamente, uma das principais fontes inspiradoras das respostas a ambas as questões. A publicação de *Uma Teoria da Justiça* reascendeu um debate sobre a existência e fundamentação de princípios de justiça. O universo jurídico não ficou imune a esta disputa. Estava-se, em verdade, retomando uma discussão que marcara a própria história da filosofia política e jurídica. É já lugar-comum no universo acadêmico o debate acerca do papel dos princípios enquanto elementos estruturantes da interpretação das regras e do sistema jurídico de modo geral.[15]

---

[11] Earl Warren, ex-Governador da Califórnia, foi nomeado em 1953 *Chief-justice* pelo Presidente Eisenhower. Sob sua presidência foi redigida uma das mais importantes decisões proferidas pela Corte, ao declarar a inconstitucionalidade da segregação racial escolar (Brown *vs* Board of Education of Topeka – 1954).

[12] Há uma excelente apresentação dos principais pontos desta disputa em BELTRAN, M. *Originalismo e Interpretación. Dworkin vs Bork: una polémica constitucional*. Madrid, Editora Civitas, 1989.

[13] RAWLS, Jonh. *A Theory of Justice*. Harvard University Press, 1971.

[14] RAWLS, Jonh. *Op. cit.*, p. 28.

[15] Pode-se consultar, em língua portuguesa, os excelentes trabalhos de AVILA, H. *Teoria dos Princípios*. São Paulo, Malheiros editores, 2003 e STRECK, L. *Hermenêutica jurídica (em) crise. Uma exploração hermenêutica da construção do direito*. Porto Alegre, Livraria do Advogado, 2003, p. 104-10.

Permanece em aberto, entretanto, o problema da normatividade destes princípios em relação ao direito positivo: uma teoria acerca dos princípios de justiça deve, primeiramente, dar conta do modo de constituição do direito positivo e, em segundo lugar, assegurar um controle sem o qual o poder político viria a se impor sem limites. As teorias contratualistas têm a difícil tarefa de definir um modo de constituição do político pelo contrato que não recoloque em causa a função reguladora dos princípios.

Neste aspecto, a filiação das teorias contemporâneas fundadas na idéia do contrato é explicitamente ancorada nas teorias modernas do contrato social: *Na justiça como eqüidade a posição original da igualdade corresponde ao estado de natureza na teoria tradicional do contrato social.*[16]

Como vemos, o debate jurídico-político está imerso no universo das questões que o contratualismo e o utilitarismo apresentam. Dentre todos os contratualistas, Thomas Hobbes ocupa, sem dúvida, um lugar destacado, seja pela originalidade de suas teses, seja pela oposição enfrentada já a partir da publicação de seus primeiros escritos políticos e metafísicos. John Rawls, por exemplo, refere-se ao *Leviatã* de Hobbes como *o maior trabalho de filosofia política em Inglês.*[17] Contra ou a favor, é indubitável que o pensamento de Hobbes assentou os fundamentos do debate contratualista de ontem e de hoje. Investigando a obra de Thomas Hobbes, portanto, poderão ser elucidados os conceitos de Direito, Estado e Justiça a partir do contexto originário de justificação das teses contratualistas.[18]

III – Thomas Hobbes e a crítica ao modelo jurídico do *common law*

Os séculos XVI e XVII foram na Europa um período de colisão entre a autoridade dos reis e os privilégios locais ou nacionais, liberdades e constituições. Neste período, o *common law* compreendia, além das leis (*statutes*), as proclamações reais, decisões judiciais antigas e muitas leis que se acreditavam não-escritas.

A busca do costume como fonte primordial da experiência jurídica procura afirmar o caráter imemorial do direito que se quer justificar. Ele pertence a uma história particular, a um povo particular.[19] Para isto, portanto, é preciso identificar a singularidade da constituição de um direito antigo, imemorial e nacional.[20] Fazia-se necessário, portanto, construir um

---

[16] RAWLS, Jonh. *Op. cit.*, p. 12.
[17] RAWLS, Jonh. *Justice as fairness. A Briefer Restatement*, Harvard University, 1989, p. 1.
[18] Para uma introdução ao pensamento político de Hobbes, ver LISBOA, W. B. "Da racionalidade da obediência em Thomas Hobbes". Estudos Jurídicos, v. 72, p. 35-50, 1995.
[19] Temos aqui um dos Leitmotif dos ataques proferidos pelos humanistas à tradição jurídica medieval.
[20] Para Jean Bodin, jurista e estudioso da história comparada, o domínio de um adequado conhecimento crítico da história deveria vir acompanhado de um treinamento na arte jurídica, pois é a partir do direito e dos costumes de um povo que as reais fundações de um Estado são conhecidas. Cf.

passado, uma história e um direito. Hotman, em *Francogallia*, afirmou a antiguidade da assembléia da nação; Coke, na Inglaterra, a do parlamento e do *Common Law*; Pietro de Gregorio, na Sicília, a antiguidade dos privilégios baroniais e do parlamento; François Vranck, nos Países Baixos, a da soberania e independência das cidades holandesas; Erik Sparre, na Suécia, a dos nobres em seus *riksrad*.[21]

Hotman, em seu livro *Antitribonianus*, composto em 1567, dividia seus ataques à tradição jurídica em duas áreas. Primeiro, era preciso desacreditar a suposta relevância do direito romano. Em segundo lugar, minar sua aparente perfeição. Assim, escreve ele:

> Quanto às leis de Constantinopla, que foi proclamada ela mesma nova Roma, eu confesso que podemos com dificuldade perceber alguns traços e insígnias, principalmente nos últimos três livros do Código, mas tão pequenos e espalhados que, pelo juízo comum, é preciso adivinhar os outros dois terços. E, mais ainda, dos três livros do Código conhecemos o estado do último Império romano e que, ao contrário, é impossível compreender ditos livros sem previamente ter adquirido conhecimento de dito estado pela leitura dos historiadores como Iulios Capitolinus, Vopiscus, Ammianus, Procopius, Zonaras e seus semelhantes, de tal modo que é uma pura zombaria dizer que seja preciso ler os livros de Justiniano para conhecer a história. Pois, muito ao contrario, é preciso conhecer a história para compreendê-los, e ainda com grande dificuldades, mesmo utilizando algumas vezes mais conjecturas do que fundamentos certos e seguros.[22]

É neste contexto que emerge a crítica hobbesiana ao modelo jurídico do *common law*, modelo este sustentado por todos aqueles que, como Sir Edward Coke, propunham atribuir juridicidade a uma regra em virtude de representar o costume imemorial (*immerial custom*) de um povo. Em seus livros *Leviathan*, *A dialogue between a Philosopher and a Student of the Common Laws of England* e *Behemoth, or the Long Parliament*, Hobbes ataca uma tal concepção de direito fundada na idéia da existência de uma prática jurídica remota que constituiria uma espécie de "razão artificial", isto é, uma sabedoria acumulada ao longo de gerações e à qual acederiam apenas aqueles estudiosos conhecedores da história de um povo. Hobbes não pode aceitar uma tal limitação histórica do direito. A lei pode, é certo, ser um costume, mas este, por ele mesmo, não possui força vinculante. Para que um costume seja lei, é necessário que exista já uma autoridade capaz de produzir, por seus comandos, um preceito jurídico. Deste modo, para o filósofo de Malmesbury, a idéia mesma de um direito imemorial é desprovida de qualquer justificativa racional. Para que exista direito, é necessário haver soberano.

BODIN, J. *Methodus ad facilem historiarum cognitionem*, In œuvres, t. 1, Mesnard, Pierre (ed.), Paris, PUF, 1951, p. 125 A.
[21] Cf. POCOCK, J. G. A., *The Ancient Constitution and the Feudal Law*, Cambridge University Press, 1957.
[22] HOTMAN, François. *Antitribonianus sive dissertatio de studio legum*, in Variorum opuscula ad cultiorem jurisprudentiam adsequendam pertinentia, v. VII, Pisa, 1771, cap. III, p. 20-21.

Quando Hobbes escreve os *Diálogos entre o filósofo e um estudante do common law*,[23] ele está justamente pensando no contexto do discurso humanista, na medida em que seu suposto interlocutor, Sir Edward Coke, procura fundar a racionalidade da obediência na história, em uma constituição imemorial à qual mesmo o Soberano deveria se submeter.[24]

No início do *Dialogo*, o filósofo solicita ao estudioso do *common law* que explique como Coke, falando pelos juristas, pode evitar a censura de que, ao subordinar o direito à razão, ele estaria destruindo a lei através do encorajamento da desobediência. O estudioso do *common law* (*lawyer*), por sua vez, cita o *dictum* de Coke segundo o qual o direito não está baseado naquilo que é razoável à luz de um homem qualquer enquanto razoável, mas apenas no acordo com a razão dos homens que possuem a arte jurídica. O Filósofo, então, responde não haver uma arte cuja posse habilite um homem ou homens a fazer a lei: Não é a sabedoria, mas a autoridade que faz a lei.[25]

Poderíamos aqui perguntar: que sabedoria é esta? O propósito de Hobbes é precisamente tornar claro que não há tal coisa como um *common law* que foi gerado pela destreza ou experiência de qualquer corpo de homens essencialmente desautorizados – tal como ele considera ser o caso de juristas e juízes. A impostura, ao menos com referência ao estudioso do *common law*, como mostrará o *Dialogue*, procede do fato de que ele, reivindicando traduzir a razão em direito, deve necessariamente falhar, pois não possui razão, mas um falso fac-símile dela, isto é, a arte. Como será visto, Hobbes chega a esta tese através da radicalização da posição contrária à afirmação da razão natural como fonte do direito.

Há uma outra fórmula de Hobbes, apresentada no *Leviatã* latino que reflete igualmente este ponto de vista. Diz ela: "Uma vez a cidade (poder civil) instituída, a interpretação das leis naturais não depende dos doutores e dos escritores de filosofia moral, mas da autoridade da cidade (civil). Suas doutrinas podem ser verdadeiras, mas é a autoridade, e não a verdade, que faz a lei".[26]

Definitivamente, não constitui uma tarefa oracular a atividade de estabelecer a lei. Ademais, se a antiguidade pode servir de autoridade, podemos sucessivamente produzir mil autoridades que se contradizem umas às

---

[23] HOBBES, T. *A dialogue between a Philosopher and a Student of the Common Laws of England*, ed. Cropsey, Chicago, University of Chicago Press, 1971. Como anuncia o título, o livro é escrito sob a forma de diálogo entre um estudioso do *common law* (*lawyer*) e o Filósofo.

[24] Para um estudo da reforma humanista do método e o surgimento de uma perspectiva crítica em relação ao passado e ao direito romano em particular, ver FRANKLIN, J. H. *Jean Bodin and the sixteenth-century revolution in the methodology of law and history*. New York, Columbia University Press, 1963.

[25] Ibidem, p. 29: "It is not wisdom, but authority that makes a law."

[26] HOBBES, T. *Leviatã* latino, *Opera latina*, III, 202: "In civitate constituta, legum naturae interpretatio non a doctoribus et scriptoribus moralis philosophiae dependent, sed ab authoritate civitatis. Doctrinae quidem verae esse possunt ; sed authoritas, non veritas, facit legem."

outras. A história, a razão privada, a erudição e a posse da arte jurídica são incapazes de dizer o direito. No *Behemoth*, afirma Hobbes :

> B: Antes de prosseguirdes, desejo conhecer o fundamento e a origem desse direito a que naquele momento reivindicavam tanto membros da Câmara dos Lordes como da Câmara dos Comuns, ou ambos conjuntamente.
> A: Essa é uma questão sobre coisas passadas há tanto tempo, que agora estão esquecidas. Os meios de que dispomos para conjeturar são apenas registros de nossa própria nação, além de alguns pequenos e obscuros fragmentos de histórias romanas ; quanto aos registros, considerando que se referem apenas aos atos praticados, algumas vezes justamente, outras injustamente, por seu intermédio nunca podeis saber que direito se possuía, mas somente que direito se pretendia.

Para Hobbes, a história nada tem a ensinar acerca dos fundamentos do direito, da justiça ou da soberania.[27] A seus olhos, todo poder encontra-se historicamente fundado sobre algum ato de violência. Deste modo, nenhuma justificação racional pode ser extraída de tais eventos para justificar a obediência ao soberano. Ao final do *Leviatã*, Hobbes volta a afirmar:

> (...) Cada qual quer justificar a guerra pela qual seu poder foi, na origem, obtido, e da qual, pensam (e não da posse) depende seu direito. : como se, por exemplo, o direito dos reis da Inglaterra dependesse do valor da causa de Guilherme o Conquistador e do fato de que eles descendem dele em linha reta. Nesta perspectiva não haveria talvez hoje, no mundo inteiro, nenhum laço de obediência do súdito com o soberano. (...) Conseqüentemente, coloco no âmbito dos germes os mais certos da morte de todo Estado a pretensão dos conquistadores de obter não apenas a soberania das ações futuras dos homens, mas também a aprovação de todas as ações passadas, enquanto que não existem absolutamente repúblicas no mundo cujos inícios possam conscientemente ser justificados".[28]

Se a razão natural e a história não podem justificar uma ordem normativa univeral, onde então Hobbes pretende localizar o fundamento do poder civil e do direito? Atribuir ao soberano a exlusividade na produção do direito parece, *prima facie*, paradoxal, pois uma tal concepção de direito parece relegá-lo definitivamente ao domínio do puro arbítrio e deixar ao poder discricionário do Soberano a tarefa de dizer a lei. Como seria então possível possuir uma ciência da política, isto é, uma justificação dos enunciados normativos que estabelecem a racionalidade da sociedade civil e, simultaneamente, deixar ao único arbítrio do Soberano-legislador a tarefa de dizer a lei?

Sem dúvida, o que conduziu grande parte dos comentadores a considerar Hobbes como o fundador de uma concepção absolutista, mesmo totalitária de fundação do Estado, foi o fato de tomar os argumentos acima expostos como constituindo as premissas das quais parte o raciocínio de Hobbes, negligenciando-se o fato de que, na verdade, trata-se de conclusões

---

[27] Hobbes nega que a história ou a religião permitam estabelecer que a monarquia, por exemplo, é a melhor forma de governo "pois eles [os argumentos] procedem a partir de exemplos e testemunhos e não por razões." *De Cive*, X, 3.
[28] HOBBES, T. *Leviatã*. Revisão e conclusão, p. 716.

às quais Hobbes chega após uma longa reflexão acerca do mundo e da natureza humana.[29]

A concepção de Estado que Hobbes expõe no *Leviatã*, representada na página de título da primeira edição da obra pelo célebre monstro *Leviatã*, do livro de Job, pareceria corresponder à idéia de um poder monárquico fundado exclusivamente no terror e cuja função exclusiva consistiria em, pelo medo infligido aos súditos, garantir a paz e a ordem. Ao Soberano caberia o poder absoluto, ilimitado, da força e do monopólio na produção da lei. A constituição do Estado seria assim a garantia de que, ali onde reinava a guerra de todos contra todos (o estado dos homens fora da sociedade), passa a existir uma condição de paz tornada possível pela potência absoluta do Estado.

Todavia, ainda que a atribuição a Hobbes desta idéia geral de uma soberania absoluta, juntamente com todas as conseqüências que daí decorrem, não seja falsa (direito absoluto de propriedade, monopólio na produção do direito e do uso da força), ela induz a erro ao suprimir ou desconsiderar uma outra dimensão fundamental para Hobbes na constituição do estado civil, a saber, as condições morais de constituição do poder soberano que o torna um estado *durável* de relações civilizadas entre os homens. Assim, se por um lado Hobbes insiste no *Leviatã* sobre as dimensões políticas do estado civil, por outro, ele consagra dois capítulos inteiros desta obra (capítulos XIV e XV) à especificação e detalhamento das condições *morais* de tal Estado, as quais ele denomina, seguindo nisto a tradição dos teóricos do direito natural, de *leis de natureza*.[30]

Entretanto, apesar de Hobbes conceder a existência de leis naturais, a República dos homens não se encontra mais ordenada por regras transcendentes que constituiriam o arsenal jurídico mínimo das regras do direito. Ao contrário, a exigência de fundação de um código jurídico do Estado vem justamente substituir uma ordem natural perdida. Para Hobbes, a cosmologia de origem aristotélica torna-se inaceitável. E isto, por diferentes razões. O Hylémorfismo, isto é, a idéia segundo a qual os corpos naturais são compostos de matéria e de forma substancial – esta última, sendo responsável pela caracterização da essência dos corpos, suas qualidades reais, assim como pela explicação do princípios intrínsecos do movimento, não pode ser considerada senão como uma quimera.[31] A natureza, para o filósofo de

---

[29] O projeto de Hobbes, reafirmado em diversas partes de sua obra, foi sempre o de construir um sistema filosófico unificado na trilogia *De Corpore*, *De Homine* e *De Cive* –, constituído a partir de uma dedução contínua dos argumentos. Para uma posição contrária a esta perspectiva, ver sobretudo: TAYLOR, A., E. "The ethical doctrine of Hobbes". *Philosophy*, XIII, n° 52, 1938, p. 406-24. WARRENDER, H., *The Political philosophy of Hobbes*, Oxford, Clarendon, 1957.
[30] Cf. FOISNEAU, L. Machiavel à Hobbes: efficacité et souveraineté dans la pensee politique moderne. In Renaut, A. *Naissances de la modernité*. Paris, Calmann-Levy, 1999, p. 203-79.
[31] Para o exame do hylémorfismo na história do aristotelismo, ver DES CHENE, D. *Physiologia. Natural Philosophy in Late Aristotelian and Cartesian Thought*. New York, Cornell University, 1996, p. 17-80.

Malmesbury, não contém seres cuja finalidade reside na realização acabada de sua essência. Ao contrário, a natureza produz apenas indivíduos que têm como fim único a conservação de seu movimento, o que significa, para o caso dos indivíduos vitais, a conservação da própria vida.[32] Estes indivíduos, por terem um mesmo princípio de individuação, são estritamente iguais de fato e de direito.

No parágrafo XIII, capítulo III do *De Cive*, Hobbes atribui a tese da desigualdade natural entre os homens àquele a quem considera seu verdadeiro protagonista:

> Sei que Aristóteles, no primeiro livro de sua *Política*, afirma – como um dos primeiros fundamentos da ciência política – que alguns são feitos, por natureza, dignos de mandar, outros apenas para servir: como se senhor e servo se distinguissem não apenas pelo consentimento dos homens, mas por uma aptidão, ou seja, por uma espécie de conhecimento ou ignorância naturais.
> Ora, tal fundamento não é desmentido somente pela razão (...), mas também o é pela experiência".[33]

Para Hobbes, não existe nenhuma desigualdade natural objetiva entre os homens capaz de fornecer um fundamento à desigualdade de direitos. A condição natural dos homens, no que concerne à felicidade e à vida presente,[34] pode ser comprovada em uma dupla perspectiva: quanto às capacidades corporais e intelectuais. Quanto às primeiras, a despeito da existência de diferenças individuais, é forçoso acordar que os homens são iguais quanto à capacidade de se destruírem mutuamente: "Porque quanto à força corporal o mais fraco tem força suficiente para matar o mais forte, quer por secreta maquinação, quer aliando-se com outros que se encontrem ameaçados pelo mesmo perigo".[35] Quanto às segundas, Hobbes aí encontra uma igualdade ainda maior entre os homens:

> Porque a prudência nada mais é do que experiência, que um tempo igualmente oferece a todos os homens, naquelas coisas a que igualmente se dedicam. O que talvez possa tornar inaceitável essa igualdade é simplesmente a concepção vaidosa da própria sabedoria, a qual quase todos os homens supõem possuir em maior grau do que o vulgo; quer dizer, em maior grau do que todos menos eles próprios, e alguns outros que, ou devido à fama ou devido a concordarem com eles, merecem sua aprovação. Pois a natureza dos homens é tal que, embora sejam capazes de reconhecer em muitos outros maior inteligência, maior eloqüência ou maior saber, dificilmente acreditam que haja muitos tão sábios como eles próprios (...). Mas isto prova que os homens são iguais quanto a esse ponto, e não que sejam desiguais. Pois geralmente não há sinal mais claro de uma distribuição eqüitativa de alguma coisa do que o fato de todos estarem contentes com a parte que lhes coube.[36]

---

[32] HOBBES, T. *Leviatã, op. cit.*, cap. VI.

[33] HOBBES, T. *Do Cidadão*. Trad., apresentação e notas por Renato Janine Ribeiro, São Paulo, Martins Fonte, 1998, p. 62.

[34] Título do *Leviatã* latino, que difere do *Leviatã* inglês : "Of the natural condition of mankind as concerning their felicity, and misery."

[35] HOBBES, T. *Leviatã*, cap. XIII, p. 75.

[36] Idem.

Desta igualdade natural, portanto, é impossível deduzir um direito natural de comandar ou um dever natural de obedecer. Não existe nenhuma desigualdade natural objetiva entre os homens capaz de fornecer fundamento à dedução de uma desigualdade de direitos. Da igualdade quanto à capacidade deriva, segundo Hobbes, a igualdade quanto à esperança de atingir-se os fins buscados. Assim, se dois homens desejam a mesma coisa, ao mesmo tempo em que é impossível que ela seja gozada por ambos, eles tornam-se inimigos. Todos entrarão, então, em competição para obter e acumular poder, o que conduz ao estado de guerra.[37]

Para ultrapassar este conflito, é necessário, segundo Hobbes, empreender todos os esforços para obter a paz. Tal é mesmo o conteúdo da primeira lei de natureza: "Que todo homem deve esforçar-se pela paz, na medida em que tenha esperança de consegui-la, e caso não a consiga pode procurar e usar todas as ajudas e vantagens da guerra".[38] A segunda lei, que se desimplica da primeira, estabelece o procedimento para alcançar a paz: é necessário que cada um concorde em renunciar a seu direito sobre todas as coisas (isto é, a usar de todos os meios que julgue necessários à manutenção de sua vida) se, e somente se, existir uma reciprocidade coletiva em tal renúncia.[39] Assim, para Hobbes, o direito dos demais indivíduos não é a contrapartida de nossas obrigações em relação a eles. Ao contrário, a segunda lei de natureza prescreve que cada indivíduo, em seu fórum interno, deve buscar, para sua preservação, uma autolimitação de seu próprio direito. Uma tal dedução da igualdade de direito entre os homens em sua condição natural funda-se, portanto, sobre a igualdade natural de fato.[40]

Pode-se, assim, concluir que a natureza não produz, nem de fato nem de direito, qualquer hierarquia entre os homens, seja no que concerne a sua conservação, quanto no que diz respeito ao exercício do poder entre os indivíduos uns sobre os outros. Se uma hierarquia existe, ela se encontra fundada em um consentimento, expresso ou tácito, daqueles que são governados. Um tal consentimento, por sua vez, exprime-se sob a forma de um pacto. Se tal não é o caso, ao poder de fato não corresponderá uma obrigação de obediência.

---

[37] O argumento hobbesiano acerca da condição natural de guerra entre os homens é, na verdade, muitíssimo mais sofisticado. Para um estudo detalhado desta temática, ver ZARKA, Y. C. *La décision méthaphysique de Hobbes. Condition de la Politique*, Paris, Vrin, 1987.

[38] HOBBES, T. *Leviatã*, XIV, p. 78.

[39] Esta segunda lei afirma : "Que um homem concorde, quando outros também o façam, e na medida em que tal considere necessário para a paz e para a defesa de si mesmo, em renunciar a seu direito a todas as coisas, contentando-se, em relação aos outros homens, com a mesma liberdade que aos outros homens permite em relação a si mesmo." *Leviatã*, XIV, p. 79. Renunciar ao direito sobre todas as coisas não significa, em Hobbes, renunciar a todo direito. Cada indivíduo conserva o direito de poder se defender em caso de agressão, ao mesmo tempo em que reconhece semelhante direito aos demais.

[40] A nona lei natural igualmente determina : "que cada homem reconheça os outros como seus iguais por natureza. A falta deste preceito chama-se *orgulho*.". *Leviatã*, XV, p. 92.

Pela mesma razão, os indivíduos não podem reclamar o mérito natural. Nenhum homem é mais digno que outro, a menos que a própria lei civil estabeleça entre eles uma certa desigualdade. Hobbes, portanto, irá desqualificar a idéia de uma justiça distributiva fundada em um justo natural. Assim, afirma ele no *De Cive*:

> A justiça da ações costuma distinguir-se em duas espécies: comutativa e distributiva. A primeira, dizem, consiste numa proporção aritmética, e a segunda, em uma proporção geométrica. Aquela aplica-se às trocas, às operações de compra e venda, de empréstimos, locação e arrendamento, e a todos os demais atos que se refiram a contratos, nos quais, se houver um retorno igual ao que foi dado, nasce – dizem eles – uma justiça comutativa. Já a segunda cuida da dignidade e do mérito dos homens, de modo que, dando-se a cada qual *katà ten axían*, ou seja, mais para aquele que é mais digno, menos para aquele que menos merece, e sempre segundo uma proporção, daí surge – segundo eles dizem – uma justiça distributiva. Reconheço que aqui existe uma certa distinção da igualdade. Pois a primeira é, simplesmente, igualdade: como quando comparamos duas coisas de igual valor, por exemplo, uma libra de prata e doze onças da mesma prata; enquanto a segunda é uma igualdade *secundum quid*, tal como quando mil libras têm de ser divididas por cem homens, indo seiscentas para os primeiros sessenta, e quatrocentas para os outros quarenta, caso em que não há igualdade entre essas duas somas. Mas como a mesma desigualdade que há entre elas também ocorre entre os homens a quem serão distribuídas, cada um destes últimos receberá uma igual parcela – razão por que se diz que a distribuição é igual. E tal igualdade distributiva é a mesma coisa que uma proporção geométrica.
> Mas o que tem isso tudo a ver com justiça? Pois, se eu vender os meus bens ao mais alto preço que por eles possa obter, não estarei causando injúria ao comprador, que os quis e a mim solicitou; e da mesma forma, se eu dividir o que é meu e der mais àquele que merece menos, desde que dê aos demais tanto quanto havia contratado dar-lhes, não estarei sendo injusto com nenhum deles. (...) Por conseguinte, a distinção que aparece não é de justiça, mas de igualdade. Contudo, talvez não se possa negar que a justiça é uma certa igualdade, desde que esta consista estritamente no que se segue: que, como por natureza somos todos iguais, ninguém deve arrogar-se mais direito do que concede a outrem, a menos que o tenha obtido de maneira justa, através de contrato.[41]

Em Hobbes, portanto, o mérito não cria nenhum direito, nem objetivo nem subjetivo, e, se ele é retribuído, não é em virtude de uma obrigação, mas por uma graça. A justiça comutativa torna-se justiça dos contratantes, e diz respeito à execução dos contratos, enquanto a justiça distributiva designa apenas a função de arbitragem do juiz:

> A justiça distributiva é a justiça de um árbitro, isto é, o ato de definir o que é justo. Pelo qual (merecendo a confiança dos que o escolheram como árbitro), se ele corresponder a essa confiança, se diz que distribuiu a cada um o que lhe era devido. Com efeito, esta é uma distribuição justa, e pode ser chamada (embora impropriamente) justiça distributiva.[42]

Se Hobbes está correto na sua crítica da história e da razão natural enquanto impotentes para profetizar as leis civis, então uma série de conseqüências pode ser extraída para uma análise do debate jurídico contemporâneo.

---

[41] HOBBES, T. *De Cive*, III, 6.
[42] HOBBES, T. *Leviatã*, XV, p. 90.

IV – Perdas e ganhos

É quase um lugar comum nos dias atuais dirigir uma contundente crítica à modernidade (séculos XVII e XVIII) no que concerne à impossibilidade que esta última apresentaria de poder pensar o mundo enquanto realizando um determinado *telos*, um determinado fim valioso em si mesmo. Crítica, portanto, à impossibilidade de se determinar um justo objetivo, baseado nas coisas mesmas, fundador da justiça distributiva. O direito natural moderno, ao hipostasiar a noção de sujeito, teria transformado o homem numa unidade abstrata cuja pretensão fundamental consistiria em buscar compreender a si próprio abstraindo sua própria subjetividade. Tal absolutização da noção abstrata e a-histórica do sujeito ter-se-ia construído sobre uma suposição de igualdade natural dos indivíduos cujo corolário no plano político seria a edificação de um pluralismo e horizontalização dos valores dignos de serem perseguidos pelos indivíduos na sociedade política. O desiderato do discurso moderno seria, portanto, a construção de um Estado assentado no princípio fundamental de ordem e segurança jurídicas. Enfim, o saber proposto por aqueles que inauguram a modernidade, como Bacon, Hobbes, Descartes e Leibniz, teria produzido uma total instrumentalização da razão e propulsionado a mercantilização da cultura e da sociedade industrial moderna compreendida como o reino da alienação tecnológica.[43]

Uma grande deficiência do direito natural moderno pareceria consistir justamente na perda da função regulativa dos ordenamentos positivos dos Estados por parte da lei natural. As razões de tal enfraquecimento devem ser buscadas na própria história do direito natural moderno. Qual papel aí desempenha as noções de direito subjetivo e sujeito de direito construídas ao longo do século XVII ? O esclarecimento de tais questões pode igualmente lançar luz sobre o debate jurídico contemporâneo, na medida em que também aqui se questiona a exata natureza dos princípios de justiça enquanto reguladores do processo estatal de produção normativa.

Ronald Dworkin, por exemplo, afirma que sua concepção de Estado de Direito (*conception of the rule of law*) supõe que os cidadãos possuem direitos morais e políticos entre si e direitos políticos *perante* o Estado. Mais, tal concepção insiste em que esses direitos morais e políticos sejam reconhecidos no Direito positivo, de modo que uma comunidade, no que diz respeito à eqüidade na imposição de direitos, fracassa quando adota regras que colocam os pobres ou alguma raça desfavorecida em desvantagem para assegurar direitos que o Estado reconhece que eles possuem.[44] Quando questões de princípios estão em jogo, isto é, sempre que uma ques-

---

[43] Todas estas fases são, creio, profundas distinções do pensamento filosófico do século XVII. ver nota 49, infra.
[44] Cf. DWORKIN, R. *Uma questão de princípios*. Op. cit., p. 7-8.

tão é potencialmente discriminatória em relação a um dos diversos modos de vida ou a um dos valores da sociedade, o governo, nesses casos, não poderá atribuir um peso igual a cada indivíduo sem correr o risco de que a maioria faça prevalecer seus próprios juízos de valor a despeito da minoria.⁴⁵ Portanto, seguir um procedimento atribuindo peso igual a todos corre o risco de conduzir a decisões injustas, de modo que é imperativo tornar a maioria impotente para impor seus próprios valores aos indivíduos dissidentes.⁴⁶ Existe, portanto, para Dworkin, um critério de justiça independente dos procedimentos que possam ser adotados. Estes, por sua vez, apenas são democráticos na medida em que são capazes de conduzir a decisões conformes a um critério independente de justiça, por ele qualificado de "concepção liberal da igualdade".⁴⁷

A objeção que poderia ser endereçada a Dworkin neste ponto consistiria em afirmar que, quando nos perguntamos se uma determinada decisão coletiva atribui um igual respeito a todos os cidadãos, não se trata aqui de encontrar a verdade, pois é pouco provável que entre as partes que participam do debate uma esteja do lado do verdadeiro e a outra do falso, mas é preciso criar uma solução suscetível de agrupá-las. Esta solução não seria no modo de uma reposta a uma questão filosófica universal que aponte a melhor interpretação possível do princípio igualitarista abstrato, mas uma solução política dada em uma conjuntura particular e capaz de reunir o conjunto dos indivíduos, compreendidos aí aqueles que estão em profundo desacordo acerca daquilo que, nas circunstâncias presentes, o princípio deveria implicar. Quando as questões são resolvidas por uma instituição que se entrega a grandes especulações, a legitimidade da decisão é fraca. Ela aumentaria, entretanto, quando tal decisão for tomada por uma instância na qual todos os cidadãos são representados e têm um peso igual.⁴⁸

Talvez pudéssemos acrescentar ao argumento sumariamente exposto no último parágrafo uma concepção propriamente moderna acerca dos direitos e do sujeito de direito, resultado de uma elaboração teórica que atravessou a obra dos filósofos e juristas do direito natural no século XVII. Trata-se da noção de direito natural fundada na idéia de direito subjetivo e que foi desenvolvida por Hugo Grotius. Temos aqui a redução da noção aristotélica de justiça distributiva e a sistematização do direito natural a partir do direito subjetivo. A definição deste direito subjetivo exibirá o

---

⁴⁵ Cf. DWORKIN, R. *Uma questão de princípios*. Op. cit., p. 295-6.
⁴⁶ CF. DWORKIN, R. "Rights as Trumps". In WALDRON, J. (ed.). *Theories of Rights*, Oxford, Oxford University Press, 1984, p. 153-167.
⁴⁷ CF. DWORKIN, R. *Levando os direitos a sério*. São Paulo, Martins Fontes, 2002, p. 419-427.
⁴⁸ Cf. WALDRON, J. "Rights and Majorities", in *Liberal Rights, Collected Papers 1981-1991*, Cambridge, 1991.

conteúdo de tal direito enquanto determinado essencialmente em termos de propriedade e de poder. Para Grotius, o poder (*potestas*), a propriedade (*dominium*) e a faculdade de exigir o seu devido constituem as grandes divisões do direito como qualidade moral.[49] Foi, sem dúvida, esta tradição moderna, de Grotius a Leibniz, que permitiu a constituição, no século XVIII, da noção de direitos do homem atribuídos ao ser humano enquanto sujeito de direito. Esta noção procura superar toda idéia de direitos coletivos, da nobreza ou do clero, ligados a uma diferenciação e discriminação sociais.

A tradução para um vocabulário contemporâneo destes argumentos historicamente datados coloca em evidência o ponto visado por uma determinada maneira de argumentar. Recolocada a problemática moderna para os dias atuais, poderíamos legitimamente perguntar se a idéia de direitos específicos de uma minoria ou de grupos culturais não reintroduziria privilégios contrários à igualdade de direitos que é constitutiva de uma sociedade democrática. Se os direitos culturais são direitos coletivos, então eles serão vinculados a dispositivos de constrangimento dos demais membros da comunidade. Mas quem será então o sujeito de direitos coletivos? Se tais direitos, ao que parece, são da coletividade, então indivíduos apenas poderão exercê-lo na medida em que pertencerem ao grupo em questão. Vejamos, neste ponto, a opinião de Charles Taylor:

> Com a política da igual dignidade, o que é estabelecido é suposto ser universalmente o mesmo, um conjunto idêntico de direitos e de privilégios. Com a política da diferença, o que nos é pedido reconhecer é a identidade única deste indivíduo ou deste grupo, o que o distingue de todos os outros. A idéia é que é precisamente esta distinção que foi ignorada, silenciada, assimilada a uma identidade dominante ou majoritária.[50]

O que a representação diferenciada de um grupo ou minoria e a cidadania multicultural parece traduzir é em uma pura e simples decomposição do político e um abandono da sociedade civil aos conflitos de interesses antagônicos de diferentes comunidades. Quais serão, por exemplo, os direitos de minorias étnicas e culturais que, buscando afirmar o direito à diferença, recusam a autonomia da pessoa, buscando, ao contrário, afirmar sua legitimidade em constranger, no âmbito dos seus, ao casamento forçado, à inferioridade da mulher em relação ao homem, à desigualdade na distribuição dos quinhões hereditários, ao repúdio, à lapidação e à infibulação?

Talvez, um dos legados mais vigorosos da teoria do direito natural moderno, prolongada nas noções de direitos do homem e de dignidade hu-

---

[49] Deve-se observar que a teoria do direito, de Grotius a Leibniz, não é homegênea nem unívoca e implica orientações diferentes, perfis opostos, conforme domine um conceito objetivo ou subjetivo do direito. Sobre os fundamentos do direito natural moderno ver : ZARKA, Y. C. *La questione del fondamento nelle dottrine moderne del diritto naturale*. Napoli, Editoriale Scientifica, 2000. Sobre Grotius, ver : HAGGENMACHER, P. *Grotius et la doctrine de la guerre juste*. Paris, PUF, 1983.

[50] TAYLOR, C. *Multiculturalisme. Différence et démocratie*. Paris, Aubier, 1994, p. 57.

mana no século XVIII, seja a idéia de que os regimes representativos devem combater duas formas complementares de tirania: a de uma maioria e, por extensão, a de uma minoria (ou de muitas). Enfim, qual o limite da tolerância?[51]

---

[51] Sobre o conceito de tolerância, ver, sobretudo: ZARKA, Y-C. *Difficile tolérance*. Paris, PUF, 2004.